HET HANDWERK VAN DE VRIJHEID

Peter Bieri

Het handwerk van de vrijheid

Over de ontdekking van de eigen wil

WERELDBIBLIOTHEEK · AMSTERDAM

Vertaald uit het Duits door Frans van Zetten

Omslagontwerp Volken Beck
Omslagillustratie *Paleistuin in Nancy*
(onbekende Vlaamse schilder, voor 1640)

Oorspronkelijke titel *Das Handwerk der Freiheit.*
Über die Entdeckung des eigenen Willens
© 2001 Carl Hanser Verlag München / Wien
© 2006 Nederlandse vertaling Frans van Zetten en
Uitgeverij Wereldbibliotheek bv
Spuistraat 283 · 1012 VR Amsterdam

www.wereldbibliotheek.nl

ISBN 90 284 2161 0

Voor Heike

Há duas sortes de filósofos aos quais não me fio. Os primeiros são os técnicos, que tomam a exactidão da matemática por modelo e crêem que a clareza reside na fórmula. Os segundos são os hagiógrafos, em cujas mãos a filosofia se converte em interpretação interminável de textos sagrados. Caso haja deveras uma compreensão filosófica, haveria esta de gerar-se de maneira diversa: a través de um reflexionar cuja clareza, exactidão e profundidade consistam na proximidade à experiência que cada qual faz consigo próprio, sem perceber-la completamente e sem compreendê-la.

Pedro Vasco de Almeida Prado,
Da Ilusão e do Auto-Engano na Filosofia
Lisboa 1899

Er zijn twee soorten filosofen die ik niet vertrouw. De eersten zijn de technici; zij nemen de nauwkeurigheid van de wiskunde als model en geloven dat de helderheid is gelegen in de formule. De anderen zijn de hagiografen; in hun handen wordt de filosofie tot het eindeloze uitleggen van heilige teksten. Als er werkelijk filosofisch inzicht bestaat, moet dat op een andere manier totstandkomen: door een denken waarvan de helderheid, nauwkeurigheid en diepgang bestaan in het nauwe contact met de ervaring die ieder mens met zichzelf opdoet, zonder die volledig te onderkennen en zonder die te begrijpen.

Pedro Vasco de Almeida Prado,
Over illusie en zelfbedrog in de filosofie
Lissabon 1899

Inhoud

Voorwoord 13

PROLOOG: De doolhof 17

DEEL EEN: VOORWAARDELIJKE VRIJHEID

1. Iets doen – iets willen   31
   Hoe te beginnen? 31 Iets doen: het idee van een handeling 33 De wil: wat is dat? 38

2. Doen en laten wat je wilt   43
   Vrijheid van handelen: de grondgedachte 43 Speelruimtes: van de wereld naar mijzelf 45 Wat iemand kan willen: een bepaalde wil is een begrensde wil 48

3. Beslissingsvrijheid   53
   Instrumentele beslissingen 53 De paradox van het handelen tegen je wil 56 Substantiële beslissingen 59 De macht van de fantasie 63 Afstand en engagement 68 De openheid van de toekomst 70 «Ik zou ook iets anders kunnen willen» 75

4. Ervaringen van onvrijheid   80
   De windvaan 80 Als het nadenken wordt omzeild 85 De meeloper met andermans gedachten 88 De dwangmatige wil 91 Onbeheerst gedrag 101 De afgedwongen wil 103 «Ik kan niet anders!» – een teken van onvrijheid 114

5. Tijdservaring als maatstaf voor onvrijheid 118
   De vlakke tijd van de windvaan 118 De vreemde tijd van een afhankelijk iemand 122 De vervelende tijd van de meeloper 129 De opgeschorte tijd van iemand die dwangmatig handelt 131 De overgeslagen tijd van iemand die wordt afgeperst 135

EERSTE INTERMEZZO
Ideeën begrijpen – ervaringen begrijpen   143

DEEL TWEE: ONVOORWAARDELIJKE VRIJHEID

6. Onvoorwaardelijke vrijheid: de motieven   153
   Is dat genoeg vrijheid? 154 De onvoorwaardelijk vrije wil: eerste bevindingen over een vaag idee 156 Twee soorten overwegingen 157 Afhankelijkheid van voorwaarden als machteloosheid 160 Overwegen als donquichotterie 169 Het genomen besluit als onvrije wil 174 Afbrokkelend actorschap 178 Verantwoordelijkheid als onhoudbare gedachte 184 Morele gevoelens als onzinnige foltering 195 Gewoonweg willen – gewoonweg doen 205 Het innerlijke vluchtpunt 209 Wat nu? 210

7. Onvoorwaardelijke vrijheid: een fata morgana   212
   De losgekoppelde wil: een nachtmerrie 212 De conceptuele aftakeling van de onvoorwaardelijke wil 220 De opgave 223 Woorden die ons gevangenhouden 229 De verborgen homunculus 243 Gematigde onvoorwaardelijkheid? 254

8. Vrijheid vanbinnen en vanbuiten   257
   Fantasie: effectieve mogelijkheden 257 Aandacht voor de dingen 266 Kleurloze vrijheid 270 Glazen vrijheid 275 De vergeetachtigheid van de fatalist 280

9. Levensgeschiedenis en verantwoordelijkheid: Raskolnikov voor de rechter 293
De zitting wordt geopend 293 Geen strijd om woorden 300 Verantwoordelijk stellen als praktijk 304 Verontschuldigingen 310 De crux 313 Een verkeerde zet 316 De juiste zetten 320 Waarover gaat berouw? 330

TWEEDE INTERMEZZO
Ideeën verkeerd begrijpen – ervaringen verkeerd begrijpen 337

DEEL DRIE: VRIJHEID ALS EIGEN WERK

10. De toe-eigening van de wil 349
Het idee 349 De vrije wil als gearticuleerde wil 352 De vrije wil als inzichtelijke wil 356 De vrije wil als goedgekeurde wil 363 De fluctuerende vrijheid van een steeds veranderend zelf 373

11. Facetten van zelfbeschikking 380
De zelfstandigheid van de wil en de anderen 380 Hartstochtelijke vrijheid 387 De kitscherige wil 389 Eigenzinnigheid 391

EPILOOG: Filosofische verwondering 397

Bronnen 401

Verantwoording van de vertaler 414

Voorwoord

Nadat ik een hele massa teksten over wilsvrijheid gelezen en ermee geruzied had, heb ik ze op een dag allemaal terzijde geschoven en vroeg ik me af: wat heb je nu eigenlijk van dit onderwerp begrepen? En wat denk je dat het betekent, hier iets van te begrijpen? Uit de poging deze vragen voor mezelf te beantwoorden, is dit boek ontstaan.

Het moest een nauwkeurig boek worden, en ook een boek waarin over filosofische nauwkeurigheid zou worden nagedacht. Aan de andere kant wilde ik geen academisch boek schrijven, geen omslachtig boek dus waarin de lezer wordt meegesleurd over de slagvelden van de vakliteratuur. Niet over de teksten van andere auteurs moest gesproken worden, maar eenvoudig over verschijnselen en gedachten. Daarom ontbreken in de hoofdtekst de gebruikelijke voetnoten. Over de vele inzichten en overwegingen die ik aan de literatuur te danken heb, doe ik verslag in de afdeling 'Bronnen' aan het eind van dit boek.

Nog een ander doel heb ik mij gesteld: ik wilde over een verschrikkelijk ingewikkeld thema schrijven in een eenvoudige, moeiteloos vloeiende taal, die het zonder onnodige vreemde woorden en zonder jargon kon stellen. De bevrijdende ervaring was: dat is mogelijk!

P.B., Berlijn, augustus 2000

PROLOOG

De doolhof

1

Ons idee van de wereld is het idee van een wereld die *te begrijpen* is. Het idee dus van een wereld waarin we kunnen begrijpen *waarom* iets gebeurt. Weliswaar is er in die wereld veel wat we niet begrijpen, en vermoedelijk zal dat altijd zo blijven. Maar toch, denken we, is de wereld een geheel van verschijnselen waar we licht op kunnen werpen door te verklaren waarom die verschijnselen zijn zoals ze zijn. Zelfs wanneer deze gedachte een illusie zou zijn, kunnen we over de wereld toch niet anders denken.

Verschijnselen verklaren en daardoor begrijpelijk maken betekent de *voorwaarden* ontdekken waar ze van afhangen. Wanneer die vervuld zijn, en alleen wanneer ze vervuld zijn, doet het verschijnsel zich voor. Voor iedere afzonderlijke voorwaarde geldt dat deze noodzakelijk is: als ze niet vervuld was, zou het betreffende verschijnsel zich niet voordoen. Bij elkaar genomen zijn de voorwaarden telkens voldoende: wanneer ze allemaal vervuld zijn, kan het niet uitblijven dat het verschijnsel optreedt. Wanneer we de voorwaarden kennen die het verschijnsel mogelijk maakten, en de voorwaarden die gezamenlijk het optreden ervan vastlegden, hebben we de indruk te begrijpen waarom het zich voordoet. Omgekeerd: wanneer het verschijnsel ons raadselachtig voorkomt, is het omdat wij niet weten welke voorwaarden het mogelijk maakten en er gezamenlijk toe leidden dat het ook werkelijk optrad.

Iets wordt tot een noodzakelijke of voldoende voorwaarde

doordat het *wetmatig* verbonden is met datgene waarvoor het een voorwaarde is. Wanneer verschijnselen toevallig op elkaar volgen of toevallig samen optreden – wanneer er dus geen regelmatigheid te onderkennen valt – geldt het ene niet als voorwaarde voor het andere. Alles wat gebeurt, is dus wetmatig verbonden met andere dingen die gebeuren. Omgekeerd betekent ons onbegrip tegenover een verschijnsel, dat wij de wetmatige samenhang waarin het is ingebed niet kennen.

Deze samenhang tussen voorwaarde, wetmatigheid en begrijpen vormt de grondslag voor ons idee van een wereld waarin wij volgens plan kunnen handelen. De drie begrippen horen bij elkaar. Zouden we op een dag wakker worden en niet meer beschikken over één van deze begrippen, dan zouden we ook de beide andere kwijt zijn.

2

De gedachte dat een begrijpelijke wereld een wereld is met voorwaarden en wetten die vastleggen wanneer wat gebeurt, heeft een belangrijke consequentie. Het verleden legt in zo'n wereld één enkele, ondubbelzinnig bepaalde toekomst vast. Het feitelijke verleden van deze wereld, samen met de in deze wereld geldende wetten, laat slechts één enkel toekomstig gebeuren toe. Op ieder tijdstip is er slechts één mogelijke toekomst. Om ons een afwijking van het feitelijke verloop van de wereld te kunnen voorstellen, zouden we ofwel moeten aannemen dat het verleden anders geweest zou zijn dan het in feite was, of dat de wetten anders zouden zijn dan ze in feite zijn. Voor dit idee heeft men het woord *determinisme* bedacht. Dat woord zal ik vermijden. Inhoudelijk voegt het niets nieuws toe, en door zijn stalen klank heeft het een aura van onheilspellende associaties om zich heen, die alleen maar storend zouden werken.

De gedachtegang tot nu toe heeft iets heel vanzelfsprekends, en er is op het eerste gezicht geen reden er aanstoot aan te nemen. Dat komt ook doordat er tot nu toe alleen sprake was van de buitenwereld, van de natuur. Maar ook de mensen behoren tot de wereld, en dat betekent: ook voor de dingen die zij doen, gelden voorwaarden die stuk voor stuk noodzakelijk en bij elkaar genomen voldoende zijn voor hun daden. Neem nu Rodion Raskolnikov, de hoofdpersoon uit Dostojevski's roman *Misdaad en straf*. Raskolnikov slaat met een bijl een pandhoudster dood die woekerrente rekent. Deze daad voltrekt zich niet zonder voorafgaande voorwaarden. Raskolnikov, een voormalig student, is straatarm, gaat in lompen gekleed en woont op een armoedige zolderkamer. De laatste tijd is zijn situatie almaar slechter geworden. Het onderwijs waar hij nog wat mee verdiende, is komen te vervallen en hij kan al sinds lang de huur niet meer betalen. Hij heeft bijna niets meer te eten. Alles wat hij te gelde kon maken, heeft hij al aan de pandhoudster gegeven. Tot zijn ontsteltenis en met een gevoel van vernedering hoort hij van thuis dat zijn zuster heeft ingestemd met een huwelijk, alleen omdat hierdoor de mogelijkheid in zicht kwam dat hij zijn studie kon voortzetten en later een aanstelling krijgen. Zijn moeder heeft haar kleine pensioentje op het spel gezet omdat zij en haar dochter de noodzakelijke reis anders niet kunnen maken. Nu begint Raskolnikov aan het vele geld te denken dat de woekeraarster heeft opgepot. In een restaurant is hij getuige van een gesprek waarin iemand hardop nadenkt over de vraag wat erop tegen zou zijn de weerzinwekkende oude vrouw uit de weg te ruimen en zich het geld toe te eigenen, om andere, hoogstaander mensen tot een beter leven in staat te stellen. Wat hij hoort valt in vruchtbare aarde. Hij speelt namelijk allang met de gedachte dat er uitzonderlijke mensen zijn die over lijken mogen gaan; hij heeft hier zelfs een essay over gepubliceerd. En ten slotte komt hij bij toeval te weten dat de oude vrouw op een bepaalde avond gegarandeerd alleen thuis zal zijn. Dat alles bij elkaar leidt er uiteindelijk toe dat hij haar opzoekt en dat hij toeslaat.

Wanneer we dat lezen, begrijpen we de daad van Raskolnikov. Hij deed het omdat de zaken er zo voor stonden. Hadden ze er anders voor gestaan, dan was hij niet tot zijn daad gekomen. Dostojevski ontleedt het innerlijk leven van Raskolnikov om begrijpelijk te maken hoe en waarom hij tot zijn misdaad werd gedreven. Hij brengt de noodzakelijke en bij elkaar genomen voldoende voorwaarden voor deze daad aan het licht.

We hoeven niet bij Raskolnikov te blijven. We kunnen ook onszelf en onze vroegere daden op deze manier bekijken. We kunnen natuurlijk niet buiten onszelf treden en we zullen nooit zo van buitenaf naar onszelf kijken als we naar Raskolnikov kijken. Maar we kunnen op onze daden terugblikken en die net zo ontleden als de daad van Raskolnikov. We zien dan hoe ze in detail van voorwaarden afhangen en begrijpen hoe ze zich uit de gegeven voorwaarden in ons innerlijk hebben ontwikkeld. Deze voorwaarden zijn de motieven van ons handelen: onze wensen, gevoelens, gedachten, overtuigingen en verwachtingen. Ze leggen vast wat wij op een bepaald ogenblik doen. En deze motieven hebben op hun beurt ook weer voorwaarden: ze ontwikkelen zich uit wat er in de buitenwereld gebeurt, maar ook uit wat wij gedaan hebben en uit eerdere motieven. In gedachten kunnen wij de schakels van deze ketting volgen tot in de tijd voor onze geboorte: steeds weer zijn er voorwaarden en voorwaarden voor die voorwaarden. Nu is het idee van voorwaarden verbonden met het idee van wetmatigheid, en dus is ook ons handelen aan wetmatigheden onderworpen. Ook voor wat wij doen geldt dat het verleden zich volgens ijzeren wetten in de toekomst voortzet.

3

«Ons leven is een lijn over het oppervlak van de aarde, die wij in opdracht van de natuur beschrijven en waarvan wij geen ogenblik in staat zijn af te wijken [...] Desalniettemin, ondanks de boeien waarmee we voortdurend gebonden zijn, beweert men dat wij vrij zijn.» Aldus baron d'Holbach, de Franse atheïst en materialist uit de achttiende eeuw. Deze bezwerende metafoor vat goed samen wat we tot nu toe hebben besproken; zijn woorden maken indruk, en er lijkt geen twijfel aan dat de baron gelijk heeft wanneer hij de strekking ervan beschouwt als iets wat in schril contrast staat met het idee van de vrijheid. Waarom?

Omdat het idee van de vrijheid verbonden is met een perspectief op onszelf dat met de hiervoor beschreven zienswijze in conflict staat, een conflict dat niet scherper en onverzoenlijker zou kunnen zijn. Dit is het interne perspectief, waarmee we ons niet naar het verleden maar naar het heden en de toekomst keren. Vanuit dit perspectief zien de dingen er heel anders uit. Er is geen lijn die ons is voorgetekend. Integendeel, onze vrijheid bestaat er juist in dat wij heel verschillende kanten op kunnen gaan. De lijn van ons handelen heeft tal van mogelijke vertakkingen. We kunnen overwegen voordat we iets doen, en bij dit overwegen blijkt er een *speelruimte van verschillende mogelijkheden* te zijn, waaruit we kunnen *kiezen*. Ik kan overwegen of ik aan dit boek verder zal schrijven of liever naar de bioscoop of uit eten zal gaan. Ik ben er rotsvast van overtuigd dat al deze handelingen voor mij openstaan. Als het al van tevoren vaststond wat ik zal doen, wat zou het dan voor zin hebben erover na te denken wat ik zal doen? Het is vanuit dit perspectief *onmogelijk* mij voor te stellen dat ik geen keus zou hebben. Dat zou in strijd zijn met de logica van dit interne perspectief, en in tegenspraak met mijn manifeste, onloochenbare vrijheidservaring. Het hoort namelijk bij deze ervaring dat ik als *actor* de bron van mijn handelen ben en niet een wezen dat louter als speelbal van het wereldgebeuren een reeds van tevoren getrokken lijn door de wereld moet volgen.

Dat geldt ook wanneer ik vanuit dit perspectief nog eens op mijn vroegere handelingen terugkijk. Het hoort bij mijn zelfbesef als vrij persoon dat ik destijds ook iets anders had kunnen doen dan ik in feite deed. Ieder voorbij moment was ook een voorbij heden met een voorbije toekomst, en voor al die momenten geldt hetzelfde wat ook nu geldt: ik had ook anders kunnen handelen. Ik had de keuze, en de beslissingsvrijheid.

Precies zo is het ook voor Raskolnikov, wanneer we ons in hem verplaatsen en onszelf als het ware in bruikleen geven voor zijn interne perspectief. Ongetwijfeld zijn er veel dingen die iemand in zijn situatie ertoe kunnen brengen de oude vrouw uit de weg te willen ruimen. Zoals gezegd, zijn daad is wel begrijpelijk. Maar ook hij kon over verschillende mogelijkheden nadenken, die tegen elkaar afwegen en kiezen welke hij wilde verwerkelijken. Er was nog wel een andere uitweg uit zijn situatie geweest. Toen hij geen bijles meer kon geven, had hij ijverig naar ander werk kunnen zoeken. Ondanks zijn vernedering en woede had hij kunnen afwachten wat er uit het huwelijk van zijn zuster zou voortkomen. Of hij had eenvoudig tegen zichzelf kunnen zeggen dat het niet aangaat iemand om het leven te brengen, hoe slecht het ook met je gaat. Hij had absoluut anders gekund. Want ook hij was als actor de bron van zijn handelen.

4

Daarom wordt Raskolnikov ter *verantwoording* geroepen en bestraft. Bij veel gelegenheden nemen de anderen namelijk tegenover ons niet het hierboven geschetste neutrale externe perspectief in, van waaruit wat wij doen een noodzakelijk en onvermijdelijk karakter heeft. Ze vragen ons rekenschap omdat ze ons net als zichzelf vanuit het interne perspectief beschouwen als personen die de vrijheid hebben een beslissing te nemen. Het idee van de vrije beslissing is nauw verbonden met het idee van de verantwoordelijkheid die iemand voor zijn handelen draagt. Het ene idee kan niet zonder het andere worden gedacht. Soms, bijvoorbeeld wanneer we menen met een geestesziekte van doen te hebben, gaan we van het zuiver externe perspectief uit. Hiermee houden we echter ook op hem voor zijn handelen verantwoordelijk te stellen. Het zou geen *zin* hebben en we zouden het ook niet *eerlijk* vinden hem voor iets verantwoordelijk te stellen wat hem eenvoudigweg overkomen is, zonder dat hij er zelf over had kunnen beslissen. En niet alleen het toeschrijven van verantwoordelijkheid geven wij in zo'n geval op. Ook onze *gevoelens* tegenover hem worden fundamenteel anders. Tegenover iemand aan wie wij beslissingsvrijheid toekennen, ontwikkelen we morele gevoelens zoals wrok en verontwaardiging, en we maken hem verwijten over zijn gedrag. Wanneer we tot een ander oordeel komen en hem die vrijheid ontzeggen, verliezen zulke gevoelens hun zin. En dat zou ook gelden voor onze gevoelens tegenover onszelf: mocht blijken dat wij nooit ook maar een schijn van kans hadden van de feitelijke lijn van ons leven af te wijken, wat zou het dan voor zin hebben onszelf verwijten te maken of berouw te voelen?

5

We staan tegenover een conflict tussen twee gedachtegangen die uit heel verschillende gebieden van ons denken stammen: aan de ene kant de overweging die aansluit bij het idee van een begrijpelijke, van voorwaarden afhankelijke en wetmatige wereld; aan de andere kant de herinnering aan onze vrijheidservaring, die tot uitdrukking komt in de ideeën van het actorschap, van kiezen tussen verschillende mogelijkheden, en van verantwoordelijkheid. Beide gedachtegangen zijn op hun eigen manier dwingend, en geen van beide hebben ze het willekeurige van een louter gedachtespel. Noch het idee van een begrijpelijke wereld, noch het idee van het vrije, verantwoordelijke gedrag kunnen we zomaar *opgeven* – zelfs niet wanneer zich logische moeilijkheden opdringen. De reden is niet dat we op allebei zo gesteld zijn. De zaak is ernstiger: hoewel beide elkaar tegenspreken, hebben we ze allebei nodig om onze positie in de wereld te articuleren. Deze articulatie zou onmiskenbaar onvolledig en vertekend zijn als een van deze beide ideeën ontbrak. En toch geldt hier wat bij iedere tegenstrijdigheid geldt: wanneer de beide conceptuele beelden – het beeld van de voorwaardelijkheid en het beeld van de vrijheid – met elkaar in tegenspraak zijn, heffen ze elkaar over en weer op. Geloven in een van de twee én in de ontkenning ervan, betekent níets geloven en dus géén beeld hebben.

Hoe ingewikkeld en grillig de situatie voor ons denken is, wordt duidelijk wanneer we even proberen de ene gedachtegang tegen de andere in stelling te brengen. Stel dat we zeggen: «Ik ben vrij in mijn handelen, en dat betekent dat ik altijd diverse mogelijkheden heb. Dus is het niet mogelijk dat er voorwaarden zijn voor wat ik doe, voorwaarden die vastleggen wat ik zal doen.» Wat zou dat betekenen? Het zou inhouden dat ons handelen, omdat het door niets was vastgelegd – ook niet door onze motieven – volstrekt *toevallig* zou zijn. Wat we deden, zou *nergens* van afhangen. Het ene gedrag zou net zo goed kunnen plaatsvinden als het andere. Het zou louter toeval zijn dat Raskolnikov, wanneer hij voor de pandhoudster staat, de bijl opheft en toeslaat. Er had ook iets heel anders kunnen gebeuren: hij had de oude vrouw kunnen omhelzen, hij had zich kunnen omdraaien en weggaan enzovoort. En zijn daad zou niets te maken hebben met zijn armoede, zijn verlangen naar geld, zijn kennis van de woning of de wetenschap dat zij alleen thuis was. Zijn daad zou, met andere woorden, volledig *ongegrond* zijn. En daarom ook volledig *onbegrijpelijk*. Zou het eigenlijk nog wel een handeling zijn?

Laten we de proef op de som nemen. Stel dat we zeggen: «Handelingen ontstaan uit motieven. We doen iets *omdat* we iets willen. Daarom zijn handelingen ook begrijpelijk. Maar voorwaarden zijn er alleen als er regelmatigheden zijn, wetten dus die vastleggen wat er gebeurt. Gegeven bepaalde voorwaarden, staat het dus vast wat we zullen doen. Dus is er geen vrije keuze, en als we bij het overwegen van een handeling het tegendeel aannemen, vergissen we ons.» Nu hebben we het idee van de begrijpelijke handeling gered, maar het idee van de vrije beslissing verloren, en daarmee ook het idee van de verantwoordelijkheid.

We staan voor een dilemma. Wanneer we aannemen dat ons handelen bepaald wordt door motieven, vervult het de ene voorwaarde voor wat handelen is; maar omdat het een vastgelegd handelen is, is het geen vrij handelen en voldoet het dus niet aan de andere voorwaarde voor wat handelen is. Omgekeerd: wanneer het geen door motieven vastgelegd handelen is, heeft het zijn vrijheid behouden, en in die zin zou het een handelen kunnen zijn; maar aangezien het dan een toevallige, onbegrijpelijke gebeurtenis zou zijn, zou het niet voldoen aan de andere voorwaarde voor wat handelen is. We krijgen dus hoe dan ook geen consistent idee van handelen. En wat voor het idee van het *handelen* geldt, geldt evenzeer voor dat van het *willen:* als de wil van voorwaarden afhangt, verliest hij zijn vrijheid en daarmee het karakter van het echte willen; als hij niet van voorwaarden afhangt, is het een onbegrijpelijke, vervreemde wil, waarvan de pure toevalligheid ook niet overeenkomt met het idee van de vrijheid. De voor ons zelfbesef zo fundamentele ideeën van handelen en willen, die ons zo vertrouwd zijn en zo duidelijk leken, ontpoppen zich als innerlijk *tegenstrijdige* ideeën. En tegenstrijdige ideeën zijn *geen* ideeën.

6

Het is niet zoals bij een hersenbreker, een ingewikkeld kruiswoordraadsel of een geraffineerde puzzel. De uitdaging is meer dan een test voor speels vernuft. Ook is de situatie waarin we met ons denken verzeild zijn geraakt anders dan bij een paradox – zoals de vraag hoe de snelle Achilles de langzame schildpad kan inhalen, aangezien de schildpad bij zijn nadering toch altijd al verder is (al is het maar een heel klein stukje), of de vraag wat wij moeten zeggen wanneer een Kretenzer beweert dat alle Kretenzers liegen, en daarmee iets zegt wat nu net waar is wanneer het onwaar is. Wanneer we vaststellen dat we conceptueel gezien de begrijpelijkheid van handelen en willen betalen met de onvrijheid ervan, en de vrijheid met zelfvervreemding, is dat meer dan een prikkel die ons irriteert of amuseert. De ontdekking betekent een verwarring die het evenwicht van onze gevoelens in gevaar brengt. Wij zagen onszelf als onderdeel van de natuur en tegelijkertijd als vrij en verantwoordelijk, en nu blijkt dat die twee dingen niet samengaan, waarbij het onmogelijk lijkt het ene voor het andere op te offeren. En wat ons nog het meest uit ons evenwicht brengt: het vertrouwde morele denken lijkt zijn houvast te verliezen. De rechter stuurt Raskolnikov naar het strafkamp in Siberië en verwoest zijn leven. Wij stemmen daarmee in. Maar mógen we dat eigenlijk wel? Wanneer Raskolnikov niets anders kon dan deze ene lijn over het oppervlak van de aarde beschrijven die hem tot een moordenaar maakte, is het dan niet oneerlijk en wreed – ja, onmenselijk hem op te sluiten? Wanneer zijn daad daarentegen onvoorwaardelijk vrij was en hem overkwam als iets wat met hem en zijn levensgeschiedenis niets te maken had, is het dan niet volkomen zinloos hem daarvoor te bestraffen? In welke richting we ook verder denken, de morele houding die ons leven ingrijpender bepaalt dan weinig anders, lijkt hopeloos verward te zijn. Het ziet ernaar uit dat we juist op het punt waar alles om draait het slachtoffer zijn van een ernstige, ontwrichtende verwarring.

7

Laten we een stap terug doen. Is de tegenspraak in het denken die hier aan het licht komt iets wat we eenvoudig moeten *erkennen*? Is het enige verstandige misschien die tegenspraak te aanvaarden als iets wat in de aard van de zaak besloten ligt? Is dat uiteindelijk de clou? Komt het erop aan de inconsistentie niet te zien als iets wat helaas *onuitroeibaar* is, maar als een *wezenlijke* inconsistentie?

Die komt echter niet uit de lucht vallen, maar ontstaat door ons denken zelf. Valt daarom niet toch te verwachten dat ons denken de zaak ook in het reine kan brengen? Want wat zou het kunnen betekenen te zeggen: «Het ligt in de aard van ons denken dat het tot zulke tegenspraken leidt»? Wat zou dat kunnen betekenen als vaststaat dat je *niets* denkt wanneer je iets tegenstrijdigs denkt?

Of moeten we zeggen dat de tegenspraak weliswaar verholpen kán worden, maar dat wíj dat niet kunnen, omdat we hier de grenzen van ons denken hebben bereikt? Maar wat zou het kunnen betekenen als je zegt dat een conflict in ons denken vanbuiten de grenzen van dit denken oplosbaar is? Valt die mededeling eigenlijk wel te begrijpen?

Zoals we zien, is er niet slechts die ene doolhof. Daarachter is nog weer een volgende doolhof: die waarin we verdwaald raken wanneer we over de eerste nadenken.

8

Kunnen we de hele zaak niet gewoon vergeten en verdergaan zoals vroeger? Natuurlijk kan dat. Niemand dwingt ons ertoe een uitweg uit de doolhof te zoeken. Meestal valt het ook helemaal niet op dat de dingen niet zo eenvoudig zijn als we denken. Een rechter moet een nogal tot nadenken geneigde rechter zijn, wil hij merken dat hij eigenlijk helemaal niet goed weet hoe levensgeschiedenis, vrijheid en verantwoordelijkheid met elkaar samenhangen. Maar wanneer hij eenmaal de twijfel heeft meegemaakt waartoe onze gedachten hebben geleid, zal hij wél willen weten hoe de zaken nu staan. Je leeft niet graag met het gevoel dat je juist in de belangrijkste dingen geen helder inzicht hebt.

Dat is de reden waarom er filosofie bestaat. Langs die weg en door die inspanning verkrijgen wij helderheid over de fundamentele kwesties die ons denken bezighouden. «Daarover kun je lang filosoferen.» Zo'n houding van spottende berusting zet de dingen op hun kop. Het lijkt dan alsof het voor altijd *willekeurig* zou moeten blijven wat wij geloven over de diepste kwesties die ons bezighouden. Alsof het om zo te zeggen tot het wezen van deze dingen zou behoren dat het bij onoplosbare meningsverschillen moet blijven. Goedbeschouwd is dat een verbijsterende houding. Want je zou een reden moeten hebben – een heel sterke reden – om die te verdedigen. En hoe zou die eruitzien?

In werkelijkheid is het omgekeerd: meningsverschillen zijn niet het eindpunt van de filosofie, maar het begin. Filosofisch nadenken over een onderwerp als de vrije wil betekent een poging in deze kwestie tot een gefundeerde beslissing te komen. En dat lukt ook. Daarover gaat dit boek.

DEEL EEN

Voorwaardelijke vrijheid

1. Iets doen – iets willen

Hoe te beginnen?

Als je in een doolhof verdwaalt, wil dat zeggen dat je het *overzicht* bent kwijtgeraakt. Hoe kunnen we bij dit onderwerp het overzicht terugkrijgen? Niet door ons steeds opnieuw in de beschreven gedachten in te leven en er steeds opnieuw in verstrikt te raken. We moeten een andere, meer afstandelijke relatie tot deze gedachten zien te krijgen: we moeten ze beschouwen zoals *in een citaat*. In plaats van te zeggen: «Maar vrijheid van handelen en willen is toch...», kunnen we zeggen: «Gewoonlijk denken we dat vrijheid ... is.» En dan kunnen we – bezonnener en kritischer dan voorheen – de wegen onderzoeken die ons denken doorgaans neemt. Door de identificatie met een gedachtegang te verbreken, leggen we die aan onszelf voor, in plaats van ons erdoor te laten voortdrijven. Zo kunnen we gemakkelijker onderkennen waar en waarom deze ons misleidt.

Deze stap houdt in dat we de ideeën of begrippen waar het op aankomt *expliciet aan de orde stellen*, in plaats van er zoals voordien alleen mee te *werken*. Hoe krijg je dat voor elkaar? Ideeën of begrippen worden toegankelijk in *woorden*, of beter: in *bewoordingen*. Want het komt er niet op aan naar woorden te staren zoals ze in het woordenboek staan. Het komt erop aan woorden *in actie* te zien, in de bijdrage die ze leveren aan de articulatie van gedachten. Woorden in actie zijn de ankerplaats wanneer we begrippen grondig willen onderzoeken. De logica van hun gebruik is uitgangspunt en bewijsmiddel voor wat we over een idee, zoals het idee van de vrijheid, te zeggen hebben. Onze taalgevoeligheid is een goede, zij het geen onfeilbare gids wanneer het erop aankomt duidelijkheid te krijgen over ideeën. Voor alle duidelijkheid: het is zeker niet zo dat álles wat aan zo'n idee te ontdekken valt bij de beschouwing van woorden en hun logica aan het licht komt. Er valt veel te ontdekken wat van heel andere aard is en later – met name in de beide intermezzi – ter sprake zal komen. Maar één ding blijft waar, ook na die verruiming van het perspectief: we kunnen alleen dan zeker weten dat onze vaststellingen over een idee voor andere mensen herhaalbaar en dus controleerbaar blijven, wanneer ze in een overzichtelijke relatie staan tot de logica van de betreffende woorden. Alleen dan is namelijk duidelijk van wélk idee er sprake is. Dat is de reden waarom de taal zo belangrijk is voor de filosofie.

Aan het begin van een filosofische beschouwing van woorden staat een ervaring die je als volgt kunt beschrijven: er vindt een *vervreemding* van de woorden plaats. Zo is het ook bij «doen» en «willen». Er gaat haast geen dag voorbij zonder dat wij van iemand zeggen: «Hij doet...», «Zij wil...». We hebben hierbij de indruk iets volkomen duidelijks te zeggen. Niemand die zijn taal verstaat, zal erover struikelen. De woorden bezitten een grote alledaagse vertrouwdheid, en mensen die ze gebruiken, doen dat met het gevoel precies te weten waar ze over praten. Maar dat kan wel veranderen. Stelt u zich voor dat iemand u vraagt: «Maar wat is dat eigenlijk: iets doen? En wat is dat: de wil?» Door die vraag raken de anders vertrouwde woorden vervreemd. Plotseling weet u niet meer wat u zeggen moet. Indertijd, toen u de taal leerde, hebt u de woorden opgepikt en vervolgens nagebauwd. Wanneer iemand nu van u vraagt te zeggen welk idee daarin tot uitdrukking komt, zult u dat een moeilijke opgave vinden. Niet omdat u het helemáál niet zou weten. Als iemand die de taal machtig is, weet u er in principe zelfs alles over. Maar u weet het niet in een *uitdrukkelijke vorm*. Die verborgen kennis in een uitdrukkelijk weten te veranderen, is dus de eerste stap om de uitweg uit de doolhof te vinden.

Iets doen: het idee van een handeling

Raskolnikov slaat de pandhoudster met de bijl dood. Dat is iets wat hij *doet*, het is een *handeling*. Wat proberen wij met dit begrip onder woorden te brengen? Welke ervaringen worden erin samengevat, en hoe moeten die onderling verbonden zijn om te zorgen dat het een passend begrip is?

Raskolnikov kan zijn beweging *voelen*. Het is geen beweging die verloopt zonder enige beleving, zoals gewoonlijk geldt voor het knipperen van zijn oogleden of voor de bewegingen die hij in zijn slaap maakt. Het opheffen en laten zakken van de arm wordt begeleid door een innerlijke ervaring, het heeft voor hem een binnenkant. Hij let er niet speciaal op, zijn aandacht is bij de vrouw. Maar de beleving van de beweging, het lichaamsgevoel, is er wel. Een beweging waarbij dat ontbrak, zouden wij niet als een handeling beschouwen.

Niet iedere beweging met een binnenkant is een handeling. Wanneer onze arm omhooggaat omdat eraan getrokken wordt, voelen wij dat ook; desondanks telt zoiets niet als een handeling. De armbeweging is alleen dan een handeling wanneer wij de arm opheffen. Het onderscheid tussen het opheffen van de arm en het louter omhooggaan ervan is het onderscheid tussen een beweging die we *in gang* zetten en *voltrekken*, en een beweging die we louter *ondergaan* omdat ze ons *overkomt*, een loutere *gebeurtenis* dus. (Je zou dit onderscheid ook zo kunnen uitdrukken: het ene is een actieve, het andere een passieve beweging. Maar hiermee zou niets nieuws gezegd zijn: je zou het onderscheid tussen doen en ondergaan alleen maar herhalen.) Raskolnikov handelt omdat hij zijn beweging voltrekt. Hij heeft hierbij een bijzondere ervaring: hij *stuurt* de arm met de bijl, en dat betekent dat hij in bijzondere mate voeling houdt met zijn beweging – dat hij er innerlijk nauw bij betrokken is, een gevoel dat ontbreekt wanneer iemand alleen maar bewogen wordt in plaats van zelf iets te bewegen.

Doordat hij zijn beweging in gang zet en voltrekt, is Raskolnikov een dader. Dat betekent: hij is als *actor* de bron van zijn daad. Er is een onlosmakelijk verband tussen de ideeën van handelen en actorschap. Als het ene wegvalt, valt ook het andere weg. Zo is het bij een marionet. Omdat zijn bewegingen door anderen en niet door hemzelf in gang gezet en gestuurd worden, is hij niet de actor ervan, en om die reden zijn z'n bewegingen geen handelingen. Hetzelfde samenspel van deze beide ideeën valt waar te nemen wanneer iemand halverwege een handeling door een epileptische stuip wordt overvallen. Anders dan bij de marionet zijn het hier geen externe maar interne krachten die de regie overnemen. Maar ook hier geldt: de stuiptrekkende bewegingen zijn juist daarom geen handelingen meer omdat de zieke niet als de actor kan gelden. Plotseling is er niemand meer die iets doet. Wat rest is alleen nog een plek waar iets gebeurt.

Wanneer Raskolnikov zichzelf als actor ervaart, beleeft hij zijn beweging als uitdrukking van een *wil*. Hij stuurt de arm met de bijl op een bepaalde manier, omdat hij de oude vrouw dood wil slaan. Als hij door een andere wil werd geleid – bijvoorbeeld door de wil haar te omhelzen –, dan zouden de door hem gestuurde bewegingen anders zijn. En als er helemaal geen wil achter zijn bewegingen zat, was zijn beweging voor hem zoiets als een stuiptrekking, zij het – anders dan bij de epilepticus – een doorleefde stuiptrekking, een met een binnenkant. Hij zou zichzelf dan niet beleven als actor van zijn beweging, een actor die innerlijk nauw betrokken was bij het volvoeren ervan, en daarom zou hij deze niet ervaren als een handeling. Zo liggen de dwarsverbindingen tussen de ideeën van handeling, actorschap en de wil.

Raskolnikov verlaat zijn kamer, gaat naar het huis van de oude vrouw, loopt de trap op en slaat ten slotte toe. Al deze bewegingen worden geleid door zijn moorddadige wil en krijgen hierdoor *betekenis*. Deze betekenis ontdekken wil zeggen: die bewegingen zien als uitdrukking van een wil. Wanneer het ons lukt bewegingen op deze manier te zien, hebben we de indruk ze te *begrijpen*. We kunnen ze nu *verklaren* of *interpreteren* door het benoemen van de wil die ze leidt: «Hij gaat de trap op omdat hij de oude vrouw wil doden en het opgepotte geld in handen wil krijgen.» Dat er zo'n interpretatie voor te vinden is, maakt deel uit van het idee van een handeling die door een actor wordt voltrokken. Zolang wij ervan uitgaan dat een beweging een handeling is, zullen we proberen de dader te begrijpen door te ontdekken wat hij wil. Lukt ons dat, dan nemen we aan dat hij de beweging, als de actor ervan, met die speciale innerlijke betrokkenheid volvoert die voor handelen kenmerkend is. Komen wij daarentegen tot de overtuiging dat we een onbegrijpelijke beweging zonder betekenis voor ons hebben, dan hebben we niet langer de indruk van iets wat iemand handelend voltrekt, maar van iets waaraan de innerlijke sturing ontbreekt en wat eenvoudigweg gebeurt. Met de betekenis en de begrijpelijkheid verdwijnt ook de indruk dat de beweging van een actor uitgaat.

Deze samenhang bestaat niet alleen wanneer wij naar anderen kijken. Ook in ons eigen geval is die er. Om mezelf te kunnen ervaren als actor die zijn bewegingen voltrekt, ben ik erop aangewezen mezelf te begrijpen als iemand wiens bewegingen betekenis hebben omdat ze door een wil worden geleid. Dat wordt mij duidelijk wanneer ik onderweg vaststel dat ik vergeten ben wat ik wil. Plotseling begrijp ik niet meer waarom ik hier ben, mijn lopen heeft geen betekenis meer. Steeds minder ervaar ik het als beweging die ik als actor in gang zet. Mijn stappen worden steeds weifelender. Ten slotte blijf ik staan om na te denken. Ik zal pas verder lopen wanneer ik de vergeten wil en de oude betekenis teruggevonden heb, of wanneer ik door een nieuwe wil een nieuwe betekenis aan het lopen kan verlenen. Pas dan zal, wat het lopen betreft, de ervaring van mijzelf als actor terugkeren. In de tussentijd voltrek ik misschien andere bewegingen: ik wrijf misschien over mijn voorhoofd, teken met de punt van mijn voet lijnen in het zand of steek een sigaret op. Voor deze bewegingen geldt hetzelfde als voor het lopen: ik beleef ze als handelingen zolang ze betekenis hebben, bijvoorbeeld als middel om me te concentreren. Mocht het mij overkomen dat ik de betekenis ervan eveneens vergeet, dan zouden ook deze wegebben, en uiteindelijk zou ik daar roerloos staan als iemand wiens actorschap tot niets is verschrompeld.

Een laatste ervaring die een rol speelt bij het begrip handeling: wanneer ik als actor een beweging stuur vanuit een wil, dan beleef ik die als verwerkelijking van een *mogelijkheid onder andere*. Mijn gewaarwording van de beweging is alleen een sturen zolang die gewaarwording vergezeld gaat van de indruk dat ik de beweging op ieder ogenblik een heel andere wending zou kunnen geven – dat er dus een *speelruimte voor mijn bewegingen* is. Zou ik de beweging beleven als iets wat slechts één enkele, onveranderlijke loop kan nemen – zoals bij een projectiel dat zijn onvermijdelijke ballistische kromme volgt –, dan zou er geen plaats zijn voor de beleving van het sturen. Als we de ervaring van een speelruimte voor onze bewegingen zouden verliezen, zouden we daarmee ook het bewustzijn verliezen dat we ons vanuit een wil bewegen en dus iets doen. In plaats van als actor van de beweging een handeling te voltrekken, zouden we nu een of ander mechanisch systeem zijn, waarvan de bewegingen verlopen in onwrikbare, starre banen. Op deze wijze is het interne perspectief van een handelend persoon verbonden met een eerste, elementaire ervaring van vrijheid.

In deze eerste schets van wat het wil zeggen om iets te doen, speelt de gedachte van de voorwaardelijkheid voortdurend een belangrijke rol. Een beweging van iemand is dan en alleen dan een handeling wanneer de betrokkene zelf de actor is. Hij is dan en alleen dan de actor wanneer aan de beweging een wil ten grondslag ligt. Dan en alleen dan heeft de beweging een betekenis. Het is niet alleen zo dat de beweging in kwestie, wanneer deze een voltrokken daad is van een actor en een betekenis heeft, in feite afhankelijk is van een wil, om het even of de dader dit weet of niet; maar het is kenmerkend voor de ervaring van het handelen en het actorschap dat deze voorwaardelijkheid ook ervaren wordt. Wanneer wij – zoals bij het onbegrijpelijk geworden lopen – het bewustzijn van deze voorwaardelijkheid verliezen, gaat ook de ervaring actor te zijn en iets betekenisvols te doen, verloren. *De ervaring van actorschap is de ervaring dat ons handelen afhangt van de wil.* Als Raskolnikov zich op de trap naar de woekeraarster bij iedere stap een beetje minder door zijn moorddadige wil gedreven zou voelen, omdat de hem bepalende wil begint te wijken, dan zou hij de dodelijke beweging van de bijl, mocht die desondanks plaatsvinden, uiteindelijk niet ervaren als zijn daad. En als het hem zou gebeuren dat hij die wil weliswaar onverminderd voelde, maar dat die hem plotseling voorkwam als iets wat zijn bepalende kracht verloren heeft, dan zou hij zich, wanneer de bijl op het hoofd van de oude vrouw neersuist, niet meer de actor van die slag voelen. Als er een wil zou kunnen bestaan, een hevige wil bovendien, die wij als ineffectief zouden beleven hoewel hij voelbaar in ons woedde, dan zou deze ons voor ons eigen gevoel niet tot dader maken; we zouden de indruk hebben louter een omhulsel voor die wil te zijn.

Als er geen voorwaarden zouden zijn waar Raskolnikovs daad van afhing, dan was er geen sprake van een daad. Het is niet denkbaar dat wij van iets zouden ontdekken of aannemen dat het nergens van afhangt, terwijl het toch een daad zou zijn. Er is dus geen conflict tussen het idee van een handeling en de gedachte van voorwaardelijkheid. Niemand zegt: «Ik heb liever niet dat mijn bewegingen van mijn wil afhankelijk zijn, want dat zou een beperking van mijn vrijheid betekenen.» Of: «Ik heb liever niet dat ik in mijn bewegingen de slaaf van mijn wil ben, dat zou de speelruimte voor mijn bewegingen verkleinen.» Niemand zegt zoiets, omdat we zulke uitspraken, letterlijk genomen, helemaal niet zouden begrijpen, want ze drukken geen gedachte uit. Waar geen bepalende wil is, kan van vrijheid geen sprake zijn, en kan dus ook geen sprake zijn van een inperking van de vrijheid doordat er een wil bij komt. Waar de bewegingen niet door een wil worden gestuurd, is er geen speelruimte die door deze wil zou kunnen worden verkleind. En het loutere feit dat ik iets wil, kan onmogelijk op slavernij wijzen, want zonder mijn wil is er geen vrijheid die mij door die wil ontnomen zou kunnen worden.

De wil: wat is dat?

We hebben het begrip «wil» bedacht om het idee van het handelen te kunnen ontwikkelen. Het vormt het conceptuele podium voor de gedachte van het handelen. Als we dit begrip morgen als we wakker worden vergeten zouden zijn, zouden we ook de ideeën van handelen, actorschap en betekenis vergeten zijn.

Maar door de functie van dit begrip te begrijpen hebben we nog lang niet alles begrepen. Wat is dat eigenlijk: de wil?

Stel dat u piano speelt en dat het uw ambitie is de Minutenwals van Chopin werkelijk in zestig seconden te spelen. We zien u iedere dag oefenen met een klok in uw gezichtsveld. «Zij wil het stuk koste wat kost in de voorgeschreven tijd spelen,» zeggen we. Wat hebben we op het oog wanneer we op deze manier over uw wil spreken?

Om te beginnen schrijven we u de *wens* toe om de wals snel genoeg te spelen. We denken dat u daar zin in hebt en het graag zou doen. Als iemand iets wil, heeft hij er ook zin in. Wat je wilt is wat je wenst, en wat de moeite loont om te willen, is het het waard gewenst te worden. Het zou paradoxaal klinken als iemand over uw hardnekkig oefenen zei: «Ze wil het voor elkaar krijgen, maar zou dat niet graag doen.»

Nu hebben we op ieder moment allerlei wensen, en die worden lang niet allemaal een wil. Als ze dat worden, hebben ze de overhand gekregen op de overige wensen en hebben ze *tot handelen geleid*. Een wens moet dus een bepaalde rol vervullen om een wil te worden: hij moet ons *in beweging zetten*. Zo is het ook met uw wens de wals te spelen: iedere dag drijft die u opnieuw naar de piano. Als dat niet zo was en het erbij bleef dat u alleen telkens opnieuw naar het stuk luisterde, zouden we u wel de *wens* maar niet de *wil* om het te spelen kunnen toeschrijven.

Uw wens kan pas tot handelen leiden als u een voorstelling hebt van de stappen die nodig zijn voor de vervulling ervan. Dat een wens het gedrag begint te sturen zoals een wil dat doet, betekent dat er een denkproces op gang komt dat zich bezighoudt met de keuze van de middelen. Voor een loutere wens is deze stap niet nodig. Als u de Minutenwals niet alleen graag *zou* spelen, maar ook echt *wilt* spelen, denkt u erover na hoe u het stuk in de vingers kunt krijgen en wanneer u tijd hebt om te oefenen. Op die manier raakt ook het plannen makende verstand bij de zaak betrokken, en dit bevestigt de indruk dat iets willen ons veel meer vervult en in beslag neemt dan een loutere wens.

Het typeert het ontstaan van een wil dat het niet blijft bij spelen met een gedachte. U ontwikkelt de *bereidheid* de benodigde stappen ook inderdaad te zetten. U schaft de bladmuziek aan, noteert vingerzettingen en oefent passage voor passage. De reikwijdte van deze bereidheid is beslissend voor de vraag hoe sterk of zwak uw wil is. Wilskracht of wilszwakte blijkt uit de mate waarin iemand bereid is de maatregelen voor de vervulling van een wens ook dan nog te nemen wanneer onvermoede hindernissen zich opstapelen en er meer inzet van hem gevergd wordt dan hij gedacht had.

Er zijn beperkingen aan de wil. Die zijn van tweeërlei aard. In de eerste plaats worden die aan de wil gesteld door wat de werkelijkheid toelaat en wat niet. Je kunt wel *wensen* het verleden te veranderen of de wereld opnieuw te scheppen. Maar *willen* kun je het niet, want het gaat niet. Er bestaat zoiets als donquichotterie: iemand kan zich vergissen in de grenzen van het mogelijke en zijn wil volledig op iets richten wat hij ten onrechte voor mogelijk houdt. Fanatieke wereldverbeteraars zijn een voorbeeld. Omgekeerd kan het voorkomen dat de reikwijdte van onze wil groter is dan we dachten, omdat dingen die voorheen onmogelijk schenen toch uitvoerbaar blijken. Vroeger kon je alleen maar wensen om naar de maan te vliegen; tegenwoordig kun je het ook willen. Zowel de overspannen als de kleinmoedige wil laat zien dat het strikt genomen niet de werkelijkheid is die grenzen stelt aan onze wil, maar datgene wat wij daarover geloven. Als het anders lijkt te zijn, komt dit doordat er – zoals bij het onveranderlijke verleden – duidelijke gevallen zijn waarin we allemaal hetzelfde geloven.

De beperktheid van de wil heeft in de tweede plaats te maken met de beperktheid van onze vaardigheden. U kunt de wens hebben naar Milaan te rijden en daar in de Scala een opera te beluisteren. Dat is iets wat u niet alleen kunt wensen, maar ook willen. Het is een wens die ook tot een wil kan worden. Als u daarentegen wenst om in de Scala op het toneel te staan en een aria te zingen, dan is dat iets wat de meesten van u alleen kunnen wensen, maar niet ook kunnen willen. Het is een wens die niet tot wil kan worden. Ditmaal is de reden niet dat zoiets in de wereld eenvoudigweg niet mogelijk is. Het heeft speciaal met u en uw vaardigheden te maken. De meesten kunnen een aria niet zo zingen dat het goed genoeg is voor de Scala. Willen heeft te maken met kunnen, maar het is ook weer niet zo dat iemand alleen kan willen waar hij in feite toe in staat is. U kunt zeker wel iets willen waarvan vervolgens blijkt dat u het helemaal niet kunt. U kunt lang op het stuk van Chopin oefenen en vervolgens vaststellen: «Ik kan dit niet.» Toch kan iemand die u ziet oefenen zeggen: «Zij heeft de vaste wil», en u zegt achteraf terecht: «Ik wilde het met alle geweld.» Voor de wil komt het niet op de werkelijke, maar op de veronderstelde vaardigheden aan. Niet op de feiten, maar op het zelfbeeld. Zolang dit beeld u zegt dat u ergens toe in staat bent, kunt u het willen door te proberen het te verwerkelijken. Als u het beeld moet corrigeren, wordt uw wil tot een loutere wens. Op een dag, als het weer niets wordt met de Minutenwals, sluit u de klep van de piano. U gelooft er niet meer in. En daarmee verdwijnt de wil die u in beweging zou kunnen brengen. De wens daarentegen blijft: u voelt afgunst wanneer u iemand hoort die het wel klaarspeelt. En ook het omgekeerde geldt: wanneer u ontdekt dat u zichzelf wat de verwerkelijking van een wens betreft hebt onderschat, kan de loutere wens tot een wil worden.

Volgens deze opvatting is de wil niet een aparte post in de inventaris van de ziel. Er zijn geen speciale uitingen of prestaties van de wil. Dat iemand iets wil, betekent eenvoudig dat het geschetste samenspel van wens, overtuiging, overweging en bereidheid in hem aanwezig is en dat deze innerlijke structuur verantwoordelijk is voor zijn handelen.

Kun je onder willen ook iets anders verstaan? Dat zou dan iets moeten zijn wat van onze wensen verschilt. Als u uur na uur, dag na dag verbeten de Minutenwals oefent, zou nu gelden: u wordt in beweging gebracht door de wens om die snel genoeg te kunnen spelen, en *daarnaast* is er nog een wil die uw vingers over de toetsen doet glijden. Of: de kracht van uw wens, hoe sterk die ook moge zijn, is niet *toereikend* voor de vereiste bewegingen; pas wanneer de wil erbij komt, begint u te oefenen en blijft u ook bezig. Of: er moet een wil bij komen, omdat wensen helemaal niet van dien aard zijn dat ze mensen in beweging kunnen brengen; ze lijken meer op trage nuances van het gemoed. Niets van dat alles klinkt juist. En daar is een reden voor: het spreken over de wil *functioneert* niet volgens het model van een optelsom van krachten. We hebben het niet nodig om een vollediger verhaal te vertellen over de microgeschiedenis van een inwendig mechaniek. Het is gewoon een middel om samenvattend en in grote lijnen over onszelf te spreken voor zover we wensen hebben en als actor de bron van ons handelen zijn.

De wil waarover ik tot nu toe gesproken heb, mondt uit in een handeling. Is er ook een wil die zich niet verwerkelijkt in een handelen? Kunnen willen en handelen uit elkaar raken?

Soms laat je de dingen maar op hun beloop en doe je niets. Dit niets-doen en laten gebeuren kan de uitdrukking van een wil zijn. Sommigen zullen zeggen dat hieruit blijkt dat ook nalaten een vorm van handelen is. Anderen zullen zich beperken tot de vaststelling dat iets nalaten op dezelfde manier van de wil kan afhangen als een handeling. Beslissend is dat er door deze observatie aan het begrip «wil» niets verandert. De wil is ook hier een wens die de overhand krijgt op andere, tegengestelde wensen. Dat bedoelen we als we zeggen dat het ons een geweldige wilsinspanning heeft gekost om niet in te grijpen.

Een ander geval is de vruchteloze poging, in de zin van een verijdeld handelen. U wilt vandaag weer aan de Minutenwals werken, maar de gesloten deur van het conservatorium verhindert dat. Uw wil blijft een loutere wil, die niet in een daad kan worden omgezet. Dat er desondanks sprake is van een wil en niet slechts van een wens, blijkt wel hieruit: als de deur open was geweest, zou u naar binnen zijn gegaan en geoefend hebben. Het ligt niet aan u en uw wensen dat het vandaag niets wordt, maar aan de omstandigheden. Een wil is een wens die tot handelen leidt wanneer de omstandigheden het toestaan en er niets tussen komt.

Tot nu toe was er sprake van iemand die iets wil *doen*, zoals pianospelen. Dat is het meest voorkomende, maar niet het enige geval. We kunnen ook iets willen *worden*. U kunt dokter of verpleegster willen worden. Maar ook hier is stilzwijgend sprake van een doen: u wilt zichzelf tot dokter of verpleegster *maken*, en dat betekent: u wilt doen wat daarvoor nodig is.

Ten slotte kan men ook willen dat iets *het geval wordt* of *het geval blijft*. U wilt misschien dat het lawaai uit het huis naast u eindelijk eens ophoudt. En iemand kan u vragen: «Wil je dat ik blijf?» Of misschien wenst u alleen maar dat er een eind komt aan het lawaai, en luidt de vraag: «Zou je graag hebben dat ik blijf?» Het onderscheid tussen de loutere wens en de wil ligt ook hier in de mogelijkheid en de bereidheid tot handelen. Wanneer u niet alleen snakt naar stilte, maar die ook tot stand wilt brengen, zult u als een dolle bij de buren gaan aanbellen, en wanneer u werkelijk wilt dat iemand bij u blijft, zult u desnoods proberen hem vast te houden. Daarentegen moet het bij een loutere wens blijven wanneer het gewenste buiten bereik van uw invloed ligt. Strikt genomen kunt u niet willen dat u de lotto wint; u kunt het slechts wensen. En dat de Duitsers de voetbalwedstrijd winnen, is al evenmin iets waarop uw wil zich kan richten. Als u toch zegt dat u het wilt, is dat slechts een retorische manier om uitdrukking te geven aan de hevigheid van uw wens. Wanneer iets kennelijk onbereikbaar is, houden we daar rekening mee door de aanvoegende wijs te gebruiken: «Ik zou wensen dat ik heel ergens anders was», «Je zou je toch beter weer wensen». In de uitdrukkingsvorm van de irrealis weerspiegelt zich de berustende modulatie waarin we over zulke wensen spreken. Het zijn geen wensen die ons in beweging zetten.

2. Doen en laten wat je wilt

Raskolnikovs moord is een handeling. Daar willen we aan toevoegen dat het een *vrije* handeling is. Laten we ook dit vertrouwde woord vervreemden en ons afvragen: welke ervaring en welke gedachte moet dit woord nu precies tot uitdrukking brengen?

Vrijheid van handelen: de grondgedachte

Op het eerste gezicht lijkt het antwoord heel eenvoudig: Raskolnikovs handelen is vrij omdat het de uitdrukking van zijn wil is; hijzelf beslist over zijn handelen, en wel door zijn wil. Omgekeerd zou zijn handelen onvrij zijn wanneer het niet uit zijn wil voortkwam. We zagen al dat het begrip van de wil de functie heeft om de ideeën van handelen en actorschap te omlijnen. En nu lijkt het alsof het, door deze functie uit te oefenen, in één klap nog iets anders voor elkaar krijgt, en ook het idee van de handelingsvrijheid verheldert.

Maar dat kan niet kloppen. Dat handelen voortkomt uit willen, maakt het nog niet meteen tot een vrij handelen; het is eerder een vooronderstelling voor het feit dat het echt een handelen *ís*. Als we de vrijheid van handelen eenvoudigweg zouden opvatten als betrokkenheid van de wil, dan zou daaruit volgen dat iedere handeling als zodanig vrij is; want wat haar tot een handeling maakt, is dat ze door een wil wordt gestuurd. Vrijheid en actorschap zouden hetzelfde zijn. De conceptuele prijs zou hoog zijn: we zouden het idee van de onvrije handeling verliezen. Als we nu van iemand zouden zeggen dat hij weliswaar handelde, maar niet uit vrije wil, dan zouden we in een tegenspraak verwikkeld raken. Iets onvrijwillig doen zou geen handelen meer kunnen zijn. Verlies van vrijheid zou gelijkstaan met niet langer actor zijn.

Toch is het begrip van de wil het uitgangspunt als we het idee van de handelingsvrijheid willen begrijpen. Dat blijkt wanneer we de misschien wel meest gangbare vaststelling op dit punt beschouwen: *iemand is vrij wanneer hij kan doen en laten wat hij wil.* Deze toelichting lijkt bedrieglijk veel op de eerste: een handeling is vrij wanneer ze de uitdrukking van een wil is. Maar achter deze gelijkenis verbergt zich een belangrijk verschil, dat we kunnen opvatten als een verschil in *richting van de vraag*. Je kunt uitgaan van een gegeven gedrag en vragen: zit daar een wil achter of niet? Daarmee stel je de vraag: is het een handeling of niet? Van vrijheid is bij deze vraag nog geen sprake. Maar je kunt ook omgekeerd van een gegeven wil uitgaan en vragen: kan deze worden verwerkelijkt in een handelen? Daarmee stel je de vraag naar de vrijheid van de handelende persoon. De mate waarin hij vrij is, is de mate waarin hij datgene wat hij wil in daden kan omzetten. Evenzo voor het gebrek aan vrijheid: het ligt niet in het feit dat iemands gedrag niet door een wil wordt gestuurd; dat betekent alleen maar dat het geen handelen is. Wat een handelende persoon onvrij maakt, is dat hij een wil heeft die belemmerd wordt en daardoor niet in een handeling kan uitmonden. Dit is het geval bij de verlamde die wil opstaan en bij de gevangene die wil weglopen.

Nu zien we hoe belangrijk het was de wil niet te beschrijven als een wens die in alle gevallen tot handelen leidt, maar als een wens die tot handelen leidt wanneer de omstandigheden het toelaten, en die ook dan een wil blijft wanneer de verwerkelijking ervan belemmerd wordt. Als we voor de betrokkenheid van de wil zouden vereisen dat wensen inderdaad worden vervuld, dan zouden we de gedachte niet meer kunnen uitdrukken dat iemand in zijn handelen onvrij kan zijn. Voor deze gedachte hebben wij een wilsbegrip nodig dat voorziet in de mogelijkheid dat willen en handelen niet meer samengaan.

Speelruimtes: van de wereld naar mijzelf

Raskolnikov is vrij in zijn handelen. Hij is niet verlamd en zit ook niet gevangen, en terwijl hij de trap naar de woekeraarster op loopt gebeurt er niets wat hem de uitvoering van zijn daad zou beletten. Hij kan zijn moorddadige wil de vrije loop laten. Maar zijn vrijheid sluit nog iets anders in. De oude vrouw doodslaan is niet het *enige* wat hij kan doen. Hij zou ook iets *anders* kunnen doen: energiek naar werk zoeken, van het geld van zijn toekomstige zwager leven of een bank overvallen. Er is voor hem een *speelruimte van mogelijke handelingen*. De gedachte van zo'n speelruimte ligt in het verlengde van de fundamentele ervaring van een speelruimte voor onze bewegingen, die, zoals we eerder zagen, deel uitmaakt van het idee van het handelen. Het is een belangrijk onderdeel van ons idee van handelingsvrijheid. Van iemand die vrij is, willen we zeggen dat dit ene ding dat hij *in feite* doet niet het enige is wat hij *zou kunnen doen*. Een vrij handelende persoon heeft, voor hij uiteindelijk tot zijn daad overgaat, in deze zin een *open toekomst* voor zich. Als we over Raskolnikov, die we volgen op zijn tocht naar de woekeraarster, zeggen dat hij helemaal niets anders *kan* doen dan wat hij zo meteen *zal* doen, en dat er voor hem slechts deze ene toekomst als moordenaar is, dan kan hij niet gelden als iemand die vrij is in zijn handelen. Dat geldt ook voor het verleden: een handelen uit het verleden was alleen dan vrij wanneer de dader destijds ook iets anders had kunnen doen. Alleen wanneer zijn toekomst destijds open was, ging het bij zijn daad om een daad uit vrijheid. Daarom choqueert het ons wanneer we bij d'Holbach lezen dat er slechts één enkele lijn is die we over het oppervlak van de aarde kunnen trekken, en dat die van tevoren is vastgelegd.

Maar deze gedachte is gelaagder en ingewikkelder dan de gladde oppervlakte van deze formulering doet vermoeden. Er zijn namelijk verschillende soorten speelruimte voor ons handelen, en dus ook verschillende varianten van de formule dat hij in plaats van het ene ook iets anders had kunnen doen.

Om te beginnen kan het een vraag naar de *gelegenheid* zijn. In plaats van dit boek te lezen, zou u een heleboel andere dingen kunnen doen. U zou uit eten kunnen gaan, een film kunnen zien of een vriend bezoeken. Als u later zegt dat u ook iets anders had kunnen doen, bedoelt u: ik had de gelegenheid. Vrijheid is hier de rijkdom aan gelegenheden. Zo is het ook bij handelen op langere termijn. Ik ben vrij om rechten te studeren of journalist te worden, wanneer ik zowel ben toegelaten tot de studie alsook een aanbod van een krant heb. Wanneer ik in deze zin spreek van de verschillende mogelijkheden die ik heb en die mijn vrijheid uitmaken, onderzoek ik de wereld vanuit de vraag wat die mij te bieden heeft. Het nadenken over mijn huidige en vroegere mogelijkheden is minder een nadenken over *mijzelf* – hoewel de taalkundige vorm dat aangeeft – dan over de vraag hoe het op een bepaald tijdstip met de *wereld* gesteld is.

De rijkdom aan gelegenheden kan groter zijn dan ik meen. Ik zou misschien meer dingen kunnen doen dan ik denk, omdat de gelegenheden talrijker zijn dan ik aanneem. Wie mij van buitenaf beziet, kan zeggen: hij heeft meer vrijheid dan hij beseft. Die vrijheid ligt in het *bestaan* van speelruimtes, niet in het *kennen* ervan: de mate waarin ik vrij *ben*, is groter dan de mate waarin ik vrij *meen* te zijn. Dat zou je *objectieve* vrijheid kunnen noemen, je zou erover kunnen zeggen wat men anders ook wel over een objectieve stand van zaken zegt: bestaan is iets anders dan gedacht worden.

De speelruimte voor mijn vrijheid kan in de tweede plaats de *middelen* betreffen die ik heb om de kansen die de wereld mij biedt, te benutten. Dat ik er vrij in ben jurist of journalist te worden, vooronderstelt dat ik mij een studie kan veroorloven en niet ben aangewezen op het geld dat ik als werknemer bij de krant zou verdienen. De speelruimte om te handelen die de wereld voor mij gereedhoudt, kan groter zijn dan de speelruimte die mijn beperkte middelen mij geven. Arm als hij is, had Raskolnikov bijvoorbeeld niet naar een ander land kunnen reizen om daar zijn geluk te beproeven. Maar ook wat deze speelruimte betreft kan iemand zich vergissen. Ik kan een erfenis gekregen hebben waar ik niets van weet, of ik ben misschien vergeten dat ik ergens in mijn jack nog geld heb en loop met een knorrende maag het restaurant voorbij.

Hoeveel mogelijkheden tot handelen er voor mij openstaan, kan in de derde plaats van mijn *vaardigheden* afhangen. Ik moet over analytisch vernuft en een vlotte pen beschikken om zowel bij de rechtbank als bij een krant te kunnen werken. Omgekeerd leidt gebrek aan vaardigheden tot onvrijheid. Als u niet muzikaal bent, zult u tegen uzelf moeten zeggen: ik kan nooit dirigent worden. En ook hier kan de objectieve vrijheid groter zijn dan de veronderstelde. Iemand kan zijn schildertalent pas laat ontdekken, nadat hij jarenlang met afgunst naar anderen heeft gekeken.

De weg van de gelegenheid naar de middelen en verder naar de vaardigheden is een weg die steeds dichter tot mijzelf leidt. De speelruimtes worden met iedere stap persoonlijker. Uiteindelijk komen we bij de intiemste speelruimte: de speelruimte van mijn wil. De gelegenheden zijn er, ik heb de middelen, ik beschik over de nodige vaardigheden. Ik neem deze totale speelruimte in ogenschouw en nu geldt: of ik dit doe of iets anders, hangt uitsluitend af van wat ik wil. Het is het spel van mijn wil dat mij die ene weg in de toekomst doet gaan en niet een van de vele andere die ook mogelijk zijn. En wanneer ik achteraf zeg dat ik ook iets anders had kunnen doen, betekent dat: ik zou iets anders hebben gedaan als ik wat anders had gewild. Dat ik er zelf het nauwst bij betrokken ben wanneer het om de wil gaat, komt tot uitdrukking in het feit dat ik dan met nadruk zeg: nu ligt het werkelijk alleen nog aan míj wat ik zal doen.

Is er ook bij de wil nog verschil tussen objectieve vrijheid en vrijheid waar ik mij bewust van ben? Kan ik een wil hebben zonder het te weten? Of valt de speelruimte van mijn wil geheel samen met de speelruimte van de mij bekende wil? Wanneer ik van iedere wil die ik maar zou kunnen hebben ook automatisch weet had, zou ik volledig vertrouwd zijn met mezelf. Ik zou altijd op de hoogte zijn van en volkomen doorzichtig voor mezelf. Maar in werkelijkheid is de relatie tussen mijn weten en mijn willen lang niet zo intiem. Ik kan wat mijn wil betreft nog voor verrassingen komen te staan. Zo kan ik de bevrijdende ervaring hebben dat ik voor iemand die mij tot nu toe bij iedere ontmoeting antipathiek was opeens sympathie weet op te brengen. Of omgekeerd: ik ontdek dat in een situatie waarin ik vroeger altijd tegemoetkomend was, plotseling de duivel in me vaart. Iemand kan tot het randje van moord gedreven worden en daarbij in de ban van een wil raken die hij zelfs in zijn dromen niet voor mogelijk had gehouden. Zulke ervaringen brengen ons het besef bij dat we over onze wensen en waar die toe kunnen leiden, lang niet alles weten. En natuurlijk zijn er ook observaties over een langere periode waaruit ik kan leren dat er naast de vertrouwde wil nog een verborgen wil in mij aanwezig is. Wanneer ik op mijn gedrag terugkijk, ontdek ik misschien een patroon waardoor ik verbluft zeg: het lijkt wel alsof ik de hele tijd iets anders heb gewild dan ik dacht. Omdat alles wat met de wil te maken heeft ons in de kern raakt, kunnen zulke ontdekkingen een geweldige schok betekenen, die zowel aangenaam als onaangenaam kan zijn. In ieder geval laten ze mij zien dat de speelruimte van wat ik kan willen – en dus ook mijn vrijheid – groter is dan ik dacht.

Wat iemand kan willen:
een bepaalde wil is een begrensde wil

Onze wil ontstaat niet in het luchtledige. Wat wij kunnen wensen en welke van onze wensen tot handelen leiden, hangt van veel dingen af die niet in onze macht liggen.

Wat ik wil hangt bijvoorbeeld af van wat ik aantref, dus van de *externe omstandigheden*. Dat geldt om te beginnen voor mijn wil op de korte termijn. Wat ik in een winkel kopen of in een restaurant eten wil, welk boek ik lezen en welke reis ik boeken wil – dat zijn dingen die worden bepaald door het aanbod dat voorhanden is. Wat zich aan gelegenheden aanbiedt, legt de speelruimte vast waarbinnen mijn wil zich kan vormen. Zo is het ook bij de vorming van een wil op de langere termijn. Ook wat iemand op den duur zal doen en worden hangt ervan af welk aanbod de wereld voor hem in petto heeft. Iemand kan alleen die beroepen willen uitoefenen die in een samenleving bestaan. Iemands wil zou in dit opzicht misschien heel anders zijn geweest als er andere sociale rollen en mogelijkheden om geld te verdienen waren geweest. Zowel de wil op de lange termijn als die op de korte termijn varieert met de variaties in de externe omstandigheden. Je kunt dus eenvoudig en duidelijk zeggen: onze wil had ook anders kunnen zijn dan hij in feite was, vooropgesteld dat de omstandigheden anders waren geweest.

Het hangt dus niet alleen van ons af wat wij willen. Stoort dat ons? Voelen wij ons daardoor in onze vrijheid beknot? Op het eerste gezicht kan dat zo lijken. Als ik leef in een grauw, saai land, dat door een muur en door prikkeldraad omsloten wordt – bestaat mijn onvrijheid, ook mijn onvrijheid om te willen, dan niet precies in het feit dat er maar zo weinig te willen valt? Dat ik wel veel kan wensen maar slechts weinig kan willen, aangezien je het onmogelijke alleen kunt wensen maar niet willen? Zou het niet kunnen dat ik een revolutie op touw wil zetten om de speelruimte voor de wil eindelijk wat groter te maken? Jazeker, maar dat was de vraag niet. De vraag was of het ons stoort dat we bij onze wilsvorming *hoe dan ook* afhankelijk zijn van een speelruimte van kansen die we niet zelf geschapen hebben, om het even hoe groot die is. En dan is het antwoord: nee. Ook na de revolutie kan ik niet om het even wat willen, maar alleen die dingen die de nieuwe wereld als mogelijkheid biedt. Dat is eenvoudigweg zo omdat iedere wereld een *bepaalde* wereld is, die door zijn bepaaldheid grenzen stelt en duizend dingen uitsluit. En wij hebben deze bepaaldheid en deze grenzen nodig, omdat onze wil anders ook nooit een *bepaalde* wil kan zijn.

Stel even het onmogelijke – dat wij in een wereld leefden waarin iedere begrenzing voor onze wil ontbrak omdat deze wereld geen enkele bepaaldheid bezat. Op het eerste gezicht lijkt het misschien alsof hier volkomen vrijheid van de wil, in de zin van volledige ongebondenheid, zou heersen. In werkelijkheid valt er niets te willen in een wereld van een zo totale vaagheid, want er is *niets*, dat wil zeggen niets bepaalds, waarop een wil zich zou kunnen richten. Als bewoners van deze wereld zouden wij geen volkomen vrije wezens kunnen zijn, we zouden onvermijdelijk volkomen willoze wezens zijn. Daarom *kunnen* we ons niet storen aan de beïnvloeding en principiële begrenzing van onze wil door de gelegenheden die de wereld biedt. Want datgene waaraan die zou moeten worden gemeten om ons te storen, is niet *denkbaar*. De grenzen die door de wereld aan de wil worden gesteld, zijn geen belemmering voor de vrijheid, maar de voorwaarde voor het bestaan ervan.

De wereld met wat die te bieden heeft, legt vast wat ik op een gegeven tijdstip kan willen. De rest is aan mij. Wat betekent dat?

Het kan allerlei uiteenlopende dingen betekenen. Wat ik van geval tot geval wil, binnen de speelruimte die de omstandigheden mij geven, kan om te beginnen afhangen van mijn *lichamelijke behoeften*. De wil om te eten, naar een warme plek te vluchten of te gaan liggen, komt voort uit honger, kou en vermoeidheid. Zonder deze lichamelijke gewaarwordingen zou ik die wil niet hebben. Het kunnen ook mijn *gevoelens* zijn die erover beslissen welke wil zich in mij vormt. Mijn nietsontziende wil om koste wat het kost het brandende huis te verlaten, komt voort uit mijn panische angst voor vuur. De wil van het slachtoffer om zijn kwelgeest te doden, wordt gevoed door haat. De wil die mij het water in doet springen om iemand te redden, komt voort uit meegevoel. Zonder deze emoties zou ik die wil niet hebben: ik zou de wens niet hebben, die wens zou niet tot handelen leiden en de bereidheid doen ontstaan de noodzakelijke stappen te nemen. Ook van mijn *geschiedenis* en het resultaat daarvan, mijn *karakter*, hangt het af wat ik onder bepaalde omstandigheden wil. Wanneer ik iemand geworden ben wiens ervaringen alleen dan iets voor hem betekenen wanneer hij ze met anderen kan delen, zal ik onder dezelfde omstandigheden iets anders willen dan iemand die steeds bedacht is op het bewaken van zijn eigen grenzen. Wie er door smartelijke ervaring met veranderingen toe gebracht is angstvallig vast te houden aan wat hij gewend is, zal in dezelfde situatie iets heel anders willen dan iemand die heeft geleden onder verstarring en nu niets zozeer vreest als vast komen te zitten. En natuurlijk bepalen psychische kwetsuren, herinnerd dan wel vergeten, de koers voor het verdere verloop van iemands wil. Al deze dingen verlenen een persoon zijn innerlijk profiel, dat in samenspel met de omstandigheden eerder tot de ene wil leidt dan tot de andere.

Betekent het feit dat ik bij de vorming van mijn wil niet alleen door de uiterlijke omstandigheden maar ook door de omstandigheden in mij beïnvloed en begrensd word, een belemmering van mijn vrijheid? En is dat een reden tot klagen?

Ook hier weer kan het op het eerste gezicht lijken alsof dat beslist het geval is. Ervaren wij het niet heel vaak als een irritante beperking dat wij onder dezelfde omstandigheden steeds weer hetzelfde soort wil ontwikkelen? Zijn zulke herhalingen niet als de muren van een kerker? Zouden we deze innerlijke monotonie niet af en toe willen doorbreken en onszelf door een innerlijke revolutie omvormen, zodat we erin zouden slagen oude omstandigheden te beantwoorden met een nieuw soort wil? Jazeker, maar ook hier weer was dat niet de vraag. De vraag was of wij ons eraan storen dat onze wil *hoe dan ook* door lichamelijke behoeften, gevoelens, geschiedenis en karakter wordt beïnvloed en begrensd. En dan is het antwoord ook hier weer: nee. Ook na een innerlijke revolutie zou ik niet om het even wat kunnen willen, maar alleen die dingen die de nieuwe innerlijke wereld zou toelaten. En dat is goed zo; want alleen doordat een wil verankerd is in een innerlijke wereld met vaste contouren, is het de wil van een bepaalde persoon – kortom, *iemands* wil.

Stel ook hier even het onmogelijke: dat mijn wil volstrekt onafhankelijk was van de rest van mijn innerlijk leven. Wat zou het dan moeten betekenen dat het nog steeds míjn wil zou zijn? Dat zou niet meer te begrijpen zijn. Als de afhankelijkheid van uiterlijke omstandigheden ervoor zorgt dat een wil een bepaalde wil is, dan zorgt de afhankelijkheid van innerlijke omstandigheden ervoor dat het een wil is die aan iemand *toebehoort*. Een volstrekt ongebonden wil zou *niemands* wil zijn en dus *geen* wil. Wezens met een grenzeloze wil zouden niet zozeer een bijzonder grote wilsvrijheid bezitten, maar eerder volstrekt willoze wezens zijn, omdat er aan hen niets te vinden zou zijn wat onder het idee van het willen zou vallen, dat immers het idee is van een essentieel persoonlijk willen. Daarom geldt ook hier: het feit dat ons willen principieel afhankelijk is van onze geschiedenis en beleving kán ons niet storen, want datgene waarmee het zou moeten worden vergeleken om ons te storen, is niet denkbaar. En zo is begrenzing van ons willen door iets wat eraan voorafgaat ook hier weer geen belemmering voor de vrijheid, maar de voorwaarde voor het bestaan ervan.

3. Beslissingsvrijheid

Onze vrijheid is de vrijheid om te kunnen *beslissen* voor of tegen iets. Laten we ook dit woord vervreemden: waar hebben we het hier precies over? Wat zijn de ervaringen die in dit woord worden samengevat?

Het idee van de beslissing knoopt aan bij een eenvoudige observatie waar niemand aan kan twijfelen: wat wij willen, is niet onafhankelijk van wat we denken. We kunnen met onze gedachten onze wil beïnvloeden. Al overwegend kunnen wij aan onze eigen wil werken en beslissen hoe die zal uitvallen. Weliswaar zeggen we dan dat we beslissen iets te *doen*. Maar de handeling is de uitdrukking van een wil, en we bereiden deze voor door de wil met onze overwegingen in een bepaalde richting te sturen. Zo oefenen we macht uit over de wil en worden in een nadrukkelijke zin tot *actor* ervan. Voor zover we hierin slagen, is onze wil vrij; voor zover we er niet in slagen, is onze wil ook onvrij.

Instrumentele beslissingen

Onze beslissingen hebben een verschillende reikwijdte en een uiteenlopende diepgang, al naar gelang de betrokken wil beperkt of verstrekkend is. Laten we eerst eens naar beslissingen kijken over de middelen ter verwerkelijking van een reeds vaststaande wil, die op dat moment niet aan twijfel onderhevig is. Ik zal spreken van *instrumentele* beslissingen. De vraag waarop ze antwoord geven, luidt: wat kan ik het best doen wanneer ik x wil? En door het antwoord dat de betrokkene zichzelf geeft, ontstaat in hem de instrumentele wil om Y te doen. De tennisspeler, bijvoorbeeld, beweegt zich vanuit de niet ter discussie staande wil het punt te maken en de wedstrijd te winnen. Wanneer de bal komt, neemt hij bliksemsnel een beslissing hoe hij die het best terug kan slaan. Door zijn inschatting van de situatie ontstaat er in hem de instrumentele wil de bal laag of hoog, naar links of naar rechts te slaan. Zoiets geldt ook voor de eerstehulparts, die handelt vanuit de reeds bestaande wil de patiënt te redden. Al naar gelang hij over de situatie denkt, zal hij de instrumentele wil vormen het beademingstoestel aan te sluiten of een injectie te geven. En zo is het ook bij de vele onopvallende en doodgewone dingen die wij willen: het licht aandoen, uit de regen naar een droge plek vluchten, voor een tegemoetkomend voertuig uitwijken. Wij willen deze dingen omdat ze een middel zijn om een andere, meeromvattende wil te verwerkelijken, zoals de wil om te werken, geen kou te vatten en heelhuids ons doel te bereiken.

In bovenstaande voorbeelden ervaren wij onze instrumentele wil niet als iets waar we lang over moeten nadenken. Die wil komt zonder inspanning tot stand, als vanzelf. Maar die onmiddellijkheid is zeker geen blindheid. Ook wanneer een wil uit gewoonte of tijdsdrang ontstaat, wordt hij door een inschatting van de situatie gestuurd en is hij in die zin het resultaat van een beslissing. De spontaniteit ervan houdt simpelweg in dat we geen uitdrukkelijk proces van afwegen hoeven te doorlopen om deze wil tot stand te brengen. In al zijn soepele vanzelfsprekendheid is hij ontstaan door afzettingen uit de ervaring, die wij onszelf niet iedere keer in gearticuleerde vorm voor ogen hoeven te toveren.

Het is anders wanneer de situatie nieuw en ingewikkeld is of wanneer de vereiste wil wat zijn duur betreft een grotere spanningsboog moet hebben. Dan beginnen we aan een proces van het uitdrukkelijk afwegen van verschillende mogelijkheden; aan het eind hiervan staat de zorgvuldig afgewogen beslissing en het langzaam gerijpte besluit. Maar ondanks het verschil in duur en mate van articulatie is het beslissingsproces hier van dezelfde aard als bij spontane beslissingen: al overwegend vormen wij een wil.

Laten we kijken naar een miniatuurwereld: het schaakspel. Mijn overwegingen zijn van een toenemende complexiteit. Ik denk na over de stelling op het bord, over mijn mogelijke zetten, over de mogelijke reacties van de tegenstander op mijn mogelijke zetten, over wat hij van zijn mogelijkheden denkt, over wat hij gelooft dat ik denk, en ten slotte over de vraag welke gedachten over zijn eigen gedachten hij mij toeschrijft. Uiteindelijk, na lange bedenktijd, lijkt een damegambiet mij de beste zet. In mij ontstaat de wil om het stuk dat de dame beschermt terug te trekken. Ik heb de beslissing genomen en nu beweeg ik mijn hand.

Iets soortgelijks geldt voor instrumentele beslissingen in de grote, echte wereld, die serieuzer zijn en rijker aan gevolgen dan in het schaakspel. Misschien wil ik wel aan de macht komen. Dat is de tot handelen leidende wens die mijn gedrag bepaalt. Gegeven deze wil maak ik de balans op van mijn huidige positie. Hoe sterk is mijn partij en wat zijn momenteel de kansen dat deze mij tot kandidaat zal maken? Vervolgens overweeg ik wat ik zou kunnen doen om mijn doel naderbij te brengen. Met welke trucjes schakel ik mijn rivaal in de partij uit? Wat voor leuzen neem ik te baat om de kiezer aan mijn kant te krijgen? Vervolgens probeer ik me voor te stellen hoe de anderen op mijn mogelijke manoeuvres zouden kunnen reageren en hoe zijzelf hun mogelijkheden inschatten. Wat doet mijn rivaal wanneer ik geruchten over het aannemen van steekpenningen in omloop breng? Hoe hoog schat hij zijn geloofwaardigheid in? Is hij omkoopbaar? En ten slotte vraag ik me af of de anderen mijn machinaties en mijn verbale opportunisme zullen doorzien. Uiteindelijk staat mijn instrumentele wil vast: ik ga mijn rivaal omkopen en zal de verkiezingsstrijd in gaan met «morele vernieuwing» als slogan. Ik heb mijn beslissing genomen en nu zet ik mij in beweging, op weg naar de bank.

De paradox van het handelen tegen je wil

In veldhospitalen amputeerden de artsen niet zelden zonder narcose. Ze moesten het geschreeuw van de patiënten doorstaan en ook de vijandige blikken van de anderen, die hen als slagers beschouwden. De situatie vergde van hen een buitengewoon vaste wil. Wat zij zich in herinnering moesten roepen wanneer ze onzeker werden, was de vaststaande, aan geen twijfel onderhevige wil het leven van de gewonden te redden. Dat kon alleen door te amputeren, ook al waren er geen narcosemiddelen. Dus namen zij de instrumentele beslissing de patiënt waanzinnig veel pijn te doen. Op grond hiervan hadden zij de instrumentele wil de zaag te gebruiken. Het was een wil die moeite kostte, want hij druiste in tegen alles wat zij gewoonlijk wensten. Ze moesten zichzelf overwinnen en onder druk zetten en zichzelf tot iedere beweging dwingen. Ze ondervonden een uitgesproken *tegenwil* tegen wat zij deden. Je zou hen als sadistische monsters afschilderen wanneer je over hen zei dat ze de wens hadden de soldaten hun been af te zagen. «God weet dat ik het niet gráág deed,» zullen ze later zeggen, «ik vond het echt niet léúk.» En toch wensten zij het en moesten ze het ook wensen om deze instrumentele wil te kunnen hebben, want willen is wensen dat tot handelen leidt. Ze moesten ook iets voor elkaar krijgen wat op het eerste gezicht onmogelijk lijkt: iets wensen wat niet gewenst is, wat ze niet graag deden, of, zoals je ook kunt zeggen, iets kwaads wensen. Toen zij er later, na de oorlog, op terugkeken, zeiden ze misschien verward: «Al dat bloed en dat ontzettende geschreeuw – ik haatte wat ik deed uit de grond van mijn hart. Wanneer iemand iets zozeer haat, wenst hij het zeer beslist niet, en wanneer hij het niet wenst, dan wil hij het ook niet. En toch deed ik het. Dus wenste ik het toch! Hoe is dat mogelijk?»

Eén mogelijkheid om de paradox op te heffen zou zijn, de verbinding tussen doen en willen losser te maken en te zeggen: willen vereist weliswaar wensen, maar handelen vereist niet altijd willen. Dan zou je ongewenste dingen kunnen doen zonder die te hoeven wensen. Maar zolang willen en wensen met elkaar verbonden blijven, zou dat betekenen: wie handelt tegen zijn wil is iemand die, omdat hij handelt tegen al zijn wensen in, vanuit geen enkele wil en dus willoos handelt. Maar tegenwil en willoosheid zijn twee heel verschillende zaken. Handelen met tegenwil is echt handelen waarvan je zelf, zij het met tegenzin, de actor bent. Willoos handelen daarentegen is handelen zonder actor en zonder betekenis, en is dus geen handelen.

Zou het helpen de andere verbinding losser te maken, die tussen willen en wensen? Iets tegen je wil doen zou dan betekenen: het bereidwillig doen zonder het graag te doen. Is dat niet precies de juiste beschrijving voor de militaire arts? Wensen zou dan niet meer onlosmakelijk met willen verbonden zijn, het zou er geen essentieel deel meer van uitmaken. Het zou een kwestie van toeval zijn of een wil met een bijpassende wens samengaat of tegen alle wensen ingaat. Iemand zou iets tegen al zijn wensen in kunnen willen en het «uit pure wilskracht» doen. En het zou deze wensloze wil zijn die ons in beweging zet. Maar dat zou dan voor het handelen met plezier precies zo moeten gelden als voor het handelen met tegenzin. Als ik vol verlangen naar iemand toe reis, zou het niet het verlangen zijn dat mij voortdreef, maar de hiervan onafhankelijke, slechts bij toeval ermee samengaande wil. Dit zou lijken op een situatie die we eerder hebben besproken: dat de beweging van uw vingers bij het verbeten oefenen van de Minutenwals niet door uw wens naar perfectie wordt gestuurd, maar door een aanvullende, zuivere wil. En die gedachte is hier net zomin overtuigend als daar.

Moeten we echter zover gaan? Kunnen we niet vasthouden aan de bestaande samenhang tussen willen en wensen, maar uitgaan van een wensbegrip dat «zin hebben» en «graag doen» niet nodig heeft? Een neutraal, om zo te zeggen gezuiverd begrip, vrij van alle boventonen van plezier? Dan zou het geen probleem meer zijn te zeggen: de militaire artsen wensten iets wat zij haatten en verafschuwden. In deze nieuwe, uitgedunde zin van «wensen» zou je alles kunnen wensen, zelfs datgene waartegen je met je hele innerlijk in opstand komt en waarvan je – in de oorspronkelijke zin van het woord – van ganser harte wenst dat het er niet zou zijn. De paradox van het handelen tegen je wil zou verdwenen zijn. Maar het zou een Pyrrusoverwinning zijn. Want de prijs voor de opheffing zou zijn dat we nu een woord gebruikten dat zijn samenhang met de oorspronkelijke taal van het wensen zou hebben verloren. Maar het was juist deze taal die ons hielp te begrijpen wat een wil is. Datgene wat we van het oorspronkelijke begrip van het wensen hadden afgehaald, zouden we nu ook bij het begrip van het willen moeten missen. Wat overbleef zou een kleurloos begrip zijn, waarin niets meer terug te vinden was van de ervaring van het willen. We zouden ons onderwerp kwijt zijn.

Maar wat dan? We zeggen: «Wie het ene wil, moet voor het andere wel iets voelen.» Vaak betekent dat: wie een doel wil bereiken, moet ook de middelen willen. Het probleem was dat de middelen vaak niet aangenaam en dus niet wenselijk zijn. Maar nu moeten we een onderscheid in gedachten roepen dat een vertrouwde ervaring tot uitdrukking brengt. Je kunt iets gewoon *omwille van zichzelf* wensen te doen, en je kunt iets *als middel* wensen te doen, dus het alleen wensen te doen omdat het een middel is om een oorspronkelijke wens te vervullen. Denk aan het spreekwoordelijke bittere medicijn. Het is onaangenaam dit te slikken, ons gezicht vertrekt ervan. Als we het beschouwden als iets wat je omwille van zichzelf doet, zouden we het niet willen doen. De bittere smaak is niet op zichzelf gewenst, zoals de smaak van chocola, maar staat tegen. Wanneer we het goedje slikken, doen we dat omdat we er beterschap van verwachten, dus iets wat op zichzelf gewenst is. In dit licht bezien wordt het medicijn iets wat we zeker willen slikken, want we zien dat slikken nu als iets wat bijdraagt tot de vervulling van een oorspronkelijke wens. «Dat neem ik graag op de koop toe,» zeggen we. Je zou kunnen zeggen dat het innemen van de bittere substantie nu een *geleende wenselijkheid* bezit.

Soms verandert hierdoor zelfs de oorspronkelijke gewaarwording. Als je eenmaal hebt gemerkt dat het bittere spul de pijn verdrijft, kun je het aangenaam gaan vinden, als iets wat verlichting belooft. Of stelt u zich voor dat uw geheime liefde verzot is op monopoly. Tot nu toe haatte u dat spel. Monopoly spelen was wel het laatste wat u wenste. Maar deelname aan het monopoly-groepje van haar vrienden is op dit moment de enige mogelijkheid, het enige middel, om de geliefde persoon te zien. U verzuimt geen enkele bijeenkomst meer, u dringt er zelfs op aan elkaar vaker te zien. «Je lijkt het spel ineens graag te spelen,» zeggen uw vrienden. «O ja, ik ben er dol op!» zegt u. Dan ontdekt u dat uw liefde niet met wederliefde wordt beantwoord. En u haat het spel weer net zozeer als vroeger, zo mogelijk nog meer. De geleende wenselijkheid ervan is verdwenen.

Dit is ook de oplossing voor de paradox van de amputerende arts in het veldhospitaal. Die paradox dwingt ons niet om het handelen los te maken van het willen, en ook niet om het willen los te maken van het wensen in de gewone zin van het woord. Het volstaat te zeggen: de arts wenst de amputatie als het enige middel om de patiënt te redden. «Ik zou willen dat ik een zaag had,» zegt hij misschien wanhopig wanneer hij er geen kan vinden. En als er dan toch nog een opduikt, voelt hij zich gelukkig dat hij nu kan opereren, en tegelijkertijd ongelukkig omdat hij de soldaat zoveel pijn moet doen.

Substantiële beslissingen

Wanneer we een beslissing nemen, oefenen we invloed uit op onze wil. Beslissen is wilsvorming door overweging. Als resultaat van nadenken ontstaat de wil een bepaald iets te doen. Bij instrumentele beslissingen zoals we die tot nu toe hebben besproken, ging het erom wat je het best kunt doen, en dus ook willen, om een andere, reeds vaststaande wil te verwerkelijken. Deze voorafgaande wil van hogere orde was het vaste punt van de beslissing, dat niet ter discussie stond. Dat is echter niet het enige soort beslissingssituatie dat we kennen. In plaats van te vragen: wat kan ik het best doen wanneer ik x wil?, kunnen we ook vragen: wil ik x werkelijk, en waarom? Of, algemeen geformuleerd: wat wil ik eigenlijk? Wanneer we onszelf zo'n vraag stellen, staan we voor een nieuw soort beslissing. Het is een beslissing die dieper gaat dan tot nu toe, want we houden ons nu uitdrukkelijker en ingrijpender met onze wil bezig dan bij een louter instrumentele beslissing. We staan heel anders bij onszelf stil dan wanneer we alleen vragen hoe we het best ons doel kunnen bereiken. Nu gaat het om de substantie van ons leven, en daarom zal ik zulke beslissingen *substantiële* beslissingen noemen.

Bij een substantiële beslissing gaat het steeds om de vraag welke van mijn wensen een wil moeten worden en welke niet. Ondanks dit gemeenschappelijke kenmerk kunnen we niet alle substantiële beslissingen over één kam scheren. Ze hebben niet altijd dezelfde logica, er zijn niet altijd dezelfde vaardigheden bij betrokken, en het innerlijke proces dat eraan voorafgaat is niet altijd hetzelfde. Laten we eerst naar beslissingen kijken waarbij ik put uit het reservoir van oude, reeds bestaande wensen, waarvan ik mij bewust ben in die zin dat ik er verslag van zou kunnen doen. We moeten hier twee gevallen onderscheiden. In het ene geval gaat het om wensen die inhoudelijk wel met elkaar verenigbaar zijn, maar die niet gelijktijdig vervuld kunnen worden. De beslissing houdt in dat we vaststellen in welke volgorde ze tot handelen kunnen leiden. In het klein geldt dat bijvoorbeeld wanneer u een dagindeling maakt. Het is een vrije dag, en uw werk dwingt u niet al van tevoren een rangorde aan te brengen in uw wensen. U zou graag uitvoerig de krant lezen, met de kinderen spelen, naar het zwembad gaan, weer eens echt koken, eindelijk die nieuwe film zien waar iedereen het over heeft, de kelder opruimen en een vriend bezoeken. Inhoudelijk sluit geen van deze wensen de andere uit. Het is niet tegenstrijdig al deze dingen te wensen. Alleen laat de tijd het niet toe ze allemaal tegelijk in daden om te zetten. U zult een beslissing moeten nemen. Dat betekent dat u enkele wensen uitstelt. De kelder en de vriend moeten maar wachten. Moet u voor of na het zwemmen met de kinderen spelen? Voor of na het eten naar de bioscoop gaan? U moet een tijdsordening in uw wensen aanbrengen. Hierbij grijpt u terug op wat u over de wereld weet: wanneer het zwembad opengaat, wat de aanvangstijden van de bioscoop zijn, wanneer de kinderen naar bed gaan. En u denkt aan wat u uit ervaring over uzelf weet: hoe u zich na het zwemmen, het eten, het spelen en de bioscoop doorgaans voelt. Dat alles is het materiaal waarmee u kunt spelen bij de beslissing over de vraag hoe deze dag eruit moet zien. Uiteindelijk staat er een volgorde vast, en nu brengt u de wensen één voor één tot uitvoering. En evenzo wanneer het gaat om beslissingen in groter bestek. Moet u eerst examen doen en vervolgens naar het buitenland gaan, of omgekeerd? Moet uw kinderwens wachten tot u met uw opleiding klaar bent, of wilt u die twee dingen tegelijkertijd volbrengen? Alweer gaat het om de tijdsordening van uw wensen, en alweer komt het erop aan hierover te beslissen in het licht van wat u over de wereld en uzelf weet.

Met dit soort substantiële beslissingen doet u iets *met uzelf* en *voor uzelf*: u geeft aan het totaal van uw bewuste wensen van dit moment een ordening in de tijd die er voordien niet was. In deze zin bent u na de beslissing iemand anders dan daarvoor. Dit vormgevende, creatieve aspect van het substantiële beslissen wordt nog duidelijker wanneer we ons vervolgens tot beslissingen wenden die u moet nemen omdat uw wensen inhoudelijk niet met elkaar te combineren zijn. Het zou kunnen dat u zich enerzijds sterk aangetrokken voelt tot het kloosterleven. U wordt gefascineerd door het teruggetrokken bestaan, de stilte en concentratie binnen de kloostermuren, en altijd wanneer u een kruisgang ziet, denkt u: het zou het offer wel waard zijn. Dan zit u een keer in een tearoom, kijkt naar een verliefd stel en denkt: nee, toch niet. En zo slingert u heen en weer. Dit conflict kunt u niet oplossen door dingen in de tijd te rangschikken. U moet een beslissing nemen, en dat betekent hier: u moet *partij kiezen* voor een van de tegenstrijdige wensen, en de andere buitensluiten als een wens die nooit tot een wil kan worden. Zoiets kan ons ook gebeuren wanneer we een beroep moeten kiezen. Voor sommigen is het misschien volstrekt duidelijk dat ze het zakenleven in willen gaan en veel geld willen verdienen. Of dat ze acteur willen worden, op weg naar een oscar. Dan moeten er nog heel veel instrumentele beslissingen genomen worden, en ook de spreiding van ondergeschikte wensen in de tijd zal aandacht vergen. Maar de hoogste, allesoverkoepelende wens staat vast en voert van begin af aan de regie. Hier valt niet veel te beslissen. Anderen daarentegen, die zich evenzeer aangetrokken voelen tot de film als tot het zakenleven, hebben het moeilijker, want zij zitten met vragen die in tegengestelde richtingen gaan en onzekerheid met zich meebrengen. Moet het per se véél geld zijn? Wil ik niet ook veel vrije tijd, om mij met de kinderen bezig te houden, of met mijn fantasie? Wat wil ik uiteindelijk worden, iemand met veel succes of iemand die zijn leven in het verborgene leeft? Ook hier weer is een beslissing nodig die erop neerkomt dat ik mij achter een van de onverenigbare wensen opstel en de andere tot een wens verklaar die altijd wens zal moeten blijven en nooit een wil kan worden. En ten slotte kan ook een moreel dilemma een beslissing van dit formaat afdwingen. Wil ik een dokter zijn die gevolg geeft aan de smeekbede van een ten dode opgeschreven patiënt, en aan diens onverdraaglijk lijden vroegtijdig een einde maakt, ook wanneer ik hiervoor de wet moet overtreden? Of is trouw aan de wet voor mij een hoger goed? Wil ik iemand zijn voor wie de loyaliteit aan de familie boven alles gaat, of ben ik bereid mijn naaste verwanten te verlaten wanneer een politiek engagement of de wens tot zelfverwerkelijking dat vereisen?

Telkens wanneer we een beslissing nemen van deze omvang en deze ernst, doen we iets met onszelf en voor onszelf wat ver uitgaat boven de ordening van onze wensen in de tijd. Door partij te kiezen vóór de ene wens en tegen de andere, en de eerste tot een wil te maken, *identificeren* we ons daarmee. We beslissen over de vraag wie wij over het geheel genomen willen zijn en hoe wij ons willen gedragen. We kiezen voor een bepaalde identiteit. Hoe krijgen we dat voor elkaar?

De macht van de fantasie

Het is de fantasie die ons hierbij helpt. Fantasie is de vaardigheid om innerlijke mogelijkheden uit te proberen. We hebben die al nodig bij instrumentele beslissingen. Er is fantasie voor nodig om goed te kunnen schaken; het komt erop aan je tal van mogelijke zetten en tegenzetten voor te stellen en je experimenteel te verplaatsen in het hoofd van de tegenstander. Diegene wint die de ander minstens één stap voor is, en deze voorsprong dankt hij aan zijn grotere verbeeldingskracht. Zo is het bij alle instrumentele beslissingen: wie inventief is bereikt gemakkelijker zijn doel dan de fantasieloze, hij slaagt er beter in zijn wil tot werkelijkheid te maken. Hij is daarom ook vrijer, in de zin dat zijn handelingsvrijheid groter is.

Wanneer we ons bij een substantiële beslissing over onze wil beraden, moet de fantasie nog een andere dimensie hebben. We moeten ons kunnen voorstellen hoe het ons in verschillende situaties die we ons voor de geest halen met onze wensen zou vergaan. Dat moeten we ook dan al weten wanneer het om niet meer gaat dan de rangorde van de wensen in de tijd. Weliswaar speelt daarbij ook de instrumentele fantasie een belangrijke rol. Hoe krijg ik het gedaan om na het zwemmen nog op tijd bij de bioscoop te komen? Welke weg en welk vervoermiddel zal ik nemen? Hoe kom ik zonder examen aan een beurs voor het buitenland? Hoe organiseer ik tijdens mijn opleiding de zorg voor de kinderen? Daarnaast moet ik echter een zo nauwkeurig mogelijke voorstelling hebben van wat mijn gevoelens zullen zijn wanneer ik mijn wensen in de ene volgorde dan wel in de andere vervul, want deze gevoelens kunnen leiden tot het verdwijnen van de oorspronkelijke wensen en tot het ontstaan van nieuwe. Ik kan beter niet beginnen met het opruimen van de kelder, zeg ik misschien tegen mezelf, want anders is het in een mum van tijd avond, en bovendien zal ik daarna zoals gewoonlijk in een slecht humeur zijn omdat de chaos al wéér niet minder is geworden. Ik moet ook niet te vroeg naar de bioscoop gaan, want daarna wordt het doorzakken in een kroeg – ik ken mezelf. Wanneer er nu al een kind zou komen, zou ik dan nog de discipline opbrengen om mijn opleiding af te maken?

We moeten onszelf grondig kennen om substantiële beslissingen te kunnen nemen waar we geen spijt van gaan krijgen. Onze fantasie met betrekking tot onszelf moet groot, betrouwbaar en nauwkeurig zijn. Dat geldt nog meer dan anders wanneer we voor een onomkeerbare beslissing staan, waarmee we de ene identiteit kiezen en ons tegen een andere uitspreken. Er zijn veel dingen waar de verbeeldingskracht zich dan op moet concentreren. Om te beginnen de mogelijke externe omstandigheden waar ik door zo'n beslissing op den duur in terecht kan komen. Ik moet me het leven als monnik, jaar na jaar, dag na dag, uur na uur, voor de geest halen, voor ik in het klooster ga. Ik moet mezelf de vele dingen waar ik afstand van zou moeten doen één voor één voor ogen houden. Wanneer ik erover denk acteur te worden, moet ik mijzelf alle onzekerheden voorhouden die daarmee verbonden zijn, en het feit dat ik er mijn leven lang op aangewezen zou zijn om mensen te behagen. En niet alleen op de uiterlijke, maar ook op de innerlijke toekomst moet ik in de fantasie proberen vooruit te lopen. Hoe zal ik het ervaren wanneer ik nu eens en voor altijd kies voor een bestaan als arts? Hoe zal ik, rebels als ik ben, overweg kunnen met de strenge hiërarchie in een kliniek? En met het feit dat ik dag in dag uit met lijden, ziekte en dood te maken zal krijgen? Of wanneer ik voor een bestaan als strafpleiter kies: hoe zit het met alle bezoeken aan de gevangenis die mij dan te wachten staan? Kan ik de eindeloze gangen, de kale bezoekruimtes en het eeuwige gerammel van al die sleutels verdragen? De wanhoop van de gevangenen? Het menselijk falen dat mij in een meedogenloze vorm tegemoet treedt? En wanneer iemand als Gauguin de beslissing neemt zijn familie te verlaten om in een ver land zijn artistieke passie uit te leven, zal hij zich afvragen: wat doe ik met de gelukkige herinneringen aan mijn kinderen, en met het heimwee? Het komt erop aan te voorvoelen wat mijn innerlijke gestalte zal zijn, hoe die zich onder de toekomstige omstandigheden zou ontwikkelen. Ook hier weer moet mijn fantasie heel precies zijn en echt gespitst op details, en ik moet mijn reservoir aan zelfkennis en ervaringen met mezelf volledig benutten. Dit laatste des te meer omdat ik mijzelf ook de vraag moet voorleggen naar het lot van die wensen *waartegen* ik me uitspreek, hoewel ook zij tot een identiteit zouden leiden die ik me als de mijne zou kunnen voorstellen. Ze zullen immers met mijn beslissing niet simpelweg uitdoven. Zal ik er een berustende, speelse houding tegenover kunnen vinden, zodat ze mij, wanneer ze aan het woord komen, niet pijnlijk benauwen, maar een blijmoedige verrijking van mijn voorstellingswereld betekenen? Of zullen ze hun kracht doen gelden door in mij te woekeren als een gezwel, met als resultaat dat de identiteit die ik ertegenover heb gesteld ontwricht raakt en kleur verliest?

Al deze vragen moet de fantasie voor mij beantwoorden; ze moet mij in de toekomst projecteren en mij in zorgvuldig geschilderde situaties portretteren als iemand die in de toekomst dingen gaat willen. En dat is nog niet alles wat ze bereiken kan. Ze kan me ook helpen om wensen en dus ook een mogelijke wil te onderkennen waar ik tot nu toe niets van wist. Tot nu toe was er sprake van wensen die bewust zijn in de zin dat ik erover had kunnen vertellen. Dat ik bij een beslissing iets met mijzelf en voor mijzelf doe, betekende dan ook dat ik mij met mijn bewuste wensen bezighoud. Maar substantiële beslissingen, vooral die waar onze identiteit van afhangt, moeten wat hun ernst en reikwijdte betreft met zoveel mogelijk belangrijke wensen rekening houden. Ook met die wensen waar ik niet zonder meer weet van heb, omdat ze vanuit een verborgen diepte hun invloed uitoefenen. De fantasie is het middel om ze aan het licht te brengen en ze te laten bijdragen tot een substantiële beslissing. Sommige wensen die achter mijn rug om werkzaam zijn, kan ik aflezen aan patronen in mijn gedrag. Ik kan terugkijken en vol verbazing zeggen: ik zou het niet gedacht hebben, maar het lijkt wel alsof ik al die tijd, ondanks bezweringen van het tegendeel, het verlangen had alleen te leven. Of kinderen te hebben. Of in de schijnwerpers te staan. Er zijn echter ook wensen – met name wensen die ik tot nu toe niet waar wilde laten zijn – die pas toegankelijk worden wanneer ik mij met de logica en de natuurlijke neigingen van mijn fantasie bezighoud. Ik kan ze herkennen aan de richting waarin de beelden die in mij opkomen door een middelpuntzoekende kracht worden getrokken. Zo ontdek ik misschien dat mijn dagdromen openlijk of op een indirecte, beschaamde wijze gaan over de vraag hoe het zou zijn als ik stiekem mijn gezin en mijn werk zou verlaten. Niet alleen houd ik mij graag urenlang op stations en luchthavens op, hoewel ik daar geen praktische redenen voor heb, ik moet mezelf ook bekennen dat ik sinds enige tijd in iedere stad waar ik ben, uitkijk naar zolderkamers waar ik met een minimum aan geld zou kunnen leven. Ik weet ook tot in detail hoe dit andere leven eruit zou kunnen zien. Ik zie mijzelf met een baantje als serveerster, of als taxichauffeur, niet méér werkend dan absoluut nodig is, en wanneer ik aan mijn vrije tijd denk, zie ik mezelf steeds met tekenboek of camera, steeds op zoek naar gezichten. Dat is wat ik eigenlijk het liefst zou doen: gezichten vasthouden en daarin de sporen van het leven ontcijferen. Altijd wanneer ik mij m'n kamer voorstel, zijn de wanden behangen met gezichten. Ik word wakker, zie gezichten en stel mij een leven voor dat daarbij zou passen. En niemand zou mij hierbij storen: niet de andere verpleegsters op de afdeling, niet mijn lawaaierige, koppige kinderen thuis, niet mijn altijd overwerkte man. Alleen ontbijten, alleen in slaap vallen. Misschien zouden dan ook de aanvallen van migraine minder vaak voorkomen. – Of ik ben een begenadigd pianist, een opkomende ster aan het firmament van de concertwereld, iemand die het gemaakt heeft. Steeds vaker wanneer ik mijn rokkostuum moet aantrekken, stel ik mij voor dat ik in jeans en met een afgedragen trui het podium op kom. En iets heel anders speel dan in het programmaboekje staat. En het vakkundig slecht speel, zodat er een gemompel door het publiek gaat. Tot niemand mij meer engageert en men mij ten slotte vergeet. Geen hotelkamers meer, geen applaus dat mij de keel uithangt. Afrekenen met de hectische eerzucht en de onverdraaglijke trots van mijn ouders. Regelmatig, onopvallend werk doen en 's avonds televisiekijken.

Natuurlijk hoeven zulke fantasieën niet tot een volledige breuk met vroegere levensbeslissingen te leiden. Maar wanneer ik ze op het spoor kom, ze vasthoud en ontcijfer in plaats van dat ze me slechts vluchtig maar wel regelmatig beroeren, kan mijn innerlijke vrijheid groter worden. Ook wanneer ik niet alles omvergooi, zullen er in de toekomst beslissingen vallen die de anderen verrassen, omdat ik hun plotseling kanten van mezelf laat zien die tot nu toe alleen in het verborgene bestonden.

En ook dat is nog niet alles waar de fantasie toe in staat is. Tot nu toe was er steeds sprake van oude, reeds aanwezige wensen, al dan niet bewust. Maar de verbeeldingskracht speelt ook een rol wanneer geheel nieuwe wensen en een nieuwe wil in ons ontstaan. Waarom reizen wij? Omdat we ons graag zouden voorstellen hoe wij hadden kunnen zijn wanneer we ergens anders hadden geleefd, in een ander land, een ander klimaat, met een andere taal. In gedachten herscheppen wij onszelf, verzinnen een andere wil en een andere identiteit. En soms blijft daar iets van hangen, en dat draagt bij tot een innerlijke verandering. Ook nu weer hebben we iets gedaan met onszelf en voor onszelf. Zoiets geldt ook voor onze nooit aflatende behoefte aan verhalen. Verhalen gaan altijd ook over de wil van de hoofdpersonen. Dat geeft de lezer of toeschouwer de gelegenheid zich ook voor zichzelf een andere wil voor te stellen dan hij tot nu toe had. En het helpt hem zich levendig voor te stellen hoe de dingen die je doet, terugwerken op de dingen die je wilt. Voor een deel ervaart iedereen dat aan den lijve. Maar we zouden daar altijd graag meer over weten, want het gaat over de absoluut belangrijkste vraag waarmee we te maken krijgen: ik kan mij voorstellen van alles te worden, maar wat van dat alles wil ik uiteindelijk zijn, gegeven dat ik niet alles kan zijn?

De vrijheid van de wil zoals we die tot dusver beschreven hebben, is gelegen in de grootte van de fantasie en de zelfkennis.

Afstand en engagement

Tot het beslissingsvermogen zoals ik dat beschreven heb, behoort ook het vermogen een stapje terug te doen en over onszelf na te denken. We kunnen onszelf in gedachten tegemoet treden, onszelf vragen stellen en tot probleem maken. Er is niets geheimzinnigs aan de innerlijke afstand tot onszelf die zo ontstaat. We splitsen ons niet op raadselachtige wijze in tweeën. Ons denken kan zich gewoon op tal van uiteenlopende voorwerpen richten, onder meer ook op onszelf. Dat zou alleen mysterieus zijn wanneer we reden hadden aan te nemen dat gedachten alleen over iets anders dan hun eigen subject kunnen gaan. Maar zo'n reden is er niet. We kunnen over onszelf als handelend, denkend en wensend persoon nadenken. En niet alleen door te denken kunnen we distantie verkrijgen tot onszelf. Ook in onze wensen kunnen wij ons op onszelf richten. Ik kan niet alleen gedachten van de tweede orde ontwikkelen over mijn oorspronkelijke gedachten, maar ook wensen van de tweede orde over mijn oorspronkelijke wensen. Ik kan mij niet alleen al nadenkend afvragen hoe het met mijn gedachten en meningen zit, ik kan ook wensen een bepaalde wens en wil te hebben of niet te hebben. Ook dit vermogen is vooropgesteld als we zeggen dat we beslissingsvrijheid hebben en in de zin van deze vrijheid actor en subject van onze wil zijn.

Een kritische, afstandelijke beoordeling van onszelf speelt al bij instrumentele beslissingen een belangrijke rol. Als de vraag mij bezighoudt wat ik het best kan doen wanneer ik x wil, overweeg ik welke middelen ik heb, en die overwegingen kan ik kritisch bekijken en weer verwerpen. Er zullen uiteraard omstandigheden zijn waarin ik daar geen tijd voor heb, zoals tijdens een wedstrijd of in een hachelijke situatie in het verkeer. Vaak echter maakt het deel uit van de beslissing dat iemand zijn eerste ideeën heroverweegt en zich bijvoorbeeld ook in herinnering roept welke fouten hij geneigd is te maken. Het kritisch en met distantie omgaan met de eigen gedachten en de eigen instrumentele fantasie is een aspect van onze vrijheid. Een ander aspect is de kritische afstand waarmee we naar onze wensen kunnen kijken. Of het nu gaat om de tijdsvolgorde bij verenigbare wensen of om het partij kiezen bij onverenigbare wensen, steeds stel ik deze wensen aan de orde als iets waaraan ik niet zonder distantie ben overgeleverd. Ik kan een stapje terug doen, ze ordenen en ze in het licht van hogere wensen beoordelen, goedkeuren of afwijzen. Als we niet op deze wijze afstand konden nemen tot onze wensen, dan zouden we niet weten wat een substantiële beslissing is.

Maar de afstand tot onszelf is nog pas de ene kant van het beslissen. De andere houdt in dat we die afstand weer opgeven en ons *engageren*. Wanneer ik de voorstellen onderzocht heb die de instrumentele fantasie mij doet, volg ik uiteindelijk één daarvan, ik laat de overeenkomstige wil ontstaan en voltrek de handeling. Ik stort mezelf erin, zoals we dan zeggen. Nu kijk ik niet meer als onderzoeker naar mezelf, maar ga op in mijn willen en handelen. Zo ook bij substantiële beslissingen. Wanneer ik in de fantasie de ruimte van alle mogelijkheden heb verkend, laat ik de kritische distantie varen en geef me over aan de wens van mijn voorkeur en de vervulling hiervan door de handeling. In pregnante vorm kunnen we dat waarnemen wanneer twee staatslieden na lange vijandschap uiteindelijk besluiten elkaar de hand te reiken. Het had jaren geduurd voordat Yitzhak Rabin en Arafat besloten vrede te sluiten. Hun wil, zowel de instrumentele als de substantiële, hadden zij telkens opnieuw aan onderzoek onderworpen. Ten slotte stonden zij dan voor ieders ogen tegenover elkaar. Nu ging het erom de distantie op te geven en zich te engageren. Arafat stak zijn hand uit. Rabin aarzelde, en wekenlang was deze aarzeling in Israël stof tot gesprek. Ten slotte overwon ook hij de afstand, innerlijk en uiterlijk, en pakte de uitgestoken hand. Hij had zich geëngageerd.

Dit prijsgeven van de vroegere afstand behoort niet minder tot het verschijnsel van de beslissing dan de afstand zelf. Wanneer we steeds alles in de lucht lieten hangen, zou het er nooit van komen dat onze wensen in handelen werden omgezet. We zouden eeuwige waarnemers van onszelf blijven, die onbeweeglijk op een innerlijke uitkijkpost bleven zitten. En dat zou geen toestand van vrijheid zijn.

De openheid van de toekomst

Het behoort tot de ervaring van het beslissen dat wij de toekomst van ons willen en handelen als open ervaren. Er zijn heel verschillende dingen, zo denken we voorafgaande aan een beslissing, die we zouden kunnen willen en doen. De lijn die we met ons leven over het oppervlak van de aarde beschrijven, kan vanaf ieder moment in het heden een heel andere wending nemen. Het ligt aan ons, wij hebben het in de hand hoe die er uiteindelijk uit zal zien. Hierin ligt onze vrijheid. Als de voorbereiding van een beslissing lag ingebed in het besef dat ik slechts die ene wil kon hebben en geen andere, en bij het handelen slechts die ene weg kon inslaan, dan zouden we niet eens het gevoel hebben een beslissing te kunnen nemen. En met dat al zouden we ook niet het gevoel hebben de auteur van onze wil en het subject van ons eigen leven te zijn.

Hoe kunnen we deze ervaring van openheid begrijpen wanneer toch alles wat wij willen en doen afhankelijk is van voorwaarden? Laten we aannemen dat u voor een moeilijke beslissing staat die uw leven zal bepalen – de vraag bijvoorbeeld of u uw vaderland, waar de politieke verhoudingen voor u gevaarlijk zijn geworden, moet verlaten en naar het buitenland gaan, of dat het beter is uw land trouw te blijven en tegen de vijandige krachten te strijden door in het georganiseerde verzet te gaan. Er zijn veel dingen die u moet overdenken, en bovendien zijn ze met elkaar vervlochten. Om te beginnen uw veiligheid. Vervolgens de keuze van het andere land: hoe zit het met de taal en met de kansen om daar uw beroep uit te oefenen? Nog belangrijker zijn voor u wellicht de morele vragen. Mag iemand zijn land in zulke omstandigheden in de steek laten, of is hij het offer van zijn veiligheid verschuldigd? Kan dat eigenlijk wel: een land iets schuldig zijn? Hoe moet een mens de afweging maken tussen de verplichting tegenover zijn land en de verplichting tegenover zichzelf? Wat zullen uw vrienden denken die allang in het verzet zijn? Bent u voor de anderen een lafaard wanneer u nu weggaat? Bent u dat voor uzelf? Hoe zult u in uw nieuwe land met deze gevoelens leven?

U wordt heen en weer geslingerd, de kwelling te moeten beslissen berooft u van de slaap. Het is een kwelling omdat u weet dat ú het bent, en u alleen, die bepaalt welke weg u zult gaan. Soms zou u wensen dat iemand u bij de hand nam, u van de beslissing ontsloeg, de vrijheid in u doofde en van buitenaf besloot wat uw wil zal zijn en in welke handeling die zal uitmonden. Op zulke ogenblikken vervloekt u uw vrijheid en stelt u zich het verlies ervan als een verlossing voor. Maar deze gedachte is een zelfbedrog dat geen standhoudt; het is alleen maar iets om even bij op adem te komen. Dat zou direct en in alle hevigheid blijken als er werkelijk iemand was die u van uw vrijheid zou beroven door u te beletten al overwegend uw wil te beïnvloeden. U zou direct klaarwakker zijn en u uit alle macht verweren. Met alle middelen zou u vechten voor datgene wat u zojuist nog kwijt wilde zijn: de kwelling van de vrijheid. Want het is deze kwelling die u nodig hebt om uzelf te ervaren als iemand die als actor de bron is van zijn eigen wil.

Uiteindelijk zit u op het station op uw koffer. Het vergaat u zoals het u de afgelopen dagen steeds is vergaan wanneer u die koffer inpakte, alleen om hem een uur later weer uit te pakken. U denkt eraan dat u uw beslissing, of wat een beslissing leek te zijn, nog kunt herroepen. Ook nu is de toekomst nog open. Alles hangt af van wat u tot het vertrek van de trein nog door het hoofd zal schieten en of dat uw wil nog kan veranderen. U koopt voor de laatste keer de plaatselijke krant. Op de voorpagina staat de foto van een deportatie. U gooit de krant weg en gaat opnieuw op de koffer zitten, vastbeslotener dan ooit. Dan verschijnt op het tegenovergelegen perron uw oudste vriend, die van begin af aan bij het verzet was en meer dan eens zijn leven heeft gewaagd. U wordt overspoeld door een golf van schaamte, u pakt de koffer en ontvlucht het station. U bent uw vriend dankbaar, hij heeft u voor een verkeerde beslissing behoed. En u bent zielsblij dat de toekomst voor ons te allen tijde open is, dat u door uw schaamte de actor van de wil kunt zijn om nu toch te blijven. Nog vandaag zult u contact opnemen met de mensen van het verzet. Vastbesloten gaat u op weg naar huis. Als u de bocht om gaat, komt u beulsknechten van het nieuwe, bloedige regime tegen. Verstard van schrik laat u hen passeren. Een paar minuten later zit u in de trein. En ook nu weer bent u dankbaar voor de openheid van de toekomst.

We kunnen aan uw ervaring drie componenten aflezen, die in elkaar grijpen en zich zo verdichten tot de ervaring van de openheid. De eerste is de ervaring van het beslissen als zodanig: u bent degene die door uw overwegingen en uw fantasie de beslissing neemt of u zult gaan of blijven. Waar u dankbaar voor bent, is juist deze mogelijkheid in te grijpen in de vorming van uw wil. U bent blij dat u niet machteloos hoeft toe te zien bij de vorming van uw wil, dat u niet zomaar de speelbal van een wispelturige wil bent, die doet wat hij wil, die komt en gaat zoals het hem uitkomt, en ook niet het slachtoffer van een opportunistische wil, die zich blindstaart op kortetermijnvoordeel. U bent blij dat de gedachte aan uw vriend en diens oordeel uw wil een andere richting kon geven en u in beweging kon zetten, en dat hetzelfde opnieuw mogelijk was toen u eraan dacht hoe het zou zijn de handlangers van de nieuwe, wrede macht in handen te vallen. Het zou verschrikkelijk zijn, zo denkt u terwijl de trein u wegvoert, als het anders was gesteld: als de dingen die je denkt en fantaseert geen enkele invloed op de wil hadden, als ze door je heen schoten als filmbeelden die op het doek geen enkel spoor achterlaten.

In de tweede plaats bent u blij dat beslissingen herroepbaar zijn, of nauwkeuriger: dat de ene beslissing door een volgende, hieraan tegengestelde kan worden afgelost. U had besloten af te reizen, dit genomen besluit had u naar het station gedreven en zou u uiteindelijk doen instappen. Maar u was daarmee niet blind geworden voor de andere mogelijkheden. U was blij dat er eindelijk een eind gekomen was aan het afwegen; uitgeput staarde u met lege ogen naar de rails. Maar het verschijnen van uw vriend verbrak de rust en de uitputting, en bracht weer een stroom van overwegingen met zich mee. Zolang we dingen overwegen en ons alternatieven voorstellen, is de wilsvorming niet afgesloten; de verbeelding is een proces dat de wil steeds opnieuw kan veranderen. Het is dus waar als wij denken: op dit moment, terwijl ik aan de alternatieven denk, is er nog niets vastgelegd. Zelfs deze abstracte gedachte kan, wanneer hij u door het hoofd zou spelen, de nodige uitwerking hebben. Misschien brengt hij u in herinnering dat ook het dreunen van de wielen, hoewel het in zijn monotonie definitief genoeg klinkt, niet alles hoeft te bezegelen: u kunt op het volgende station uitstappen. U haalt opgelucht adem en denkt: het zou verschrikkelijk zijn als het anders was; als wij in een bepaalde zaak slechts één keer zouden mogen beslissen en daarna in die keuze zouden worden ingevroren; of als ons hoe dan ook slechts een beperkt aantal beslissingen zou zijn toegestaan, die we spaarzaam over ons hele leven moesten verdelen, zodat daartussen tamelijk lange perioden zouden liggen waarin we alleen maar machteloos konden toezien hoe de consequenties van onze laatste beslissing zich onverbiddelijk ontvouwden. Het zou een hel zijn.

Dat iedere gedachte die mij treft, ook die aan de openheid van de toekomst zelf, de toekomst van mijn willen en handelen kan veranderen, maakt tot slot het derde aspect van de openheid uit. Het is voor ons onmogelijk van tevoren definitief te weten wat we zullen willen en doen. Niet omdat een groot deel van onze wil in het duister is gehuld en ons kan verrassen (hoewel ook dat waar is). De reden is veeleer dat de laatste gedachte van ieder gegeven ogenblik, waarin we definitief menen te weten wat we willen, door zijn optreden een wil kan teweegbrengen die dit weten logenstraft. Wat ik weet over mijn wil en over de vraag welke weg die meestal neemt, kan mijn beslissing beïnvloeden en in een tegengestelde richting sturen. Misschien gaat u, terwijl het landschap buiten aan u voorbijschiet, de gedachte door het hoofd: «Dat is nou weer typisch iets voor mij, het was altijd al de behoefte aan zekerheid die uiteindelijk de doorslag gaf. Uiteindelijk wint altijd mijn lafheid. Ik zal niet omkeren, ik ben iemand die nu niet kán omkeren.» Bitter bijt u zich in deze gedachte vast. En op het volgende station stapt u uit.

Ons toekomstbesef zou heel anders zijn dan het in feite is wanneer dit alles niet zo zou zijn. Het zou de ervaring zijn van een dichtgemetselde toekomst zonder uitzicht. Toekomst zou niet meer zijn dan de tijd hierna, na het heden. De tijd als geheel zouden we niet als een stroming ervaren, niet als een op weg gaan dat wordt gekenmerkt door de nieuwsgierigheid naar onszelf, maar als een statische, levenloze, vervelende dimensie, waarin je niets anders zou kunnen doen dan je voegen naar wat allang bekend en onontkoombaar is. Want het stromen van de tijd is – naast de caleidoscopische afwisseling van waarnemingen en herinneringen – nu juist de ervaring dat wij steeds opnieuw in onze wil kunnen ingrijpen en die aan de allernieuwste ontwikkelingen kunnen aanpassen, of dat nu ontwikkelingen buiten ons of in onszelf zijn. Het is de ervaring van de plasticiteit en veranderlijkheid van de wil, de ervaring dat er altijd stroming is. Als hij plotseling bevroren en aan onze invloed onttrokken was, dan kwam ook de doorleefde tijd tot stilstand. U zou in de trein uit het raam kijken, uw aandacht afwisselend naar buiten gericht op het voorbijschietende landschap en naar binnen op uw vriend en de onbehouwen gezichten van de geüniformeerde marionetten; er zou dan nog steeds tijd bestaan in de zin van opeenvolging en verandering, maar het zou een tijd zijn die met u niets van doen had en die aan u voorbijging, want uw verstarde wil zou onbereikbaar zijn voor alle verandering, zodat u part noch deel zou hebben aan alles wat u maakt tot een subject dat beslissingen kan nemen, aan de ontwikkeling van de gebeurtenissen in de tijd. Het zou niet kunnen gebeuren dat u tot andere overwegingen kwam en weer uitstapte, want alles wat u denkt zou afketsen op uw verharde, ongenaakbare wil. Daarom zou u niet het besef kunnen hebben dat u een toekomst tegemoet rijdt; uw tijdservaring zou gereduceerd zijn tot de schamele beleving van het na elkaar, van een vroeger en later.

«Ik zou ook iets anders kunnen willen»

De vrijheid van onze wil bestaat naar onze mening in het feit dat we ook iets anders zouden kunnen willen dan we in feite willen. Dat is wat we graag tegenover het beeld van d'Holbach zouden stellen wanneer het op de wil wordt toegepast. Er is niet slechts één enkele weg die onze wil kan nemen, zo luidt ons protest, er zijn er meer. Wij hebben geen *starre* wil, die een bepaalde ontwikkeling volgt, wat er ook gebeurt. Hij kan variëren, en daarin ligt zijn vrijheid. En dat klopt ook. Maar het komt erop aan de juiste lezing van deze gedachte te geven en misverstanden te vermijden.

Eén lezing zijn we in het tweede hoofdstuk al tegengekomen. Onze wil zou anders kunnen zijn dan hij in feite is wanneer de omstandigheden waarin hij is ontstaan anders waren dan ze in feite zijn. We zagen daar dat iedere wil, om een bepaalde wil te zijn, innerlijke en uiterlijke omstandigheden nodig heeft die er de voorwaarden voor zijn. Hieruit volgt dat, met een verandering van de omstandigheden, ook de inhoud van de wil zal veranderen.

Het is echter niet deze globale variatie tussen de omstandigheden en de inhoud van de wil die wij op het oog hebben wanneer wij het over de vrijheid van de wil hebben en triomfantelijk zeggen: «Ik zou ook iets anders kunnen willen!» Maar wat is het dan wel? Het is iets wat past bij de grondgedachte van het beslissen zoals we die tot nu toe hebben uitgewerkt: dat wij al overwegend en beoordelend een besluit nemen over wat wij willen. *De vrijheid van de wil ligt in het feit dat hij van heel bepaalde voorwaarden afhangt, namelijk van ons denken en oordelen.* De triomfantelijke uitroep moeten we daarom als volgt lezen: «Ik zou ook iets anders kunnen willen, *als ik tot een ander oordeel kwam*!» De vrijheid bestaat juist in deze heel bepaalde onderlinge variatie van willen en oordelen.

Stel weer dat u de emigrant bent die wordt heen en weer geslingerd tussen vluchten en blijven. Misschien bent u wel niet alleen terwijl u daar op het station op de trein wacht. Uw vrouw en kinderen zijn bij u, u hebt besloten met het hele gezin te emigreren. Ook nu weer was de innerlijke strijd om tot een besluit te komen een kwelling. Wat de doorslag gaf was de kwestie van de veiligheid, die ditmaal niet alleen uzelf betreft maar ook uw gezinsleden. Als u geen gezin had, zo meent u, zou alles duidelijk zijn: dan was u allang in het verzet gegaan, veiligheid of geen veiligheid. Maar zo eenvoudig is het ditmaal niet. Hoe maak je de afweging tussen de plicht tegenover je land en de plicht tegenover je gezin? Nachtenlang was u bezig eerst het ene, dan het andere en dan nogmaals het eerste scenario door te spelen. U volgde de kronkelpaden van uw fantasie, en wat u wist van de fantasieën van uw vrouw en kinderen speelde ook mee in uw gedachten. Wat uiteindelijk het zwaarst ging wegen, was de vraag of u ermee zou kunnen leven als uw vrouw en kinderen op een dag zouden worden opgepakt terwijl u voor het verzet op pad was. Telkens wanneer u het dwingende gezicht van uw ongebonden, compromisloze vriend voor u zag, schoven daar – en voor uw eigen gevoel zette u zich daarmee schrap tegen zijn eisen – beelden van deportaties overheen, beelden die het uiteindelijk wonnen van uw angst om laf te zijn.

Wat u als uw vrijheid ervaart, is dat u uiteindelijk datgene wilt wat naar uw oordeel het zwaarst weegt – dat uw wil luistert naar uw oordeel. «Ik had ook iets anders kunnen willen,» zegt u misschien later in de trein. En nu is het van beslissend belang niet over het hoofd te zien *dat hier een verzwegen toevoeging meespeelt*: «... als ik tot een ander oordeel gekomen was.» De vrijheid waarvan u zich vergewist door dit tegen uzelf te zeggen, ligt in het feit dat u bij machte bent datgene te willen wat u juist acht.

Dat kan u nog duidelijker worden als u deze woorden uitdrukkelijk zónder de toevoeging leest die naar uw oordeel verwijst. Toegespitst luiden ze dan als volgt: «Ik had ook iets héél anders kunnen willen – gewoon zomaar.» Nu is er sprake van dat uw wil *volledig onafhankelijk van uw oordeel* de ene keer zus en de andere keer zo kan uitvallen. Hoe zou u dat vinden? Het zou een nachtmerrie zijn, want het zou betekenen dat uw wil in alle grilligheid zijn weg gaat, wat u verder ook denkt. Nu zou het kunnen gebeuren dat u wilt vluchten hoewel uw geweten u aanraadt te blijven, en het zou kunnen gebeuren dat u wilt blijven hoewel de bezorgdheid om uw gezin u aanraadt te vluchten. Met uw denken en uw oordeel zou u geen enkele macht meer hebben over uw wil, en dat zou het tegendeel van wilsvrijheid zijn.

Als er tot nu toe sprake was van vrijheid, ging het steeds om een speelruimte van mogelijkheden – om het gegeven dat iemand ook iets anders zou kunnen doen en willen dan hij in feite doet en wil. Lange tijd leek het alsof een inperking van deze speelruimte alleen maar een beknotting van de vrijheid kon betekenen, en de beperking tot één enkele mogelijkheid leek gelijk te staan met een vernietiging van de vrijheid. Nu zien we dat dit allerminst zo is, wanneer we maar nauwkeurig genoeg toezien. Weliswaar blijft een inperking van de bewegingsruimte letterlijk genomen een vermindering van de handelingsvrijheid, omdat de verwerkelijking van de wil wordt belemmerd; maar ons voorbeeld laat zien dat de vrijheid van de wil geen volledige ongebondenheid betekent. Het maakt juist de vrijheid van een wil uit dat hij op een bepaalde manier gebonden is. Het ligt in de aard van beslissingen dat ze de wil binden. Toen u niet kon slapen en lag te wachten tot u tot een beslissing zou komen, kwam het erop aan uw wankelende wil tot stilstand te brengen en met redenen te binden, redenen die zich als de sterkste zouden bewijzen doordat ze de ene binding in plaats van de andere zouden teweegbrengen. Uiteindelijk liet u toe dat uw wil gebonden werd door de bezorgdheid om uw gezin, en zo bracht u de beslissingsvrijheid in praktijk. Als het eindeloos geduurd had, zodat de gebeurtenissen van buitenaf u ten slotte het heft uit handen hadden genomen, had u de vrijheid verspeeld. De schijnbare vrijheid van een wil die zich tot het laatste moment aan iedere vastlegging onttrekt, is in werkelijkheid geen vrijheid. Wankelmoedigheid en besluiteloosheid kunnen onze vrijheid bederven. En u zou ook onvrij geweest zijn als zich tegen de morgen een wil baan had gebroken die niet meer ontvankelijk was voor redenen. U was vrij, juist omdat u een substantiële beslissing nam door partij te kiezen voor de bezorgdheid om uw gezin en door de gevoelens van loyaliteit aan uw vriend en uw land naar het tweede plan te verwijzen.

«Ik kan niet anders!» Dat zijn woorden die op het eerste gezicht alleen maar onvrijheid kunnen betekenen, want ze zijn in tegenspraak met de formule dat een vrij mens steeds ook anders kan handelen. Maar schijn bedriegt: ze kunnen zowel onvrijheid als vrijheid betekenen. Wanneer onvrijheid de boodschap is, is hun betekenis: «Ik kan niets anders willen, *hoewel mijn oordeel mij iets anders aanraadt.*» Ik beklaag mij er dan niet over dat ik niet *willekeurig iets anders* kan willen, maar een *bepaald* iets, namelijk datgene wat mijn oordeel me aanraadt. Het onbepaalde dat de woorden «anders» of «iets anders» aankleeft, kan een valstrik zijn. Ze doen denken aan een speelruimte van willekeurige mogelijkheden, terwijl in feite een heel bepaald alternatief bedoeld is: een willen en doen dat zich voegt naar het oordeel over wat juist is. De onvrijheid die hier aan de orde is, zal ons in het volgende hoofdstuk bezighouden.

Maar nu als de boodschap van de woorden vrijheid is. U staat weer op het perron, vastbesloten te vluchten. Dan verschijnt uw vriend op het perron en zijn gezicht verstrakt als hij u ziet en begrijpt wat u wilt. «Het spijt me,» zegt u, «*maar ik kan niet anders.*» «Je bent een vrij man,» zegt uw vriend met gesmoorde stem. «Zo is het, en juist daarom,» zegt u, en u voelt hoe deze woorden uw besluit definitief bezegelen.

Wat u bedoelde is dit: «Ik ben tot het oordeel gekomen dat het beter is te gaan dan te blijven. Mijn wil voegt zich naar dit oordeel. Hierin ligt mijn vrijheid. En ik zou ook niet *graag zien* dat mijn wil mijn oordeel kon trotseren en anders kon zijn. Want dat zou onvrijheid betekenen. Níet iets anders kunnen willen dan datgene wat je juist acht – dat is de beslissingsvrijheid waar je van op aankunt.» Wat uw wil in de confrontatie met uw vriend standvastig maakt, is geen stijfkoppigheid maar de doorslaggevende kracht van uw redenen. Dat weet uw vriend maar al te goed. Als hij wegloopt zonder een woord te zeggen, is dat niet omdat hij u vanwege uw hardleersheid veracht, maar omdat hij woedend is over uw vrijheid die hij gedwongen is te respecteren. Het is hem duidelijk dat u geen uitdrukking geeft aan een betreurenswaardig onvermogen wanneer u zegt: «Ik kan niet anders!», maar aan een vastbesloten wil, die u hem voorhoudt als iets waarin uw vrijheid tot uitdrukking komt.

4. Ervaringen van onvrijheid

De windvaan

U kent dat wel: je bent zojuist in een levendige, kleurrijke stad aangekomen, hebt je in het hotel wat opgefrist en loopt nu vol verwachting naar buiten, de hoofdstraat in. Je laat je door de mensenmassa, de geluiden en geuren opslokken. Je laat je meevoeren, zomaar ergens heen. Niets is van belang behalve het gelukkige gevoel niets te hoeven plannen, niets te hoeven beslissen, niets te hoeven denken. Als er iets is wat je niet mist, dan is het wel de last van het beslissen. En je mist ook de vrijheid niet die in dat beslissen gelegen is. Je mist die niet, integendeel, je zegt misschien bij jezelf: was het maar altijd zo.

Maar u zou zich vergissen als u dat zei, want u zou de bijzondere smaak van deze ervaring miskennen. Die ervaring is alleen wat ze is dankzij de zekerheid dat we de draad van het beslissen op ieder moment weer kunnen opnemen en verder spinnen. Dit besef is als een achtergrondklank, een aangehouden toon die de gelukkige ervaring begeleidt. We laten de vrijheid alleen even rusten, we hebben die tussen haakjes geplaatst en opgeschort, maar niet voor altijd prijsgegeven. Zo is het ook met de afstand tot onszelf. We genieten ervan nu eens niet over onszelf te hoeven waken, noch wat betreft onze wensen, noch wat betreft de middelen om die te vervullen. We mogen onszelf vergeten. Voor even zijn niet wij het die iets met ons doen, maar de wereld. We zijn bijna willoos zoals we ons daar langs de hoofdstraat laten meevoeren, en hoewel onze bewegingen het innerlijke aspect bezitten dat typisch is voor het handelen, zijn slechts weinige ervan in de volle zin handelingen. Ons even een tijdlang bewegen zonder een wil te verwerkelijken – ook daar genieten we van. Maar we kunnen er alleen van genieten omdat we iedere seconde weten hoe het zou zijn om de besliste regie over onze bewegingen weer op te nemen. Het geeft een gelukkig gevoel onszelf te vergeten, juist omdat we het als iets voorbijgaands ervaren, als iets waarover we kunnen beschikken.

En het is niet alleen het einde ervan dat we in de hand houden. Ook het begin bepalen we zelf. En alweer zou de ervaring niet zijn zoals ze is wanneer de herinnering ontbrak dat het een beslissing was die ons in deze ontspannen toestand liet wegglijden. Ook midden in het bruisende gewoel vergeten we nooit dat wij het zo hebben gewild. Toen we het hotel verlieten, hebben we iets met onszelf gedaan dat klinkt als een tegenspraak maar het niet is: we hebben besloten een tijdlang niets te besluiten. Het zou pas een tegenspraak zijn wanneer dat betekende dat we ieder ogenblik opnieuw zouden beslissen geen beslissing te nemen. Dat zou wel het toppunt zijn van een verkrampt bewustzijn. De ononderbroken voltrekking van deze beslissing zou ertoe leiden dat ze nooit ten uitvoer kon worden gebracht. Het zou een beslissing zijn die zichzelf voortdurend in de weg zou staan en die zichzelf telkens wanneer ze genomen werd, meteen weer zou opheffen en annuleren. Maar ons besluit om ons helemaal aan het bonte gewoel over te geven is niet zo paradoxaal. Wat wij met onszelf doen is iets heel eenvoudigs, dat we in duizend variaties kennen: we besluiten ons in een situatie te begeven waarvan we weten dat er iets heel bepaalds met ons zal gebeuren. Zo gedragen we ons wanneer we naar een concert of naar de bioscoop gaan, of naar zee. We zouden graag in een bepaalde toestand komen. En in de hoofdstraat is dat een gemoedstoestand waarin we alles loslaten en een speelbal worden van lichten, geluiden en geuren.

Nu doen we een gedachte-experiment: we stellen ons voor dat we ons laten meevoeren zonder dat deze ontspannen, uitgelaten toestand is ingekaderd in het besef dat we op ieder moment weer de regie zouden kunnen overnemen en de beslissingsvrijheid weer zouden kunnen uitoefenen. We kunnen het ons zo voorstellen dat de verschillende aspecten van dit besef achtereenvolgens verbleken. Wat als eerste uitdooft is de herinnering aan het feit dat wij het zo wilden. We vergeten allereerst hoe we vol verwachting en voorpret het besluit namen ons een tijdje te laten gaan. Er was toch iets, denken we moeizaam, maar we krijgen het niet meer te pakken. Dan dooft ook deze vage herinnering. Nu lijkt het alsof het altijd al zo is geweest, alsof we van oudsher gewoon zo met de stroom meegaan. We weten echter nog wel dat het mogelijk is boven water te komen en onze wil te vormen door een echt besluit. We hebben niet dit vermogen als geheel vergeten, maar alleen hoe we dat vroeger uitoefenden. Nog steeds zijn we dus in de gebruikelijke zin een subject dat in staat is een stapje terug te doen en met enige afstand over zichzelf na te denken. Maar nu brokkelt ook dit vermogen af. Het lukt ons niet meer kritisch afstand te nemen van onze wensen. In het begin gaat dit misschien nog gepaard met het gevoel dat we op het punt staan iets kostbaars te verliezen, maar dat gevoel vervaagt meer en meer, om ten slotte geheel in het vergeten te verzinken. Hiermee hebben we onszelf als subject van substantiële beslissingen verloren. Wat we nog wel kunnen, is nadenken over de keuze van onze middelen. Maar ook deze afstand tot onszelf wordt kleiner en kleiner, en verdwijnt uiteindelijk geheel. Een wil die in handelingen uitmondt, hebben we nog steeds. Kort voordat ook die in verval raakt, komt het proces van uitdoven tot stilstand. We blijven subject, maar het sluipende verval heeft slechts een schamele en verarmde vorm van subject-zijn overgelaten. Aangezien we in geen enkele zin meer beslissingen nemen, zijn we niet meer de auteur van onze wil. In de hoofdstraat roeien we door de menigte, blijven voor een etalage staan, likken aan een ijsje en strompelen verder. Onze wensen flakkeren op en verdwijnen weer; er valt geen onderzoekend licht meer op, ze drijven ons de stad door zonder zich samen te voegen tot een vaste wil voor de langere termijn. Zonder distantie laten we ons door die wensen meevoeren, we gaan er geheel in op.

Ook dat is een vorm van jezelf vergeten, maar een heel andere dan vroeger, toen we steeds wisten hoe we weer terug konden komen bij onszelf als beslissers. Deze vorm is veel onbestemder. Niet in die zin dat onze indrukken en wensen aan contouren, kleur en scherpte zouden hebben ingeboet. Integendeel, nu we ons op geen enkele manier meer met onszelf bezighouden, stromen de indrukken ongefilterd naar binnen en stuiten daar op wensen die zich ongeremd baanbreken en ons in hun hevigheid volkomen kunnen overspoelen. Onbestemd is de ervaring in een andere zin: aangezien we iedere afstand tot onze wensen verloren hebben, kunnen we er niet meer mee spelen; we kunnen niet aan de ene voorrang geven en de andere terugwijzen, en we hebben geen uitzicht op een speelruimte waarin wij ons kunnen voelen als iemand die voor deze of gene substantiële wens partij kiest.

Ook onze fantasie is besnoeid. Weliswaar kan die nog steeds hevige beelden oproepen en ons meeslepen. Aangezien we geen verzet meer bieden, wint ze zelfs aan macht in de zin dat ze zich vaker kan laten gelden. Maar het is geen fantasie meer die op onszelf terugwerkt en onze vrijheid vergroot door ons voor ogen te stellen wat we allemaal wel zouden kunnen worden. Zonder het te weten, omdat we de maatstaf voor vergelijking zijn kwijtgeraakt, zijn we alleen nog het slachtoffer van onze fantasie, in plaats van zoals vroeger de auteur ervan. Een werktuig van de vrijheid is geworden tot een medium van onvrijheid, dat ons met zijn weerspannige, oncontroleerbare en oncorrigeerbare beelden voor zich uit drijft.

We zijn hierdoor niet onvermijdelijk ongelukkig. Het hangt er maar van af hoe goed of slecht het wisselvallige gebeuren in de buitenwereld aansluit bij onze rapsodische wensen. Maar ook wanneer we bij vlagen gelukkig zijn, is het een heel ander geluk dan dat bij het verlaten van het hotel, toen we zo genoten van het contrast tussen de last van het beslissen en de lichtheid van het zelfvergeten flaneren. Het is een simpel, ongecompliceerd geluk in de rechtlijnige zin van een onafgebroken vervulling van wensen. Wat eraan ontbreekt is het raffinement en de diepgang die alleen kunnen voortkomen uit het spelen met de afstand tot onszelf.

Iemand wie dit alles overkwam zou je een *windvaan* kunnen noemen. Hoe staat zo iemand tegenover de toekomst? Natuurlijk heeft ook hij verwachtingen over de gebeurtenissen om hem heen, verwachtingen die vervuld of teleurgesteld kunnen worden. Hij kan verrast worden, bijvoorbeeld door een dansende clown midden op straat of door een papegaai die voorbijkomers uitscheldt. Aangezien hij nog steeds een wil bezit, al ontbreekt daaraan iedere vorm van overleg, heeft hij bovendien verwachtingen aangaande de vervulling van zijn wensen. Wanneer komt eindelijk dat beroemde plein en die legendarische bron waar ik voor gekomen ben? De windvaan kan nieuwsgierig zijn in die zin dat hij vraagt: wat komt er nu? Maar hij kent geen nieuwsgierigheid naar zichzelf, want hij bezit de afstand niet meer die daar de voorwaarde voor zou zijn. En de ontbrekende distantie tot zichzelf brengt met zich mee dat hij de toekomst niet zo tegemoet kan treden als iemand die zijn wil vormt door het nemen van beslissingen en daardoor iets doet met zichzelf en voor zichzelf.

We laten u, de weifelende emigrant, nog een keer bij het raam plaatsnemen in de trein die u naar het buitenland moet brengen. Eerder zagen we dat uw toekomst open is in die zin dat u invloed kunt uitoefenen op uw wil en iedere beslissing kunt herroepen, en bovendien in die zin dat alles wat u bij dat beslissen en herroepen over uzelf denkt, tot aan de allerlaatste gedachte toe, uw wil kan veranderen. Nu veranderen we u in een windvaan. U merkt nu niets meer van deze openheid. Die lijkt te zijn weggeblazen. Wat er buiten te zien is en wat er in de coupé gebeurt nadat er andere mensen zijn ingestapt, zal u beïnvloeden in wat u wilt. Het kan ertoe leiden dat u op het volgende station uitstapt. U doet dus hetzelfde als de vrije persoon die u vroeger was. En toch is alles volstrekt anders. U hebt geen beslissing genomen tegen de oude wil en vóór een nieuwe. Na de verandering weet u niet eens meer hoe zoiets gaat. Er is nu alleen nog dit: de ene wil volgt op een andere en heft die eerste weer op. U bent niet meer de actor en schepper van uw wil, en daarom kunt u ook niet de ervaring hebben dat u zelf over uw toekomst beslist en het in eigen hand hebt hoe die zal zijn. U zit in de trein als iemand die dommelend op reis is naar een onbekende bestemming en af en toe opschrikt omdat zich een nieuwe wens meldt. U leeft van het ene moment op het andere en gaat de toekomst in zonder structuur en zonder plan, beïnvloedbaar door alles wat zich aandient, met dit verschil dat u niet meer anders kunt en vergeten bent dat het ook anders kan zijn. Weliswaar is uw wil niet verstard – een mogelijkheid die we eerder hebben besproken, toen we de emigrant de openheid van de toekomst ontnamen zonder hem de afstand tot zichzelf te ontnemen – hij past zich soepel aan alles aan wat op u afkomt, maar aan deze plasticiteit ontbreekt het actorschap, het is een veranderlijkheid die leiding mist, en omdat ieder beslissingskarakter eraan ontbreekt, komt er geen ervaring van de toekomst tot stand zoals die samengaat met beslissingsvrijheid: de ervaring dat we onszelf – door een van binnenuit aangestuurde fantasie geleid – de toekomst in kunnen ontwerpen. De windvaan *maakt* zijn toekomst niet, hij *struikelt* die slechts *tegemoet*, en het eerstvolgende wat zich aandient is voor hem alleen maar iets wat later komt. Zijn gebrek aan vrijheid betekent dat zijn toekomstbesef geen *diepte* heeft.

Als het nadenken wordt omzeild

Stel u voor, u wordt op een ochtend wakker met de vaste, ja, overweldigend sterke wil u kandidaat te stellen voor een politieke functie. Het is niet slechts een levendige wens, maar echt een wil met alles wat daarbij hoort aan planning en bereidheid om de nodige stappen te nemen. U hebt geen idee waar deze wil vandaan komt. U hebt aan zoiets nooit ook maar één enkele gedachte verspild. Integendeel, de vorige avond zat u vol afschuw en cynisme voor uw televisietoestel en dacht: dat milieu en al die spelletjes – dat is wel het laatste wat ik wil. En toen, in uw slaap, kwam precies de tegengestelde wil in u tot stand.

Het zou een ervaring van verregaande onvrijheid zijn. Het zou inhouden dat u zich bij de wilsvorming *omzeild* voelde. Formeel gesproken zou de verrassende wil weliswaar de uwe zijn en bijvoorbeeld niet de mijne. Maar u zou het gevoel hebben *niet betrokken* te zijn geweest bij het ontstaan ervan. U zou zich niet de actor ervan voelen. En de reden voor dit gevoel zou zijn dat u als nadenkend en oordelend persoon geen gelegenheid had er invloed op uit te oefenen. Het zou geen wil zijn die door beslissing totstand was gekomen. Hij had zich in zekere zin achter uw rug om gevormd. U zou de indruk hebben dat u niet meer iemand uit één stuk was, maar een gespleten persoon: hier het nadenken, daar de wil die ertegen ingaat. En de breuk die door u heen liep, zou de vraag oproepen in hoeverre u nog een subject bent.

Dat de onvrijheid juist ontstaat doordat het nadenken wordt omzeild, kunnen we nog duidelijker maken door het voorbeeld te variëren. Stel dat iemand u heeft gehypnotiseerd en u langs die weg een wil heeft ingeprent die door een codewoord opgeroepen en geactiveerd kan worden. Wanneer men u opbelt en het codewoord zegt, laat u alles liggen, gaat eropaf en laat het raadhuis de lucht in vliegen. Anders dan hiervoor zijn er nu anderen in het spel, terroristen bijvoorbeeld. U bent hun marionet, men gebruikt u als werktuig, u fungeert als een speelgoedauto met afstandsbediening waarmee men een bom in stelling brengt. Daardoor kan het lijken alsof uw kennelijke onvrijheid en slavernij hoofdzakelijk bestaan in het feit dat er mensen zijn die aan de touwtjes trekken, die u zonder dat u zich kon verweren een wil hebben opgedrongen. Maar deze indruk is bedrieglijk. Het is vaak zo dat anderen bij onze wilsvorming betrokken zijn zonder dat we daarom de indruk hebben onvrij te zijn. Het komt er maar op aan hóé zij invloed uitoefenen op wat wij willen. Als hun invloed ons onvrij maakt, komt dat doordat, zoals in het geval van de hypnose, ons nadenken wordt overgeslagen. Wat de hypnotiseur uitschakelt, is ons vermogen om te overwegen en onze wil te vormen in overeenstemming met onze conclusies. Wat hij ons afneemt, is de kritische afstand tot onszelf die de beslissingsvrijheid uitmaakt. Wanneer de trance voorbij is, krijgen we deze afstand weer terug. Als vervolgens het telefoontje met het codewoord komt, gaan we voor de bijl en verliezen die afstand weer. Op weg naar het raadhuis lijken we op een windvaan: we hollen achter een wil aan die door geen enkele overweging in toom wordt gehouden. Het onderscheid met iemand die echt een wil als een windvaan heeft, is dat ons vermogen onze wil te controleren slechts tijdelijk is uitgeschakeld en niet voor altijd uitgedoofd. Na de daad krijgen we de beslissingsvrijheid weer terug en voelen we ontsteltenis, enerzijds over de daad zelf en anderzijds over de onvrijheid die over ons kwam als een verlamming. De windvaan is niet ontsteld over zijn onvrijheid, hij heeft er geen weet van.

Het is ook mogelijk dat u, in plaats van gehypnotiseerd te worden, luistert naar de argumenten van de anderen, die tot de uwe maakt en ten slotte het raadhuis in de lucht laat springen. In dat geval zou het een beslissing zijn, in vrijheid genomen. De onvrijheid ligt dus niet aan vreemde invloed zonder meer, maar aan het bijzondere karakter van deze invloed. En ze heeft ook niet wezenlijk te maken met iets zo uitzonderlijks als hypnose. Uw onvrijheid kan ook ontstaan doordat u van iemand psychologisch afhankelijk bent. Uw bewustzijn blijft intact, maar u bent zo in de ban van die ander dat u altijd wilt en doet wat hij wil dat u wilt en doet. Uw volgzaamheid is absoluut. Ook in dit geval is uw vermogen tot beslissen lamgelegd. Af en toe, wanneer de ander er niet is, hebt u zo uw eigen gedachten, zij het met een slecht geweten, want ze gaan in tegen uw loyaliteit. Maar hij staat nog niet voor u of alles lijkt weggeblazen, en u voegt zich bereidwillig naar zijn voorstelling van wat u wilt en hoe u moet zijn. Het is een hypnose bij vol bewustzijn.

Hoe zou het zijn als u een wil die achter uw rug om ontstaan was door nadenken achteraf tot de uwe zou maken? De verrassende en verwonderlijke wil om politicus te worden brengt u er misschien toe deze mogelijkheid onder ogen te zien, eerst als een spel en dan met meer ernst. Het idee bevalt u steeds beter, en ten slotte ervaart u het als een besluit. Hoe zat het dan met vrijheid en onvrijheid? Het zou erop aankomen of de wil ook zou blijven bestaan als we het causale gebeuren dat oorspronkelijk tot het ontstaan ervan had geleid, wegdenken. Met andere woorden, het overwegen zou tot een voldoende voorwaarde voor deze wil geworden zijn. En het zou ook een noodzakelijke voorwaarde moeten zijn: het zou niet zo mogen zijn dat deze wil bleef bestaan ook als we dit overwegen nu weer wegdenken. De ergerlijke ervaring wakker te worden met een wil die niet bij ons hoort, zou nu niet meer mogelijk mogen zijn. En natuurlijk geldt deze gedachte niet alleen voor een wil die eerst niet bij ons hoorde. Dat het nadenken in ieder opzicht de beslissende factor voor de wilsvorming moet zijn, geldt altijd wanneer het op een echte beslissing aankomt. Als een bedrieglijke God de zaak zo had ingericht dat wij weliswaar nadenken en vervolgens ook willen wat daarbij past, maar dat we het ook wilden wanneer we niet hadden nagedacht en het dus niet wilden *omdat* we hadden nagedacht, dan zou al ons beslissen slechts leugen en bedrog zijn, ook al leek het als twee druppels water op het echte beslissen.

De meeloper met andermans gedachten

Wanneer wij door anderen onvrij worden, hoeft dat niet te komen doordat zij ons beslissingsvermogen omzeilen of buitenspel zetten, zoals in de hypnose of bij het uitbuiten van een afhankelijkheidsrelatie. De slavernij kan subtieler zijn indien wij, althans op het eerste gezicht, behandeld worden als personen die nadenken en beslissen, waarna deze vermogens van binnenuit worden vergiftigd. Dat is het geval bij hersenspoeling. U bent misschien in de klauwen van een sekte terechtgekomen. Misschien een zachtzinnige, geraffineerde sekte. U wordt niet zichtbaar tot slaaf gemaakt, men gebruikt geen openlijk geweld of verdovende middelen, de sociale riten zijn niet primitiever en opdringeriger dan elders, en de leider is slim genoeg om geen lompe betuigingen van volgzaamheid te eisen. Toch wordt u zonder het te merken van uw vrijheid beroofd. Met zachtzinnige, onzichtbare dwang wordt u een wil aangepraat. Het geniepige is dat u niet de indruk hebt dat uw eigen overwegingen worden omzeild. U voelt zich gerespecteerd als iemand die kan nadenken en zelf beslissen. In werkelijkheid duwt men u louter ideologische dingen door de strot die al bij een eerste kritisch onderzoek zouden bezwijken. Het zijn geen zelfstandige overwegingen van uzelf. In een veeleisende zin van het woord zijn het helemaal geen overwegingen maar ideologische gatenvullers, retorische brokstukken en leuzen die over het innerlijke toneel glippen. Het ontbreekt u aan iedere kritische distantie ertegenover. U bent niet de actor ervan, maar alleen de plaats waar ze optreden. Ook wanneer u deze leuzen vol vuur herhaalt en erbij zweert, zijn het in een belangrijke zin geen gedachten: ze staan namelijk niet open voor heroverweging en correctie. Er zijn geen argumenten, er is geen twijfel die u ertoe zou kunnen brengen met uw instemming te wachten en niets te beweren tot u meer bewijs gevonden hebt. Uw gedachtewereld is volgestort en dichtgeplakt met handig gekozen steekwoorden, metaforen en associaties, waaraan sterke maar ongedifferentieerde emoties verbonden zijn. Dat blokkeert uw fantasie, het vermogen je dingen anders voor te stellen dan je gewend bent. Deze fantasieloosheid in combinatie met een gebrek aan kritische afstand maakt dat u er bij oppervlakkige beschouwing uitziet als iemand die vrij beslist, terwijl u wat uw gedachten betreft in werkelijkheid een windvaan bent. Aan het eind van de hersenspoeling bent u geworden tot wat je zou kunnen noemen een *meeloper met andermans gedachten*, of, zoals Dostojevski zegt, «de lakei van een vreemde gedachte».

De zachtzinnige sekte waar ik het over had, is misschien het gezin waarin we zijn opgegroeid, of een politieke partij, of het groepje van de stamtafel. De leden daarvan geven ons het bedrieglijke gevoel in een gedachtewereld te leven die we door eigen werk hebben verkregen. In werkelijkheid bestaat deze wereld louter uit elementen die we gewoonweg hebben opgepikt en waaraan we door pure herhaling gewend zijn geraakt. We denken dat we ons meningen gevormd hebben en zien onszelf als iemand die op grond van deze overtuigingen tot bepaalde handelingen besluit. Maar we bepalen niet zelf wat we denken en geloven, en wat wij voor onze overtuigingen houden zijn dat in werkelijkheid dus niet. Het ligt immers niet in onze macht ze te toetsen en te herzien. Als bewoner van zo'n trage en schemerige gedachtewereld zijn we weliswaar actor in de bescheiden zin dat we iets willen en doen, en we zijn het verder ook in de zin dat onze wil totstandkomt vanuit iets wat eruitziet als een gedachte; maar we zijn het niet in de sterkere en rijkere zin dat we een kritische distantie kunnen verwerven tot datgene wat ons willen bepaalt. Het voelt heel anders aan of je subject bent alleen in die zin dat gedachten je overkomen en overtuigingen bij je naar binnen sijpelen om vervolgens ongemerkt en ongecontroleerd de regie over de wil over te nemen, of dat je subject bent in de doorslaggevende zin van de kritische distantie en controle. En dit verschil is een verschil in vrijheidsgevoel.

Vrije mensen hebben in een andere en vollere zin gedachten en overtuigingen dan meelopers met andermans gedachten. Nu is het niet zo dat we ofwel helemaal het ene, ofwel helemaal het andere zijn. Je bent niet voortdurend waakzaam en kritisch tegenover je meningen; er zijn perioden waarin het met de innerlijke afstand niet wil lukken en je vast blijft zitten. En er kunnen binnen het totaal van onze overtuigingen verschillende deelgebieden zijn: die waar je in staat bent tot kritische distantie, en die waar je een slaaf bent gebleven van vroegere infiltraties. Dat iemand een verlicht wetenschapsman is, hoeft hem er niet van te weerhouden luidkeels voor de doodstraf te pleiten en daarbij de bekende clichés aan te roepen en met de vuist op tafel te slaan. Daarom ervaren wij het als een kostbare winst aan vrijheid als we op een gebied van louter overgeleverde meningen, die we tot nu toe nooit grondig hadden belicht, kritische distantie weten te bereiken. Nu kan de verstarde fantasie ook hier in beweging komen.

De dwangmatige wil

Als we onvrij zijn, ligt dit niet altijd aan het feit dat ons vermogen tot overwegen beschadigd of omzeild is, en het hoeft ook geen kwestie van gebrek aan innerlijke afstand tot onszelf te zijn. We kunnen zelfs nog onvrij zijn wanneer het overwegen lucide en zelfstandig is en we op elk moment in staat zijn onszelf in wat we denken en wensen vanuit een kritische afstand te onderzoeken.

Stel dat u aan een verslaving ten prooi bent gevallen. Steeds opnieuw grijpt u naar sigaretten, pillen of de fles. Of misschien is het een gokverslaving die u steeds weer het casino in drijft. Wat u in beweging brengt, is een wens die tot handelen leidt, een wil dus, vergezeld van geroutineerde overwegingen over hoe u die kunt verwerkelijken en een verbazingwekkende bereidheid te doen wat daarvoor nodig is, ook wanneer het onaangename dingen met zich meebrengt, zoals voortdurend geldgebrek of de noodzaak te verbergen wat u doet. Vaak genoeg had u wel zin er eindelijk mee op te houden. U stelde zich voor waar het op den duur toe zou leiden: tot ziekte, ondergang of zelfs de dood. Ook kent u mensen voor wie uw verslaving iets vreemds is of die deze overwonnen hebben. U bent dus op de hoogte van andere mogelijkheden van handelen en willen. En er is u gezegd wat iemand kan doen om zich uit de greep van deze destructieve wil te bevrijden. Maar het heeft niets uitgehaald. U hebt zich dat alles voorgehouden, u hebt het duizendmaal tegen uzelf gezegd en het misschien zelfs opgeschreven, zodat u zich er beter aan vast kon houden. Maar bij de eerstvolgende gelegenheid kocht u weer speelfiches of jenever. U bent onvrij, een slaaf van uw neigingen.

Ten slotte eindigt u in het ziekenhuis of het armenhuis. «Jammer,» zeggen mensen tegen u, «maar u hebt het zo gewild.» U hebt het gevoel dat dit in zekere zin klopt maar toch ook weer niet. U zou zich graag verdedigen, maar u weet niet hoe, want het lijdt geen twijfel: u wilde drinken en u wilde gokken, u wilde het telkens weer, uw halve leven lang. Daarom knikt u nu beteuterd. «Per slot van rekening wordt niemand gedwongen om te drinken,» krijgt u verder te horen, of: «U had net als ieder ander de mogelijkheid met een grote boog om het casino heen te lopen.» En alweer denkt u: dat klopt, en het klopt niet. Maar hoe moet u nu uitleggen dat het zo eenvoudig niet is? «U kon toch uitrekenen waar dat op uit zou draaien, dat is toch geen mysterie? Waarom hebt u daar dan niet naar gehandeld?» Nu weet u opeens hoe uw verdediging moet luiden. «Dat is het nu juist,» roept u uit, «ik kon mij in de dingen die ik wilde en deed juist níet naar mijn betere inzicht richten. Ik heb het telkens weer geprobeerd, God weet dat ik ertegen gevochten heb, maar ik heb keer op keer verloren.» «Maar u had toch de vrijheid om te beslissen?» werpt de ander tegen. U haalt opgelucht adem, want dat helpt u een lang verhaal kort te maken. «Die had ik juist niet,» verzucht u wanhopig. «Talloze malen dácht ik de beslissing te hebben genomen om het niet te doen, en een tijdlang zag het er ook naar uit dat mijn besluit werkte. Maar dan wilde en deed ik het toch weer, en zo bleek dat het geen echt, dat wil zeggen effectief besluit was geweest, maar alleen een póging mijn wil te beïnvloeden, een vergeefse poging die een ogenblik lang als twee druppels water op een echte beslissing leek.»

Wat u met deze woorden beschrijft, is een *dwangmatige* wil, of, zoals we soms wel zeggen, een *innerlijke dwang*. Het hoeft hierbij niet om een dwang te gaan waarvan we de gevolgen – zoals in de voorgaande voorbeelden – veroordelen, of die de betrokkene onmiskenbaar te gronde richt. Het kan een dwangmatige wil zijn waar anderen van profiteren en waarvoor u applaus krijgt. Bijvoorbeeld een prestatiedwang. Wellicht worden veel van de dingen die u doet, door u gedaan omdat u nog steeds gehoorzaam bent aan het verinnerlijkte gezag van uw ouders. Dit gezag beveelt u altijd de beste te zijn. U bent niet gelukkig, want u bent voortdurend buiten adem. Maar u kunt het niet laten. Telkens wanneer u weer een zaak volbracht hebt met de gebruikelijke perfectie die u de keel uithangt, en u zich even zou willen laten gaan, moet u onmiddellijk de volgende prestatie willen. Aan alle kanten ziet u opgaven die u, en u alleen, werkelijk goed kunt vervullen. Het is om wanhopig van te worden, want u koerst aan op een volledige uitputting. Maar ophouden kunt u niet, en dat maakt u tot een werkverslaafde.

Hoe kunnen we de dwangmatige wil en de typische onvrijheid ervan beschrijven, zonder steeds alleen maar dit ene woord – «dwangmatig» – bezwerend te herhalen? Wat misschien als eerste in het oog springt, is dat een dwangmatige wil een *oncontroleerbare* wil is. Mensen met een nerveuze tic ervaren hun bewegingen als oncontroleerbaar. In deze zin zou je kunnen zeggen: de dwangmatige wil is een innerlijke tic. En net zomin als iemand de actor van een tic is, is iemand de actor van een dwangmatige wil.

De onmacht van dwangmatige mensen houdt in dat zij niet in staat zijn hun wil te sturen. Ze mogen denken en oordelen zoveel als ze willen, de opstandige wil is in het geheel niet onder de indruk en brengt hen steeds in dezelfde richting in beweging. «Ik kan er niets tegen beginnen,» zegt de speler die uit alle macht tegen zijn verslaving vecht en dan toch weer aan de roulettetafel belandt. «Ik kan die verdomde wil om te spelen gewoon niet controleren.» Die wil controleren zou betekenen: door overwegingen beïnvloeden. Maar het overwegen van de verslaafde heeft geen effect, het is als een tandrad dat niets in beweging brengt. Krachteloos glijden de overwegingen op de verslaafde wil af, die doof is voor alle overredingskunst. Hij neemt zijn loop alsof er niets gebeurd is. Nuchter had de speler alles uitgedacht, het kwam hem voor dat hij nu eindelijk inzicht en overzicht had, en hij was er vast van overtuigd dat hij ditmaal definitief de beslissing had genomen. «Mijn besluit stond zo vast als een huis,» zegt hij later. In werkelijkheid was er helemaal geen beslissing genomen, was er geen besluit gevallen. In het nuchtere ochtendlicht had het casino er ontluisterend en banaal uitgezien. «Wat een idiotie,» had hij bij zichzelf gezegd, «om al mijn geld hierheen te brengen en het aan die bloedzuigers af te staan. Het is niet te geloven hoe stom een mens kan zijn.» De hele dag ging het goed met hem, hij voelde zich meester over zichzelf, en de vele avonden waarop hij de afgelopen tijd in het door rook versluierde licht boven de roulettetafel had staan kijken naar het wiel en de fiches die de croupier met kille routine bij elkaar harkte, kwamen hem voor als een boze droom die hij eindelijk van zich af had geschud en ver achter zich had gelaten. Maar 's avonds, toen de verleidelijke lichten aangingen, zo vol van belofte, was er net als iedere avond iets in hem verschoven. De nuchterheid van het nadenken was geweken en had plaatsgemaakt voor de bedwelmende, gedachteloze zekerheid dat alles deze avond, juist deze avond, zou kloppen. De oude, dwangmatige wil was weer eens ontwaakt, had hem besprongen en meegesleept. Het was of de gedachten van daarnet, die hem een beslissingsvrijheid hadden voorgespiegeld, er nooit waren geweest.

Bij verslaafden spreken we graag van *wilszwakte*. Maar dit woord is dubbelzinnig. Om te beginnen kan het betekenen wat ik in hoofdstuk 1 beschreef toen het ging over het idee van het willen. Ik zou graag iets doen, deze wens leidt een tijdlang tot handelingen en dus tot willen, maar het voornemen blijkt moeilijk, en het wordt duidelijk dat mijn bereidheid de nodige moeizame stappen te zetten om het te verwerkelijken toch niet groot genoeg is, zodat de wil weer uitdooft en gewoon een wens wordt. Een wilszwakke persoon in deze zin begint met werken aan de Minutenwals, maar al spoedig verslappen zijn inspanningen, en ten slotte geeft hij het oefenen op, terwijl iemand met een sterke wil iedere ochtend de tanden op elkaar zet en verdergaat. Dwangmatige mensen zijn niet wilszwak in deze zin. De werkverslaafde, bijvoorbeeld, prijzen wij als een toonbeeld van sterke wil: hij geeft het nooit op. Als hij al wilszwak is, dan in een geheel andere zin: het lukt hem niet los te komen van zijn gespannen wil en tot een levenskunstenaar te worden. Wat hem slecht afgaat, is niet het handhaven van een oorspronkelijke wil, maar het vervangen van een oude wil door een nieuwe die in overeenstemming is met zijn oordeel. Zijn falen bestaat niet in de krachteloosheid van zijn wens, maar in de krachteloosheid van zijn overwegen en oordelen. In plaats van te willen wat hij voor het beste houdt, wil hij iets wat hij veroordeelt. De verslaafde bezit een wil met een onovertroffen standvastigheid en doorzettingsvermogen, en als het op verwerkelijking aankomt is hij ook in vindingrijkheid niet te overtreffen. Wat hem bij het willen tot een zwakkeling maakt, is dat hij het niet voor elkaar krijgt die wil tot stand te brengen die hij in het licht van zijn overwegingen graag zou hebben. Zijn zwakte, zou je kunnen zeggen, is een beslissingszwakte. Niet in die zin dat hij eindeloos tussen alternatieven heen en weer pendelt zoals de weifelaar in het warenhuis, die uit pure onzekerheid uiteindelijk niets koopt, maar in de volstrekt andere zin dat hem niet lukt wat juist het beslissen uitmaakt: met zijn kennis en oordeel de regie voeren over zijn wil.

Tot nu toe hebben we de ervaring van de innerlijke dwang proberen te begrijpen door het idee van de oncontroleerbaarheid te hulp te roepen. Dat is – net als het corresponderende idee van de beïnvloeding – een causale categorie, behorend bij een benadering die zich bezighoudt met de causale inbedding van de wil in de rest van het innerlijk leven. Nu komt het erop aan het perspectief te verruimen. Als een eerste stap kunnen we dat doen door de dwangmatige wil als *hardleers* te beschrijven, dat wil zeggen niet in staat van de ervaring te leren. Het hoort bij de ontwikkeling van een persoon dat deze zijn wil in heel verschillende richtingen uitprobeert. Een aspect van zijn vrijheid is dat zijn wil de plasticiteit bezit om zich naar aanleiding van opgedane ervaringen te veranderen. De dwangmatige wil verzet zich tegen dit proces. Het is geen toeval dat de klassieke voorbeelden van dwangmatig willen uit de kindertijd stammen en infantiele trekjes vertonen. Steeds weer blijkt de wil geen gelijke tred te houden met de ontwikkeling van het denken, omdat hij blind en voor ervaring ongevoelig is, zoals we dat bijvoorbeeld bij de dwangmatige wil tot presteren kunnen waarnemen.

Wanneer een wil zich verzet tegen een ontwikkeling, wordt hij tot een geïsoleerd element in het innerlijk leven, en hij zal dan ook door de betrokkene als *vreemd* worden ervaren. Denk aan het jonge toptalent dat na jaren zwoegen op een dag vaststelt: «Ik heb allang geen zin meer om almaar een bal over het net te slaan», of: «Ik krijg al een zenuwaanval als ik die schaatsen alleen maar zíé.» Als zij geluk heeft, zal ze die vroegere wil achter zich laten en andere dingen gaan doen. Mocht ze zich daarentegen blijven buigen voor de macht van haar eerzuchtige ouders, dan zal ze in de wurggreep van een wil die haar vreemd geworden is op het ijs of het rode gravel voortploeteren. En zo is het ook met uw wil tot presteren. Op een dag houdt u even op en vat u samen wat u ongelukkig maakt met de woorden: «Ik ben dit eeuwige presteren en nog meer presteren beu, want eigenlijk is het mij vreemd.»

Deze ervaring dat een wil, ook wanneer die formeel gezien zonder twijfel de eigen wil is, iemand toch vreemd kan voorkomen, is van het grootste belang wanneer we het spreken over de vrijheid en onvrijheid van de wil beter willen verstaan, en zal ons tot het eind van dit boek bezighouden. Het is wel van belang deze indruk van vreemdheid juist te interpreteren. Dat houdt allereerst in dat we het juiste contrast moeten vinden. Vreemdheid contrasteert hier namelijk niet met vertrouwdheid. De wil tot presteren, die u als iets vreemds van zich af zou willen schudden, heeft u uw hele leven lang begeleid en is u tot vervelens toe vertrouwd. En omgekeerd kan de nieuwe, geheel onverwachte wil, die er – als u geluk hebt – op een dag voor in de plaats komt, u het gevoel geven eindelijk een wil te hebben die niet meer vreemd is maar bij u hoort, en niet slechts in een formele zin maar ook in uw beleving. Want dat is hier het juiste contrast met vreemdheid: echt bij iemand horen. Wat u boos en wanhopig maakt als u lijdt onder een dwangmatige wil, is dat de dubieuze wil weliswaar *in* u is, maar dat hij van u *afgesplitst* en voor u *niet wezen-*

lijk is. Daarom voelt hij aan als onvrij. Een vrije wil daarentegen is een wil waar u achter staat en die u zichzelf nadrukkelijk kunt toeschrijven – kortom, een wil waarmee u zich *identificeert*.

Dat wij de ervaring kennen van onvrijheid in de zin van een vreemde wil, danken we aan hetzelfde vermogen dat ons de beslissingsvrijheid geeft, het vermogen onszelf van enige afstand te bezien en zelfkritiek uit te oefenen. Het is deze afstand tot onszelf die ons in staat stelt te zeggen en te geloven: deze wil is mij vreemd, hij hoort niet bij mij, ik distantieer mij ervan. «Het komt gewoon over me, ik kan er niets tegen doen,» zegt het slachtoffer van een dwangmatige wil, en: «Het is sterker dan ik.» Dit onderscheid tussen «het» en «ik» is hier even weinig geheimzinnig als het hele verschijnsel van het afstand nemen tot zichzelf. Het weerspiegelt gewoon het feit dat wij wensen kunnen hebben óver onze wensen en over onze wil. De wensen van de eerste orde, die overeenstemmen met de wensen van een hogere orde en dus worden erkend en goedgekeurd, maken in zulke uitspraken het deelgebied van het innerlijk leven uit dat met «ik» wordt aangeduid, terwijl met «het» iets bedoeld wordt wat de betrokkene op een hoger wilsniveau afwijst en wat hem daarom vreemd voorkomt.

De ervaring van innerlijke dwang bestaat dus niet uit één stuk, zoals op het eerste gezicht lijkt. Ze is samengesteld uit twee elementen: de onbeïnvloedbaarheid van een wil, en de vreemdheid ervan, het feit dat hij wordt afgewezen. En al zijn deze dingen met elkaar vervlochten, ze blijven toch gescheiden. Wanneer ik iets wil wat ik goedkeur, zal de onbeïnvloedbaarheid ervan, als ik die al bemerk, mij niet storen op de wijze waarop een wil mij benauwt die als iets vreemds aanvoelt. En als ik een wil in me voel opkomen die ik liever niet zou hebben, dan wordt die pas tot een dwang als hij zich hardnekkig verzet tegen de poging hem door beter inzicht te laten verdwijnen.

Wat de dwangmatige wil benauwend maakt en zelfs tot een bedreiging kan maken, is dat ik er niet de actor van ben en hij als een vreemd gewas in mij woekert. Ook het feit dat ik niet de actor ben, heeft de genoemde twee kanten. Enerzijds ben ik met mijn overwegingen niet degene die deze wil tot stand brengt, en anderzijds betekent mijn afwijzing dat ik hem niet aan mijzelf toeschrijf. Hij overkomt mij ongewild en gaat langs me heen. In zoverre bedreigt hij mij als subject. Als de dwangmatige elementen in wat ik wil steeds talrijker zouden worden, zodat ze de overhand kregen en ten slotte mijn hele beslissingsvrijheid verstikten, zou ik als subject uitdoven. Wat overbleef zou niet meer zijn dan het toneel voor een onbeïnvloedbaar wilsproces.

Iemand met een wil als een windvaan heeft geen enkele afstand tot zichzelf en kent dus de ervaring van het dwangmatig willen niet. Weliswaar zullen er ook bij hem monotone episodes met een gelijkblijvende wil voorkomen, die onbeïnvloedbaar aan zijn gedachten voorbijtrekken. Hij zal echter niet merken dat ze ongevoelig zijn voor zijn gedachten, en hij kan zich ook niet afvragen of een wil die hem voor zich uit drijft bij hem past of niet, want dat vooronderstelt wat hem juist ontbreekt: de mogelijkheid zijn wensen met een zekere innerlijke distantie te beschouwen en wensen van de tweede orde te vormen, in het licht waarvan een wens van de eerste orde hem soms als wenselijk zal voorkomen, soms als een wens die afgewezen moet worden.

Om de figuur van de windvaan te begrijpen, was het nuttig naar zijn verhouding tot de toekomst te vragen. Laten we die vraag ook nu stellen. Hoe ervaart iemand die naar het dictaat van een dwangmatige wil leeft de toekomstdimensie van de tijd? Wat gebeurt er in zijn beleving met de ervaring van openheid?

Stel dat u jaren geleden een eind hebt gemaakt aan een liefdesrelatie. Het was een beklemmende ervaring, want u wist niet wat u overkwam. De gevoelens gingen wild tekeer en dreven u en uw partner uit elkaar, maar begrijpen deed u ze niet. Na korte tijd stortte u zich in een nieuwe relatie. De nieuwe man was heel anders dan de vorige; dit keer moest het wel goed gaan. Maar u kwam bedrogen uit: na een paar maanden stelde u verbijsterd vast dat u zich weer in de oude gevoelens had verstrikt en dat de nieuwe woordenwisselingen als twee druppels water op de oude leken. U zocht hulp en kreeg die ook, in die zin dat men u hielp te begrijpen hoe het tot deze herhaling had kunnen komen. U leerde misschien dat het aan een paradoxale wil lag waarmee u iedere partner benaderde: hij moest zowel uw meerdere als uw mindere zijn, en dat speelt niemand klaar. Of u kwam erachter dat u uw partner verstikte met symbiotische wensen, waarvoor hij vroeg of laat op de vlucht sloeg. Het was een bevrijding dat te begrijpen en nu veel beter te kunnen overzien hoe u bent dan vroeger. U liet enige tijd verstrijken voordat u zich openstelde voor een nieuwe partner, en toen u dat ten slotte deed, gebeurde dat voorzichtig. Op kritieke momenten riep u zich uitdrukkelijk in herinnering wat u niet fout mocht doen. U kende uzelf nu immers en wilde niet weer in dezelfde val trappen. Het was veel moeilijker dan u had verwacht. Vaak werd het een regelrechte strijd die u met uzelf uitvocht. En het gebeurde zoals het gebeuren moest: u verloor. Ook nu weer confronteerde u uw partner met tegenstrijdige verwachtingen, of deed u alles om te verhinderen dat hij zijn eigen grenzen kon stellen. Het was om wanhopig van te worden, want het was sterker dan u. Ook deze relatie ging stuk.

Nu hebt u weer iemand leren kennen. Die ervaring heeft u vleugels gegeven, u had het gevoel een nieuwe, open toekomst binnen te gaan. Maar het duurde niet lang. Het zal toch weer gaan zoals altijd, zegt u bij uzelf, ik ken dat wel. Opeens heeft de toekomst haar openheid verloren. U weet hoe het zal gaan, uw wil is voor u voorspelbaar en berekenbaar. Deze zekerheid maakt de toekomst, die op dat eerste ogenblik interessant, ja, zelfs opwindend leek te zijn, tot een saai en vervelend tijdsverloop. Het is alsof de toekomst al achter u ligt, alsof u die al hebt beleefd. Door de berekenbaarheid en onveranderlijkheid van uw wil ontstaat de indruk dat de toekomst reeds is afgelopen en niet minder vastligt dan het verleden. Voor uw gevoel is het alsof uw hele toekomst reeds verleden tijd is, het komt u voor alsof het genoegzaam bekende verleden gewoon naar voren is omgeklapt. De poorten van de toekomst zijn dichtgegaan en nu zit u gevangen in de eeuwige monotonie van uw wil. En wat deze ervaring extra kwellend maakt, is dat ze wordt omspoeld door de illusie dat het niet zo is. U bezit toch beslissingsvrijheid, zegt u koppig tegen uzelf, daar hebt u toch dagelijks ervaring mee, zolang het maar niet om een partner gaat. In de regel wilt u wat uw inzicht u aanraadt. U veroorlooft zich beslissingen te herroepen. En u hebt in andere situaties de ervaring opgedaan dat de benauwende gedachte een uurwerk te zijn dat almaar verder tikt de toekomst in, zichzelf kan weerleggen en de monotonie kan doorbreken. Per slot van rekening bent u immers geen windvaan, en ook niet iemand wier wil achter haar rug om wordt gemanipuleerd. Over het geheel genomen lijkt u toch op onze weifelende emigrant, die de vrijheid heeft op het volgende station toch nog uit te stappen. Dus waarom zou het u in de nieuwe relatie die nu opbloeit ook niet lukken een nieuwe wil te vormen, een wil die u zou kunnen verrassen? U zou het heel graag geloven. Het zou u het gevoel geven de dood lijkende toekomst tot leven te wekken, in beweging te brengen en vloeibaar te maken. U geeft zich maar al te graag over aan dit zelfbedrog. Zolang u daarin bent ingekapseld, hebt u ogenschijnlijk deel aan de openheid van de toekomst, die uw vrijheid zou uitmaken. Dit is geen willekeurig zelfbedrog, niet zomaar een gril – het is levensnoodzakelijk. Maar het is een illusie, en dat weet u ook; u weet het in zekere zin achter de sluier van de illusie. U bent de slavin van uw altijd aan zichzelf gelijke, monotone, hardleerse wil. U had nog gehoopt dat het inzicht in de redenen voor uw herhaalde mislukkingen de ban van de oude wil zou breken. U had de wens iets van uzelf te maken en zo uw creativiteit te tonen. Intussen weet u dat het inzicht in de ontstaansgeschiedenis en de innerlijke logica van deze dwang de macht ervan niet heeft kunnen breken. De kerker van de herhaling was nog niet verwoest. Er zou meer dan alleen inzicht voor nodig zijn om de toekomst voor u weer open te maken. Maar wat?

Onbeheerst gedrag

De machteloosheid van het dwangmatig handelen bestaat in het feit dat iemand er niet in slaagt de regie te houden over zijn wil. Hierin lijkt hij op *iemand die zich niet kan beheersen* – weer een andere figuur. Ook hij slaagt er vaak niet in zijn wil in toom te houden. De wil van de driftkop, bijvoorbeeld, laait op als een steekvlam en doorbreekt alle controle van het oordeelsvermogen. Ook de onbeheerste is geen meester over zijn wil. Wanneer zijn wil hem overmant, is er in hem geen ruimte meer voor iets anders, vooral niet voor overwegingen. Op het moment van de uitbarsting, zou je kunnen zeggen, *is* hij alleen maar dat: de wil om te schreeuwen, te beledigen, te slaan of de trekker over te halen. Als overwegend en oordelend persoon is hij helemaal niet aanwezig. «Dat wílde ik niet!» roept hij na zijn daad uit, en hij kijkt verbijsterd naar het wapen in zijn hand. Als je letterlijk neemt wat hij zegt, is het onwaar. Hij wilde het beslist: er was een wens in hem, zelfs een bijzonder sterke wens, die tot een wil werd doordat hij in een handeling uitmondde. Dat deze wens gepaard ging met gevoelens die iedere controle wegspoelden, verandert daar niets aan. Als iemand van woede niet meer weet wat hij doet, wordt hij nog niet louter tot een bundel stuiptrekkingen, zoals de epilepticus. Zelfs wanneer vanbinnen alles uit de hand loopt, blijft hij iemand met wensen en een wil. Ook wat iemand in een opwelling doet, is een handeling. Waar het de onbeheerste aan ontbreekt, is niet een wil, maar de controle daarover. Het is de zelfbeheersing die hij verliest, niet de wil. In de uitroep van de ontstelde dader moeten we daarom op z'n minst een andere klemtoon beluisteren: «Dat wilde *ík* niet!» Helemaal letterlijk genomen is dit ook nu nog onwaar: de wil die zo krachtig tot ontlading kwam, is de zijne en niet bijvoorbeeld de mijne of de uwe. Maar we kunnen aan het «ik» ook een betekenis geven waarin het niet het formele «behoren tot» aanduidt, maar een bijzonder aspect van de persoon. Wat de onbeheerste bedoelt nadat hij weer helemaal tot zichzelf is gekomen, is namelijk: ik, *voor zover ik iemand kan zijn die overweegt en oordeelt,* wilde dat niet. En dat betekent: de wil die zich baan brak, was geen wil waar ik in alle bezonnenheid toe besloten had; het was geen wil waarvan ik al oordelend de actor was, en in die zin was deze daad geen voorbedachte, opzettelijke daad.

Een onbeheerst iemand zal misschien, om dit tot uitdrukking te brengen, dezelfde woorden gebruiken die ook een dwangmatig iemand gebruikt: «Het overviel me gewoon», «Het was sterker dan ik», «Ik kon er niets tegen doen». Maar dat mag niet verdoezelen dat een onbeheerst mens zich in tweeërlei opzicht duidelijk van een dwangmatig iemand onderscheidt. Ten eerste, wanneer de dwangmatige wil zijn bezitter schaakmat zet, doet hij dat niet altijd door al het overwegen uit te doven en weg te spoelen. Het slachtoffer van een innerlijke dwang hoeft niet, zoals bij een aanval van onbeheerstheid, een vertroebeling van het bewustzijn te ondervinden. Een dwangmatige handeling hoeft niet, zoals we soms zeggen, in een opwelling plaats te vinden. Ik kan bij mijn volle verstand zijn wanneer ik machteloos toezie hoe de dwang weer eens vat op me krijgt. De ervaring van machteloosheid is bij dwangmatig gedrag anders dan bij onbeheerst gedrag: in het laatste geval is het de ervaring overspoeld en weggeslagen te worden door een overmachtige wil; in het eerste daarentegen kan het een minder hevig en minder dramatisch gevoel zijn: de sluipende, doordringende ervaring dat je met overwegingen en vermaningen aan jezelf absoluut niets kunt uitrichten. Het tweede opzicht waarin innerlijke dwang en onbeheerstheid van elkaar verschillen, is dat de onbeheersbare wil zich niet naar zijn *inhoud* aan de controle hoeft te onttrekken, maar alleen in zijn *vermogen zich te laten gelden*. Ik kan na een driftaanval van mening zijn dat mijn woede volstrekt gerechtvaardigd was en het niet aan de orde geweest zou zijn iets anders te voelen. Mijn onvrijheid bestond niet in het feit dat ik tegen beter weten in wilde uithalen om te slaan. Wat mij onvrij maakte was niet de woede, maar mijn onvermogen deze te beteugelen. Daarom ook zullen dwangmatige en onbeheerste mensen verschillende dingen doen om tegen hun onvrijheid te vechten: een dwangmatig iemand zal proberen gehoor te geven aan zijn overwegingen en zodoende de starheid van zijn wil te verzachten, terwijl de onbeheerste, die het helemaal eens is met zijn wil, de gewoonte probeert op te bouwen om bepaalde situaties die hem uit zijn evenwicht kunnen brengen uit de weg te gaan of zich anderszins tegen de innerlijke overmacht te beschermen.

De afgedwongen wil

Wanneer wij ondanks een intact vermogen tot overwegen en ondanks een kritische afstand tot onszelf een onvrije wil hebben, hoeft de reden niet te zijn dat onze wil dwangmatig is. De onvrijheid hoeft niet te bestaan in het feit dat we stuklopen op de onbeïnvloedbaarheid van de wil en in die zin geen beslissingsvrijheid bezitten. Het kan, precies omgekeerd, om een onvrijheid gaan waarin we juist terechtkomen doordat we al overwegend kunnen besluiten wat we willen.

Voor deze variant van onvrijheid hebben wij het begrip *onvrijwilligheid* ingevoerd. Om te beginnen moet dit worden afgegrensd van *onwillekeurigheid*.* Dit gebruiken we wanneer van de vrijheid van de wil nog helemaal geen sprake is, maar alleen van opzettelijkheid. Zo hebben we het over iemand die «onwillekeurig komisch» is of zeggen we dat de dronken clown in de piste «onwillekeurig» op zijn benen staat te zwaaien. Het begrip «onvrijwillig» dient daarentegen om een onderscheid te maken tussen vrij en onvrij handelen door te zeggen dat zich in het ene geval een vrije en in het andere een onvrije wil verwerkelijkt. Welke onvrijheid wordt hiermee bedoeld?

* In het Duits betekent *unfreiwillig* soms hetzelfde als *unwillkürlich*. De auteur waarschuwt in deze alinea voor mogelijk misverstand. Omdat het probleem zich in het Nederlands niet voordoet, heb ik de alinea waar nodig in de vertaling aangepast. (Vert.)

We duiden die soms aan als *externe dwang*. Kijken we naar het klassieke voorbeeld van zulke dwang: de bedreiging met een wapen. De loketbediende bij de bank wordt er met getrokken pistool toe gedwongen al het geld af te geven. Hij is bij zijn volle verstand en over het geheel genomen een bezonnen man. Hij lijdt niet aan de bizarre innerlijke dwang mensen geld toe te werpen. Als hij geld overhandigt, dan alleen om de gebruikelijke redenen. Zulke redenen zijn er in het geval van de man met het masker niet. Als het aan de loketbediende lag, kreeg hij geen cent. Desondanks overhandigt hij hem al het geld. Wat is er gebeurd?

«Hij doet het tegen zijn wil,» zeggen we in zulke gevallen vaak. Deze zinswending moeten we overigens niet verkeerd begrijpen. Ze kan niet betekenen: hij doet het tegen zijn wil als geheel. Niemand kan iets doen tegen zijn wil als geheel in, want ieder handelen is de uitdrukking van een wil. Als de bewegingen van de loketbediende helemaal niets met zijn wil te maken hadden, zouden ze geen handelen zijn; ze zouden vergelijkbaar zijn met de bewegingen van een marionet of met een onwillekeurige zenuwtrekking. Wat de zegswijze in kwestie wel betekent, is dit: hij doet iets wat hij *eigenlijk* niet wil, wat in strijd is met zijn eigenlijke wil. Hij wil het wel, maar hij wil het alleen omdat hij ertoe gedwongen wordt. Zijn wil is niet vrij. Maar de vraag is: wat betekent dat?

We komen een stapje dichter bij een goed begrip door te kijken naar een andere zinswending. «Hij had geen keus,» zeggen we ook wel over de loketbediende. Letterlijk genomen is dat niet waar. De man hád een keuze: het geld of zijn leven. Wat we bedoelen is iets ingewikkelders. Hoewel hij in principe tussen twee dingen kon beslissen en dus de keuze had, was de ene – de dood – iets waar hij niet *werkelijk* voor kon kiezen, want dat is een zo groot kwaad dat hij het onmogelijk kon willen. Daarom bleef hem niets anders over dan op de eis van de bankrover te willen ingaan. De loketbediende bevond zich in een situatie die wij een *dwangpositie* noemen: hij moest kiezen tussen twee kwaden, dus tussen twee dingen die hij allebei eigenlijk niet wilde. Hij had beslissingsvrijheid in zoverre *hij* degene was die de keuze op grond van *zijn* overwegingen maakte, en in zoverre zijn wil aan die overwegingen gehoorzaamde. Maar hij had geen beslissingsvrijheid in die zin dat de gangster hem een alternatief opdrong dat geen echt alternatief was, omdat de ene optie van tevoren al was uitgesloten.

Zo is het bij iedere afpersing. De afperser dringt mij een wil op die ik zonder zijn dreiging niet zou hebben. Hij bereikt dat door mij in een dwangpositie te brengen: ofwel ik doe wat hij wil, ofwel er geschiedt een nog veel groter kwaad. Het is alsof de afperser met de dwangpositie als instrument in mij binnendringt om de door hem gewenste wil teweeg te brengen. Het is een heel ander binnendringen dan dat door hypnose, dat bewerkstelligt dat het overwegen wordt omzeild. Voor de afperser is het namelijk van belang dat het slachtoffer beslissingsvrijheid bezit en dus in de volle zin van het woord een subject is, anders dan een windvaan of iemand die dwangmatig handelt. Om hem aan zich te onderwerpen, heeft de overvaller de loketbediende nodig als iemand die de vrijheid bezit iets met reden te willen. Als de loketbediende de innerlijke dwang voelde om op ieder bevel precies het tegendeel te doen, zou de overvaller pech hebben; hij zou zijn doel niet bereiken. Wanneer ik een politicus die in het geheim iets op zijn kerfstok heeft ertoe wil brengen mij een baantje te bezorgen, moet ik kunnen bouwen op zijn vermogen zijn wil al overwegend te beïnvloeden. Als hij iemand zou zijn wiens wil helemaal niet ontvankelijk is voor overwegingen, was mijn strijd bij voorbaat verloren. Hetzelfde geldt wanneer mijn slachtoffer een windvaan zou zijn. Om op de plaats te komen waar een politicus is, kan iemand wel een meeloper zijn (misschien moet hij dat zelfs zijn), maar geen windvaan. Laten we toch even aannemen dat hij dat wel is. Hij zal dan reageren zoals de man die langs de hoofdstraat slentert: hij luistert naar mijn eisen, trekt een verbaasd, geërgerd of geamuseerd gezicht, wendt zich dan af en laat zich door heel andere dingen in beslag nemen. Aangezien hij het verschijnsel van het beslissen niet kent, noch in de instrumentele, noch in de substantiële zin, zal datgene wat ik van hem verlang en datgene wat ik hem aan onaangename gevolgen van een weigering voorspiegel, geen enkele indruk op hem maken. Hij hoort het aan, het brengt enige innerlijke turbulentie teweeg, maar die is van korte duur en blijft zonder uitwerking op zijn wil, die grillig en rapsodisch, zoals hij nu eenmaal is, zijn beloop heeft. Het is om wanhopig van te worden, want het betekent dat ik geen enkele mogelijkheid heb deze man naar mijn pijpen te laten dansen.

Dat de afperser is aangewezen op het beslissingsvermogen van zijn slachtoffer, houdt een gevaar voor hem in. Het kan namelijk zijn dat zijn slachtoffer de dingen anders ziet en afweegt dan hij. Wellicht is de loketbediende ongeneeslijk ziek, denkt hij er allang over een eind aan zijn leven te maken en zou hij heel blij zijn als de rover hem dat zou benemen. Dus doet hij niets, kijkt hem alleen strak aan en glimlacht. Een andere afperser faalt misschien doordat zijn slachtoffer een bepaald gevaar niet genoeg vreest om te willen betalen. Of doordat de man die wordt afgeperst zijn in gijzeling genomen vrouw reeds lang kwijt wilde. Er zijn geen dwangposities die objectief zijn in die zin dat er een dwang zou bestaan los van hoe de betrokkene de situatie ziet. Het spreken over «externe» dwang kan dit doen vermoeden; in werkelijkheid zijn het pas de wensen en de beoordeling van de betrokkene – dus iets in het innerlijk – die de dwang teweegbrengen. Daarom kunnen we de berekeningen van een afperser doorkruisen en onze vrijheid terugwinnen door zijn kijk op de situatie van de hand te wijzen.

Naast de spectaculaire varianten zijn er talloze onopvallende varianten van afpersing, die we helemaal niet in een gearticuleerde vorm aan de orde stellen. Misschien heeft onze loketbediende wel een hekel aan zijn baan. Hij moet iedere morgen een geweldige tegenzin overwinnen om naar de bank te gaan. Als iemand hem onderweg vraagt: «Wil je naar de bank?» zegt hij misschien: «Van wíllen kan geen sprake zijn!» Maar hij moet geld verdienen en heeft geen ander vak geleerd. Hij bevindt zich dus in een dwangpositie: ofwel hij doet het gehate werk, ofwel hij belandt in de goot. Hij kiest het minste kwaad en neemt plaats achter het loket. Hij ervaart het als een *moeten*, dus als het tegendeel van vrijwilligheid. Hij buigt voor een afpersing die door de samenleving wordt uitgeoefend. Wanneer vervolgens de man met het masker binnenkomt, ziet hij zich blootgesteld aan dubbele afpersing: hij moet achter het loket staan om in zijn onderhoud te voorzien, en nu moet hij, om in leven te blijven, de bandiet ook nog het geld geven.

Een situatie die het karakter heeft van afpersing, is altijd aan de orde wanneer wij de indruk hebben iets te moeten. We doen het dan vanuit een afgedwongen wil, en niet vanuit een ongedwongen, onbelemmerde wil. Meestal is het de bedreiging met sancties die ons volgzaam maakt: verlies van werk, verlies van vrijheid, verlies van genegenheid. Niemand is vrijwillig om acht uur op kantoor of op school, niemand betaalt aan de kassa van het warenhuis werkelijk vrijwillig, niemand weerstaat een verleiding helemaal vrijwillig. En de afpersing kan ook van morele aard zijn: we doen iets of laten het na omdat het in vergelijking met morele uitstoting het minste kwaad is. We maken de rekening op en besluiten tot een wil die we zonder de dreiging niet gehad zouden hebben.

Dat iemand van zijn eigenlijke wil wordt afgebracht en verstrikt raakt in een wil die hem tegenstaat, hoeft niet altijd – zoals in de gegeven voorbeelden – aan dreigingen te liggen die hun oorsprong vinden in een vreemde wil. Ook louter externe omstandigheden, waar niemand schuld aan heeft, kunnen iemand van zijn vrijwilligheid beroven. Enige tijd geleden stortte in de Andes een vliegtuig met voetballers uit Uruguay neer. Na langdurige, martelende aarzeling besloten de overlevende spelers hun dode kameraden op te eten om niet te verhongeren. Toen ze dat deden, handelden ze vanuit een wil waarvan ze zelfs in hun dromen niet hadden kunnen denken dat ze die ooit zouden moeten hebben of zelfs maar zouden kunnen hebben. Die wil was hun door de omstandigheden afgedwongen: het was eten of sterven.

Zo kan het eveneens zijn bij de wil om zichzelf te doden: liever dat dan een verschrikkelijke lijdensweg. Ook de arts van het veldhospitaal over wie ik het eerder had, hoort hier thuis: liever zonder narcose amputeren dan de patiënt laten sterven. En natuurlijk zijn er talloze minder schrijnende gevallen, zoals in avondkleding in het water springen om een kind te redden, of vanwege een stormvloed afzien van het plan te gaan zwemmen.

Om de ideeën van externe dwang, afgedwongen wil en «iets wel moeten» te begrijpen, hebben we een onderscheid nodig tussen datgene wat iemand eigenlijk wil en datgene wat hij wil hoewel hij het eigenlijk niet wil. Dat leren we uit deze voorbeelden. Maar hoe kunnen we dit onderscheid begrijpen?

Denk even terug aan de paradox van het handelen tegen je wil. Om die op te heffen, hadden we het onderscheid nodig tussen datgene wat iemand wenst omwille van zichzelf, en datgene wat hij alleen wenst als middel om een oorspronkelijke wens te vervullen. We hebben dus een onderscheid gemaakt tussen oorspronkelijke of echte wenselijkheid enerzijds en louter geleende wenselijkheid anderzijds. Daar kunnen we nu op teruggrijpen. Een dwangpositie, kunnen we dan zeggen, is een situatie waarin ik iets wil en doe wat slechts geleende wenselijkheid bezit, om te verhinderen dat er iets gebeurt wat in strijd is met een oorspronkelijke wens. Tegen mijn wil wens en doe ik iets om de vervulling van een andere wens veilig te stellen. Tegen zijn wil overhandigt onze loketbediende het geld aan de bankrover, om zo veilig te stellen dat zijn wens verder te leven niet wordt doorkruist. Met de allergrootste tegenwil aten de voetballers uit Uruguay mensenvlees, om zo in leven te kunnen blijven.

Zuiver logisch gezien is een dwangpositie dus niets anders dan een situatie waarin ik een middel dat ik liever niet gebruik inzet om mijn doel te bereiken. Structureel bezien vergaat het de loketbediende en de voetballers niet anders dan mijzelf wanneer ik een bittere pil slik om van de hoofdpijn af te komen. Waarom zou het dan toch lachwekkend zijn als iemand zei: «Ik bevind mij in een dwangpositie: ik wil dat die verdomde hoofdpijn ophoudt, maar de aspirine is zo bitter!» Of stelt u zich voor dat u, om nog net op tijd in de opera te zijn, met uw nieuwe schoenen door de smeltende sneeuw moet lopen. «Ik verkeerde in een verschrikkelijke dwangpositie,» zegt u, overlopend van zelfmedelijden. «Ik moest mijn dure schoenen verpesten om het begin niet te missen!» Waarom vinden we uw woordkeuze lachwekkend? Omdat het niet om een werkelijk belangrijke wens ging en u ook geen werkelijk hoge prijs moest betalen om deze te vervullen. Er moet gewoon meer op het spel staan wil het woord «dwangpositie» met zijn dramatische bijklank van toepassing zijn. Wanneer het medicijn tegen een ziekte niet alleen bitter is, maar ook ernstige bijwerkingen heeft, komen we al meer in de buurt van een echte dwangpositie: we moeten de gezondheid schaden omwille van de gezondheid. En het spreken over een dwangpositie bereikt natuurlijk zijn volle dramatiek wanneer het om leven en dood gaat.

Het spreken over de «eigenlijke» wil in contrast met de afgedwongen wil hebben we hiermee nog niet volledig begrepen. Daartoe moeten we deze zegswijze preciezer bekijken en twee gevallen onderscheiden. Misschien bent u op weg naar de bioscoop en ontmoet u een vriendin die graag met u zou gaan theedrinken. «Eigenlijk wilde ik naar de bioscoop,» zegt u, op uw horloge kijkend, «maar... goed.» «Eigenlijk» heeft hier een zuiver tijdelijke zin: de eigenlijke wil is gewoon degene die er het eerst was. De vraag of het om een ongedwongen of een afgedwongen wil gaat, komt niet eens aan de orde. Naar de bioscoop gaan was een ongedwongen wens; maar het zou ook kunnen zijn dat u op weg was naar het bejaardenhuis om uw moeder te bezoeken – iets wat u steeds meer als een hinderlijke dwang ervaart. Toch zou u zuchtend tegen uw vriendin zeggen: «Eigenlijk wilde ik naar het bejaardenhuis, maar... ja!» Ook hier wordt u afgeleid van uw oorspronkelijke wil, en hoewel de nieuwe ongedwongener is dan de oude, die afgedwongen is, blijft de oude uw eigenlijke wil.

Maar een wil kan ook in een meer nadrukkelijke zin de eigenlijke wil zijn. Het is dan een tot handelen leidende wens die ik niet met tegenzin vorm teneinde een nog groter kwaad te vermijden. Het is een wens die we soms inleiden met de zinswending: «Als het uitsluitend aan mij lag...» – een wens dus die ontstaat doordat ik ben zoals ik ben, en om geen andere reden; een wens bovendien die verbonden is met plezier. Onze loketbediende zegt misschien bitter: «Eigenlijk wilde ik dokter worden, maar toen kwam de oorlog...» Toen hij twintig was, zou het hem plezier hebben gedaan dokter te worden. Door de oorlog en al het afgedwongen gedrag dat een oorlog met zich meebrengt, werd hij van zijn eigenlijke, echte wens afgebracht, en nu telt hij onvrijwillig en tegen zijn wil bankbiljetten. Toch zijn er nog eigenlijke wensen die hij in vervulling kan doen gaan, ook al zijn het wensen in kleiner bestek: 's nachts in zee gaan zwemmen, in de vakantie met zijn treinabonnement doelloos door het land reizen, alle schaakpartijen van Aljechin naspelen. Dat zijn dingen die hij wenst en doet omwille van die dingen zelf; ze hebben een oorspronkelijke wenselijkheid. Zelfs de stappen op weg naar de verwerkelijking ervan roepen geen tegenwil op, niets van dat alles neemt hij zomaar op de koop toe: de ongehaaste tocht naar zee, de bestudering van het spoorboekje, het wisselen van rollen aan het schaakbord. Hij ondervindt geen dwang door de hectische routine op een vliegveld, niet door de maatschappelijke rituelen op zijn trektocht en ook niet door de eerzucht en de regels van een schaaktoernooi. Hij moet niets. Hij is vrij.

De wil die hem op maandagochtend na de vakantie naar de bank drijft, is in zekere zin niet zijn eigen wil omdat deze hem is afgedwongen. Omdat de afpersing van het geld verdienen nu eenmaal bestaat, kan hij op deze ochtend wat zijn wil betreft niet meer zichzelf zijn, maar moet hij zich tot een wil dwingen die hem vreemd is. Soms kijkt hij naar zichzelf bij het geld tellen en denkt: is dit mijn leven, ben ik dit zelf?

De ervaring dat iemand een wil heeft die hem vreemd voorkomt, hebben we al eerder ontmoet: bij de dwangmatige wil. Maar het is belangrijk ons niet te laten misleiden door een gelijkluidend woord, en te zien dat het bij de dwangmatige en de afgedwongen wil om twee fundamenteel verschillende ervaringen van vreemdheid gaat. Dat een dwangmatige wil iemand vreemd voorkomt, komt doordat deze wil zich aan de invloed van het overwegen en het inzicht onttrekt. Deze wil lijkt, zoals we al zeiden, op een innerlijke tic. En net als de nerveuze tic komt hij ons vreemd voor, als iets wat van ons is afgesplitst en niet wezenlijk bij ons hoort. Zo is het niet wanneer onze loketbediende naar zichzelf kijkt. Wanneer hij het geld telt, doet hij dat niet vanuit een innerlijke dwang. Het is niet zo dat hij gewoon niet anders kan dan voortdurend geld tellen. En het overvalt hem 's morgens niet zomaar dat hij naar de bank gaat en achter het loket plaatsneemt, onverschillig wat hij van zijn vervelende baan vindt. Als dat zo was, zou hij nooit met vakantie gaan en de weekends vervloeken. Het is omgekeerd: hij kan de wil om zijn beroep uit te oefenen alleen in stand houden omdat hij, wanneer hij weer een aanval van tegenzin krijgt, tegen zichzelf zegt dat er geen ander alternatief is dan doorgaan. Het is dus een wil die vanuit een oogpunt van controle beslist de zijne is, zelfs in die nadrukkelijke zin waarin iets wat je je moeizaam verworven hebt, meer tot jezelf behoort dan wat je aanvliegt. Ook wijst de loketbediende zijn wil niet af, zoals iemand zijn dwangmatige wil tot presteren of zijn gokverslaving soms afwijst en vervloekt. Weliswaar kun je over hem zeggen wat je ook over een dwangmatig iemand kunt zeggen: hij zou deze wil liever niet hebben. Dat betekent echter in beide gevallen iets anders. De dwangmatige persoon denkt: kon ik nu maar af komen van deze verdomde wil die zo schadelijk voor me is! De loketbediende daarentegen denkt: was deze verdomde wereld nu maar niet zo ingericht dat ik deze wil nodig had! Een dwangmatig iemand veroordeelt zijn wil omdat die schadelijk en hardleers is. Iemand die handelt met tegenzin zou zijn wil liever niet hebben, omdat die weliswaar verstandig en nuttig is, maar toch inhoudt dat hij iets wil wat eigenlijk een kwaad is.

De innerlijke dwang betekent dat er met *mij* iets niet in orde is; in de externe dwang zien we iets wat met de *wereld* niet in orde is. Iemand met een dwangmatige wil, zo zagen we, is onvrij omdat hij niet in staat is tot wat het wezen van het beslissen uitmaakt: iets doen met zichzelf en zo zijn wil veranderen. De loketbediende kan dat. Op een ochtend wordt hij een waaghals. Kalm doet hij een stapel bankbiljetten in zijn aktetas, sluit het loket en beent het bankgebouw uit. «Nog een goeie dag allemaal!» roept hij zijn verbouwereerde collega's toe. Hij schudt de hem opgedrongen wil af door alles op het spel te zetten. Hij kan dat, want hij bezit wat een dwangmatig iemand niet heeft: beslissingsvrijheid.

Met een afgedwongen wil moeten leven kan moeilijker zijn dan het lot dat je werk moet doen waar je een hekel aan hebt. Het kan een leven verwoesten in een diepere zin dan een levenslang ongenoegen kan doen. Het is wel voorgekomen dat het Franse verzet zijn eigen mensen doodschoot, en zelfs de belangrijkste, wanneer te voorzien was dat ze door de Duitsers zouden worden gepakt en wanneer te vrezen viel dat zij onder foltering informatie zouden prijsgeven die veel verzetsstrijders het leven kon kosten. De mensen die schoten deden dat niet vrijwillig, maar gedwongen: de wil die hen daarbij leidde, had niet verder van hun eigenlijke wil verwijderd kunnen zijn. Hij was hun door de wil van de bezetter opgedrongen. Stel dat een van de mensen die gevaar liep de geliefde van de leider was. Al wekenlang was er gevaar, en de anderen keken hem nerveus en verlegen aan wanneer zij ter sprake kwam. Als iemand het doen moest, zo voelde de leider, dan was hij het zelf. Zo zou zij het willen. Het zou een afscheid en een laatste daad van intimiteit zijn. Het was de zwaarste beproeving waar hij ooit voor had gestaan. Zij keken elkaar aan en wisten dat het zou gebeuren. Toen hij het deed, scheurde het hem innerlijk in stukken. Daarna was hij niet meer dezelfde als voorheen. Van nu af aan stond hij erop de gevaarlijkste operaties zelf te leiden.

Hoe kunnen we zijn trauma en zijn verscheurdheid beschrijven? Zuiver logisch gezien was zijn situatie precies dezelfde als die van de loketbediende, van de arts in het veldhospitaal en de voetballer in de Andes. Tegen zijn eigenlijke wil in moest hij iets willen om een nog groter kwaad te verhinderen. Alleen was de afgedwongen wil verschrikkelijker: hij moest iemand doden, en niet zomaar iemand. Een deel van hemzelf stierf mee. Iedere nacht zag hij zich op haar af rijden, zijn wapen in de aanslag. Hij kon niet zo naast zichzelf gaan staan als de loketbediende en zich afvragen of híj werkelijk degene was die geschoten had. Al jaren leefde hij vanuit de opdracht een afdeling van het verzet te leiden en zonder compromissen alles te doen om die te beschermen. Hij zou blij zijn geweest als hij distantie en vreemdheid had kunnen voelen zoals de voetballers, die met al hun eigenlijke wensen in conflict kwamen toen ze hun kameraden moesten opeten. Het verraderlijke aan de wil die de nazi's hem hadden opgedrongen, was dat het een voorbeeld was van een wil waarmee hij zich identificeerde: de wil om het leven van zijn kameraden te beschermen. Hij was daarom absoluut geen vreemde voor zichzelf toen hij de trekker overhaalde. Tegelijkertijd werd hij diep verscheurd, want de wil zijn geliefde te beschermen was eveneens een wil die helemaal bij hem hoorde; die hoorde nog meer bij hem dan de wil van de militaire artsen om het leven van vreemden te redden bij hén hoorde. Soms stelde hij zich voor hoe het zou zijn deze ene daad te beleven als een afsplitsing die niet wezenlijk voor hem was, zoals dat gebeurt met een dwangmatig iemand, of zijn daad te zien zoals een onbeheerste man zijn uitbarsting achteraf ziet. Zou dat gemakkelijker of moeilijker zijn dan zoals het was? Wat was het grootste kwaad en de grootste pijn: zijn daadwerkelijke verscheurdheid, of de voorgestelde verbijstering van de speler, of de driftkop over het feit dat hij zichzelf niet meester was? Waarmee viel beter te leven? Als het een dwangmatige of opvliegende daad geweest was, kon hij zich er misschien in schikken, omdat hij die als een ziekte zou kunnen zien, iets wat hij zichzelf uiteindelijk niet zou hoeven aanrekenen. De prijs zou zijn te moeten erkennen dat hij het zonder beslissingsvrijheid had gedaan. In feite zou dat een leugen zijn zoals je er maar zelden een tegenkomt. Nog nooit had hij zijn beslissingsvrijheid zo wakker en vastbesloten uitgeoefend als in dat verschrikkelijke ogenblik toen hij zijn onvrije, afgedwongen wil verwerkelijkte. Maar zou het niet toch een nuttige leugen zijn, die de pijn zou verlichten? Toen richtte de verzetsleider zijn aandacht niet langer op zichzelf, de schutter, maar op de vrouw. Hun blikken hadden elkaar gekruist vóór zij was blijven staan om op de kogel te wachten. En nu wist hij het zeker: de verscheurdheid die hij nu voelde, was hij haar schuldig, omdat het een laatste ontmoeting tussen vrije mensen moest zijn en niet een ontmoeting tussen een gestoorde en zijn slachtoffer. Zo was het, ook al wist hij niet of hij met zijn verscheurdheid nog lang zou willen voortleven.

«Ik kan niet anders!» – een teken van onvrijheid

«Ik kan niet anders!» zei onze emigrant die met zijn gezin op de trein wachtte. In het voorgaande hoofdstuk zagen we dat hij hiermee niet zijn onvrijheid toegaf. Integendeel, met deze woorden hield hij zijn vrijheid staande tegenover zijn woedende vriend.

Dezelfde woorden kunnen niettemin ook een uitdrukking van onvrijheid zijn. Wat betekenen ze wanneer het om een windvaan gaat? Het kunnen geen woorden zijn die de windvaan zelf zegt, want ze vooronderstellen een afstand tot zichzelf die bij hem ontbreekt. Om je te kunnen afvragen of je ook iets anders zou kunnen willen en doen, moet je over jezelf kunnen nadenken en twijfelen, en een windvaan is nu precies een figuur dat dat niet kan. Alleen wij, de buitenstaanders, kunnen die vraag opwerpen. Wij observeren u terwijl u zich langs de hoofdstraat laat meevoeren. U komt langs een bedelaar en blijft staan. Stokstijf en schaamteloos lang kijkt u hem aan, alsof u nog nooit een bedelaar hebt gezien. «Wind je niet op,» zegt Vera, die mij vergezelt, «hij kan niet anders.» «Maar zoiets doe je toch niet?» werp ik tegen. «Natuurlijk niet,» zegt ze, «maar bij hem zit het anders. Hij kan er niets aan doen, het overkomt hem gewoon.» Nu haalt u uit uw portefeuille een bundel bankbiljetten en werpt die in de hoed.

«Zag je dat?» zeg ik. «Zoiets bestaat toch niet!» «Nou ja,» zegt ze, «het is weer hetzelfde: ook dat overkomt hem gewoon.» U loopt verder. Plotseling keert u zich om, loopt terug en pakt de bankbiljetten weer uit de hoed. «Dat is het toppunt!» zeg ik. Vera kijkt me aan met een medelijdend lachje. «Heb je het nog steeds niet begrepen?» U gaat een speelgoedwinkel binnen en komt met een reusachtige knalgele teddybeer naar buiten. «Wat moet dat nu weer?» mompel ik. Vera zeg niets, ze glimlacht alleen. U blijft midden op de hoofdstraat staan en hindert met het logge ding de mensen. Een kinderwagen komt in zicht. Stralend gaat u eropaf en houdt het kind de beer voor de neus. Knorrig duwt de moeder hem weg, hij valt in het stof. U pakt hem op en kijkt ongelukkig naar de vies geworden vacht. Plotseling klaart uw gezicht op, u neemt een aanloop en trapt de beer midden in de menigte. Ik zeg niets meer, en we kijken u zwijgend na terwijl u bij de eerstvolgende winkel tussen de koopjes struint zonder te kunnen kiezen. «Je bedoelt dus,» zeg ik na een poosje, «dat die vent gewoon niet anders kan? Dat hij eerst dit en dan weer dat wenst, al naar het hem invalt, zonder orde en samenhang? En dat hij het eenvoudig de vrije loop laat, zonder enige controle?» «Ja, precies,» zegt Vera, en ze voegt eraan toe: «Ergens toch wel benijdenswaardig.» «Waarom?» «Nou ja, op zijn manier is hij vrij. Vind je niet?» «Ik weet het niet. Je zou ook kunnen zeggen dat hij de slaaf is van zijn grillen.» «Goed, maar hij merkt er niets van.» «Maakt dat hem vrij? Denk eraan: geen controle, dus geen beslissing. In zijn binnenste moet het er toch uitzien alsof er om zo te zeggen niemand thuis is. Is er eigenlijk wel *iemand*? Mij lijkt het eerder dat hij alleen maar een ingewikkeld *iets* is, waarin de dingen gebeuren zoals ze toevallig gaan, zonder enige regie. Bij jou en mij is het anders; wij hebben onszelf in de hand, en dat maakt ons tot subjecten.» «Weet je het zeker?» lacht ze, en ze trekt me mee.

Hoe is het bij gehypnotiseerde mensen of psychologisch afhankelijken, die lijden onder hypnose bij vol bewustzijn? Tijdens de trance en in de perioden van blinde volgzaamheid zullen ook zij zich niet kunnen afvragen of ze ook anders zouden kunnen. In die toestand zijn ze als de windvaan, zonder enige afstand tot zichzelf. Maar wanneer ze wakker worden, zal de vraag opkomen. En het antwoord zal ondubbelzinnig zijn: «Ik kon niet anders.» Het zullen woorden van onvrijheid zijn, en ze zullen pijn doen. «Ik was er niet eens echt bij,» is misschien het commentaar. «Ik was een willoos instrument voor anderen.»

Een beetje anders ligt het wanneer een onbeheerst iemand na een opvliegende daad zegt: «Het spijt me, maar ik kon niet anders, want ik was mezelf niet.» Het verschil is dat het geen andere mensen waren die ervoor zorgden dat hij niet anders kon. Hij heeft de vrijheid verloren door krachten in zichzelf. Toch zijn zijn woorden waar. Doordat hij helemaal opging in zijn gevoelsuitbarsting, verloor hij precies dat vermogen dat ons in staat stelt verschillende dingen te willen en in die zin onszelf te zijn: het vermogen onze wil door nadenken te beïnvloeden. De woorden van de onbeheerste man lijken op datgene wat de windvaan over zichzelf zou zeggen indien hij zou kunnen wat hij niet kan: zichzelf tot onderwerp van reflectie maken.

Heel anders zal het gelouterde commentaar zijn van een meeloper met andermans gedachten. «Weet je,» zal hij zeggen, «ik was zo in de ban van datgene wat de anderen mij hadden ingepompt dat ik gewoon niet op het idee kwam dat je ook anders zou kunnen denken en dus iets anders willen. Ik was volledig verblind door de elegante leuzen van mijn vader en helemaal bedwelmd door de gebeitelde uitspraken aan de stamtafel. Niemand had mij ook geleerd wat het is om zelf na te denken.» En een andere meeloper zegt misschien: «Toen had ik al die boeken gelezen en al die examens afgelegd. Er was bij mij vanbinnen een stabiel, of beter gezegd een star omhulsel ontstaan. Tientallen jaren lang woonde ik daarin en voelde me goed. Het doortrapte was dat ik ook een heel bepaald idee verinnerlijkt had van hoe je met andere opvattingen moest omgaan. ‹Kritiek› noemden ze dat. Ik was er daardoor van overtuigd heel precies te weten wat het is om ook anders te kunnen denken en handelen. Ik beeldde me in dat ik dat kon, als ik maar gewild had. Maar in werkelijkheid kon daarvan geen sprake zijn. Omdat ik alleen dit ene idee van kritiek kende en daar gedachteloos aan gewend was geraakt, was het uitgesloten om boven die oude gedachtewereld uit te groeien en werkelijk zelfstandig te worden. Ik bleef daarin gevangen zonder het te merken.»

Ook wie onvrij is door dwangmatig gedrag beklaagt zich dat hij niet anders kan. Maar het ligt niet aan de verlamming van zijn denken en de verharding van zijn fantasie. Zijn gevangenis ligt, zoals we weten, buiten het denken en bestaat in het feit dat hij niet de actor maar alleen de toeschouwer van zijn wil is. «Als de lichten van het casino aangaan,» zegt de speler, «is het alsof ik door een magneet word aangetrokken. Wat kun je uitrichten tegen een magneet? Het ijzer kan er immers ook niets tegen doen. Geloof me, ik verzet me ertegen, maar het haalt niets uit. Het is geen goedkope uitvlucht als ik zeg: ik kan dan gewoon niet anders. Het is de zuivere waarheid.»

En hoe zit het met de loketbediende bij de bank? «Als het werk je zo tegenstaat,» zegt iemand tegen hem, «waarom hou je er dan niet gewoon mee op? Er is toch nog wel wat anders dan geld tellen?» «Hoe stel je je dat voor?» zal hij geprikkeld antwoorden. «Op mijn leeftijd vind ik toch geen ander werk meer!» «Hoezo werk? Ik vind dat je je door zulke dingen veel te makkelijk laat chanteren.» De loketbediende barst uit: «En waar moet ik dan van leven, stommeling?» Na de bevrijdingsactie van de loketbediende treffen ze elkaar weer. «Ik heb het bijltje erbij neergegooid,» zegt de loketbediende, «en het geld heb ik gewoon laten zitten.» «Zie je wel? Ik heb het je altijd wel gezegd: het kan ook anders,» zegt de ander. «Ja, maar hoe lang?» mompelt de loketbediende.

De leider van het verzet ten slotte, die zijn verscheurdheid uiteindelijk accepteert, zal telkens wanneer de verschrikkelijke beelden van de geluidloos vallende vrouw twijfel bij hem doen opkomen denken: ik kon niet anders; ik kon gewoon niet anders. En hij zal er iets aan toevoegen wat in de meeste andere dwangposities overdreven en pathetisch zou klinken, maar hier een nuchtere en precieze betekenis heeft: omdat ik ben zoals ik ben.

5. Tijdservaring als maatstaf voor onvrijheid

Vrijheid en onvrijheid van de wil worden weerspiegeld in de wijze waarop wij de tijd beleven. De analyse van onze tijdservaring is daarom een leidraad voor een dieper inzicht in de ervaring van vrijheid en onvrijheid. Deze gedachte heb ik in de voorgaande hoofdstukken al op enkele plaatsen gevolgd: bij de beschouwing van de open toekomst als aspect van de vrijheid, en bij de vraag hoe de toekomst eruitziet voor een windvaan en voor iemand die dwangmatig handelt. In dit hoofdstuk verbreed ik het perspectief en pas ik de gedachte zowel op het geheel van de tijdservaring toe, alsook op het geheel van de ervaringen van vrijheid en onvrijheid. Hoe raakt onze tijdsbeleving vervormd onder de druk van onvrijheid? Welke variëteiten van tijdsbeleving blijken er te zijn wanneer we ons in figuren verdiepen die op uiteenlopende wijze onvrij zijn? In het laatste deel van dit boek zal dan de tijdservaring ter sprake komen die optreedt wanneer we een verloren gegane vrijheid herwinnen.

De vlakke tijd van de windvaan

Laten we teruggaan naar de hoofdstraat, waar u als een windvaan met uw wensen meedraait. «Weet je waarom ik die vent met de teddybeer toch ergens benijd?» zegt mijn vriendin Vera. «Omdat alles, zelfs het onaangename, voor hem een onmiddellijk, ongestoord heden moet zijn.»

«Oké,» zeg ik, «hij zal niet de fout maken die mensen als ik zo vaak maken: dat hij de beleving van het heden bederft doordat hij in gedachten al bij de toekomst is. Maar de prijs die hij hiervoor betaalt is hoog. Hij kán die fout helemaal niet maken, en dat betekent: hij kan het heden niet zien vanuit een mogelijke toekomst, hij kan het niet beleven als onderdeel van iets wat zich tot in de toekomst uitstrekt.»

«Ik weet het niet. Denk eraan met hoeveel *nieuwsgierigheid* hij in de manden met uitverkoopspullen rommelde. In dat opzicht leek hij toch sterk op de toekomst betrokken te zijn. En waren de dingen die hij zag en als heden beleefde niet de vervulling of teleurstelling van zijn *verwachtingen*?»

«Natuurlijk,» zeg ik, «het is immers niet zo dat hij moet leven met een muur in zijn hoofd, die hem ieder besef van de toekomst verspert en de tijd op de drempel van de toekomst doorsnijdt, zodat hij helemaal niet zou weten wat dat is: iets verwachten. Iemand die het heden steeds opnieuw als het eind van alles zou beleven, met een bord voor zijn kop wat het idee van een latere tijd betreft – ik geloof dat die alles wat hij beleeft niet eens als heden zou kunnen beleven, maar louter als ‹het is er›. En misschien dát niet eens, want het lijkt me dat zonder een minimale vorm van verwachting helemaal geen bewustzijn mogelijk is. Als je de tijd vlak voor iemands neus wegsnijdt, wordt hij machteloos. Daarom denk ik eigenlijk dat die onmogelijke kerel toen hij omkeerde om de bedelaar het geld weer af te pakken een soort besef van toekomst had, waardoor hij bijvoorbeeld de beweging van het omkeren als een heden beleefde. Zo je wilt ging hij een toekomst tegemoet. Maar het ging daarbij alleen om de hoed en het geld, niet om hém. Dat het iemand om zijn éígen toekomst zou kunnen gaan – dat is iets wat hij niet kent, want hij leeft zonder enige afstand tot zichzelf. En daarom kan hij het heden, voor zover dat er voor hem al is, ook niet als zíjn heden beleven. Het heden, dat kan voor hem niet veel meer zijn dan de aanwezigheid, het zich opdringen van gebeurtenissen, die bij zijn verwachtingen passen of niet.»

«En je weet zeker,» vraagt Vera, «dat het niet gewoon een kwestie is van waar hij zijn aandacht bij kan houden? Het is toch wel verbluffend en dolkomisch hoe snel het voorwerp van zijn aandacht wisselt; de dingen lijken voor hem op te flakkeren en weer uit te doven alsof ze er nooit geweest zijn – denk maar aan hoe hij met de teddybeer omging. Is het verschil met ons niet gewoon dat wij in staat zijn tot een aandacht die veel verder reikt – dat wij dus een ruimere blik hebben dan hij? Misschien is onze beleving van het heden alleen in die zin rijker dan de zijne, dat de tijdshorizon eromheen ruimer is?»

«Nee, nee,» zeg ik, «het beslissende verschil heb je me toch zelf duidelijk uiteengezet? Hij kan niet anders, hij heeft zichzelf niet in de hand. Dat is zo omdat hij zich niet kan bekommeren om zijn wil. Hij is als een driftkop bij een uitbarsting, alleen is het bij hem altijd hetzelfde, hoewel het niet altijd drift is en ook niet altijd een uitbarsting. Net als de driftkop ís hij altijd alleen maar datgene wat hij nu net beleeft en wil. Vermoedelijk benijd jij hem daarom. Dat heden van hem moet wel ontzettend intens zijn, denk jij. Maar vergeet niet: aangezien hij zich niet om zijn wil kan bekommeren, kan hij nergens toe besluiten; hij is wankelmoedig zonder te weten wat het tegendeel is. En dus kan hij zijn heden ook niet beleven als iets waartoe hij besloten heeft. Zijn heden heeft geen echo van vastbeslotenheid achter zich. Natuurlijk is er bij ons ook wel een deel van het heden dat met beslissen niets te maken heeft. Het is altijd ook nog de vraag wat de wereld nu precies voor ons in petto heeft. Maar bij onze bizarre vriend is dat álles; in zijn ervaring van het heden valt helemaal niets van beslissing te proeven, en dus ook niet van vrijheid. Dat is de reden waarom het niet alleen zijn toekomstervaring aan diepgang ontbreekt, maar ook zijn ervaring van het heden. Hij leeft van de ene dag op de andere, en niets van wat hij beleeft kan in een toegespitste zin tot zíjn heden worden. Het is, zou je kunnen zeggen, een *vlak* heden.»

«Wij leven op dit moment ook van de ene dag op de andere,» zegt Vera, «en het is heerlijk. Zoveel heden heb ik lang niet meer beleefd. Ik zal hier nog lang van nagenieten wanneer ik weer onder een grauwe hemel wakker word.»

«Dat is een ander onderwerp,» zeg ik. «Het heden is geen kwestie van wat *aangenaam* is. Ook wanneer je aan het ontbijt de grauwe hemel vervloekt, zal die op een andere manier jouw heden zijn dan voor die vent met de beer. Jij hebt dan namelijk in een andere zin iets vóór je dan hij, omdat jij je iets kunt voornemen in een zin waar hij geen notie van heeft. En het is dit toekomstgevoel dat jouw heden zal kleuren en maken tot wat het is.»

«Maar het is zo mooi om in een toekomstgevoel te leven dat met voornemens en beslissingen niets te maken heeft. Daarnet, toen we het hotel verlieten, heb ik mij met het grootste genoegen in dat gevoel laten wegglijden.»

«Dat is een illusie, zeg ik je. Dit gevoel is alleen maar wat het is omdat het is ingekaderd in het bewustzijn dat we ieder moment de vrijheid hebben om te beslissen. Als je deze zekerheid wegdenkt, is het genoegen, ook het genoegen in het flaneren van vandaag, eveneens weg. En overigens: de grauwe hemel thuis zou dan wel érg onaangenaam zijn, omdat je zonder afstand tot jezelf ook geen afstand tot die hemel zou hebben; hij zou zich op een verstikkende manier aan je opdringen.»

«Denk je dat die vent zich kan *vervelen*?» vraagt Vera.

Ik stel me voor hoe het voor hem zou zijn om steeds aan dezelfde monotone indrukken te zijn blootgesteld. Steeds dezelfde binnenplaats te moeten zien. «Wat hij wel kennen zal,» zeg ik, «is weerzin tegen aldoor hetzelfde. Wat hij kan is hunkeren naar afwisseling. Maar dat is niet wat wij voelen wanneer we in de file zitten of in de wachtkamer van een dokter. Want het bijzondere aan dit vervelende heden is het onderdrukte ongeduld en de gedachte aan wat we anders nog met deze tijd hadden kunnen dóén. Wat we daarin hadden kunnen doen met onszelf. Daar weet hij niets van. En wat hij ook niet kent, is verveling als de ervaring van niet te weten wat je met jezelf moet doen, de verveling waardoor je midden op de middag de tv maar aanzet. Daarvoor moet je weten wat dat is: iets doen met jezelf.»

's Avonds, als we de herinneringen aan de dag ophalen, zegt

Vera: «Ergens aan terugdenken – hoe zou dat zijn voor die merkwaardige figuur met die beer?»

«Net als wij zal hij bepaalde dingen *vasthouden*,» zeg ik. «Dingen die herinneringsbeelden in hem hebben achtergelaten. Hij wist nog dat zijn geld in de hoed van de bedelaar lag, en dat zette hem in beweging. Ik vraag me af of hij zich in de volle zin van het woord kan herinneren dat híj degene was die het daar in had gedaan. Want dat vereist toch een voorstelling van jezelf. Kan een wezen dat verder niet over zichzelf kan nadenken, voldoen aan deze voorwaarde voor het echte herinneren?»

Hij wordt door zijn herinneringen voortgeduwd, denk ik later, ze drijven hem voor zich uit. Hij dóét er niets mee, stelt er geen vragen aan, hij houdt zich niet bezig met zijn biografie. Hij heeft eigenlijk totaal geen idee van zijn eigen verleden. Herinneringsbeelden flakkeren op en doven weer uit; ze geven hem misschien een goed of minder goed gevoel, maar hij *houdt zich er niet mee bezig*. En daarom kan hij ook het heden niet beleven *in het licht* van de herinnering, en geen toekomst tegemoet gaan die zich met een zekere logica uit zijn verleden en zijn bewustzijn daarvan zou ontwikkelen. Wat hij doet, wordt weliswaar *bepaald* door zijn herinneringen – die kleven aan hem en dicteren hem sommige dingen – maar je kunt niet zeggen: hij *ontwikkelt zich* vanuit een verleden naar een toekomst toe. Daarvoor moet je over jezelf kunnen nadenken en kritisch naar jezelf kunnen kijken. En natuurlijk *begrijpt* hij zijn herinneringen niet in die zin dat hij ze als tekens zou weten te interpreteren.

De vreemde tijd van een afhankelijk iemand

Hoe doet de tijd zich voor als iemand gehypnotiseerd of afhankelijk is? Hoe doet de tijd zich voor tijdens de verdoving, en hoe na het ontwaken?

Als u psychologisch afhankelijk bent, handelt u vanuit een wil die achter uw rug om ontstaan is; als overwegend en beslissend persoon heeft men u omzeild. De tijd waarin u deze vreemde wil verwerkelijkt, is in zekere zin niet úw tijd. U beleeft niet uw tijd maar die van de anderen, omdat u als actor van uw wil, die ook actor van zijn eigen tijd zou kunnen zijn, bent uitgeschakeld. Neem het geval dat u, door een codewoord in beweging gezet, het raadhuis de lucht in laat vliegen. Wanneer u met de springstof op weg bent naar het raadhuis, is er in een eenvoudige zin voor u natuurlijk een verleden, heden en toekomst: zojuist bent u in de auto gestapt, nu plaatst u de springstof, zo dadelijk zal de explosie volgen. En toch beweegt u zich als een slaapwandelaar in een vreemde tijd. U hebt die niet zelf gemaakt, iemand anders maakt die voor u. U leeft in de tijd van de ander, als gemanipuleerde bent u slechts een gast in zíjn tijd.

Laten we nu het perspectief van die anderen innemen. Vanuit de verte kijken zij toe hoe u, in gehypnotiseerde toestand, als een voelende en willende marionet, de u opgedrongen wil ten uitvoer legt. Anders dan voor u, is datgene wat u doet voor de anderen een echt heden: door uw toedoen verwerkelijken zij hun wil. En dat lukt alleen doordat zij u door de hypnose van uw echte heden hebben beroofd, en dat hebben vervangen door een vreemde tijd. Als zij zouden vrezen dat u te vroeg zou ontwaken en op het verkeerde moment de terugweg naar uw eigen tijd zou vinden, dan waren ze niet meer zeker van het slagen van hun eigen heden. Deze vreemde tijd is als het ware weggesneden uit uw gewone tijd, u maakt die mee zonder er echt bij te zijn.

Iets soortgelijks gebeurt er als iemand afhankelijk is, en dus bij vol bewustzijn de eigen wil prijsgeeft ten gunste van een vreemde. Stel, u gaat op reis met een man van wie u in deze zin afhankelijk bent. De onvrijheid begint al op het vliegveld. U zou graag door de winkelgalerijen slenteren en de etalages van de elegante winkels bekijken. Dat zou uw manier zijn om het heden tot aan het vertrek nog wat te rekken en de voorpret te verhogen. Maar u kent hem, hij wil op zo'n moment bij een kopje espresso de krant lezen. Het zou makkelijk zijn gewoon «Tot straks!» te zeggen en over te gaan tot uw eigen heden. U doet het niet en onderwerpt u aan het zijne. U wilt hem immers niet uit zijn humeur brengen. Dat staat u niet als uitdrukkelijke gedachte voor ogen, het is niet een van die onschuldige kleine compromissen zoals we die zoveel sluiten, zonder onszelf daardoor te verliezen. Het is ernstiger, u merkt niet eens echt dat u ergens van afziet, u kunt het niet als zodanig onderkennen. Een blik op zijn gezicht was genoeg om te zorgen dat u uw eigen wil al door de zijne verving. De vraag of u dat moest laten gebeuren of u moest verzetten, kon u zichzelf niet stellen. Alles gebeurde ondergronds. En zo zit u nu met hem aan het bistrotafeltje en beleeft – wat deze reis betreft – het eerste moment waarop u uw eigen heden verzuimt en voorbij laat gaan. U bent hier, uw heden zou daarginds zijn.

En zo zal het de hele reis door gaan. U zult zich in zijn tijd bewegen, in zijn heden, en als u plannen maakt voor de volgende dag, zullen het zijn plannen en zijn toekomst en niet de uwe zijn, ook al zegt u «wij». U handelt niet als een slaapwandelaar, zoals iemand onder hypnose, u bent volledig bij bewustzijn. Maar niet u maakt de tijd voor uzelf, dat doet uw man. U leeft niet uw tijd, maar de zijne. En dat is zo omdat zijn wil de uwe overwoekert en verstikt.

Je kunt je drie versies van dit verhaal voorstellen, waarbij de volgende steeds een toename van onvrijheid inhoudt ten opzichte van de vorige. In de eerste versie sluit u aan het bistrotafeltje op het vliegveld de ogen en loopt u in gedachten door de winkelgalerijen, om althans dit surrogaat te hebben: een in de fantasie beleefd eigen heden. Ook in het vervolg van de reis doet u dat. Tijdens de wandeltocht ligt u aan het strand te lezen; in het chique restaurant zit u op een muurtje met wat brood en kaas; tijdens de boottocht bent u in het museum. Achteraf hebt u het idee dat u twee reizen tegelijk hebt gemaakt: de uiterlijke en de innerlijke. Het is goed dat die innerlijke reis er nog is. Zo kunt u zich staande houden en een eigen tijd verzinnen, ook al blijft die helemaal opgesloten in uzelf en wordt die nooit het kader waarin u zich zichtbaar beweegt.

Het kan echter ook zijn dat de afhankelijkheid u al het fantaseren verbiedt – dat doet immers afbreuk aan uw loyaliteit. Nu hebt u niet eens meer dat kleine beetje geheime vrijheid; ook uw fantasie, voor zover die een verzet zou kunnen zijn, is gekneveld en geknecht. U zit daar op het vliegveld, in het chique hotel of op de boot, en vanbinnen is er niets dan holle stilte. Het wordt een reis van alleen maar achter hem aan sjokken, en de bezienswaardigheden zullen voor u niet veel meer zijn dan coulissen, met tussen u en die coulissen een flinterdunne sluier die iedere beleving verhindert. Het zal moeilijk zijn hem de indruk te geven dat u even enthousiast bent als hij, en steeds vaker zal uw man met een lichte dreiging in zijn stem vragen: «Vind je het niet leuk?»

Dat was de tweede versie van het verhaal. In de laatste versie gebeurt iets wat als twee druppels water op vrijheid lijkt: u gelóóft in uw eigen enthousiasme, en u gelooft dat u beiden voor elkaar geschapen bent, omdat er een volkomen harmonie is in uw beleving van de dingen. Wie u van buitenaf als stel gadeslaat, zal de indruk hebben: die twee leven in een gemeenschappelijke, gedeelde tijd, zoals die zich tussen twee vrije en gelijkberechtigde mensen ontwikkelt, op reis bijvoorbeeld, of tijdens een gemeenschappelijke inspanning zoals partners die ondernemen. De waarheid is volstrekt anders: u kon het niet meer uithouden alleen nog mechanisch achter hem aan te sjokken. Het benauwende gebrek aan een eigen heden werd een kwelling. Daarom hebt u de vlucht naar voren gekozen en hebt u zich in het zelfbedrog gestort, door te geloven dat de wil van uw man toch ook de uwe is. Zelfs de beschermende afstand van een onduidelijk verzet is nu weggevallen. Hiermee bezegelt u uw volledige afhankelijkheid, onder het mom van versmelting. Nu worden er op het vliegveld twee kranten gekocht en twee espresso's besteld. En later – is het restaurant dat hij heeft uitgezocht niet fantastisch, en is zo'n boottochtje niet gewoon heerlijk? Wat uw eigen wil betreft, bent u nu dood. Zonder het te weten.

Laten we eens kijken wat er gebeurt wanneer mensen uit hun

hypnose of hun afhankelijkheid ontwaken en in hun eigen tijd gaan leven. Het ontwaken houdt in dat zij de verloren afstand tot zichzelf herwinnen en zich om hun eigen wil kunnen bekommeren. Nu kunnen ze zich weer met de vraag bezighouden wat zij nu eigenlijk zelf willen, in tegenstelling tot wat iemand anders wil dat zij willen. Ze kunnen weer een scheiding maken tussen de schijnbare en de echte eigen wil. Daarmee herwinnen zij hun vrijheid en hun eigen tijd. Ze zijn nu in staat de tiran tegemoet te treden die hen onmondig had gemaakt en zo hun eigen tijd had gestolen door hun de vrijheid te ontfutselen. Eenmaal ontwaakt, staat het slachtoffer van de hypnose voor de puinhopen van het raadhuis en denkt: dat was ik niet, en: waar was ik toch in die tijd? Gedachten als deze zijn gevaarlijk voor de tiran, want het zou kunnen dat de woede over dit stelen van zijn tijd, die ook het stelen van zijn vrijheid was, iemand de kracht geeft met de tiran af te rekenen, in welke vorm dan ook. Zo gaat het ook met de vrouw op reis die onder de plak zit. Ze zal bij het bekijken van de foto's het gevoel hebben: dat was ík helemaal niet, dat was alleen maar een lege huls. Ik waadde door een tijd die niet mijn heden was en verveelde me dood. En als ze een foto van zichzelf ziet waarop ze geforceerd en kunstmatig enthousiast doet, wordt ze misselijk: het toppunt van onvrijheid.

Misschien maakte zij later de hele reis nog een keer, ditmaal alleen. Ze zou de verloren, dode tijd graag terugwinnen en tot leven wekken door ieder afzonderlijk moment uit eigen vrije wil te doorleven. Misschien valt het zo uit dat ze bij iedere afslag die richting neemt die precies tegengesteld is aan wat ze de vorige keer deed. Dan bestaat haar vrijheid uit pure ontkenning. Maar er kan ook iets anders gebeuren, iets wat haarzelf verrast: misschien lijkt de tweede reis wel sterk op de eerste. Weliswaar koopt ze op het vliegveld geen krant – ze is geen krantenlezer –, maar ze gaat ook niet naar de winkelgalerij, maar drinkt aan het tafeltje in de bistro een espresso. De koffie smaakt goed, en hij smaakt naar nu, want deze keer is het helemaal haar eigen koffie. Ze drinkt die heel langzaam en denkt met gesloten ogen terug aan de vroegere fantasiebeelden van hoe ze langs de winkels wandelde. Net als vroeger kijkt ze daar graag rond, en de volgende keer zou ze er weer heen gaan. Maar nu is het belangrijk dat niet te doen. Als ze het nu zou doen, zou het flaneren vergiftigd worden door verzet, zoals gold voor haar fantasie van toen, en daarom zou het alleen in schijn haar eigen heden zijn. Dat wil ze niet, de reis mag niet louter een reis van pure tegenspraak worden. Dan zou het indirect nog steeds een onvrije reis zijn, de wil van de tiran zou met haar meereizen en haar – weliswaar met een omkering door tegenspraak – dicteren waar ze heen moest gaan. Het mag geen reis tegen hem zijn, maar een reis helemaal voor haarzelf.

's Avonds, na een dag op de boot en een diner in het chique restaurant, ligt zij op bed en vergelijkt wat ze gedaan heeft met haar uit tegenspraak geboren fantasieën van toen. Ze weet niet meer zo goed of het wel verstandig was precies te doen wat ze toen ook had gedaan, alleen om te vermijden dat ze door tegenspraak toch weer onder zijn juk zou zitten. Hoe echt was het heden van deze dag? Ze had zich niet meer overwoekerd gevoeld door de aanwezigheid van de tiran. Dat was goed. Maar was die aanwezigheid niet vervangen door de terugkerende gedachte dat ze hem trotseerde door uit vrijheid iets te willen en te doen wat hij haar destijds had opgedrongen? Was het dus niet nog steeds een opstandig heden geweest in plaats van een spontaan heden? Waarom zou ze eigenlijk iets laten, alleen omdat de tiran het zou zien als iets wat ze deed om zijn wil te trotseren? Ze is woedend op hem, omdat hij via deze gedachtegang haar eigenlijke, spontane wensen heeft vergiftigd, al was het maar doordat zij niet meer weet wat hier vrijheid zou zijn en wat onvrijheid: deze wensen te volgen omdat het haar oorspronkelijke wensen waren, of ze niet te volgen omdat ze het stempel dragen van verzet tegen de wil van de tiran.

En nog iets anders houdt haar bezig. Ze weet namelijk niet of een fantasie aan vrijheid inboet en dus onbruikbaar wordt door het feit dat ze stormloopt tegen een tiran, of dat je de kleur van de revolte daar weer af kunt poetsen zodat je die fantasie kunt volgen als iets wat helemaal van jezelf is. En bovendien: is ze vrij om een van deze beide zienswijzen te volgen, het doet er niet toe welke? Of heeft de tiran nog steeds op een subtiele manier de hand in het spel wanneer zij bijvoorbeeld in het schoonpoetsen van de fantasie gelooft en de volgende dag niet gaat wandelen, maar naar het strand gaat en meent dat niet uit tegenspraak te doen? Is het schoonpoetsen van de opstandige fantasie van destijds niet ook nog een vorm van revolte, nauwelijks merkbaar maar toch nog wel aanwezig? Het begint haar te duizelen bij de poging de wil van de tiran helemaal af te schudden en hem elke terugkeer, hoe geniepig ook, te versperren.

De volgende ochtend doet ze energiek een nieuwe poging en gaat naar het museum, precies op het tijdstip waarop ze destijds de boot hadden gehuurd. Door het raam ziet ze buiten de boten liggen. Het lukt haar te denken: «En wat dan nog?» Het wordt een dag van een en al heden. Het meest intens is zij 's avonds bij het dansen. Dat zou hem ook bevallen, denkt ze. En nu begrijpt ze het: het kwam erop aan iets ook dan te willen wanneer hij het ook wilde, maar het niet om die reden te willen. Het kwam erop aan het te willen met een zelfstandigheid die geen tegenspraak nodig had.

Tijdens de vlucht terug voelt ze zich zo vrij als ze zich in lang niet heeft gevoeld. De dag na de dansavond was als een dag na een eindeloze nachtmerrie geweest, een dag waarop ze volkomen wakker was geweest en dingen had gedaan die niet in overeenstemming waren met de wil van haar man maar ook niet in tegenspraak ermee. Ze had herontdekt wat ze vroeger wel geweten had maar vergeten was toen die man in haar leven kwam: wat het betekent als vrije beslisser de tijd te beleven en er diepte aan te verlenen door iets te doen met jezelf en je eigen wil. Bij aankomst drinkt ze op het vliegveld een espresso, gewoon zomaar.

De reis was het begin geweest van een eigen verleden dat diepte bezat, veel meer diepte dan al die jaren in de ban van haar man. Dat was zeker ook gekomen door de worsteling met de onzichtbare tiran, want ook zo'n worsteling behoort tot de dingen die aan een doorleefde tijd diepte geven: het vermogen in de herinnering terug te kijken naar jezelf en vanuit een innerlijke afstand, die hier een afstand in de tijd is, tot zelfkritiek te komen. Het kwam erop aan uit dit nieuwe verleden ook een nieuwe toekomst te maken, waar ze zich door niemand eenvoudigweg in zou laten duwen. Het kwam erop aan zich nooit meer in de ban te laten brengen van een vreemde tijd.

De vervelende tijd van de meeloper

Aangezien hij altijd hetzelfde denkt en zegt, en steeds op dezelfde manier, moet de meeloper met andermans gedachten zich wel vervelen. Hij is immers niet iemand die zichzelf herhaalt omdat zijn geheugen hem in de steek laat. En in feite verveelt hij zich ook, met zijn brij van gedachtesnippers en holle leuzen. Ergens op de achtergrond, achter de coulissen van bewustzijn en aandacht, voelt hij verveling. Eén ding beleeft hij immers nooit: *verrassing*, iets wat de gewoonte zou kunnen doorbreken en een ander licht zou kunnen werpen op de dingen. Alleen hierdoor zou hij kunnen gaan beseffen hoe saai en dichtgeplakt de wereld van zijn pseudo-gedachten is.

Wat de toekomst betreft, zal hij morgen denken wat hij altijd al heeft gedacht. Alles wat er gebeurt zal hij met eeuwig dezelfde overtuigingen tegemoettreden, en daarom zal al het nieuwe hem als iets ouds voorkomen. Want dit ene is hem onbekend: zijn geloof door iets nieuws aan het wankelen laten brengen en laten veranderen. Het nieuwe krijgt gewoon nooit de kans als correctief te fungeren, als aanleiding voor kritiek. Wat de meeloper door zijn bekrompenheid, die ook gemakzucht is, verspeelt, is niets minder dan de ervaring van een open toekomst, en zijn speciale onvrijheid bestaat in het feit dat hij dit verlies niet eens kan onderkennen.

En zijn verleden? Dat kan zich niet aan hem voordoen als een tijd waarin hij zich ontwikkeld heeft en veranderd is, maar alleen als een periode waarin hij pal stond voor zijn overtuigingen. Hij is zichzelf een leven lang trouw, en daar is hij trots op. «Dat heb ik altijd al gezegd» is een van zijn meest gebruikte uitdrukkingen, en hij is niet in staat te zien dat je dit ook als een bekentenis van onvrijheid zou kunnen opvatten.

Hij kan zich niet herinneren ooit tot een overtuiging gekomen te zijn door zelf te beslissen. De oorsprong van zijn gedachten ligt in het duister van wat hij als kind nabrabbelde. Ook een verandering van mening kan hij zich niet herinneren, hij kan in het verleden geen enkele breuk onderkennen in zijn kijk op de wereld. Het gedachtegoed dat thuis of in het leger of aan de stamtafel bij hem naar binnen gesijpeld is, trekt hij zonder hapering door tot in de verre toekomst. Hij neemt die vanuit een onverlicht verleden mee, een vervelende toekomst in. En omdat het hem aan iedere kritische distantie ontbreekt, is hij niet de auteur van zijn vervelende gedachten, niet het subject ervan, maar alleen een soort doorgangsstation, een wisselplaats.

Maar wat als hij nu op een dag wakker wordt en voor de eerste keer een zelfstandige gedachte vormt die in tegenspraak is met wat de anderen denken? Als hij een denktaboe doorbreekt? «Ik zie de tien geboden als een totaal verbleekt en onaannemelijk stuk moraal,» zegt hij misschien tegen zijn vader de dominee zodra het tafelgebed is uitgesproken. « ‹Gij zult niet liegen!› Hoe naïef zijn jullie eigenlijk? Nog nooit van onvermijdelijke of zelfs moreel vereiste leugens gehoord? Nog nooit bedacht dat morele zelfgenoegzaamheid iemand tot een monster kan maken? ‹Gij zult niet doden!› Stel dat...»

Zijn fantasie is ontwaakt, en voor een meeloper met andermans gedachten is dat het allerergste of het allerbeste – het hangt er maar van af of je er zelf een bent. En met die fantasie zal zijn tijdservaring veranderen. Hij heeft de nieuwsgierigheid ontdekt, ook de nieuwsgierigheid naar zichzelf, en die zal voor hem de toekomst openen die tot nu toe door de zachtzinnige hersenspoeling in het domineesgezin iets leek te zijn wat al bekend was. Daarmee zal ook zijn heden een nieuwe kleur krijgen. Want hij kan het nu beleven als iets wat hem kan verrassen en van ideologische ballast kan bevrijden. Misschien krijgt hij nu een voorliefde voor die klaarwakkere gemoedsgesteldheid die kenmerkend is voor iemand die zich openstelt voor allerlei overtuigingen. Door deze voorliefde wordt hij een vijand van de meelopers, en zij zullen hem verstoten. Maar dat zal hem een zorg zijn, want het betekent dat hij nu buiten hun gevangenismuren mag leven, waar de tijd in beweging is.

De opgeschorte tijd van iemand die dwangmatig handelt

Wie dwangmatig handelt, berooft zichzelf door zijn monotone, van tevoren berekenbare wil, die zich hardleers aan iedere controle onttrekt, van de ervaring van een open toekomst. Dat zagen we al eerder. Wat correspondeert er in de ervaring van heden en verleden met dit verlies?

Beslissend is hier het tweede aspect van de innerlijke dwang, dat we hadden opgemerkt naast de onbeïnvloedbaarheid van de wil door redenen: het feit dat een dwangmatige wil mij vreemd voorkomt omdat ik deze liever niet zou hebben. Die vreemdheid betekent namelijk dat ik er voortdurend op *wacht* dat hij zal verdwijnen, zodat ik mij weer helemaal mezelf kan voelen. Het is een vergeefs en ook als vergeefs beleefd wachten, dat de plaats inneemt van de ervaring van een ongebroken heden. Het heden wordt zo tot iets wat ik steeds voor mij uit schuif zonder het ooit te kunnen bereiken. Het vergeefse wachten zelf is weliswaar ook een heden in die zin dat het nú gebeurt, maar het echte heden – zegt mijn gevoel – zal ik pas ervaren wanneer mijn dwangmatige wil ophoudt mij als een vreemde macht door de tijd te jagen. Het zou het beste zijn als ik, door de starheid van mijn wil te breken, een eind kon maken aan het knellende wachten en kon doordringen naar mijn eigen heden. Dat is echter hopeloos, dat weet ik uit ervaring. Ik kan alleen nog bereiken dat ik de dwangmatige wens vervul mijzelf een adempauze te verschaffen.

Ik kan bijvoorbeeld op weg naar het vliegveld omkeren om mij er nog één keer van te vergewissen dat het elektrisch fornuis ook werkelijk uit is. Voor ik het huis verliet, heb ik alle lachwekkende rituelen uitgevoerd die ik bedacht heb om bij het afsluiten van de deur de zekerheid mee te nemen dat alles in orde is: de hand achtereenvolgens op elke kookplaat leggen – eerst de linkerhand, dan de rechter – om te voelen of die koud is; de vinger bij iedere knop op de o leggen, als om de knop bezwerend te verzegelen en te garanderen dat hij niet uit zichzelf zal bewegen; toch nog op de hurken gaan zitten om er helemaal zeker van te zijn dat de oven niet aan is; dan – echt dan pas! – de stoppen voor de keuken eruit draaien; nu aan alle knoppen draaien om na te gaan of er ook echt geen stroom meer is; weer de vinger op de o; mijn voorhoofd tegen de afgesloten huisdeur drukken en tegen mezelf zeggen dat ik echt alle rituelen heb uitgevoerd en me dat niet alleen maar inbeeld. Ten langen leste zit ik ontspannen in de taxi, want nu heb ik aan de dwangmatige wil voldaan, hij is gerustgesteld. Het heden kan beginnen.

«Ik moet nog even terug,» zeg ik een paar minuten later tegen de chauffeur. «Ik moet nog iets controleren.» «Geen probleem,» zegt hij, en hij keert om. Weer ben ik in de keuken, vervolgens bij de meterkast, dan weer in de keuken. «En nu echt naar het vliegveld!» zeg ik na afloop tegen de chauffeur.

Als ik hem de tweede keer laat terugrijden, bromt hij alleen nog wat en werpt een veelzeggende blik op zijn horloge. Bij de derde keer zegt hij niets meer, hij bekijkt mij alleen zwijgend in de achteruitkijkspiegel. Ik mis het vliegtuig en blijf thuis.

Dat missen van mijn vliegtuig is toch wel al te dom. Nu komt er niets terecht van het heden op het eiland dat ik mezelf na alle dwang van de laatste maanden had willen gunnen. Aan de andere kant is het prettig om in de woonkamer te zitten en me niet druk te hoeven maken over het fornuis. Ik heb het geen blik meer waardig gekeurd sinds ik de stoppen er weer in gedraaid heb. Het is alsof de innerlijke dwang van daarnet is vervlogen als een spookbeeld. Natuurlijk is dat niet zo; hij houdt zich alleen maar stil zolang ik thuis ben en zou me onmiddellijk bespringen en beginnen te wurgen als ik opnieuw zou willen afreizen. Nu is het een zwijgzame dwang, die altijd op de loer ligt en daardoor het huis voor mij tot een kerker maakt.

Een dwangmatige wil, zou je kunnen zeggen, schuift zich als een onzichtbare wand tussen iemand die iets wil en zijn heden. Die wand zou weggetrokken moeten kunnen worden om zo iemand in aanraking te brengen met zijn heden. Dat voel ik als ik plotseling opspring om het fornuis nu toch te controleren. Dat is me nog nooit overkomen: dat de dwang nu ook binnenshuis tekeergaat, en ik raak hevig ontsteld want het verraderlijke heden begint mij nu zelfs binnen mijn eigen vier muren te ontsnappen. Met steeds kortere tussenpozen pendel ik heen en weer tussen woonkamer en keuken, en telkens wanneer ik vanuit de keuken de gang in loop, voel ik al de zuigkracht die mij minuten later terug zal halen. Mijn bewegingen worden steeds hectischer, en één keer stoot ik met mijn horloge tegen de deurpost. Een ogenblik lijkt het of het horloge kapot is, de secondewijzer lijkt stil te staan. In mijn bewustzijn, dat zich razendsnel vernauwt, is geen plaats meer voor een gevaarlijk fornuis. De oude dwang is doorbroken door een nieuwe. Angstig staar ik naar de secondewijzer, tot mijn ogen ervan tranen. Tot nu toe is de wijzer ondanks al mijn bezorgdheid verder gegaan. Maar zal hij dat ook de volgende seconde doen? Mijn heden – als het deze naam nog verdient – is ineengekrompen tot dit ene punt: het wachten op het volgende rukje van de wijzer. Terwijl ik daar roerloos in de gang blijf staan, de blik op mijn horloge gericht, ben ik als subject en actor van een levende tijd geheel verdwenen, omdat ik iedere afstand tot mezelf verloren heb en in dat opzicht lijk op iemand onder hypnose. Ik zou me zelfs niet meer kunnen vervelen, want dat zou een zekere afstand vooronderstellen. Tijd – dat zijn alleen nog de schokkende bewegingen van de wijzer, die vroeger en later van elkaar scheiden.

Niet alleen bij een kortademige wil berooft de dwangmatigheid mij van het heden omdat dit heden tot iets altijd weer toekomstigs wordt – tot iets waarop ik slechts hopen kan, in de wetenschap dat het zich altijd weer zal terugtrekken en een illusie zal blijken, zoals de luchtspiegeling die mij een oase voor ogen tovert. Als een langademige wil dwangmatig is, volgt hij dezelfde logica. Als ik bijvoorbeeld de slaaf ben van mijn prestatiedwang, dan sta ik mijzelf vaak niet toe in het heden van vandaag te verzinken, uit naam van een toekomstig heden. Wanneer ik de zojuist begonnen taak maar eenmaal heb uitgevoerd – dan, en niet eerder, zal ik kunnen aankomen in mijn eigen toekomst, waarop ik nu al een leven lang wacht. Maar natuurlijk komt er, zodra het eind van mijn huidige plannen in zicht is, meteen een nieuwe taak op mij af, en ik, de gevangene van mijn dwangmatige wil, beroof mezelf voor de zoveelste keer van mijn heden. Mijn wil is onvermoeibaar, en in die zin bezit ik een wilskracht om bang voor te zijn. Anderzijds is mijn wil onbeïnvloedbaar door redenen, en in die zin ben ik zwak van wil, en het is dit soort wilszwakte die maakt dat de tijd aan mij voorbijgaat zonder dat ik eraan deelneem door er vorm aan te geven. Ik verstik mijn eigen heden ter wille van een toekomst die ik mij op dit moment als open voorstel, vergetend dat de innerlijke dwang allang heeft beslist hoe die zijn zal, namelijk precies eender als het verstikte heden.

En mijn verleden? Wanneer ik dat in de tredmolen van een dwangmatige wil heb beleefd, bestond het niet uit een doorleefd heden, maar uit een vergeefs wachten daarop. Achteraf komt het mij voor als een periode die ik niet zozeer heb doorleefd maar veeleer slechts verdragen, omdat ze helemaal gedicteerd werd door een als vreemd ervaren wil. En ik kan die periode niet zien als een tijd waarin een ontwikkeling had kunnen plaatsvinden. Zoals we zagen, geldt dat ook voor de meeloper met andermans gedachten. Maar terwijl bij hem de reden is dat hij zich zonder distantie vastklampt aan steeds dezelfde gedachteflarden en lege woorden, is het bij een dwangmatig iemand de monotonie van zijn hardleerse wil die een ontwikkeling in de weg stond. Overeenkomstig dit verschil zullen beide figuren de innerlijke gelijkvormigheid van het verleden totaal verschillend waarderen. De meeloper zal er geen onvrijheid in zien, maar een gewenste standvastigheid van zijn wil. De dwangmatige persoon ziet dat heel anders. Hij ligt overhoop met zijn verleden, omdat zijn beeld van de wereld en van zichzelf in de loop der jaren is veranderd, zonder dat zijn wil daarmee gelijke tred gehouden heeft. Of het nu om een verslaafde gaat of om iemand die zijn liefdesrelaties tegen beter weten in steeds weer zo vormgaf dat ze tot mislukken gedoemd waren, het verleden zal zich aan hem voordoen als een tijd waarin het heden hem vaak ontbrak door de vergeefse strijd met zichzelf, want hij zal het zich herinneren als een tijd waarin hij steeds weer vergeefs zat te wachten op een wil die de dwang had kunnen doorbreken.

De overgeslagen tijd van iemand die wordt afgeperst

Ook iemand die wordt afgeperst heeft niet de wil die hij graag zou hebben. Bij hem is de reden echter niet dat zijn gehate wil zich verzelfstandigd heeft en hem met zich meesleept. Hij heeft zijn wil volledig onder controle wanneer hij in een dwangpositie kiest voor het minste kwaad. Zijn onvrijheid bestaat in het feit dat hij zich een wil moet vormen die hij zonder de afperser of de dwang van de omstandigheden niet gehad zou hebben. De afpersing verspert hem de mogelijkheid zijn eigenlijke wil te vervullen. Door hem te verhinderen te doen wat hij eigenlijk wenst, berooft ze hem van het heden.

Stel dat een van uw familieleden is ontvoerd. De ontvoerder heeft laten weten dat hij zich op een gegeven ogenblik zal melden. U zit naast de telefoon en wacht tot hij belt. De staande klok in de kamer tikt, en tikt vandaag extra luid. De tikkende tijd verstrijkt zonder dat u iets kunt doen. Vastgenageld door de bedreigende situatie en de vreemde wil zit u op de bank. Als u iets drinkt of voor de zoveelste maal de balpen klaarlegt, is er iets onwerkelijks in uw bewegingen. Ieder moment dat voorbijgaat is alsof het er nooit is geweest, en daarom komt het u voor alsof de tijd stokt en stilstaat, hoewel die anderzijds ook met kwellende traagheid verstrijkt. Later zult u het misschien nog anders beschrijven: «De tijd werd zo uitgerekt dat hij bijna scheurde.» U wilt hiermee tot uitdrukking brengen dat u in die bange uren alleen nog maar uit wachten bestond. Dit wachten en hopen was het enige wat werkelijkheid bezat, al het andere had de werkelijkheid van een schaduw. Weliswaar was u al wachtend op de toekomst betrokken, zelfs meer dan ooit tevoren; het was echter een toekomst die u niet zelf zou maken, maar die ander – een toekomst die u alleen zou overkomen. Open was deze toekomst wel, maar het was niet de openheid van de vrijheid, maar de kwellende openheid van het ongewisse. In de tijd die nog verstrijken moest voordat de onbeïnvloedbare toekomst over u zou aanbreken, was u tot louter wachten gedoemd, maar achteraf zal die tijd u voorkomen als iets wat men uit uw leven heeft weggesneden.

Het zou zonderling en bijna cynisch klinken als iemand zei dat u zich daar op de bank zat te vervelen. Per slot van rekening is het wachten, waarin u helemaal opgaat, een opgewonden en ademloos wachten, heel anders dan het wachten in de file of in de wachtkamer. En toch is het niet helemaal verkeerd om van verveling te spreken, want u deelt met de mensen in de wachtkamer dit ene gevoel: de voortkruipende, stroperige tijd moet zo snel mogelijk achter de rug zijn en daarna meteen worden vergeten – u zou die tijd het liefst gewoon overslaan om meteen op die plaats in de toekomst te zijn waar u kunt doorgaan met het maken van uw eigen tijd.

Omdat u, terwijl u naast de telefoon zit, van al uw eigenlijke wensen afgesneden bent, kunt u niet eens dat onvrijwillige wachten als een echt heden ervaren. Dat zult u merken wanneer uw blik op een foto valt waar u op staat samen met het ontvoerde familielid. In die situatie was het heden tastbaar. Uw geheel eigen wil had zich ongehinderd kunnen ontvouwen en zich kunnen vervlechten met de al even vrije wil van uw verwante. Dat is nu heel ver weg, en dat de afstand tot die tijd nu zo groot is, komt niet doordat het heel lang geleden is. Misschien was het pas vorige week. Wat de afstand reusachtig groot, ja, onoverbrugbaar doet lijken, is dat u de indruk hebt dat er toen een heel andere tijd aan de orde was, een brede stroom van tijd die vrij en vol van heden was, en niet zoals nu een dun straaltje van tikkende seconden.

Iemand die wordt afgeperst en iemand die dwangmatig handelt, hebben met elkaar gemeen dat zij van hun eigen tijd beroofd worden door een opgedrongen wachten op het heden. Maar hun wachten is niet hetzelfde, omdat de dwang niet dezelfde is. De dwangmatige persoon moet wachten omdat hij zelf het heden verspert door een starre wil die niets laat passeren. Zijn wachten is een wachten op zichzelf – tot de monotonie van zijn dwangmatige wil plaatsmaakt voor een wil die bij de situatie past omdat hij in overeenstemming is met zijn oordeel. Het wachten van iemand die wordt afgeperst daarentegen is een wachten op iemand anders, de echte actor van zijn afgedwongen wil. Dat dit wachten anders is, wordt ook duidelijk als je kijkt naar de manier waarop er een eind aan kan komen. Wanneer de man bij de telefoon eindelijk de stem van de afperser hoort, zal hij bliksemsnel de instrumentele wil ontwikkelen die nodig is om aan diens eisen te voldoen. En wanneer het familielid eenmaal vrij is, zal de afgedwongen wil in één klap verdwijnen, en de man die werd afgeperst zal in het tijdelijk onderbroken heden terugkeren. Er hoeft in hem niets bijzonders plaats te vinden om dit te laten gebeuren; het is voldoende dat hij zijn beslissingsvrijheid uitoefent door te willen wat het verstand hem zegt. Bij een dwangmatig iemand ligt het heel anders: om een eind te maken aan zijn wachten, moet hij een manier vinden om de innerlijke dwang te doorbreken. In hem moet iets plaatsvinden dat ingewikkeld is en veel tijd kost: het herstel van de gehavende beslissingsvrijheid. Daarom zal zijn wachten in de regel langer duren dan dat van iemand die wordt afgeperst, want het kan niet door een eenvoudige handeling als het afgeven van losgeld worden beëindigd.

De ervaring dat het heden verbleekt of helemaal verdwijnt,

ondervindt iedereen die leeft onder het dictaat van een opgedrongen wil. Onze oude bekende de loketbediende, bijvoorbeeld, zal aan het eind van de vakantie niet louter het gevoel hebben dat er op iets aangenaams iets onaangenaams volgt. Dat zou een veel te fletse beschrijving zijn van zijn ongelukkige lot. De maandagochtend zal hem bovendien ook terugbrengen in een tijd waaraan juist het heden ontbreekt dat hij in zijn vrije weken had weten te bereiken. Dat ligt ook aan de monotonie van de taak die hij nu weer moet uitvoeren en die in sterk contrast staat met de afwisseling waar de voorafgaande dagen zo vol van waren. Maar bovenal ligt het aan het feit dat hij zijn eigenlijke wensen in hun geheel tussen haakjes moet zetten en buiten werking stellen wanneer hij de bank binnengaat. Hij heeft het heden buiten op straat achtergelaten en leeft de volgende uren zoals de afgeperste man naast de telefoon. Hij wordt niet gekweld door diens angst, maar de logica van zijn situatie is wat de tijd betreft dezelfde. Met de blik steeds vaker op zijn horloge wacht hij tot hij de wil die hem dwingt kan ontvluchten, en zo sleept hij zich door een tijd zonder veel heden, die hij welbeschouwd tot het eind van de werktijd alleen maar overslaat in plaats van die werkelijk te doorleven. Weer een dag die ik op de kalender kan doorstrepen, zegt hij op de terugweg bij zichzelf. En als hij geen waaghals wordt en het bijltje erbij neergooit, zoals we eerder als mogelijkheid opperden, bestaat zijn leven ten slotte alleen nog uit wachten op zijn pensioen.

Dat afgedwongen tijd zonder veel heden is en eigenlijk alleen maar wordt overgeslagen, ervaren we ook bij onschuldige gelegenheden die zich bovendien afspelen in een veel kleiner tijdsbestek. Zo kan iemand aan wie wij iets verschuldigd zijn, ons van onze eigenlijke plannen af brengen doordat hij bij een toevallige ontmoeting op straat voorstelt samen koffie te gaan drinken. Het is niet bedoeld als afpersing, maar we ervaren het wel zo. We zouden het aanbod afslaan als we hem niets verschuldigd waren, en door met hem mee te gaan kiezen we het minste van twee kwaden: tijd verspillen om niet ondankbaar te lijken. In de lunchroom werpen we steeds vaker een verstolen blik op ons horloge; we zien hoe de tijd verstrijkt waarmee we iets heel anders hadden willen doen.

Werpen we tot slot een blik terug op onze tragische figuur, de leider van de Résistance die zich gedwongen ziet zijn geliefde dood te schieten omdat ze een gevaar is geworden voor het hele verzet. De tragiek van zijn daad is dat deze weliswaar een wil verwerkelijkt die tot zijn identiteit behoort, maar tegelijkertijd indruist tegen een andere wil, die evenzeer nadrukkelijk de zijne is. De ene wil, zonder welke hij liever niet zou leven, moet een andere wil vernietigen, zonder welke hij ook liever niet zou leven. De verscheurdheid die hierdoor ontstaat, zal hij ook als een verscheurdheid in de tijdservaring beleven. Het ogenblik van het schot en de voorafgaande momenten waarin hij op de vrouw af rijdt, zullen enerzijds vol heden zijn, omdat hij een wens vervult die al sinds jaren zijn leven bepaalt: de wens het verzet te dienen en zijn kameraden te beschermen. Anderzijds doorleeft hij momenten van een spookachtig gebrek aan heden, want niets heeft zo weinig met hem te maken als deze moord. Alles wat wij tegen onze wil in doen, heeft alleen een indirecte, geleende wenselijkheid, en vindt daarom hooguit plaats in een indirect, geleend heden. Maar wat hier gebeurt is erger. Het stuit de verzetsleider niet eenvoudigweg tegen de borst zijn geliefde te doden; het is alsof hij hiermee zichzelf uitdooft. Je kunt hem daarom hoogstens in een heel abstracte zin beschrijven als iemand die haar dood *wenst*. Voor hemzelf bezit de daad in geen enkele ervaarbare zin wenselijkheid, zelfs geen geleende, en daarom is alle heden er vreemd aan: als hij de trekker overhaalt, kan hij in het geheel niet geloven dat hij het werkelijk doet. Op het moment dat hij aanlegt en de trekker overhaalt, komen dus twee ervaringen samen die de grootst mogelijke tegenspraak vormen: de ervaring van een vervuld heden en de ervaring van een volledig, nachtmerrieachtig gebrek aan heden. We kunnen ons een situatie indenken waarin de beide ervaringen precies omgekeerd verdeeld zouden zijn. Het zou kunnen gebeuren dat de bezetter aan de leider van het verzet de veiligheid en de bevrijding van zijn geliefde zou garanderen als hij zijn kameraden zou verraden. Als hij hiermee akkoord ging, zou in dit geval het ogenblik van haar bevrijding de dichtheid van het heden bezitten. En het zouden de uren van zijn verraad zijn waaruit al het heden geweken was: hij zat daar maar te praten, zonder te kunnen geloven dat hij het werkelijk heeft gedaan.

EERSTE INTERMEZZO

Ideeën begrijpen – ervaringen begrijpen

1

Filosofie, zei ik aan het eind van de proloog, is de poging om in een verwarrende kwestie als de vrijheid van de wil tot een gefundeerde beslissing te komen. Als er al een uitweg uit de doolhof bestaat, kan deze gevonden worden door filosofische analyse en filosofisch begrijpen. Vervolgens opende ik het eerste hoofdstuk met het idee van de vervreemding van vertrouwde woorden, een vervreemding die ons dwingt verborgen kennis te veranderen in uitdrukkelijke kennis omtrent de begrippen of ideeën die in deze woorden tot uitdrukking komen en die vormgeven aan ons onderwerp. Laten we nu terugkijken en ons afvragen wat er gebeurd is. In welke zin heeft er een analyse plaatsgevonden, in welke zin hebben we iets begrepen?

Richtinggevend was een gedachte die we nu uitdrukkelijk moeten vasthouden: alle begrippen zijn dingen die wij *gemaakt* of *uitgevonden* hebben om onze *ervaring* van de wereld en van onszelf te articuleren. Wanneer wij ze willen analyseren en beter begrijpen, moeten we dus bestuderen welke bijdrage ze leveren aan de articulatie van onze ervaring. Het kenmerkende van een filosofische analyse is nu dat de vraag naar deze bijdrage niet aan *zomaar een* begrip wordt gesteld, maar aan de *meest algemene* begrippen waarmee we te maken hebben. Filosofische vragen zijn de meest algemene vragen die we kennen, zoals: wat is kennis? Wat is waarheid? Wat is bestaan? Wat is het goede? En dus ook: wat is vrijheid? Wat is verantwoordelijkheid? Wat is een handeling? Wat is de wil? Door de «wat is...»-vorm klinken deze vragen als een oproep om het *wezen* of de *essentie* van de dingen in kwestie te onderzoeken en te benoemen. In dit boek vat ik ze anders op. Ik vat ze op als vragen *naar de bijdrage die de begrippen in kwestie leveren aan onze ervaring.* De vraag «Wat is vrijheid?» wordt zo tot de vraag: welke bijdrage levert het begrip vrijheid aan onze ervaring? En evenzo voor de andere begrippen.

Dat het hierbij om filosofische vragen gaat, komt zoals gezegd doordat er in deze gevallen sprake is van de meest algemene begrippen die we kennen. Die algemeenheid geeft al aan dat het begrippen zijn die we niet louter hebben uitgevonden om *deze* of *gene* ervaring te kunnen articuleren. We hebben ze ontwikkeld om welke ervaring *dan ook* te kunnen hebben. Het zijn begrippen die betrekking hebben op het *geheel* van de ervaring. Aan de studie van het geheel van de ervaring zou je als motto de vraag kunnen meegeven: over welke begrippen moet iemand beschikken om het overkoepelende idee van een ervaarbare wereld te kunnen vormen? Zo'n onderzoek heeft tot doel het repertoire aan begrippen uit te werken dat voor het idee van een ervaarbare wereld – de natuurlijke evengoed als de sociale wereld – onmisbaar is. Het komt er dan op aan te beschrijven hoe de begrippen in kwestie *onderling verbonden moeten zijn* om zich tot het idee in kwestie te kunnen samenvoegen. Dat is de ene taak die je kunt verbinden aan de steekwoorden «filosofische analyse» en «filosofisch begrijpen».

2

Als het juist is dat we alle begrippen, ook de filosofisch interessante, hebben uitgevonden om ervaring mogelijk te maken, is het ook zinnig om te zeggen: datgene waar deze begrippen over gaan, *ís* er ook. Het zou meer dan merkwaardig zijn als van begrippen die wij gemaakt hebben om al denkend onze weg te vinden in de ervaarbare wereld, zou blijken dat ze nergens op van toepassing zijn. Als we dus zouden moeten zeggen: zoiets is er niet. Zeker, er zijn ook begrippen waar dat voor geldt. Begrippen kunnen misplaatst, achterhaald of misleidend blijken te zijn – zodat ze de ervaring verdraaien in plaats van die doorzichtig te maken. Maar het zou toch wel heel verrassend zijn wanneer dat zou blijken voor zulke fundamentele begrippen als «vrijheid», «wil» of «handeling». Tot het tegendeel bewezen is, kunnen wij er gerust van uitgaan dat ze aspecten van de ervaring articuleren die er werkelijk zijn. Om deze reden ben ik ervan uitgegaan dat er werkelijk wilsvrijheid is: we zíjn soms vrij in wat we willen.

Maar waarom dan de doolhof? Laten we niet vergeten dat we daarin terechtkwamen nadat ik precies datgene had gedaan waar ik het zojuist over had. Ik liet verbindingen zien tussen begrippen die voor ervaring als geheel beslissend zijn: «begrijpen», «voorwaarde», «wetmatigheid» aan de ene kant, «vrijheid», «keuze», «beslissing», «verantwoordelijkheid» aan de andere. Plotseling leek het er toen op alsof deze begrippen zich allerminst samenvoegden tot een consistent beeld van ervaring, maar met elkaar in een conflict raakten, waardoor het twijfelachtig leek of ze eigenlijk wel een duidelijke inhoud hebben. Onze werkhypothese is echter dat ze wél een duidelijke inhoud hebben, of althans een inhoud die duidelijk valt te *maken*. Hoe moeten we dus over de doolhof denken?

Er is slechts één mogelijkheid: we moeten de gedachte serieus nemen dat we ons in de ware inhoud van de fundamentele begrippen kunnen *vergissen* en de overeenkomstige ideeën *verkeerd* kunnen *begrijpen*. Hoe is dat mogelijk? Het heeft ermee te maken dat we die begrippen, hoewel het hun taak is ervaring als geheel mogelijk te maken, voor concrete *alledaagse* situaties hebben uitgevonden. Dat betekent dat de contouren ervan slechts zo scherp zijn als de *praktische* behoeften vereisen, en niet scherper. Er blijft een gebied van onscherpte en schemering, waar verkeerde interpretaties kunnen ontstaan. Wanneer het er dan op aankomt de begrippen in kwestie uit te werken tot grondslagen voor het denken die aan *theoretische* eisen voldoen, kan het al snel gebeuren dat je verdwaalt en daardoor problemen veroorzaakt die van begin af aan zo geconstrueerd zijn dat ze onoplosbaar lijken.

3

Over zulke misvattingen gaat het tweede deel van dit boek. Om die aan het licht te brengen is een platform nodig, een interpretatie van het vraagstuk die recht doet aan de verschijnselen zonder ons een doolhof binnen te voeren. Zo'n interpretatie heb ik in het achter ons liggende deel ontwikkeld. Wanneer we helderheid willen krijgen over het idee van filosofische analyse en filosofisch begrijpen, moeten we ons nu afvragen hoe dat in zijn werk is gegaan. Langs welke weg is het verband tussen de begrippen zichtbaar gemaakt? En wat gebeurde er verder nog?

Het belangrijkste wat er gebeurde is heel eenvoudig te beschrijven. Ik heb u – en natuurlijk mezelf – eraan herinnerd hoe wij over vrijheid en de daarmee verbonden ideeën denken. Steeds opnieuw heb ik u onthaald op een oproep in de trant van: «Stelt u zich voor...» En ik hoopte dan dat u zou instemmen met mijn beschrijving van wat u zich voor moest stellen. Bijvoorbeeld bij het idee van een handeling, waar het aankwam op het verband tussen voltrekken, voelen, actorschap, wil en betekenis. Of bij het idee van het willen en de samenhang met het begrip van het wensen. Ik heb uw aandacht gevraagd voor schoolvoorbeelden, zoals de moord door Raskolnikov, en de pianoleerlinge die de wals van Chopin in de voorgeschreven tijd wil spelen. De boodschap van schoolvoorbeelden is: «Als dít geen geval is waarop het begrip in kwestie van toepassing is, wat dan wél?» Als ik vervolgens een voorstel deed voor de wijze waarop het voorbeeld geanalyseerd moest worden, was het leidmotief: «Zo is het toch, nietwaar?» Ik wilde dat u zou *herkennen* wat er aan begripsverbanden aan het licht kwam – dat er dus zou gebeuren waar ik het eerder over had: de verandering van verborgen kennis in uitdrukkelijke kennis. En deze herkenning moest de toetssteen zijn om vast te stellen dat het *niet willekeurig* was wat ik zei. «Je kunt het zo zien, maar ook heel anders» – deze speelruimte voor willekeurigheid moest zo klein mogelijk worden gemaakt. Zoiets is geen *bewijs*. Ik heb niets *afgeleid*. Het valt ook niet te zeggen hoe dat in zijn werk zou moeten gaan. Ik heb alleen iets *zichtbaar* gemaakt in de hoop dat het met instemming wordt ontvangen, een instemming die is verankerd in herkenning.

Deze vorm van nadenken en redenen geven kun je ook zo beschrijven: ik deed een beroep op uw *intuïties* en kwam met een voorstel hoe je deze intuïties kunt *reconstrueren*. Met de woorden «intuïtie» en «intuïtief» ga ik in dit boek losjes en ongedwongen om. Ik bedoel er geen mysterieuze, bijzonder veeleisende vorm van kennis mee en geen bron van onaantastbare zekerheden. Ik doel gewoon op *spontane meningen*: datgene wat wij bij een begrip of idee *allereerst geloven*. Datgene wat we *als eerste zouden zeggen* wanneer onze mening werd gevraagd over een situatie waarvoor het begrip gemaakt is. Intuïtieve kennis is de kennis die in een gemeenschappelijke begripspraktijk meeklinkt en deze praktijk mogelijk maakt.

Een onmisbaar hulpmiddel bij de reconstructie van intuïties is het *gedachte-experiment*. We stellen ons situaties voor waarin bepaalde, normale dingen níet het geval zijn, en toetsen onze conceptuele reactie. We moeten drie varianten van deze oefening uit elkaar houden. Om te beginnen kunnen we ons afvragen wat er met bepaalde begrippen zou gebeuren als we bepaalde andere begrippen niet zouden hebben. Een vraag van dit type speelde bijvoorbeeld in de proloog een belangrijke rol: wat zou er met de notie van het begrijpen gebeuren als we het idee van voorwaardelijkheid zouden verliezen? Of later: wat zou er met het idee van de vrijheid gebeuren als we het begrip van de wil zouden vergeten? Een tweede type gedachte-experiment verandert niet de begrippen maar de *wereld*. Wat zouden we zeggen over een wereld waarin er voor de wil geen grenzen zouden bestaan? Wat zou er met de ideeën van het willen en de vrijheid gebeuren? En ten slotte speelt in dit boek een derde type hypothetische overweging een rol. Hoe zou het zijn als we bepaalde *vermogens* die we in feite wel bezitten, niet zouden bezitten? Dat is het denkpatroon achter de figuur van de windvaan. Wat zou er met ons en onze vrijheid gebeuren als we het vermogen tot distantie tegenover onszelf, tot innerlijke afstand tegenover onze wil, zouden verliezen?

4

De ontdekkingen die de gedachte-experimenten in de tekst ons opleveren, hebben de vorm: dit en dat is voor de vrijheid van de wil *noodzakelijk*. De noodzakelijkheden die daarbij aan het licht komen, komen voort uit verschillende bronnen. Soms hebben ze te maken met begripsverbanden en de betekenis van woorden, soms met de gesteldheid van de wereld, en soms ook met de wijze waarop onze vermogens in elkaar grijpen. Doordat al deze noodzakelijkheden blootgelegd en met elkaar in verband gebracht worden, krijgt het idee van de vrije wil steeds scherpere contouren en wordt het steeds duidelijker welke bijdrage het levert aan de ervaring van de wereld en van onszelf.

Eén inzicht staat hierbij op de voorgrond: vrijheid van de wil vereist voorwaardelijkheid. En dat betekent: het idee van de voorwaardelijkheid komt hier *op de eerste plaats* – dat idee moet in werking zijn getreden vóórdat er van vrijheid of onvrijheid sprake kan zijn. Dit illustreert welk nut het kan hebben om over onze conceptuele wereld op de hierboven geschetste manier na te denken. Zoals namelijk zal blijken, wijst dit inzicht ons de weg uit de doolhof van de proloog. Er is geen tegenspraak tussen vrijheid en voorwaardelijkheid. Het spreken over vrijheid dat deze tegenspraak oproept, berust op een misverstand. Het tweede deel van dit boek is vooral gewijd aan dit misverstand en de uiteenlopende wortels ervan.

5

Als je de gedachte centraal stelt dat de vrijheid van de wil de juiste afhankelijkheid van die wil is, en de onvrijheid ervan de verkeerde afhankelijkheid, dan voegen de begripselementen zich tot een consistent beeld samen. Maar consistentie van begrippen is niet het enige doel dat ik me heb gesteld. Ik wilde de *gehele* ervaring van vrijheid en onvrijheid van de wil ter sprake brengen, niet alleen het conceptuele deel ervan. Wat kan er met het *andere* deel bedoeld zijn?

We doen met onze wil veel meer ervaringen op dan we gewoonlijk tot uitdrukking brengen. Er bestaat een vermogen tot innerlijke differentiatie van deze ervaringen, dat niet identiek is met het vermogen om begrippen te articuleren. Je zou het *innerlijke waarneming* kunnen noemen. In deze waarneming onderkennen en onderscheiden we vele varianten van onvrijheid, of we daar nu telkens de juiste woorden voor vinden of niet. En mijn opzet was nu precies om de juiste woorden te vinden.

In zekere zin ben ik daarbij op dezelfde manier te werk gegaan als bij de begripsanalyse: ik heb een beroep gedaan op uw verbeeldingskracht. Maar er kwam nog een medium bij: het *vertellen*. Ik heb me als verteller in figuren en hun belevenissen verdiept en zo geprobeerd de ervaringen aan het licht te brengen die er verantwoordelijk voor zijn dat de vrijheid van onze wil zo belangrijk voor ons is. Het is een kwelling als je wil niet vrij is, en ik wilde weten waarin deze kwelling bestaat. Ik vertelde over een figuur in een situatie en nodigde u vervolgens uit u hypothetisch in deze situatie te verplaatsen en te onderzoeken wat de innerlijke waarneming u dan zou openbaren. Vervolgens deed ik telkens een voorstel hoe je de gevoelde onderscheidingen in begrippen zou kunnen vangen. «Dat ken ik! Het zou mij precies eender vergaan!» – zo'n soort reactie hoopte ik te krijgen. Die zou bevestigen dat het voorstel juist is. Naast de keuze van woorden en begrippen heeft de juistheid ook te maken met de vraag of je in het verslag over de innerlijke waarneming de juiste reikwijdte van de betrokken verschijnselen weet te treffen. De teksten die ik ken hebben de neiging deze reikwijdte te klein in te schatten. Zo ontbreekt in de regel het hele verband tussen vrijheidservaring en tijdsbeleving. Ik denk dat je geen recht doet aan deze beide ervaringen als je hun innerlijke samenhang over het hoofd ziet, die in de innerlijke waarneming steeds aanwezig is. Ook dat kan een filosofische ontdekking zijn: dat thema's die op het eerste gezicht ver uit elkaar leken te liggen, heel nauw vervlochten zijn.

6

Begripsanalyse en articulatie van innerlijke waarneming – dat zijn dus de twee dingen die ik tot nu toe gedaan heb. Hoe hangen die samen? Een op de juiste wijze begrepen idee vormt het kader voor het begrijpen van de innerlijke ervaring, en de integrerende kracht die dit begrijpen bij de analyse van de beleving blijkt te bezitten, bevestigt de interpretatie van het idee. Dit was het geval toen ik voorstelde wilsvrijheid op te vatten als beslissingsvrijheid, en die weer als het bepaald worden van de wil door overweging en fantasie. Alles wat mijn figuren aan vrijheid en onvrijheid, aan geslaagde en mislukte tijdsbeleving meemaakten, viel binnen dit kader te begrijpen. En ik zou hieraan willen toevoegen: alléén binnen dit kader.

DEEL TWEE

Onvoorwaardelijke vrijheid

6. Onvoorwaardelijke vrijheid: de motieven

De vrijheid waarvan tot nu toe sprake was, is afhankelijk van vele voorwaarden. Het verhaal over deze vrijheid was een verhaal over de wijze waarop ons handelen en willen van voorwaarden moet afhangen om een vrij handelen en willen te zijn. Het begon met de observatie dat ieder handelen, om werkelijk een handelen en niet zomaar een gebeuren te zijn, van een wil moet afhangen. Deze afhankelijkheid is vereist om onszelf als actor van het handelen te kunnen begrijpen. Als en alleen dan als ons gedrag uit onze wil voortkomt en de verwerkelijking van die wil inhoudt, is het een door ons in gang gezet handelen. En alleen wanneer wij het beschouwen als afhankelijk van een wil, kunnen wij het als een handeling begrijpen die een bepaalde zin heeft. Jezelf als actor van een zinvolle handeling ervaren betekent dus jezelf ervaren als iemand wiens gedrag op een bepaalde manier van voorwaarden afhangt. Hierbij sluit aan – dat was het tweede deel van het verhaal – dat die wil kan worden opgevat als een wens die tot handelen leidt, dus als iets wat ons in beweging zet. Dat maakt de wil tot iets waar andere dingen van afhangen. Daarenboven is de wil – dat was de volgende stap – zelf ook afhankelijk van voorwaarden, want als wil is hij onvermijdelijk een heel bepaalde wil, en deze bepaaldheid kan hij alleen verkrijgen doordat hij een wil is die onder bepaalde uiterlijke en innerlijke omstandigheden ontstaat, die hem vastleggen en begrenzen. Vanuit dit idee van een aan voorwaarden gebonden wil kon een eerste vorm van vrijheid worden omschreven: de vrijheid van handelen als de mogelijkheid te doen en laten wat men wil. Bij deze vrijheid hoort de gedachte – zo ging het verhaal verder – dat er voor ons op een bepaald tijdstip diverse wegen openstaan: wat wij in feite doen, is niet het enige wat we hadden kunnen doen. Het ligt aan ons welke van de verschillende mogelijkheden wij verwerkelijken, en dat betekent: het ligt eraan wat wij willen. Zijn wij vrij in dit willen? Is er dus wilsvrijheid? Hier kwam de volgende vorm van voorwaardelijkheid aan de orde: de vrije wil werd beschreven als een wil die zich ontwikkelt onder invloed van redenen, dus door overweging. Door deze invloed worden wij tot actor van onze wil. Dat is het idee van de wilsvrijheid als beslissingsvrijheid. Om te weten of de wil vrij is, zo was de gedachte, moeten we weten of hij van de juiste factoren afhangt. In het laatste deel van het verhaal ten slotte, waarin ik de vrijheid van de wil met de verschillende variëteiten van de onvrije wil vergeleek, werd deze gedachte verder toegelicht en aangescherpt. Steeds kwam het erop aan te laten zien dat onvrijheid inhoudt dat de wil van de verkeerde voorwaarden afhangt.

Het onderscheid tussen de vrijheid en de onvrijheid van handelen en willen is volgens dit verhaal een onderscheid in de wijze waarop het van voorwaarden afhangt. Hetzelfde geldt voor het actorschap van handelen en willen: dat houdt in dat we bij de uitoefening van de vrije keuze tot actor en schepper van ons willen en handelen worden, en wanneer dat actorschap ontbreekt, komt dat doordat we er niet in slagen al denkend en oordelend invloed op ons willen en handelen uit te oefenen. Vrijheid in deze zin is niet slechts *verenigbaar* met voorwaardelijkheid en heeft daar niets van te duchten; zulke vrijheid *vereist* zelfs voorwaardelijkheid en zou zonder deze niet denkbaar zijn.

Is dat genoeg vrijheid?

Het lijdt geen twijfel dat we deze vrijheid bezitten. Niet iedereen bezit haar, en wie haar bezit, bezit haar niet altijd. Maar over het geheel genomen zijn wij tot deze vrijheid in staat. Hebben wij echter genoeg aan deze vrijheid? Of ontbreekt er iets wezenlijks in het beeld tot nu toe?

Er ontbreekt veel, en wat ontbreekt is ook wezenlijk. Het verhaal is nog niet afgelopen, nog lang niet. We hebben de intuïtieve rijkdom van onze vrijheidservaring nog bij lange na niet uitgeput en zullen een nieuwe aanloop moeten nemen. Hierbij is het van het grootste belang onderscheid te maken tussen twee volkomen verschillende interpretaties van de gedachte dat er nog iets ontbreekt.

De eerste interpretatie luidt als volgt. Goed, dat is allemaal zo, dat hoeft niemand te bestrijden. Maar *het eigenlijke* aan de vrijheid is hiermee nog niet eens aangestipt. En zonder dit eigenlijke is wat er tot nu toe ter sprake kwam niet zo heel veel waard. Als we alléén dat kregen, zouden we teleurgesteld of zelfs geschokt moeten zijn. Het zou een ontnuchtering en onttovering betekenen. Weliswaar zou het nog steeds juist zijn dat het beter is datgene te ervaren wat tot nu toe vrijheid werd genoemd, in plaats van datgene wat onvrijheid heette. Maar wij willen veel meer, en dit meer is nog iets heel anders dan de hoofdgedachte tot nu toe. En dat betekent: we kunnen het verhaal tot nu toe niet zomaar aanvullen, maar moeten helemaal opnieuw beginnen om die vrijheid onder woorden te brengen waar het ons eigenlijk om gaat. Dat is de gedachte waarmee ik mij in dit tweede deel van mijn boek zal bezighouden.

De tweede interpretatie luidt heel anders. Wij willen inderdaad meer, is de boodschap dan, en we kunnen dat ook krijgen, maar die aanvulling kunnen wij uit het voorgaande afleiden. Het is een verdere uitwerking en verrijking van de voorgaande analyse van onze vrijheidservaring. Als we zouden weglaten wat er nog ontbreekt, zou het tot nu toe geschetste beeld inderdaad te flets zijn, en daarom zouden wij ons er niet volledig in herkennen. Maar het zou nog steeds een correct beeld van de vrijheid zijn en zou ons op z'n minst de kern tonen van waar het ons om gaat. Dat is de interpretatie die ik in het derde deel van dit boek zal uitwerken.

De onvoorwaardelijk vrije wil:
eerste bevindingen over een vaag idee

Wie in de lijn van de eerste interpretatie de indruk heeft dat wij met het verhaal tot nu toe het wezenlijke aan de vrijheid hebben gemist, die heeft een idee van vrijheid voor ogen dat in het allerscherpste contrast staat met het idee van voorwaardelijkheid. Het contrast is juist zo scherp omdat het nieuwe idee zijn inhoud aanvankelijk eenvoudigweg ontleent aan de ontkenning van de voorwaardelijkheidsgedachte: *vrijheid is het ontbreken van voorwaardelijkheid*. Wat van voorwaarden afhangt, is door deze afhankelijkheid onvrij; vrij is iets alleen wanneer het niet in een net van voorwaarden gevangen is, maar aan alle voorwaardelijkheid en afhankelijkheid weet te ontkomen. Als we deze gedachte op de vrijheid van de wil toepassen, moeten we zeggen: onze wil zou alleen dan vrij zijn als hij onvoorwaardelijk was en dus van niets afhing. Om wil te zijn, moet hij handelingen op gang kunnen brengen waarvoor hij de voorwaarde is. Ons handelen hangt dus altijd minstens van deze ene voorwaarde af: de wil. De wil zelf echter hangt, als hij werkelijk vrij is, van geen enkele voorwaarde af. De wil is iets wat – via de handeling – in de loop der dingen kan ingrijpen zonder daaraan onderworpen te zijn. Iets in vrijheid willen betekent: zonder voorafgaande voorwaarden iets nieuws beginnen. De vrije wil die ons in beweging zet, wordt op zijn beurt door niets anders bewogen. Hij is een onbewogen beweger. Is dat niet de eigenlijke kern van onze vrijheidservaring, die ons tot nu toe ontgaan is? En als zou blijken dat de onvoorwaardelijk vrije wil niet bestaat, zouden we dan die hele vrijheidservaring van ons niet als pure illusie beschouwen en als gigantisch zelfbedrog?

Wat deze eerste bevinding ons oplevert, is nog niet veel. Eigenlijk krijgen we zo niet meer dan een begrip op basis van loutere ontkenning: het begrip van de *onvoorwaardelijk vrije wil*. Maar hiermee hebben we nog nauwelijks iets begrepen. Hoe kunnen we verder komen? Op dit punt moeten we vasthouden aan een onopvallende, maar belangrijke vaststelling. We kunnen hier niet vooruitkomen door *rechtstreeks* naar een verdere verheldering van de onvoorwaardelijke vrijheid te vragen. Meer dan uitspraken zoals de bovenstaande zullen we niet te horen krijgen. Bij het idee van de voorwaardelijke vrijheid lagen de dingen geheel anders. We konden daar stap voor stap steeds scherpere contouren aan geven door het juiste soort voorwaardelijkheid uit te spellen. De vrijheid van de wil werd zo ook afgegrensd van allerlei varianten van onvrijheid. Door de onvrijheid te beschouwen leerden wij de vrijheid beter te begrijpen. Bij de onvoorwaardelijke vrijheid is ook dat anders. Daar hebben we alleen de vrijheid van het onvoorwaardelijke aan de ene kant en, door een geweldige kloof ervan gescheiden, de onvrijheid van iedere vorm van voorwaardelijkheid aan de andere kant. Geen enkel onderzoek naar de onvrijheid kan ons hier helpen de vrijheid beter te begrijpen; want iedere ontdekking over onvrijheid is een ontdekking van een voorwaardelijkheid, en geen enkele ontdekking van dien aard kan ons ook maar iets leren over een vrijheid die juist gedefinieerd is door de grote afstand tot iedere vorm van voorwaardelijkheid.

Wanneer we bij het begrijpen van dit nieuwe vrijheidsidee vooruitgang willen boeken, moeten we dus een omweg maken en ons afvragen van welke aard de overwegingen zijn die iemand op de gedachte kunnen brengen van vrijheid in de zin van onvoorwaardelijkheid. Misschien begrijpen we de gedachte beter als we de wortels ervan in ogenschouw nemen.

Twee soorten overwegingen

Er zijn twee soorten overwegingen die een heel verschillende logica bezitten. Tot het ene soort behoren overwegingen die tot doel hebben de volgende stelling te bewijzen: alleen wanneer onze wil onvoorwaardelijk vrij is, zijn we *personen*. Dat iemand een onvoorwaardelijk vrije wil bezit, is er een noodzakelijke voorwaarde voor dat hij een persoon kan zijn. Onvoorwaardelijke vrijheid is een voorwaarde voor de mogelijkheid van het persoon-zijn. Wie als doel heeft dit te bewijzen, zal de verschillende aspecten die een persoon tot persoon maken stuk voor stuk onderzoeken en van minstens één ervan proberen te bewijzen dat het een onvoorwaardelijke vrijheid vooronderstelt. Zo'n bewijs zal niet gewoon kunnen bestaan uit het verwijzen naar *feiten* en het aantonen dat het ene feit afhangt van een ander feit, zoals we bijvoorbeeld bij een ziekte wijzen op het feit van een symptoom en laten zien dat dit afhangt van een ander feit, de werking van een ziekteverwekker. Want het is nu juist de vraag of de onvoorwaardelijke vrijheid van de wil een feit is of niet, en wanneer we die vrijheid als een feit beschouwden waar je eenvoudig naar verwijzen kunt, zouden we vooronderstellen wat nog te bewijzen is. Het bewijs zal anders van aard moeten zijn: het zal moeten gaan over de samenhang tussen *ideeën* of *begrippen*. In de meest algemene vorm zal de vraag zijn of het idee van de persoon het idee van de onvoorwaardelijke vrijheid vooronderstelt. En deze vraag zal zich vertakken in meer bijzondere vragen, namelijk of een bepaald aspect van het persoon-zijn, wanneer je de begripsinhoud ervan onderzoekt, het idee van de onvoorwaardelijke vrijheid vooronderstelt. De vraag naar zulke begripsverbanden kunnen we opvatten als de vraag of we het ene begrip of het ene idee zonder bepaalde andere begrippen of ideeën eigenlijk wel kunnen begrijpen, of dat, vanuit het standpunt van een mogelijk begrijpen, het ene idee het andere dwingend vooronderstelt. De vraag naar afhankelijkheidsrelaties tussen begrippen kan dus vertaald worden in de vraag naar afhankelijkheidsrelaties voor het begrijpen. Wat we in dit verband willen bewijzen, kunnen we dus formuleren in de volgende stelling: het persoon-zijn vertoont een of meer facetten die naar hun begripsinhoud alleen te begrijpen zijn wanneer onze wil onder het idee van de onvoorwaardelijke vrijheid wordt gerangschikt. Alleen wanneer wij aan onszelf een onvoorwaardelijke wilsvrijheid toeschrijven, kunnen wij onszelf als persoon opvatten. Als we zouden aannemen dat er alleen voorwaardelijke vrijheid bestaat, zou dat niet kunnen.

Dat is de logica van het eerste soort overwegingen. De overwegingen van het tweede soort zitten eenvoudiger in elkaar. Deze roepen ons allereerst bepaalde verschijnselen van onze vrijheidservaring in herinnering, en vervolgens nodigt men ons uit deze verschijnselen op te vatten als bewijs dat wij die onvoorwaardelijke wilsvrijheid werkelijk bezitten. «Als u maar nauwkeurig genoeg kijkt,» zo krijgen we te horen, «zult u het onweerlegbare bewijs voor de onvoorwaardelijke vrijheid, die de enige ware vrijheid is, wel vinden. Zo niet, dan pleit dat niet tegen dit idee, maar voor uw blindheid tegenover de verschijnselen.»

Deze beide soorten overwegingen zijn zuiver logisch gezien niet op elkaar aangewezen. Volledig abstract genomen kun je het idee van de onvoorwaardelijke vrijheid als een noodzakelijke voorwaarde voor het begrijpen van ons persoon-zijn beschouwen, zonder te hoeven beweren dat onze vrijheidservaring dit idee bewijst. En volledig abstract gezien kun je staande houden dat dit idee door de ervaring wordt bewezen, zonder te hoeven zeggen dat het een noodzakelijk element is voor het begrijpen van ons persoon-zijn.

Toch is er een wisselwerking tussen deze beide soorten overwegingen. Enerzijds is het de vraag of het idee van de onvoorwaardelijke vrijheid vaste voet had kunnen krijgen als er geen aspecten aan onze ervaring waren die je als bewijs ervoor kunt opvatten. Dat is onwaarschijnlijk als je bedenkt dat het idee iets ongrijpbaars heeft, omdat het – zoals gezegd – voorlopig alleen negatief omschreven is. Anderzijds zou misschien niemand onze vrijheidservaring als iets onvoorwaardelijks interpreteren, wanneer dit idee niet onmisbaar zou lijken om ons zelfbesef als persoon veilig te stellen.

Afhankelijkheid van voorwaarden als machteloosheid

Er is een gedachtegang die in zekere zin aan alle verdere argumenten voor de onontbeerlijkheid van onvoorwaardelijke vrijheid ten grondslag ligt. Zo kort en algemeen mogelijk geformuleerd luidt die als volgt. Niemand die de gedachte dat de wil misschien altijd van voorwaarden afhangt werkelijk serieus neemt en consequent doordenkt, kan zijn ogen sluiten voor het inzicht dat je zo'n wil onmogelijk vrij kunt noemen. Het idee van vrijheid dat in het kader van een alomtegenwoordige voorwaardelijkheid nog overblijft, is een groteske karikatuur van het eigenlijke idee, die volkomen voorbijgaat aan de intuïtieve inhoud van de vrijheidservaring. Als iemand de indruk heeft van niet, komt dat doordat hij zonder het te merken ergens onderweg blijft stilstaan en verzuimt het spoor van de gedachte tot het eind toe te volgen.

Laten we even terugkijken naar het idee van de voorwaardelijke vrijheid zoals dat in het eerste deel is ontwikkeld. Iemand is vrij in zijn handelen, zeiden we daar, als hij datgene wat hij wil in daden kan omzetten. Onvrij is hij voor zover hij daarin gehinderd wordt, zoals dat het geval is bij de gevangene, of bij de verlamde, die op zijn benen zou willen staan. Kijken we naar Raskolnikov. Hij zit niet gevangen en is ook niet verlamd, en wanneer hij de bijl op het hoofd van de pandhoudster laat neersuizen, verwerkelijkt hij met die bewegingen zijn wil. Zijn moord geldt daarmee als vrije handeling. Deze vrijheid van handelen kun je ook als volgt karakteriseren: als hij iets anders had gewild, had hij ook iets anders gedaan. Als hij bijvoorbeeld de wil had gehad aan geld te komen door energiek naar werk te zoeken, zou hij zich overeenkomstig hebben gedragen. Niets en niemand zou hem dat belet hebben. Hij was een vrij man.

Maar hoe zat het met zijn wil? Was díé vrij? Als we spreken volgens het verhaal tot nu toe, moeten we zeggen: ja, die was vrij. Raskolnikov gedraagt zich niet als een windvaan. Hij is in staat afstand tot zichzelf te nemen en vanuit die afstand expliciet na te denken over zijn wil. Hij heeft een essay geschreven waarin hij de stelling verdedigt dat er uitzonderlijke mensen zijn die over lijken mogen gaan. Het is geen sympathiek essay, maar er blijkt wel uit dat de auteur precies weet wat het is om expliciet na te denken over zijn wil. Een windvaan zou dat essay weliswaar kunnen lezen, maar geen idee hebben waar het over ging. Raskolnikovs wil om de oude vrouw te doden is hem niet achter zijn rug om ingeplant, zijn eigen denken is niet omzeild zoals bij iemand die gehypnotiseerd is. En als hij de bijl inpakt, is dat niet omdat hij iemand gehoorzaamt; hij begaat zijn daad niet uit blinde volgzaamheid. Of hij een meeloper met andermans gedachten is, blijft een open vraag; want hoewel zijn elitaire wereldbeschouwing door de meeste mensen niet gedeeld wordt, heeft deze toch wel iets sektarisch en is ze niet alleen aan hém toe te schrijven. In ieder geval is Raskolnikov, die het gevoel heeft buiten de maatschappij te staan, niet iemand die maar wat nabrabbelt zonder een eigen mening te kunnen vormen. Zijn moorddadige wil is ook niet dwangmatig. Hij heeft niet het gevoel dat hij de moord vanuit een innerlijke dwang wel móét willen. Hij is geen moordlustig iemand die vergeefs vecht tegen een hem vreemde wil. Je kunt zeggen dat hij zich volledig met zijn wil identificeert. Verder lijkt hij op het moment van de daad niet op iemand die onbeheerst handelt: de moord vindt niet plaats in een opwelling, zoals bij de driftkop, die door de kracht van zijn woede wordt overmand en schaakmat gezet. En ten slotte handelt hij niet vanuit een wil die hem zou zijn opgedrongen zoals bij afpersing. Hij zegt misschien wel dat hij vanuit een dwangpositie heeft gehandeld, zoals de loketbediende die de gemaskerde man het geld toeschuift, maar het is niet waar dat hij met de moord het voor hem kleinste kwaad koos, om een groter, ondraaglijk kwaad zoals de hongerdood af te wenden. Er waren nog heel andere mogelijkheden geweest om zo te handelen dat hij in leven bleef.

In deze zin dus handelt Raskolnikov uit vrije wil. Tot op het laatste moment dat hij tegenover de oude vrouw staat, heeft hij dan ook een open toekomst voor zich. Hij kent de ervaring van het beslissen: dat hij met zijn denken en zijn fantasie over zijn wil kan beschikken; dat hij, door op deze wijze iets te doen met zichzelf en voor zichzelf, tot actor en schepper van zijn eigen wil kan worden. Terwijl hij naar het huis van de oude vrouw loopt en de trap op gaat, weet hij dat hij zijn moorddadige besluit nog kan terugdraaien, zoals ook onze weifelende emigrant zich nog tot het laatste moment kan herbezinnen. En zoals voor de emigrant geldt ook voor Raskolnikov dat het zogenaamd definitieve, berustende weten dat de eigen wil nu zijn loop neemt, precies de factor kan zijn die deze wil op het laatste moment nog kan veranderen. Zoals de berustende gedachte aan zijn lafheid de emigrant uiteindelijk toch nog doet omkeren, zo zou Raskolnikov op de laatste trede van de trap tot omkeren gebracht kunnen worden juist doordat hij bij zichzelf zegt dat hij nu niet meer anders kan dan zijn moorddadige wil zijn loop te laten nemen.

Alles bij elkaar genomen geldt voor Raskolnikov dus de volgende combinatie van voorwaarden. Waren zijn overwegingen anders geweest, dan had hij een andere keuze gemaakt; had hij een andere keuze gemaakt, dan had hij iets anders gewild; had hij iets anders gewild, dan had hij iets anders gedaan. Voor wat hij wilde en deed, bestond dus een speelruimte van verschillende mogelijkheden, die volgens het verhaal tot nu toe zijn vrijheid uitmaakte. Doorslaggevend is dat deze speelruimte geen *absolute, onbeperkte* speelruimte is, maar een *relatieve, beperkte*. Iedere afzonderlijke voorwaarde kan alleen veranderen als er ook een andere voorwaarde verandert: zonder verandering in het willen geen verandering in het handelen, zonder verandering in het beslissen geen verandering in het willen, zonder verandering in het overwegen geen verandering in het beslissen.

Hiermee zijn we al heel dicht in de buurt gekomen van de gedachtegang die zal uitmonden in de stelling dat de tot nu toe besproken vrijheid een aanfluiting is en dat we daarom gewoon niet anders kunnen dan in een onvoorwaardelijke vrijheid geloven. Er is nog slechts een kleine stap nodig en dan zal deze gedachtegang zich onweerstaanbaar in beweging zetten en – naar het zich nu laat aanzien – alle intuïtieve overtuigingskracht die ons verhaal tot nu toe misschien had met zich meeslepen en wegspoelen. En die kleine stap is van een nauwelijks te overtreffen eenvoud, ja zelfs trivialiteit. Hij luidt eenvoudigweg: ja, maar Raskolnikovs overwegingen waren nu eenmaal níét anders, zijn overwegingen waren niet zoals ze eventueel óók hadden kunnen zijn, maar zoals ze *in feite* waren. Hij hield zich niet op met zomaar wat louter *mogelijke* overwegingen, maar met *werkelijke* overwegingen, die als werkelijke en bepaalde overwegingen alle andere overwegingen uitsloten. Niet in die zin dat je geen andere had kunnen *bedenken*; maar wel in die zin dat ze, door uit vele mogelijkheden deze ene te verwerkelijken, uitsloten dat andere dan juist deze overwegingen Raskolnikovs wil konden beïnvloeden.

En dat heeft, naar het zich laat aanzien, verwoestende gevolgen voor het idee van de vrijheid. Want het betekent dat Raskolnikov geen enkele kans had iets anders te willen dan de moord, en dus ook geen kans had iets anders te doen dan de oude vrouw dood te slaan. Zijn feitelijke overwegingen hadden heel anders moeten zijn dan ze waren om een wil tot stand te brengen die anders was dan hij in feite was. Gegeven hoe hij de zaak in feite overwoog, kon er niets anders gebeuren dan dat deze ene kettingreactie zich voltrok: van dit overwegen via zijn beslissing en zijn wil tot zijn daad. Niemand kon dat tegenhouden, ook hijzelf niet. In werkelijkheid kon er dus geen sprake van zijn dat hij anders had kunnen doen. Men kan zich wel voorstellen dat *iemand anders* in de positie van Raskolnikov misschien anders overlegd en uiteindelijk ook anders gehandeld had. Maar Raskolnikov, *deze* Raskolnikov, kon met de beste wil van de wereld niets anders willen en doen dan hij in feite wilde en deed. Hij had een ander moeten zijn om dat te kunnen. In werkelijkheid had hij niet de minste speelruimte. Het werkelijke was voor hem het enig mogelijke. En wie zou zoiets in ernst *vrijheid* willen noemen?

Nu ja, zal iemand zeggen, dat klopt wel; maar het klopt alleen als we aannemen dat Raskolnikov de zaak niet anders had kunnen overwegen. En dat is niet waar. Hij had bijvoorbeeld over het voorgenomen huwelijk van zijn zus anders kunnen denken dan hij deed. Hij had dat bovenal als teken van haar genegenheid voor hem kunnen zien. Dan had hij zich niet in zijn trots gekrenkt hoeven te voelen. Hij zou de handelwijze van zijn zus en zijn moeder hebben opgevat als een oplossing voor zijn geldproblemen, die hij dankbaar had kunnen aanvaarden. Ook op het laatdunkende gesprek in het restaurant had hij anders kunnen reageren: in plaats van het als aanleiding te zien om zijn laatste scrupules te overwinnen, had hij afschuw kunnen voelen en dankbaar kunnen zijn dat de mensen aan de tafel naast hem, door openlijk uiting te geven aan hun houding, hem van zijn eigen neigingen hadden genezen. Ook had hij meer fantasie kunnen opbrengen. Als hij zich in detail had voorgesteld wat een bijl aanricht wanneer die op een schedel neersuist, hadden die voorstellingen van zijn verbeeldingskracht hem van zijn bloedige plan af kunnen brengen. In plaats daarvan had hij behoedzaam en met fantasie een plan kunnen uitwerken om werk te zoeken. En ten slotte had hij natuurlijk tegen zichzelf kunnen zeggen dat het eenvoudig niet aangaat iemand om te brengen, hoe slecht het je verder ook gaat.

Als zijn overwegingen een van deze kanten op waren gegaan in plaats van de kant die ze in feite op gingen, zou Raskolnikovs wil ook een andere zijn geworden dan hij in feite werd. Maar hadden ze werkelijk een andere kant op kúnnen gaan? Dat is – net als bij de voorgaande stap in de gedachtegang – niet de vraag of *iemand anders* in Raskolnikovs plaats de zaak anders had kunnen overwegen, maar of Raskolnikov, *deze* Raskolnikov, dat gekund had. En dan is het antwoord nee. Onze Raskolnikov heeft namelijk een heel bepaalde levensgeschiedenis achter zich, waardoor hij nu de zaak zo en niet anders overweegt. Over deze geschiedenis horen we van Dostojevski niet al te veel, maar één ding is toch wel duidelijk: Raskolnikov voelt zich een overbodig mens die nergens bij hoort, en zijn isolement brengt hem op gewetenloze gedachten. Wanneer hij als edelman geboren en door de samenleving anders behandeld was, zou hij nooit op zulke gedachten zijn gekomen. Maar hij is nu eenmaal níet als edelman geboren, zijn armoedige afkomst heeft een stempel op hem gedrukt, en dus was het *onvermijdelijk* dat hij dacht zoals hij dacht, en bijgevolg ook onvermijdelijk dat hij wilde en deed zoals hij in werkelijkheid wilde en deed.

En ten slotte: Raskolnikov kan het niet helpen dat hij nu eenmaal geboren is, dat hij nu net door deze ouders werd verwekt en nu net in deze samenleving op de wereld kwam. Voor dat alles waren er louter voorwaarden, en voorwaarden voor deze voorwaarden – een keten met allerlei vertakkingen, die je tot eindeloos ver in het verleden zou kunnen traceren. Geen enkele schakel in deze keten was iets wat Raskolnikov had kunnen beïnvloeden. En dus lag het niet aan hem dat de dingen liepen zoals ze liepen, te beginnen met de voorwaarden voor zijn geboorte via zijn persoonlijke ontwikkeling tot en met zijn gewetenloze gedachten, zijn moorddadige wil en zijn roekeloze daad.

«Ik kon niet anders!» Deze woorden zijn we in deel één van dit boek op twee plaatsen tegengekomen. Eerst werden ze gesproken door onze emigrant op het station, toen hij zich tegenover zijn woedende vriend uit het verzet beriep op zijn vrijheid, die inhield dat hij een levensbeslissing genomen had die van nu af aan tot zijn identiteit zou behoren. Later kwamen we dezelfde woorden tegen als uitdrukking van onvrijheid. Het waren woorden die werden gebruikt door de slachtoffers van hypnose en van psychologische afhankelijkheid, om tot uitdrukking te brengen dat ze niet de kans hadden gekregen hun wil met hun oordeel te beïnvloeden. Ook de man die zich niet kon beheersen zei dat hij niet anders gekund had, waarmee hij bedoelde dat de hevige opwelling zijn oordeelsvermogen had verlamd. Dat een dwangmatig handelend persoon niet anders kan, betekent zoals we zagen dat hij het slachtoffer is van een onbuigzame wil die hem als een vreemde kracht voorkomt en waartegen hij met inzicht niets kan uitrichten. En wanneer iemand die wordt afgeperst tegen zijn zin doet wat er van hem verlangd wordt, hebben de woorden nog weer een andere betekenis. Door de zojuist uitgewerkte gedachtegang komt er nog een volgende interpretatie van de woorden bij. Wanneer Raskolnikov na zijn bloedige daad zou uitroepen: «Ik kon niet anders!», zou dat niet betekenen dat hij zich op een van de vele vormen van onvrijheid kon beroepen die wij eerder hebben bestudeerd. Dat stelden we al vast. En toch zou hij gelijk hebben. Want ook wanneer hij bij zijn volle verstand was en geen enkele dwang ondervond toen hij toesloeg, blijft gelden: gegeven zijn voorgeschiedenis kon hij niet anders willen en doen dan hij wilde en deed. En dat zou dan *vrijheid* zijn?

Maar hadden we niet ook vastgesteld dat Raskolnikovs toekomst tot het laatste moment open was in die zin dat hij beslissingsvrijheid had, dat hij vanuit deze vrijheid op zijn beslissing kon terugkomen en dat hij zelfs nog de gedachte aan de onvermijdelijkheid van zijn daad kon benutten om zijn wil te veranderen, en daarmee ook zichzelf? Dat hadden we weliswaar vastgesteld – zo gaat het betoog voor de onvoorwaardelijke vrijheid verder –, maar we hadden het niet tot het einde toe doordacht. We hadden vergeten *dat het Raskolnikov niet vrijstond* hoe hij zou overwegen en tot welke beslissing hij zou komen; het stond hem niet vrij al dan niet op zijn moorddadige besluit terug te komen of eraan vast te houden; het stond hem niet vrij op de trap al dan niet over de onvermijdelijkheid van zijn wil na te denken en door deze gedachte al dan niet op het laatste moment van mening te veranderen. Dat alles stond hem niet vrij, want zoals alles hing ook dat af van voorwaarden, die zo en niet anders waren.

Bij dwangmatig gedrag, zo zagen we in het eerste deel, ontbreekt het iemand aan openheid naar de toekomst, omdat hij het slachtoffer is van een monotone, niet voor rede vatbare wil, die hem in de kerker van de herhaling gevangenhoudt. Zo is het bij Raskolnikov niet. En toch, wanneer hij alleen voorwaardelijke vrijheid bezit, ontbreekt het ook hem aan een echte openheid van de toekomst. Want wat is dat voor openheid die hem slechts één enkele weg toestaat, omdat het proces dat tot nu toe beslissingsvrijheid heette, op grond van vaste voorwaarden slechts op één enkele manier kan verlopen? Wordt het spreken over de openheid van de toekomst hierdoor niet tot een farce? Is de toekomst voor Raskolnikov niet dichtgemetseld, weliswaar niet door herhalingsdwang maar wel doordat al ons beslissen van voorwaarden afhangt?

Nu zijn we op het punt aangekomen waar de aangekondigde gedachtegang ons brengen wilde, namelijk tot de erkenning dat wij, wanneer we alleen voorwaardelijke vrijheid bezaten, *helemaal geen* vrijheid zouden bezitten. Want wat voor Raskolnikov geldt, geldt voor ons allen. Toegegeven: wanneer we beslissingsvrijheid hebben, hebben we op ieder moment uitzicht op een toekomst die wijd open lijkt te staan. Als beslissers, zo lijkt het, hebben wij het zelf in de hand welke van de vele mogelijkheden tot willen en handelen zich voor ons zal verwerkelijken. Wanneer we even afzien van de onweegbare factoren in de loop der dingen, ligt het helemaal aan ons, zo denken we, hoe het leven verder zal gaan, want over ons willen en doen beslissen wij zelf. Maar dat alles zouden we als leugen en bedrog en als een reusachtige zelfmisleiding moeten beschouwen wanneer de voorwaardelijke vrijheid het laatste woord zou zijn. Níets zou dan aan ons liggen, en over níets zouden we zelf kunnen beslissen. Alles, ook de loop van onze wil, zou voorbestemd zijn. We zouden die loop niet kunnen *voorspellen* – daarvoor is alles wat er buiten ons en in ons gebeurt veel te ingewikkeld en onoverzichtelijk. Maar objectief gezien zou het *van tevoren vaststaan* wat wij in de toekomst zullen willen. Een op ons neerkijkende alwetende intelligentie zou ons zien als wezens die – in het beeld van d'Holbach – hun enig mogelijke, al voorgetekende lijn over het oppervlak van de aarde beschrijven. Van deze voor ons voorziene lijn zouden we geen haarbreed kunnen afwijken. Onze emigrant in de trein zou weliswaar kunnen beslissen verder te reizen of toch nog uit te stappen, maar door zijn voorgeschiedenis zou net als bij Raskolnikov van tevoren zijn vastgelegd wélke beslissing hij neemt. Ondanks de bedrieglijke schijn van het tegendeel zouden we in het verloop van ons leven volstrekt niet kunnen *ingrijpen*. Ook wat de wil en het beslissen aangaat zou ons leven de ontplooiing zijn van al eerder vastgestelde voorwaarden, die wij grotendeels niet kennen en die wij niet hadden kunnen beïnvloeden ook al hadden wij ze gekend. Deze ontplooiing zou verlopen volgens onveranderlijke, ijzeren wetten en zou ons uit het duister van een vaststaand verleden een eveneens vaststaande toekomst binnenvoeren, die ons alleen daarom minder duister zou voorkomen omdat wij ons zouden inbeelden die te kunnen beïnvloeden. In de ban van een bedrieglijke openheid zouden wij een in werkelijkheid gesloten, eendimensionale toekomst binnenstruikelen. Het zou de hel zijn, want het zou neerkomen op een leven in volstrekte *machteloosheid*, een machteloosheid zo onverdraaglijk dat we die ieder ogenblik opnieuw voor onszelf zouden moeten versluieren door een loflied te zingen op de voorwaardelijke vrijheid en daardoor te vergeten dat deze vrijheid geen vrijheid is, omdat het innerlijke proces waaruit deze bestaat gewoon maar een zoveelste proces is, dat onveranderlijk en onafwendbaar zijn loop neemt.

Maar *personen*, en dat zijn we toch, staan níét zo machteloos tegenover hun leven, hun willen en hun doen. Ze hebben *macht* over hun wil en hun handelingen, en ze hebben *werkelijk* een open toekomst voor zich, die zich in verschillende richtingen kan vertakken. Ze hebben iedere dag opnieuw de *keuze* wat ze van hun leven willen maken, en het is een *echte* keuze en niet zomaar iets wat hun wordt voorgespiegeld. Dat behoort tot het idee van het persoon-zijn. Maar dan behoort het ook tot dit idee dat personen een onvoorwaardelijk vrije wil hebben, want de louter voorwaardelijke vrijheid laat dit alles niet toe. En vandaar: wanneer iemand zichzelf als persoon begrijpt, moet hij zijn wil als onvoorwaardelijk vrij beschouwen. Wij begrijpen onszelf als personen. Dus moeten wij onze wil als onvoorwaardelijk vrij beschouwen.

Overwegen als donquichotterie

Dat iemand iets doet uit vrije wil, betekent dat hij datgene wil waartoe hij besloten heeft door de zaak te overwegen. Dat is het idee van de voorwaardelijke vrijheid. Als dit niet zomaar een willekeurige definitie pretendeert te zijn, maar een formulering die de intuïtieve inhoud van onze vrijheidservaring onder woorden brengt, dan moet er in dit idee van het overwegen een element zijn dat de kern van deze ervaring raakt. Dit element is de gedachte van een speelruimte van verschillende mogelijkheden voor mijn willen en handelen. Overwegen betekent in dit verband: verschillende mogelijkheden waartoe ik zou kunnen besluiten tegen elkaar afwegen. Al overwegend ben ik iemand die een speelruimte van mogelijkheden voor zich ziet. De zekerheid van de vrije wil komt voort uit de zekerheid dat ik overweeg: ik overweeg, dus ben ik vrij.

Wil deze gedachte de vrijheidservaring werkelijk treffen, dan moet het bij de overwogen mogelijkheden om *echte* mogelijkheden gaan; je zou ook kunnen zeggen: om *feitelijke* mogelijkheden. Dat er *in mijn voorstelling* diverse mogelijkheden voor me zijn, is niet voldoende. Het moet *werkelijk* zo zijn dat ik meer dan één ding zou kunnen willen en doen. Met louter voorgestelde mogelijkheden schiet de vrijheid niets op; het moeten mogelijkheden zijn die niet alleen in mijn hoofd bestaan, maar ook in de wereld waar ik met mijn willen en handelen deel van uitmaak. Als ik mijzelf als vrij begrijp omdat ik mezelf ervaar als iemand die een afweging en een keuze kan maken tussen verschillende mogelijkheden, dan mag deze ervaring niet bedrieglijk zijn. Het mag niet zo zijn dat *eigenlijk,* achter de coulissen van mijn denken, al besloten is welke van de vele mogelijkheden die ik voor mijn willen en handelen zie, werkelijkheid zal worden. Kijken we opnieuw naar Raskolnikov. Als we hem willen zien als iemand die vóór zijn daad een vrije wil heeft, moeten we aannemen dat hij, wanneer hij verschillende mogelijkheden bedenkt om aan geld te komen, deze mogelijkheden ook werkelijk heeft en het niet louter drogbeelden van schijnbare mogelijkheden betreft, die in werkelijkheid niet voor hem openstaan, op één na dan. Het moet waar zijn dat zijn weg over de aardbodem zich vanaf het moment van zijn afweging in verschillende richtingen kan vertakken. Als die ervaring van het kunnen overwegen hem zou bedriegen, als uitsluitend die ene weg voor hem zou openstaan die naar de pandhoudster voert, zou niemand hem als een vrij man beschouwen.

Maar deze voorwaarde voor zijn vrijheid zou alleen dan vervuld zijn wanneer er niets – werkelijk helemaal niets – in zijn verleden was wat vastlegt welke weg hij zal nemen. Zijn verleden is zoals het is, daaraan valt niets te veranderen, en de feitelijke gegevenheid en onveranderlijkheid ervan staan Raskolnikovs vrijheid niet in de weg. Alleen mogen die geen gevolgen hebben voor zijn heden en toekomst. Het heden waarin hij zijn afweging maakt, moet als een duidelijke, afsluitende cesuur zijn, die iedere doorwerking van het verleden verhindert. Het moet een nieuw begin mogelijk maken voor zijn willen en handelen, vrij van alle nawerking. Wanneer Raskolnikov in het ene heden het ene wil en in een ander heden iets anders, mag dit niet impliceren dat er voordien iets *anders* gebeurt wat verantwoordelijk is voor het verschil in wat hij wil. Hij moet in staat zijn onder identieke innerlijke en uiterlijke omstandigheden heel verschillende dingen te willen: *gewoon zomaar*. Zijn wil moet een onbewogen beweger zijn.

Dat is dus de voorwaarde waaraan voldaan moet zijn om het nadenken van Raskolnikov te kunnen begrijpen als iets waarin zijn vrijheid wordt weerspiegeld. Om te kunnen zeggen: hij overweegt, dus hij is vrij. *Maar als de voorwaardelijke vrijheid het laatste woord was, zou deze voorwaarde onmogelijk vervuld kunnen worden.* Zoals we in de laatste paragraaf zagen, zou de wil van Raskolnikov telkens de laatste schakel zijn in een lange keten van voorwaarden en had zijn wil alleen anders kunnen zijn als deze voorwaarden anders waren geweest. Hieruit volgt dat zijn overwegen geen echt overwegen had kunnen zijn, aangezien de overwogen mogelijkheden geen echte mogelijkheden waren. Het zou nog steeds waar zijn dat hij *geloofde* een speelruimte van echte mogelijkheden voor zich te hebben. Maar dat zou een systematische, fundamentele vergissing zijn. Een alwetend intelligent wezen zou vol spot naar hem kijken en denken: «Arme man, hij beeldt zich werkelijk in dat hij tussen echte mogelijkheden kan kiezen; hij zou toch moeten weten dat alles, zijn wil inbegrepen, afhankelijk is van voorwaarden en in zijn verdere verloop door deze voorwaarden wordt vastgelegd. Duizendmaal per dag tobt hij zich af met overwegingen en heeft het gevoel vrij te zijn in wat hij zal willen en doen. Terwijl het overwegen hem mogelijkheden voortovert die even onwerkelijk zijn als luchtspiegelingen. Een schoolvoorbeeld van donquichotterie. Maar laten we hem zijn bijgeloof gunnen. Het zou al te hard zijn te eisen dat hij de waarheid onder ogen zag.»

Zou het alleen maar te hard zijn wanneer we aan de alomtegenwoordige voorwaardelijkheid van ons willen en handelen zouden moeten geloven? Zou het alleen maar een bittere teleurstelling zijn? Het zou veel meer zijn, zo luidt het nieuwe argument voor de onvoorwaardelijk vrije wil: het zou ons in een loepzuivere *tegenspraak* verwikkelen. U zit net dit boek te lezen. Op zeker ogenblik zult u het dichtslaan en overwegen wat u vervolgens zult doen: iets eten, naar de nieuwsberichten luisteren, naar de bioscoop gaan of een vriend bezoeken. Op dat moment zult u er rotsvast van overtuigd zijn dat al deze mogelijkheden voor u openstaan – wérkelijk openstaan. Mocht iemand dat betwijfelen, dan zult u verontrust of geamuseerd tegenwerpen: «Natúúrlijk kan ik het ene net zo goed doen als het andere! Wat zou het anders voor zin hebben na te denken over wat ik wil doen?» Met deze woorden geeft u uitdrukking aan een overtuiging betreffende het *begrip* of het *idee* van het overwegen: *geloven* dat er daadwerkelijk verschillende mogelijkheden voor iemand openstaan behoort tot de *inhoud* van dit begrip of dit idee. Anders uitgedrukt: als we niét geloofden aan het bestaan van zo'n speelruimte, zouden we het begrip «overwegen» in verband met beslissingen helemaal niet op onszelf toepassen. Het begrip zou dan gewoon niet bij ons *passen*. Als iemand die overweegt – dus als iemand die het begrip «overwegen» terecht op zichzelf toepast – *kunt u gewoon niet anders* dan in een speelruimte van echte mogelijkheden geloven. En dat is geen innerlijke dwang waar iemand zichzelf van zou kunnen genezen. Het is een *conceptuele* dwang die ervoor zorgt dat het begrip overwegen nu juist dit begrip is en geen ander. Het heeft in feite helemaal geen zin aan te nemen dat iemand al overwegend een beslissing voorbereidt en in één adem daarmee beweert dat er voor hem *slechts één enkele* mogelijkheid is. Dat is echter – zo gaat de redenering verder – precies de situatie van iemand die zichzelf begrijpt als maker van overwegingen en *tegelijkertijd* als iemand die de voorwaardelijke vrijheid beschouwt als de enige vrijheid die wij bezitten. Want deze laatste overtuiging – dat zagen we al – is de overtuiging dat er telkens slechts één enkele mogelijkheid is voor ons willen en handelen. Mocht u die overtuiging delen en daarbij niet vergeten dat u rotsvast aan uw speelruimte van verschillende mogelijkheden gelooft, en ook wel moet geloven omdat u zichzelf begrijpt als maker van overwegingen, dan ontkomt u niet aan de vaststelling dat u zich verstrikt in een volslagen logische tegenspraak. U gelooft dat *er slechts één enkele mogelijkheid is*, en tegelijkertijd gelooft u dat *er niet slechts één enkele mogelijkheid is*. Waarom moet deze tegenspraak u storen? Omdat die betekent dat u, ondanks alle schijn van het tegendeel, *helemaal niets gelooft*. De ene overtuiging heft de andere, die haar tegendeel is, op. Dat is het storende aan iedere tegenspraak: wie iets tegenstrijdigs zegt of denkt of gelooft, die zegt of denkt of gelooft in werkelijkheid *niets*, omdat het ene deel van de tegenspraak het andere opheft, zodat het is alsof er nooit iets is gezegd of gedacht of geloofd. Daarom kunnen we tegenstrijdige uitspraken eenvoudig tegen elkaar wegstrepen.

Maar natuurlijk wilt u in deze zaak wél iets geloven. En dus zult u een van de twee tegenstrijdige overtuigingen móéten opgeven. Kan dat de overtuiging zijn dat u iemand bent die zijn beslissingen al overwegend voorbereidt? Zou u kunnen ophouden uzelf zo te begrijpen? Dan zou u moeten kunnen ophouden uzelf te begrijpen als iemand die welke beslissing *dan ook* neemt. Maar dan zou u zichzelf beschouwen als een windvaan, zoals we die eerder hebben besproken. Afgezien van de vraag of u dat een aantrekkelijk of afstotelijk zelfbeeld zou vinden – u kúnt zichzelf niet zo beschouwen. Want iemand die zich kan afvragen of hij zichzelf graag als een windvaan zou beschouwen of niet, kan onmogelijk een windvaan zíjn; een windvaan is immers een wezen dat de afstand tot zichzelf, die deze vraag vooronderstelt, nu juist niet bezit. Deze uitweg uit de tegenspraak staat dus niet voor u open. Het enige wat overblijft is dit: u beschouwt uzelf net als tot nu toe als iemand die overweegt en die een speelruimte van echte mogelijkheden tot zijn beschikking heeft, juist omdat hij zo iemand is. Dat dwingt u ertoe de overtuiging op te geven die we u bij wijze van proef hadden toegeschreven, namelijk dat de enige vrijheid die wij bezitten de voorwaardelijke vrijheid is – een vrijheid die uw speelruimte in één klap tot één enkele mogelijkheid zou doen inkrimpen. En zo wordt u, of u het wilt of niet, tot voorstander van de onvoorwaardelijke vrijheid.

Nu kunnen we een argument voor de onvoorwaardelijke vrijheid geven dat analoog is aan het eerste argument vanuit de echte keuze. Wij, als personen, bereiden al overwegend beslissingen voor en moeten hierbij geloven in een speelruimte van echte mogelijkheden. Dat behoort tot het idee van het persoon-zijn. Maar dan behoort het ook tot dit idee dat personen, wanneer zij zichzelf niet willen tegenspreken, moeten aannemen dat hun wil onvoorwaardelijk vrij is, want de louter voorwaardelijke vrijheid geeft ons geen echte speelruimte. En vandaar: wanneer iemand zichzelf als persoon begrijpt, moet hij zijn wil als onvoorwaardelijk vrij beschouwen. Wij begrijpen onszelf als personen. Dus moeten wij onze wil als onvoorwaardelijk vrij beschouwen.

Het genomen besluit als onvrije wil

«Ik kan niet anders!» zei onze emigrant tegen zijn woedende vriend uit het verzet. Ik heb zijn woorden als uiting van vrijheid uitgelegd. Was dat juist? Is het idee van vrijheid dat voor deze uitleg nodig is werkelijk het idee waar het ons om gaat? Het idee dat de kern van onze vrijheidservaring tot uitdrukking brengt? Of is het uiteindelijk een karikatuur van het eigenlijke vrijheidsidee, geboren uit de verzwegen behoefte om binnen het kader van de alomtegenwoordige voorwaardelijkheid toch nog iets te vinden wat je ondanks alles als vrijheid kunt bestempelen?

Mijn conclusie was toen: wat je aan het geval van de emigrant kunt aflezen, is dat de vrijheid van de wil geen volledige ongebondenheid betekent. Het ligt in de aard van beslissingen dat ze de wil binden. En later, toen ik de verschillende variëteiten van onvrijheid de revue liet passeren, heb ik steeds opnieuw gezegd: voor de vrijheid van de wil komt het erop aan dat hij op de juiste wijze, namelijk door het overwegen en afwegen van redenen, gebonden wordt. «De schijnbare vrijheid van een wil die zich tot het laatst toe aan ieder vast besluit onttrekt, is in werkelijkheid geen vrijheid,» schreef ik. Was dat werkelijk een inzicht in de aard van de vrije wil, of was het misschien maar een excuus dat ik nodig had omdat ik al lang daarvoor besloten had het idee van de algemene voorwaardelijkheid centraal te stellen?

Laten we net als toen aannemen dat u die emigrant bent. Terwijl u vergeefs op de slaap ligt te wachten, overweegt u nu eens dit, dan weer dat: enerzijds de bezorgdheid om uw gezin, anderzijds het gevoel van loyaliteit tegenover uw vriend en uw land. Beelden van deportaties komen u voor de geest, scherp geëtste beelden, die steeds vaker uw vrouw en kinderen in een veewagon tonen. Het zijn deze beelden die bij de innerlijke strijd ten slotte de overwinning behalen. De overwinning betekent dat nu juist deze beelden, en niet het beeld van de op u inpratende vriend, uw wil bepalen en ervoor zorgen dat u met uw gezin de volgende morgen op het station staat te wachten.

«Beslissingsvrijheid» heette dit proces tot nu toe. Maar is het werkelijk *vrijheid* wat u hier in praktijk brengt? *Dwingen* de afschrikwekkende beelden van de veewagon u niet eerder tot die wil om te vluchten? Laten ze niet in u een wil ontstaan waartegen u zich *niet kunt verweren*? Bent u bij uw besluit dus niet eigenlijk het *slachtoffer* van die beelden, en helemaal niet iemand die werkelijk een vrije beslissing neemt? Echte vrijheid – zo luidt het argument dat er nu bij komt – zou toch iets heel anders inhouden: het vermogen zelf te bepalen of iets wat je voor de geest komt, hoe sterk het ook is, de eigen wil mag beïnvloeden of niet. Vrijheid is het vermogen afstand te scheppen tot de eigen gedachten en zich niet – zoals de windvaan – zonder distantie door die gedachten te laten voortdrijven. Was dat niet de conclusie waar ik in het eerste deel zelf toe kwam? Omdat u die afstand tot uzelf bezit, bent u in staat uw eigen gedachten en innerlijke beelden op afstand te houden en u door die beelden tot niets te laten dwingen. Het is mogelijk dat u uiteindelijk de *beslissing neemt* deze beelden macht te geven over uw wil; het is echter evengoed mogelijk dat u de *beslissing neemt* iets anders te willen dan wat de innerlijke beelden u trachten te dicteren. Is dat het niet, en dat alleen, wat terecht aanspraak kan maken op de titel «vrije beslissing»?

Het is een heel nieuw idee van beslissen dat wij nu voor ons hebben. En het is vergeleken met het vroegere idee niet alleen een *nieuw* idee, maar in zekere zin ook het *tegengestelde* idee. Het oude idee vereiste dat overweging en fantasie bindend zijn voor de wil. Het beslissen ís dit binden. Het nieuwe idee vereist dat de wil ongebonden is: het moet iedere keer opnieuw een open vraag zijn of overweging en fantasie *eigenlijk wel* invloed krijgen op de wil, en wélke overwegingen en innerlijke beelden deze invloed krijgen. Binding van de wil kán plaatsvinden; de wil is niet volkomen machteloos om de redenen die bij het nadenken worden overwogen ook te volgen. Maar het hóéft niet tot zo'n binding te komen; de wil kan zich ook tegen iedere binding verzetten. Besluiten of het tot een binding komt en tot welke, dat is de uitoefening van de ware vrijheid. Deze beslissing te kunnen nemen is de ware beslissingsvrijheid.

Deze gedachte kan ook als volgt worden uitgedrukt. Dat we vrij zijn om anders te willen, betekent dat we in die nieuwe zin van het woord kunnen beslissen of we in de oude zin van het woord willen beslissen of niet. Wanneer wij dat niet kunnen, zijn we niet werkelijk vrij, ook al is er een retoriek zoals in mijn verhaal tot nu toe die het tegendeel beweert. Laten we nog eens kijken naar u in uw rol als emigrant.

«Ik had mijn beslissing genomen,» zegt u later in den vreemde. «Ik zag de veewagon voor me en wist dat ik er niet mee zou kunnen leven als deze voorstelling werkelijkheid zou worden.»

«Was dat een beslissing uit vrije wil?» is onze vraag.

«Ja, absoluut,» antwoordt u. «Als je buiten beschouwing laat dat de nieuwe machthebbers mij nu eenmaal in deze positie hebben gebracht, heeft niemand mij ertoe gedwongen. Niemand heeft mij zelfs maar beïnvloed. Ik heb het alleen met mezelf uitgevochten, en de voorstelling van de veewagon gaf uiteindelijk de doorslag.»

«Kon u zelf bepalen welke voorstelling de doorslag zou geven?»

U aarzelt. «Nu ja, het was mijn voorstelling, die helemaal uit mezelf kwam. Bovendien heb ik die met andere zaken vergeleken die mij door het hoofd gingen. Het was een lang en kwellend getouwtrek.»

«Had u uiteindelijk de indruk dat u ondanks de overweldigende kracht van het beeld van de veewagon ook iets anders had kunnen willen dan de vlucht? Dat u had kunnen *verhinderen* dat door dit beeld de wil om te vluchten zou ontstaan? Dat u uw beslissing had kunnen *tegenhouden*? Dat u in het hele beslissingsproces had kunnen *ingrijpen*?»

Weer aarzelt u, en nu duurt het langer dan de eerste keer. We helpen u een handje.

«Het spel van uw gedachten en fantasiebeelden was één ding,» proberen we u duidelijk te maken, «en de wilsvorming iets heel anders. Voordat uit het spel van uw gedachten een wil kon ontstaan, moest er nog een *leemte* worden opgevuld, een leemte die ú moest opvullen. Het was úw beslissing – echt alleen de uwe – óf die moest worden opgevuld of niet.»

«Ik weet het niet zo goed,» zegt u ten slotte. «Ik had de zaak nog langer kunnen overwegen en dus nog kunnen doorgaan met wat ik tot dan toe had gedaan. Misschien was de beslissing dan anders uitgevallen. Hoewel... Eigenlijk geloof ik dat niet.»

«Hebt u zelf beslist wanneer u zou ophouden de zaak te overwegen?»

«Nu ja, ooit komt er een einde aan al het afwegen, en de tijd drong.»

«En u kon zich daar helemaal niet meer in *mengen*?»

«Zoals ik al zei: ik had in principe de zaak nog verder kunnen overwegen.»

«Maar u hebt de indruk dat dit aan uw beslissing niets meer zou hebben veranderd? Dat de beslissing hetzelfde was gebleven?»

«Dat denk ik wel, ook vandaag nog. Het beeld van de veewagon was eenvoudig te sterk.»

«Hebt u de *beslissing genomen* dat u niet meer anders kon? En was u *vrij* een beslissing te nemen over uw beslissing?»

Als u zich met uw intuïties over het idee van de vrijheid herkent in de hardnekkige vragen die wij aan de emigrant stellen (zodat u van rol zou willen wisselen en naar ons overlopen), dan verbindt u zich aan het idee van de onvoorwaardelijk vrije wil – van een wil namelijk die vrij genoeg is om u door overwegingen te laten binden, maar ook vrij genoeg om u tegen alle overwegingen en alle argumenten te verzetten. Gelooft u daarentegen dat de vrijheid van de wil nu juist bestaat in het feit dat hij door overwegingen te beïnvloeden is, en in niets anders, dan zult u net als de emigrant moeite hebben met de laatste vragen. Niet alleen in die zin dat u niet weet wat u moet antwoorden, maar ook in de verder reikende zin dat u niet zeker weet of u de vraag eigenlijk wel *begrijpt*.

We kunnen het nieuwe argument nu zijn definitieve vorm geven. In zoverre we personen zijn, *overkomen* onze beslissingen ons niet zomaar, we *nemen* ze in de zin dat wij degenen zijn die bepalen of de beslissing valt of niet. Dat hoort bij het idee van het persoon-zijn. Maar dan hoort het ook bij dit idee dat personen onvoorwaardelijk vrij zijn in dit willen, want de louter voorwaardelijke vrijheid laat niet meer toe dan beslissingen die zonder ons verdere toedoen gewoon gebeuren. En vandaar: wanneer iemand zichzelf als persoon begrijpt, moet hij zijn wil als onvoorwaardelijk vrij beschouwen. Wij begrijpen onszelf als persoon. Dus moeten wij onze wil als onvoorwaardelijk vrij beschouwen.

Afbrokkelend actorschap

De gedachte van de alomtegenwoordige voorwaardelijkheid, die tot nu toe ons beeld van de vrijheid vormgaf, lijkt ons dus in werkelijkheid de echte vrijheid te ontnemen, zodat we, om deze echte vrijheid te waarborgen, de gedachte van de onvoorwaardelijkheid daartegenover moeten stellen. De voorwaardelijkheid komt uit de buitenwereld, vreet steeds dieper in ons binnenste door en bereikt ten slotte het willen en beslissen. En hoe dieper deze doorvreet, hoe bedrieglijker de vrijheidservaring gaat lijken. Om deze ervaring niet helemaal te laten verslinden, moeten wij de gedachte van de voorwaardelijkheid ergens een halt toeroepen.

Deze denkfiguur komen we ook bij een ander aspect van het persoon-zijn tegen, namelijk bij het idee dat wij als actor de bron zijn van ons handelen en willen. Als personen, die macht hebben over hun wil en hun handelingen en daar vrij over kunnen beslissen, zijn wij de actor van onze wil. Een verlies van ons actorschap zou hetzelfde betekenen als een verlies van onze vrijheid. Dit actorschap hebben wij tot nu toe uitgelegd als afhankelijkheid van de juiste voorwaarden, en het had er alle schijn van dat we hiermee de intuïtieve inhoud van dit idee volledig te pakken hadden. Bij de eerste stap ging het om actorschap bij handelingen, en daar gold dat wij actor zijn voor zover ons handelen de uitdrukking van onze wil is. Het idee van actorschap werd dus eenvoudigweg toegelicht door het idee van de wil. Later volgde een nieuw, rijker idee van actorschap, namelijk: iemand is een vrije actor wanneer hij ongehinderd tot een wil en een handeling kan besluiten door er met zijn overwegingen invloed op uit te oefenen. Door deze beïnvloeding doet hij iets met zichzelf en voor zichzelf, en wordt hij tot schepper van zijn handelen en willen. Deze verklaring leek overtuigend en in overeenstemming met de verschijnselen. Telkens wanneer wij een ervaring van onvrijheid in ogenschouw namen, bleek dat de invloed van het denken op het willen was belemmerd. De wil hing niet op de juiste manier van het denken af. Wat het idee van actorschap betrof, leek alles dus in orde: we hadden dit idee nader uitgelegd en konden vaststellen dat wij aan het aldus uitgelegde idee voldoen, weliswaar niet altijd maar toch vaak. Voorwaardelijkheid leek niet alleen verenigbaar met actorschap, maar leek zelfs een vooronderstelling voor dat laatste.

Maar deze uitleg – zo begint het volgende argument voor de onvoorwaardelijke vrijheid – draagt van begin af aan de kiem van de mislukking in zich. Want op de vraag «Waarin bestaat actorschap?» geeft ze een antwoord dat systematisch tekortdoet aan het onderwerp. Het beeld dat wordt geschetst is namelijk het beeld van een aaneenschakeling van louter innerlijke *gebeurtenissen*. Onder invloed van de externe omstandigheden en van de interne omstandigheden die ons karakter uitmaken, komen er wensen in ons op; je zou ook kunnen zeggen: die *gebeuren* in ons. Wat er verder nog gebeurt, zijn onze overwegingen. De beïnvloeding van die wensen door die overwegingen, met als gevolg het nemen van een beslissing, is ook weer een gebeurtenis. En wanneer deze beslissing ten slotte uitmondt in een handeling, is ook dat niets anders dan een gebeurtenis. Nergens in dit beeld valt ook maar een zweem te bespeuren van iets wat in staat zou zijn het idee van actorschap begrijpelijk te maken. Het enige wat er is, zijn gebeurtenissen en afhankelijkheidsrelaties daartussen.

En dat dit vanuit het standpunt van het begrijpen niet bevredigend is, ligt niet zomaar aan het beperkte aantal van de innerlijke factoren of aan het feit dat wij de complexiteit van hun samenhang tot nu toe onderschat zouden hebben. Al zou je ook het innerlijk leven bij wijze van proef verrijken met zoveel factoren als je wilt, en al zou je hun onderlinge betrekkingen zo complex voorstellen als je wilt, nooit zal een compilatie van louter gebeurtenissen, hoe gigantisch die ook mag zijn, het idee van actorschap begrijpelijk kunnen maken. Loutere gebeurtenissen zijn gewoon niet het materiaal waaruit het actorschap kan zijn opgebouwd. Deze vaststelling is overigens ook niet verrassend, want het idee van actorschap is gewoon een heel ander idee dan het idee van een innerlijk gebeuren; het is zelfs niet zomaar een ánder idee, het is in zekere zin het *tegengestelde* idee.

Het idee van actorschap, zo lijkt het, begint af te brokkelen wanneer wij het tot nu toe vertelde verhaal over de vrijheid letterlijk nemen en ons realiseren dat deze vrijheid in niets anders bestaat dan een complex van innerlijke gebeurtenissen, die ons gewoon *overkomen*. En wat afbrokkelt is niet pas het idee van actorschap dat we hadden toegelicht met het begrip beslissing. Ook ons eerdere idee, dat louter met het begrip van de wil verbonden was, begint af te brokkelen wanneer we de zaak grondig doordenken. Want in hoeverre is een wil die door een keten van vooronderstellingen in gang gezet wordt, eigenlijk meer dan een innerlijke episode onder andere – dus ook louter iets wat ons overkomt? Zolang we vooruitzien naar de handeling waartoe de wil de aanzet geeft, lijkt de wil een verschijnsel dat een belofte van actorschap inhoudt. Maar als we terugkijken naar de keten van voorwaarden waar de wil van afhangt, wordt deze indruk snel gedoofd. Want de wil die tot een handeling aanzet, blijkt dan zelf iets te zijn wat een aanzet krijgt, en dat maakt hem tot iets wat hij, op het eerste gezicht welteverstaan, niet leek te zijn: een loutere gebeurtenis. Het inzicht in die voorwaardelijkheid lijkt de wil als garantie voor actorschap van zijn substantie te beroven. Wanneer je de wil beschouwt als iets wat van iets anders afhangt, lijkt hij niet meer echt een *wil* te zijn, en daarom is hij ook niet in staat het actorschap te garanderen. Een echte wil, die werkelijk recht zou doen aan het idee van een wil, zou geen gebeurtenis onder andere mogen zijn in een lange keten van voorwaarden. Hij zou iets moeten zijn wat de aanzet zou kunnen geven tot een nieuwe keten zonder voorwaarden. Hij zou een onbewogen beweger moeten zijn.

De conceptuele situatie is dus niet zo dat wij eerst een duidelijk, afgerond begrip van de wil zouden hebben, dat intact bleef hoe we ook over de voorwaardelijkheid of onvoorwaardelijkheid van het willen zouden denken. Het ligt anders: als we de vraag opwerpen of de wil van voorwaarden afhangt of zonder voorwaarden is, stellen we niet zomaar de vraag of de wil een gegeven eigenschap heeft of niet; in werkelijkheid vragen we of we eigenlijk wel met een echte wil van doen hebben. Want onvoorwaardelijkheid is een *wezenlijke* eigenschap van de wil, een eigenschap die je er niet aan kunt ontnemen zonder de wil te vernietigen. Dat gebeurt er wanneer wij onze vrijheid louter als voorwaardelijke vrijheid begrijpen. We verliezen dan het begrip «wil» in zijn geheel, omdat we, door de gedachte van de onvoorwaardelijkheid prijs te geven, het beslissende, definiërende kenmerk wegstrepen.

En dat is nog niet alles. Want wanneer het idee van het willen afbrokkelt, valt daarmee ook het idee van de handeling uiteen. Een handeling, zo zeiden we tot nu toe, is een beweging die uit een willen voortkomt. Anders dan een loutere beweging heeft het handelen een actor, en de bron van ieder actorschap is de wil. Als nu blijkt dat de van voorwaarden afhankelijke wil allerminst zo'n bron is, verliezen de gewilde bewegingen hun bijzonderheid als handelingen en worden ze net als de wil zelf loutere gebeurtenissen.

Laten we kijken naar Raskolnikov op weg naar de pandhoudster. Stel hij krijgt een duw van een voorbijganger en valt. Deze val is geen handeling, omdat de beweging hem ongewild overkomt en hij dus niet de actor ervan is. Iedereen zou dat zeggen.

Vervolgens kijken we hoe hij, daar boven in de woning van de oude vrouw, met de bijl uithaalt. Zijn bewegingen zijn nu een handelen, want niemand geeft hem een duw; ze komen enkel en alleen uit hemzelf en zijn wil voort, hij is de actor ervan. Je zou denken: als iets een duidelijke onderscheiding is, dan dit wel. Maar is het echt zo? Raskolnikovs arm beweegt zich omdat Raskolnikov dat wil, en alleen daarom. Maar hij wil het niet gewoon zomaar, zijn wil komt niet uit het niets, maar heeft – zoals eerder besproken – een lange voorgeschiedenis van voorwaarden. Maar ook zijn val heeft zo'n voorgeschiedenis. Dus waarin bestaat het verschil? Nog steeds in het feit, zal men zeggen, dat de ene beweging een willen als voorwaarde heeft en de andere niet. En dat klopt natuurlijk. Maar is dat een *principieel* verschil – zo principieel als het conceptuele onderscheid tussen handelen en gebeuren vereist? Het ziet er niet naar uit; want het willen van Raskolnikov en zijn geduwd-worden hebben iets met elkaar gemeen: ze hangen af van voorwaarden die buiten zijn macht liggen, en dit feit maakt ze allebei evenzeer tot loutere *gebeurtenissen*. Het blijft waar dat de voorwaarden voor zijn val *uiterlijke* voorwaarden zijn en de voorwaarden voor zijn wil *innerlijke*, althans in eerste instantie. Maar dat verandert niets aan het feit dat het willen van Raskolnikov en zijn geduwd-worden als voorval tot precies dezelfde *categorie* behoren: de categorie van de door voorwaarden vastgelegde en dus actorloze gebeurtenis. Als het leek of de val en de moord tot heel verschillende categorieën behoren, lag dat aan de oppervlakkigheid van de beschouwingswijze. Enerzijds een van buitenaf gestuurde, ongewilde beweging; anderzijds een van binnenuit gestuurde, opzettelijke beweging. Enerzijds het feit dat Raskolnikov *in beweging werd gebracht*; anderzijds het heel andere feit dat hij *zichzelf bewoog*. Wanneer je de zaak nauwkeurig overweegt en bedenkt wat er met een wil gebeurt als die van voorwaarden afhangt waarover de betrokkene geen macht heeft, raakt deze categoriale onderscheiding aan het schuiven en blijft er niets anders over dan het fletse onderscheid tussen een van buitenaf gestuurd en een van binnenuit gestuurd gebeuren, zoals je dat ook kunt maken tussen verschillende soorten machines, bijvoorbeeld tussen een speelgoedauto met afstandsbediening en een echte auto. Dat Raskolnikov bij het zwaaien van de bijl zélf over zijn bewegingen beschikt, terwijl bij de val iemand anders dat doet, betekent nu niets anders meer dan in het geval van de auto. Een echte auto beweegt zich alleen door toedoen van wat erbinnenin gebeurt, terwijl een speelgoedauto iemand nodig heeft die de afstandsbediening hanteert.

De consequentie van deze voorstelling is frappant. Raskolnikov de *dader* is veranderd in een Raskolnikov die alleen nog een *plek* is *waar iets gebeurt*. Wat er aan de oppervlakte uitziet als een actor, is ten diepste niets meer dan een schouwplaats en een toneel voor een opeenvolging van gebeurtenissen, waarbij weliswaar ook een wil betrokken is, maar een wil die deze naam niet verdient, omdat hij niets meer is dan een tijdelijke verbindingsschakel tussen voorafgaande en navolgende gebeurtenissen. Heel nuchter bezien is Raskolnikov niet meer dan een *doorgangsstation* in een keten van gebeurtenissen, die begint met de voorwaarden voor wat hij wil en eindigt met de dood van de pandhoudster. Het zou onjuist zijn te zeggen dat hij louter het *instrument* is om haar dood te bewerkstelligen, want dat zou een derde persoon vooronderstellen. Wel is het juist dat je hem als een *wissel* kunt beschouwen, een schakelstation dat de verbinding maakt tussen Raskolnikovs karakterbepalende voorgeschiedenis en datgene wat hij aanricht.

Oorspronkelijk leek het alsof Raskolnikov als actor en schepper van zijn handelen in zekere zin *tegenover* het verloop der dingen stond, omdat hij als dader tot een andere categorie behoort dan de gebeurtenissen in de wereld. Nu is gebleken dat hij zelf in werkelijkheid slechts een segment, een volgende episode uit het verloop der dingen is en tot dezelfde categorie behoort als deze gebeurtenissen. Wat zouden we moeten doen om hem een actorschap te verlenen dat uitholling door zo'n gedachtegang zou kunnen weerstaan? We zouden hem een wil moeten geven die van nature door niets of niemand ten val gebracht zou kunnen worden. Het is het geduwd worden door de voorbijganger dat aan de val van Raskolnikov het actorschap ontneemt. En het is het geduwd-worden van zijn wil door overwegingen en de voorwaarden daarvoor dat aan deze wil het actorschap ontneemt. Om hem zijn actorschap en dus zijn vrijheid terug te geven, moeten wij hem ervoor behoeden dat hij door innerlijke voorbijgangers omvergelopen wordt. En dat betekent: we moeten hem als een onvoorwaardelijke wil denken, als onbewogen beweger.

Nu kunnen we opnieuw een argument voor de onvoorwaardelijke vrijheid formuleren, analoog aan de vorige argumenten. Echt actorschap van ons handelen en willen behoort tot het idee van het persoon-zijn. Maar dan behoort het ook tot dit idee dat personen een onvoorwaardelijk vrije wil hebben, want de louter voorwaardelijke vrijheid geeft ons geen echt actorschap. En vandaar: wanneer iemand zichzelf als persoon begrijpt, moet hij zijn wil als onvoorwaardelijk vrij beschouwen. We begrijpen onszelf als personen. Dus moeten we onze wil als onvoorwaardelijk vrij beschouwen.

Verantwoordelijkheid als onhoudbare gedachte

Het is mogelijk dat Raskolnikov, wanneer hij op weg naar de pandhoudster een duw krijgt en valt, in zijn val een andere voorbijganger van het trottoir op straat duwt, en het is ook mogelijk dat deze voorbijganger door een rijtuig wordt aangereden en dodelijk gewond raakt. Niemand die de feiten kent zou Raskolnikov dan *verantwoordelijk* willen stellen, *beschuldigen* of *bestraffen*, noch in de zin van de wet, noch in de zin van de moraal. Hij kon er per slot van rekening niets aan doen. Heel anders ligt de zaak natuurlijk bij zijn moord. Dat is een koel beraamde, voorbedachte daad. Daarom wordt Raskolnikov ter verantwoording geroepen, er wordt een aanklacht tegen hem ingediend en hij wordt tot dwangarbeid in Siberië veroordeeld. Het onderscheid dat wij maken tussen de val en de moord is enerzijds een onderscheid in onze *beoordeling* van Raskolnikov en anderzijds een onderscheid in ons *handelen* tegenover hem. Het is een glashelder onderscheid, zo denken we, en het moet dat ook zijn, want hier hangt van af of wij, de samenleving, iemand ongemoeid laten of hem – in het volle besef van de consequenties – grote schade toebrengen door hem het kostbare goed van de vrijheid te ontnemen, met alle verwoestende gevolgen die dat voor zijn gehele leven zal hebben.

Al te grote zorgen hoeven wij ons hier niet te maken, menen we. Wel is het soms moeilijk vast te stellen of een daad meer op een val of meer op een moord lijkt, en wanneer we tot de slotsom zijn gekomen dat het om een voorbedachte handeling gaat, is er discussie mogelijk over de vraag wat de passende straf is. Waar géén discussie en geen twijfel over kan bestaan, is dat we hier over het geheel met een conceptueel zuiver onderscheid werken en dat dit onderscheid onmisbaar is. We kunnen het onmogelijk missen, want het is een instrument om ons samenleven te regelen. Er zou oproer van komen en het zou tot een algehele maatschappelijke chaos leiden wanneer ofwel alles als een val behandeld en niets bestraft zou worden, ofwel alles zonder onderscheid als voorbedacht geclassificeerd en met straf beantwoord zou worden. En dat is niet de enige zin waarin het onderscheid onmisbaar is. We willen er ook tot elke prijs aan vasthouden omdat we geloven dat het een juist onderscheid is. Het is gewoon wáár, menen we, dat er aan de ene kant dingen zijn waar iemand iets aan kan doen, en aan de andere kant dingen waar hij niets aan kan doen. Het zou daarom niet alleen onverstandig zijn het onderscheid op te geven; het zou ook een regelrechte vergissing zijn, in de zin waarin je een vergissing kunt begaan door verschillen tussen verschillende dingen in de wereld niet te onderkennen.

En het onderscheid ís toch ook echt duidelijk. Sterker nog: het is niet zomaar om willekeurige redenen duidelijk, maar die duidelijkheid komt voort uit het feit dat we hiermee onderscheiden tussen twee *categorieën* verschijnselen. Tot de ene categorie behoort de val van Raskolnikov. Dat is niet meer dan de beweging van een lichaam, een gebeurtenis dus die oorzaken heeft en die je volledig begrepen hebt wanneer je deze oorzaken kent. In dat opzicht lijkt die val op een onweer of een vulkaanuitbarsting. Het verhaal over zulke voorvallen is een zuiver causaal verhaal, en het is afgelopen zodra de oorzaken duidelijk zijn. Dat wij Raskolnikov niet verantwoordelijk maken voor zijn val, is geen kwestie van *welwillendheid*; het zou gewoon geen *zin* hebben daarvoor rekenschap van hem te eisen, net zomin als het zin zou hebben rekenschap te eisen van de vulkaan omdat hij zich niet kon beheersen en tot uitbarsting kwam.

Ook over de moord van Raskolnikov valt een causaal verhaal te vertellen. Dit maakt duidelijk dat het aan zijn bewegingen lag dat de oude vrouw stierf. Maar wanneer dit verhaal is afgelopen, is niet alles afgelopen. Nu begint een nieuw en heel ander verhaal. De eerste stap is dat Raskolnikov als de actor van de dodelijke bewegingen wordt beschreven. Bij zijn val was dat niet zo. Bij een val is er geen actor, zoals er ook bij een vulkaanuitbarsting geen actor is. Dat er bij de moord een actor is, betekent zoals we weten dat we met een handeling te maken hebben, dus met bewegingen die de uitdrukking van een wil zijn. Deze eerste stap brengt ons niet automatisch bij het idee van verantwoordelijkheid. Je kunt je zonder tegenstrijdigheid een samenleving indenken waarin het zou blijven bij het onderscheid tussen een louter gebeuren en een handeling met een actor. «Dat is iets wat met hem gebeurd is,» en: «Dat is iets wat hij gedaan heeft,» zouden de leden van deze aan begrippen niet zo rijke samenleving zeggen om te onderscheiden tussen de val van Raskolnikov en zijn moord. Maar er zou verder niets uit volgen, noch wat de beschrijving van Raskolnikov, noch wat de omgang met hem betreft. Bij ons gaat het anders. Wanneer wij bepaalde bewegingen met een actor en dus met een wil in verband hebben gebracht, beschouwen we die bewegingen, die nu als handelingen gelden, vanuit een perspectief dat principieel verschilt van de causale beschouwingswijze. Vanuit dit perspectief beschouwen wij ze in het licht van *regels*. Het zijn geen regels in de zin van natuurlijke regelmatigheden oftewel natuurwetten. Het zijn trouwens helemaal geen regels die wij in of aan de handelingen *ontdekken*, maar regels die wij eraan *opleggen*. Het zijn *normen* en dus *voorschriften*, niet over hoe onze daden zijn, maar over hoe ze *moeten zijn*. Het zijn enerzijds wettelijke, anderzijds morele voorschriften. Ze gebieden en verbieden ons een bepaald gedrag. Ze stellen bepaalde eisen aan ons en formuleren bepaalde verplichtingen. Alles bij elkaar stellen ze ons in staat tot een karakterisering van handelingen die in vergelijking met de causale beschrijving nieuw is: de karakterisering als *juist* of *verkeerd*. En tot slot doet deze nieuwe karakterisering ook een nieuw soort handelingen tegenover anderen ontstaan: we passen sancties op hen toe en bestraffen hen voor het feit dat zij sommige voorschriften veronachtzaamd of sommige eisen en verplichtingen niet vervuld hebben.

Het idee van verantwoordelijkheid hoort thuis in deze context, en vooronderstelt deze ook. Wanneer wij iemand ergens verantwoordelijk voor houden, beschouwen we hem en zijn handelen in het licht van regels van moeten en mogen, en beoordelen we of dit handelen zo beschouwd juist of verkeerd was. Wanneer wij iemand te verstaan geven dat we hem vanwege een daad ter verantwoording zullen roepen, zeggen wij hiermee tegen hem: we zullen je handelen afmeten aan de vraag of het met de regels strookte, en als we een overtreding van de regels vaststellen, zullen we je daarvoor bestraffen.

Als we deze houding tegenover iemand aannemen, gaan we uit van de vooronderstelling dat hij uit vrijheid handelde, in de zin *dat hij de regels kende, de keus had en het besluit nam tot zijn daad*. Als wij Raskolnikov ter verantwoording roepen, berust dat ten eerste op de veronderstelling dat de verwerpelijkheid van zijn daad hem duidelijk voor ogen stond. Het kan zijn dat zijn elitaire wereldbeschouwing hem tot de overtuiging had gebracht dat een uitzonderlijk mens als hij wel een moord mocht plegen. Maar hij weet dat de samenleving dit anders ziet en dat haar juridische en morele regels anders luiden. Ten tweede gaan we ervan uit dat hij de keus had. Wanneer wij hem aanklagen en veroordelen, doen we dat omdat béíde mogelijkheden voor hem openstonden: zich aan de regels houden of ze overtreden. Het lag – zo denken we – aan hem, en alleen aan hem, of hij juist of verkeerd handelde. En daarmee vooronderstellen we dat het voor hem *niet onvermijdelijk* was door deze moord inbreuk te maken op wet en moraal. Ten derde veronderstellen wij, tot slot, dat er aan zijn daad een beslissing voorafging: dat hij in het licht van de hem bekende regels zijn afweging maakte en als gevolg van die afweging de wil vormde om iets te doen wat tegen die regels indruiste.

Het ziet ernaar uit dat we Raskolnikov met een zuiver geweten ter verantwoording kunnen roepen, en wel omdat hij in vrijheid deze moord beging, een vrijheid die een van voorwaarden afhankelijke vrijheid was in de tot nu toe gebruikte zin. We kunnen deze eerste indruk nog scherpere contouren geven door een terugblik op de eerder besproken vormen van onvrijheid. Als Raskolnikov een wil als een windvaan had, zou het geen enkele zin hebben hem voor de moord verantwoordelijk te houden. Want een windvaan is niet in staat zijn handelen in het licht van regels en eisen te bezien. Het ontbreekt hem namelijk aan iedere kritische afstand tot zichzelf. Die afstand is nodig om het idee van «behoren» te begrijpen: je moet datgene wat je van plan bent kunnen vergelijken met iets anders wat je eigenlijk níét van plan bent. Met andere woorden, je moet jezelf kunnen zien in een speelruimte van diverse mogelijkheden van handelen en willen. Alleen dan kan van iemand gezegd worden dat hij iets wil en doet *om aan een eis te voldoen*. Je kunt je een windvaan voorstellen die feitelijk en van buitenaf gezien aan iedere eis voldoet die hem gesteld wordt. Wat hem wordt opgedragen, kan hij niet áls eis herkennen, maar hij doet precies wat er van hem wordt verlangd. Hij is een automatische, blinde voldoener aan eisen. Zijn probleem – en het is een probleem van tekort aan vrijheid – is dat hij niet weet wat het zou inhouden iets te willen en te doen waarmee hij zich tegen een eis zou *verzetten*. En dat ligt nu juist aan de ontbrekende afstand tot zichzelf. Als gevolg van dit gebrek is het onderscheid tussen juist en verkeerd – tussen het wel of niet voldoen aan een eis of verplichting – hem onbekend. En daarom zou het geen zin hebben hem in verband te brengen met het idee van verantwoordelijkheid, dat op dit onderscheid berust.

Ook als Raskolnikov de oude vrouw zou hebben doodgeslagen omdat iemand hem die moorddadige wil door hypnose had ingeplant, zou je hem niet voor zijn daad verantwoordelijk kunnen houden. De moord zou nog steeds in zoverre verschillen van een val dat hij uit een wil voortkwam. Maar deze wil zou blind zijn in die zin dat Raskolnikov hem zonder distantie in daden omzette, zonder hem aan welke regels en eisen dan ook te kunnen meten. Zijn situatie zou tijdelijk lijken op die van een windvaan. Het zou ingewikkelder zijn wanneer bleek dat Raskolnikov had gehandeld uit blinde volgzaamheid tegenover iemand van wie hij psychologisch afhankelijk was. De moeilijkheid zou zijn dat afhankelijkheid weliswaar het vermogen tot zelfstandig overwegen lamlegt, maar het vermogen tot overwegen niet in zijn geheel uitschakelt zoals bij hypnose. Toch zouden we voorzichtig zijn met het toeschrijven van verantwoordelijkheid.

Minder voorzichtig zijn we bij meelopers met andermans gedachten. Ook wanneer die als zodanig erkend worden, treft hen de volle strengheid van de wet. Onze morele beoordeling zal echter in het geheim vergezeld gaan van enige aarzeling. Ergens was hij toch ook slachtoffer, zullen wij denken, wanneer we gehoord hebben hoe methodisch en gewiekst de hersenspoeling is geweest.

Uitgesproken en openlijk is onze aarzeling wanneer we onderkennen dat een misdaad het resultaat is van een dwangmatige wil. Een ongevaarlijk geval is de kleptomane, een ontstellend geval de zedendelinquent. Van allebei zullen we te horen krijgen dat zij aan hun wil de beide eigenschappen ervaren die tezamen de innerlijke dwang uitmaken: onbeïnvloedbaarheid door overwegingen en vreemdheid in de zin van afwijzing. In zekere zin was het helemaal niet hun eigen wil die hen ertoe dreef, zullen wij zeggen; ze waren op dat moment niet echt *zichzelf*. Daarom zouden wij het ook niet juist vinden hen op dezelfde manier ter verantwoording te roepen als iemand die niet door een innerlijke dwang van zijn eigenlijke wil is vervreemd. We laten deze twee er niet gewoon mee wegkomen. Maar we bekijken hen met een andere blik: terwijl we hen eerst als personen beschouwden die bestraft dienden te worden, zullen we hen uiteindelijk als mensen zien die je moet genezen. In plaats van in de gevangenis komen zij in een kliniek terecht. Daarmee geven we in hun geval het standpunt van de normatieve beoordeling op, en vervangen het door het standpunt van de causale verklaring en beïnvloeding.

Als Raskolnikov de oude vrouw in een aanval van drift had doodgeslagen en vervolgens, in verbijstering naar de bebloede bijl starend, had uitgeroepen: «Dat wilde ik niet!», dan zou onze beoordeling nog weer anders zijn. «Je wilde het wel,» zouden we tegen hem zeggen. «Het was onweerlegbaar jouw wil, en daarom bestraffen wij je. Maar er is iets wat in je voordeel pleit: je had jezelf op dat moment niet in de hand, je was onbeheerst. Dat verontschuldigt je daad niet, maar die weegt minder zwaar dan wanneer je er bij je volle verstand toe besloten had.» De rechtbank zou concluderen tot doodslag in een opwelling van woede. Het morele oordeel zou luiden: zoiets kan natuurlijk niet, maar wie is er helemaal immuun voor? En hoe meer details we zouden horen, des te stiller zouden we misschien worden.

Voor het feit dat hij aan de man met het masker het geld overhandigde, wordt onze loketbediende bij de bank niet ter verantwoording geroepen, niet voor de rechtbank en ook niet in moreel opzicht. Hij verkeerde in een dwangpositie, koos voor het minste kwaad en kon niet anders. Dat hij uit een afgedwongen, hem opgedrongen wil handelde en niet vanuit zijn eigenlijke wil, verontschuldigt hem in ieders ogen. Verontschuldigd in morele zin waren ook de voetballers uit Uruguay die hun kameraden opaten om niet te verhongeren. Alleen bekrompen lieden zonder fantasie zagen dat anders. En we denken er niet aan de leider van het verzet die tot zijn grote verdriet zijn geliefde moet doodschieten te veroordelen.

Tot zover de terugblik op de varianten van onvrijheid zoals die er in het kader van de voorwaardelijkheid uit komen te zien. Hieruit blijkt wel dat iedere beperking van de vrijheid aanleiding geeft de toeschrijving van verantwoordelijkheid af te zwakken of soms zelfs volledig prijs te geven. Dat bevestigt de gedachte waar we van uitgingen: volledige verantwoordelijkheid vereist dat iemand de regels kende, de keuze had en de beslissing nam tot deze daad. Toen Raskolnikov toesloeg, voldeed hij aan deze voorwaarden. Hij handelde in vrijheid, een vrijheid in voorwaardelijke zin. Hij werd terecht ter verantwoording geroepen. Alles lijkt geheel in orde.

In werkelijkheid is er niets in orde. Althans, dat zegt ons volgende argument voor de onvoorwaardelijk vrije wil. Anders dan de voorafgaande argumenten houdt dit niet in dat er in het idee van de voorwaardelijke vrijheid nog weer een verborgen aspect van onvrijheid aan het licht wordt gebracht. Nee, het brengt de tot nu toe blootgelegde aspecten samen om het idee van de verantwoordelijkheid als een volledig onhoudbare gedachte te brandmerken. Allereerst roept het ons in herinnering dat het Raskolnikov alleen schijnbaar vrijstond de moord te begaan of niet te begaan. Het is waar dat hij die niet begaan zou hebben als hij een andere afweging gemaakt en een andere beslissing genomen had. Maar ook zijn overwegingen hadden een voorgeschiedenis, die vastlegde dat hij deze afweging maakte en geen andere. Er was voor hem dus geen enkele speelruimte, en daarom is het louter een retorisch spiegelgevecht wanneer wij tegen hem zeggen: «U had de oude vrouw ook met rust kunnen laten, het lag helemaal aan u wat u wilde, besloot en deed, en omdat de zaken zo staan, roepen wij u ter verantwoording.» Hij kan namelijk antwoorden: «Gegeven mijn voorgeschiedenis, waar ik helemaal niets aan kan doen, kan daarvan geen sprake zijn. Het stond van tevoren vast dat ik een moordenaar zou worden, ik had niet de minste kans in het verloop der dingen in te grijpen. Wilt u serieus iemand verantwoordelijk houden die geen enkele macht over zijn willen en handelen bezit? Dat is toch niet éérlijk!»

Dus wanneer Raskolnikov slechts voorwaardelijke vrijheid bezit, lijkt het verre van eerlijk hem naar Siberië te sturen en daarmee zijn leven te verwoesten.

«Maar u kon toch een afweging maken?» zeggen we misschien tot onze verdediging. «En dat betekent: u zag verschillende mogelijkheden tot handelen voor zich, en niet alleen maar deze ene.»

«Dat is waar,» zal hij antwoorden, «maar dat was een illusie; in werkelijkheid was buiten mij om alles al gedaan.»

«Toch zult u moeten toegeven dat u een beslissing hebt genomen. U dacht aan het geld en aan de kans die u had, en het waren deze gedachten die uw wil bepaalden en u in beweging brachten. Dus waarom zouden wij u niet verantwoordelijk houden?»

«Heel eenvoudig: omdat ik niet kon verhinderen dat de beslissing zo uitviel en niet anders. Ik kon deze bepaalde beslissing niet tegenhouden.»

Langzamerhand raakt onze munitie op. Maar één schot hebben we nog. «Wat u niet kunt loochenen, is dat u de actor was van de moord. U, en niemand anders, hebt de oude vrouw doodgeslagen. En het was niet zo dat u viel en daardoor iemands dood veroorzaakte. Als moordenaar was u een dader en niet louter een lichaam dat in beweging werd gebracht.»

Maar ook nu reageert Raskolnikov bedaard. «Natuurlijk was ik het. Dat bestrijd ik ook niet. Maar wat wil dat zeggen: *dader*? In mijn voorgeschiedenis speelden zich allerlei gebeurtenissen af, vervolgens speelden zich in mij allerlei overwegingen en wensen af, en ten slotte voltrokken zich mijn bewegingen met de bijl. Louter dingen die gewoon *gebeurden*. Dat is het ware verhaal. In principe is dit niet anders dan bij de spijsvertering: eten, verteren, uitscheiden. Daar roept u toch ook niemand voor ter verantwoording!»

Het zou *niet eerlijk* zijn, aldus Raskolnikov, hem ter verantwoording te roepen en zijn leven te verwoesten. Dat is niet het enige verwijt dat hij ons kan maken. Hij kan ook zeggen dat het *onredelijk* is hem te bestraffen, omdat hij er immers niets aan kan doen dat er met hem gebeurd is wat er is gebeurd. Laten we nog even terugdenken aan de voorwaarden voor verantwoordelijkheid. Iemand moet de regels gekend en de keuze gehad hebben, en de beslissing hebben genomen tot zijn daad. Tot nu toe hebben we gedaan alsof aan alle drie deze voorwaarden voldaan was. Raskolnikov herinnert ons eraan dat dit voor een van de drie niet opgaat: *hij had geen keuze*. Als wij hem ter verantwoording roepen, zo zal hij ons verwijten, dan is dat omdat wij *oppervlakkig* denken en oordelen als we ons beroepen op het oppervlakkige gepraat over «verschillende mogelijkheden», «vrije beslissing» en «actorschap». Als we nauwkeuriger en eerlijker nadenken, zullen we begrijpen dat dit echt alleen retorische goocheltrucjes zijn, en dan zullen we inzien dat er geen enkele reden is iemand voor wat dan ook ter verantwoording te roepen.

Maar wat komt er dan terecht van het eerder besproken onderscheid tussen onvrij willen en handelen, dat de verantwoordelijkheid inperkt of helemaal opheft, en vrij willen en handelen, dat een onbeperkte verantwoordelijkheid met zich meebrengt? Raskolnikov zal niet bestrijden dat er verschil bestaat tussen een belemmerde en een onbelemmerde beïnvloeding van de wil door overwegingen, en ook het verschil tussen een afgedwongen en een ongedwongen wil zal hij niet ontkennen. Het zou dwaas zijn, zal hij zeggen, al deze verschillen te willen opheffen. Maar, zo zal hij eraan toevoegen, deze verschillen zijn uiteindelijk niet van belang als het om verantwoordelijkheid gaat. Het beslissende punt laten ze namelijk onaangeroerd: het fundamentele gegeven dat de dingen bij het overwegen en bij de wilsvorming lopen zoals ze lopen, en dat ze niet anders kúnnen lopen. In ander verband zijn de onderscheidingen in kwestie misschien van betekenis, maar voor het idee van verantwoordelijkheid hebben ze geen betekenis.

Als Raskolnikov gelijk heeft, dan verwikkelen wij ons telkens wanneer we iemand op grond van zijn voorwaardelijke vrijheid ter verantwoording roepen in een regelrechte tegenspraak. Door hem verantwoordelijk te stellen, beschouwen wij hem als iemand die ook anders had kunnen doen, en omdat we aannemen dat zijn vrijheid van voorwaarden afhangt, moeten we tegelijkertijd toegeven dat hij juist níet anders had kunnen doen. Als we zouden vasthouden aan het idee dat voorwaardelijke vrijheid de enige vrijheid is, zouden we de praktijk van het verantwoordelijk stellen moeten opgeven, niet alleen om redenen van eerlijkheid, maar ook om redenen van coherent denken. Met het begrip verantwoordelijkheid zouden ook alle daarmee verbonden begrippen hun houvast verliezen: begrippen als verplichting, voorschrift, eisen stellen en het hele idee van behoren. Dat ze hun houvast zouden verliezen, zou niet hoeven te betekenen dat wij ze helemaal uit ons begripsrepertoire zouden verwijderen. Wat mensen doen, zouden we nog altijd vanuit een normatief perspectief kunnen beschouwen en in het licht van regels van behoorlijkheid als juist of verkeerd beschrijven. Zo zouden we de moord van Raskolnikov nog altijd als overtreding van de wet en als moreel verwerpelijk kunnen classificeren. We zouden de taal van recht en moraal niet hoeven te *vergeten*, en we zouden niet het vermogen verliezen die te *begrijpen*. Ook zouden we nog steeds kunnen proberen deze taal te gebruiken als middel om anderen en onszelf te beïnvloeden. Wat we nu echter níet meer zouden kunnen doen, is dit: de anderen *bestraffen* omdat ze niet doen wat ze behoren te doen. De praktijk van het sancties toepassen zou zijn zin verliezen. Want met de beïnvloeding door juridische en morele voorschriften is het niet anders gesteld dan met alle andere vormen van beïnvloeding. Of die lukt of niet, hangt af van de voorgeschiedenis van de betrokkene, en dus van de vele andere voorwaarden die zijn wil maken tot wat hij is. Raskolnikov bijvoorbeeld zal, als men hem het onwettige en immorele van zijn daad voorhoudt, schouderophalend zeggen: «Ik weet het, ik weet het, maar het is met mij nu eenmaal zo gelopen dat dat mij er niet van heeft afgehouden. Ook daar kan ik niets aan doen. Niemand kan zelf bepalen of hij al dan niet moreel denkt en handelt.»

Dat zouden allemaal afschuwelijke consequenties zijn, denkt u misschien. U zou graag iets steekhoudends tegen Raskolnikov kunnen inbrengen. Niet alleen omdat u hem graag achter slot en grendel zou hebben. Er is nog een dieperliggende reden: u wilt hem en vooral uzelf liever niet als een machteloos wezen hoeven zien, dat door de moraal of het gebrek daaraan getroffen wordt als door een griep. U zou uzelf graag zien als een wezen dat het morele standpunt kan *innemen* en dat in vrijheid kan beslissen voor of tegen de eisen die dit stelt. Met andere woorden, u zou uzelf graag als persoon zien. Dat kunt u ook. Maar het heeft zijn prijs, zegt dit argument: u moet geloven in de onvoorwaardelijke vrijheid van de wil. Als u dat doet, bent u tegenover Raskolnikov in het voordeel, want nu kunt u tegen hem zeggen: «Het ogenblik voordat u de bijl ophief, kon u twee dingen willen: de bijl opheffen óf die niet opheffen. Niets van wat er voordien met u en in u was gebeurd, legt vast welke van de twee het zou zijn. U was vrij om het een of het ander te doen. En dus kón u de beslissing nemen te doen wat wet en moraal gebiedt, en de moord na te laten. En daarom, precies daarom, sluiten we u nu op.»

Nu kunnen we ook dit argument zijn definitieve vorm geven. Verantwoordelijk-zijn behoort tot het idee van het persoon-zijn. Maar dan behoort het ook tot dit idee dat personen een onvoorwaardelijk vrije wil hebben, want de louter voorwaardelijke vrijheid holt het idee van de verantwoordelijkheid uit. En vandaar: wanneer iemand zichzelf als persoon wil begrijpen, moet hij zijn wil als onvoorwaardelijk vrij beschouwen. Wij begrijpen onszelf als personen. Dus moeten wij onze wil als onvoorwaardelijk vrij beschouwen.

Morele gevoelens als onzinnige foltering

Het feit dat wij naar andere mensen kijken in het licht van voorschriften, eisen en verplichtingen, geeft vorm aan onze *betrek-*

kingen met hen. Betrekkingen tussen personen zijn zoals ze zijn krachtens de *verwachtingen* die de betrokkenen ten opzichte van elkaar hebben. Hoe ingewikkelder en veelsoortiger deze verwachtingen zijn, des te rijker en voller zijn de betrekkingen die de mensen ervaren. Als de verwachtingen steeds minder en steeds eenvoudiger worden, verarmt de betrekking; als je uit een betrekking alle verwachtingen wegdenkt, blijven uiteindelijk alleen nog de posities in de ruimte over die de personen ten opzichte van elkaar innemen.

We zullen dus bepaalde verwachtingen van iemand hebben wanneer we hem – zijn willen en doen – vanuit het morele standpunt beschouwen. We zullen niet slechts afwachten wat hij doet, maar van hem verwachten dat hij iets bepaalds doet, namelijk datgene wat hij *behoort* te doen. Zulke verwachtingen zijn niet slechts gedachteconstructies; ze zijn nauw verbonden met bepaalde gevoelens. Dat blijkt wanneer we in onze verwachtingen worden teleurgesteld, zoals bij Raskolnikov, die onze morele verwachtingen beschaamt. We verwijten hem de moord niet slechts in die zin dat we deze in het licht van morele regels veroordelen. We voelen boosheid, verontwaardiging over en afschuw van zijn daad. Of laten we teruggaan naar de ontmoeting tussen onze emigrant en zijn vriend op het perron. De vriend had van de emigrant verwacht dat hij zou blijven en de zaak van het verzet zou dienen. Toen hij in deze verwachting werd teleurgesteld, was hij niet slechts geërgerd in de zin waarin men geërgerd is wanneer een trein vertraging heeft. Hij nam het de emigrant kwalijk dat die zijn land en zijn vechtende kameraden in de steek liet. Wat hij voelde was wrok.

Morele verwachtingen hebben we niet alleen jegens anderen, maar ook jegens onszelf, en ook deze verwachtingen zijn met karakteristieke gevoelens verbonden als ze worden beschaamd. We worden door berouw, schaamte en een slecht geweten geplaagd wanneer we iets gewild en gedaan hebben wat naar onze mening niet in orde was. We nemen onszelf deze daad kwalijk en maken onszelf verwijten.

Morele verwachtingen treden niet alleen op wanneer we in onze verwachtingen worden teleurgesteld. Ook wanneer ze door de ander of door onszelf vervuld worden, reageren we met karakteristieke gevoelens. Als we lezen dat Raskolnikov zichzelf uiteindelijk aangeeft, verandert ons gevoel jegens hem, ook wanneer we dat nieuwe gevoel moeilijk kunnen benoemen. Voor iemand die zichzelf in weerwil van zijn eigen wensen tot een morele handeling weet te brengen, voelen we een bijzonder respect, een bijzonder soort hoogachting en misschien zelfs bewondering. En als wijzelf die persoon zijn, voelen we trots.

Wat we voelen is niet onafhankelijk van wat we geloven. Zo is het ook bij morele gevoelens. Wanneer wij zulke gevoelens koesteren tegenover anderen en onszelf, berust dat op een bepaalde vooronderstelling. Het is – en dat zal niemand verrassen – dezelfde vooronderstelling waar we van uitgaan als we verantwoordelijkheid toeschrijven: dat de betrokkene in vrijheid handelde, in die zin dat hij de morele regels kende, de keus had en de beslissing nam tot zijn daad. Ook deze samenhang wordt duidelijker door een terugblik op vormen van onvrijheid.

We keren terug naar de hoofdstraat waar u, het schoolvoorbeeld van een windvaan, gewoon maar uw gang gaat, uzelf vergetend, zonder het tegendeel te kennen, meegesleept door alles wat op uw weg komt. Ook nu weer slaan wij, mijn vriendin Vera en ik, u gade, gefascineerd door zoveel gebrek aan distantie. Eerder had ik mij opgewonden over de onbeschaamde manier waarop u de bedelaar stond aan te gapen, en ik vond het wel het toppunt dat u het geld weer uit de hoed haalde. «Wind je niet op,» had Vera gezegd, «hij kan niet anders.» Nu ziet u een eind verder op de hoofdstraat een hond. Met kracht trapt u hem op de staart. Hij begint luid te janken. U houdt uw voet op de staart, het janken gaat door merg en been. Verontwaardigd blijven de mensen staan, en iemand trekt u ten slotte van de hond weg.

«Wat een monster!» zeg ik woedend.

«Ergens wel,» zegt Vera, «maar denk eraan: hij kan er niets aan doen, het gebeurt hem gewoon.»

«Maar dat kun je toch niet toestaan?» zeg ik, nog altijd kokend van woede.

«Natuurlijk niet,» zegt Vera, «je moet hem beletten zulke dingen te doen. Maar je zou niet verontwaardigd moeten zijn.»

«Waarom niet?» vraag ik koppig.

«Omdat hij niet weet dat je bepaalde dingen niet mág doen.»

«Je bedoelt dat hij dat woord niet kent?»

«Hij zal het wel kennen, hij heeft het ongetwijfeld vaak gehoord, zoals wij allemaal; maar het idee erachter begrijpt hij niet, omdat iedere kritische afstand tot zichzelf hem ontbreekt.»

«Maar iemand moet hem toch hebben opgevoed!»

«Ze zullen het wel geprobeerd hebben,» zegt Vera, «maar het was hopeloos.»

«En als hij straf kreeg?»

«Nou ja, het zal hem pijn gedaan hebben. Maar hij kon het niet als straf begrijpen, hij had eenvoudig de indruk dat de anderen hem zonder reden kwaad deden, meer niet.»

«Je bedoelt dus dat ik hem niet kwalijk moet nemen dat hij de hond pijn deed? Zoals je het een vulkaan niet kwalijk kunt nemen dat hij tot uitbarsting komt?»

«Precies. En kijk me niet aan alsof ik een monster ben. Ik kan het ook niet, hoor. Maar het is de enige houding die juist is.»

Een windvaan kun je niets kwalijk nemen, al is het ook nog zo'n verschrikkelijke, weerzinwekkende daad. We zijn zoals we zijn, en zullen dus niet kunnen verhinderen dat we ook jegens hem boosheid, verontwaardiging en afschuw voelen. Maar wanneer we voor ogen houden dat de windvaan geen beslissingsvrijheid bezit en niet eens weet wat dat zou kunnen zijn, zullen we inzien dat we met zulke gevoelens een fout begaan: we vooronderstellen iets wat niet klopt. Als we dat eenmaal inzien, zullen we de windvaan niet gewoon laten lopen, en natuurlijk zullen we datgene wat hij gedaan heeft in het vervolg niet goedkeuren, laat staan aangenaam vinden. We zullen hem opsluiten of op een andere manier beletten zulke dingen te doen. Maar we zullen proberen verder geen wrok tegen hem te koesteren.

Als u hoort dat iemand u iets heeft aangedaan omdat hem dat onder hypnose was opgedragen, zou uw aanvankelijke wrok verbleken. De wrok zou kunnen veranderen in medelijden – medelijden met een slachtoffer. Eender zou het u vergaan als u zou horen dat de daad uit afhankelijkheid en blinde volgzaamheid was begaan. Het zou nu langer duren voor uw gevoel veranderde, want deze onvrijheid is moeilijker te ontdekken. Ook zou u de dader aanvankelijk verwijten dat hij zich niet voldoende had ingespannen om zijn onvrijheid af te schudden. Als u echter eenmaal inzag dat hij dat gewoon niet kón, zou ook hier de wrok plaatsmaken voor een gevoel zoals we dat koesteren jegens een slachtoffer. Nog langer zou het duren bij een meeloper met andermans gedachten, want het is moeilijk een onopvallende hersenspoeling te onderkennen en iemand gedachten niet kwalijk te nemen die hem op geen enkele zichtbare manier zijn opgedrongen. Het valt gemakkelijker uw houding te veranderen wanneer de wil achter de daad herkenbaar is als dwangmatig en dus star en hardleers. Aanvankelijk zal uw wrok overweldigend zijn wanneer uw echtgenoot in het casino zijn hele hebben en houden heeft verspeeld. Maar als u later duidelijk wordt hoezeer hij eronder lijdt dat hij de machteloze speelbal van een vreemde wil is, zult u hem als een zieke beginnen te zien, en dan zal de wrok ook hier in medelijden veranderen. De houding jegens een onbeheerst iemand zou wel moeilijk blijven. Dat het in een aanval van drift gebeurde dat iemand u kreupel geslagen heeft, zou de wrok nooit helemaal kunnen verzachten. U zou het de betrokkene verwijten dat hij zichzelf niet beter onder controle had. Toch zou uw gevoel anders zijn dan tegenover iemand die u bij zijn volle verstand en uit boosaardigheid had aangevallen. Gemakkelijker is het voor het gevoel, ten slotte, wanneer de daad onder dwang van buitenaf, dus vanuit een afgedwongen wil, is gepleegd. Ook al is het een ramp dat uw man al het spaargeld te voorschijn haalde toen men hem het pistool voorhield, u zult het hem niet verwijten. Het is veel minder een probleem dan wanneer hij het spaargeld aan de roulettetafel zou hebben verspeeld.

Iedere inperking van de vrijheid die we bij de ander onderkennen, heeft gevolgen voor ons morele gevoel. Dat bevestigt – zoals eerder bij de verantwoordelijkheid – dat de kern van dit gevoel te maken heeft met de vraag of de dader in vrijheid handelde: of hij de regels kende, de keus had en de beslissing nam tot zijn daad. Wankelt de vooronderstelling dat iemand in vrijheid handelde, dan brokkelen ook boosheid, verontwaardiging en wrok af. Ze maken plaats voor een houding van waaruit wij de anderen niet meer als schuldigen zien, maar als mensen aan wie met het verlies van hun vrijheid iets verschrikkelijks is overkomen. Voor ons zijn het nu invaliden, met wie je medelijden moet hebben in plaats van hen te vervloeken. Maar deze verandering in onze houding tegenover u heeft een prijs: wij nemen u in zekere zin nu niet meer serieus. Niet in de zin dat we u niet meer met respect zouden behandelen. Integendeel, er is een soort achting en respect dat men alleen mensen toedraagt die wat hun vrijheid betreft gehandicapt zijn, al is het maar dat een afperser hen tot zijn slaaf heeft gemaakt. Maar de hele omgang met hen is anders dan bij vrije mensen. Doordat we hen niet meer eisend en oordelend tegemoet treden, bewaren we een afstand tegenover hen die de normale wisselwerking van gevoelens tussen vrije mensen onmogelijk maakt. We kunnen hen nog altijd met afwijzing of genegenheid tegemoet treden, we kunnen bang voor hen zijn of blij zijn hen te zien; maar deze gevoelens hebben nu een andere kleuring dan tegenover vrije mensen, want er ontbreekt iets: de wederkerigheid en symmetrie van verwachtingen, zoals die bij de ontmoeting tussen vrije personen bestaat.

Zoals Raskolnikov zich er eerder tegen verzette dat we hem ter verantwoording riepen, zo zal hij zich er nu tegen verzetten dat we hem verontwaardiging en morele afschuw toedragen. En hij zal bij zijn verzet precies hetzelfde argument gebruiken: hij had niet de vrijheid te overwegen zoals hij overwoog, te willen wat hij wilde en te doen wat hij deed, want alles had een voorgeschiedenis van voorwaarden waarover hij niet de minste macht had. Dat hij beslissingsvrijheid had, zal hij zeggen, maakt op de keper beschouwd geen verschil, aangezien het toch slechts om voorwaardelijke vrijheid gaat en dus om iets wat op zijn beurt weer onderworpen is aan voorwaarden waar hij niets over te zeggen had. Waarom dan die verontwaardiging? Het is niet eerlijk en niet redelijk, zal hij zeggen, hem zulke gevoelens toe te dragen. Dan gaat hij over tot de tegenaanval. «Denk toch ook aan jullie zelf!» zal hij zeggen. «Hoeveel onnodig zelfverwijt maken jullie je niet doordat jullie er zo op staan het juiste leven te leiden! Hoeveel onredelijke spijt brengt dat niet met zich mee, en hoeveel onnodig slecht geweten! Het is bij jullie immers niet anders dan bij mij. Ook jullie kunnen niets doen aan je overwegingen, je wil en je daden. Dus waarom kwellen jullie jezelf zo? Wat is dat voor een onzinnige foltering! Merken jullie dan niet wat voor kerker die veelgeprezen morele gevoelens zijn? Waarom breken jullie de muren van deze kerker niet af om de vrijheid te bereiken? Dat is toch helemaal niet moeilijk? Jullie hoeven alleen maar eens na te denken, nauwkeurig na te denken over wat het betekent dat alles, werkelijk alles *van voorwaarden afhangt*!»

Laten we dat maar eens doen. Stel u bent 's nachts aangeschoten achter het stuur gaan zitten en hebt op een verlaten stuk weg door het bos een kind aangereden. U kwam een bocht door en daar stond het plotseling, midden op de weg. De doffe klap was verschrikkelijk, uw leven lang zult u die niet vergeten, net zomin als het kleine lichaam dat weggeslingerd werd. U remde met gierende banden, het was een reflex. Maar u stapte niet uit. Plotseling nuchter en klaarwakker zag u zichzelf al in de gevangenis. U reed verder, urenlang, u kon nu niet zonder het gevoel van beweging. De volgende dag leest u in de krant dat het kind nog leefde toen het werd gevonden. Het zou nog in leven kunnen zijn als u erbij was gebleven en een ziekenauto had geroepen. Het schuldgevoel is overweldigend, wekenlang bent u als verlamd, en uiteindelijk wordt u ziek. Wanhopig zoekt u naar een gedachte die verlichting zou kunnen geven. Ik drink toch anders nooit, zegt u tegen uzelf, maar dat zou op die avond een vreemde indruk hebben gemaakt toen de chef het ene rondje na het andere gaf. Je kon toch niet van me verwachten dat ik me als geheelonthouder te kijk zou zetten? En dat ik te snel reed... Ach, ik wilde gauw naar huis, de volgende dag zou het druk worden. Goedbeschouwd dus allemaal begrijpelijk en te verontschuldigen. En dat ik er niet bij ben gebleven – de voorstelling dat ik de gevangenis in zou moeten overviel me met zoveel kracht dat ik werkelijk nog maar één ding kon doen: vluchten. Natuurlijk wist ik dat ik me om het kind had moeten bekommeren. Maar deze gedachte kon gewoon niet op tegen de voorstelling van de gevangenis. Mijn wens om te vluchten was oppermachtig, *ik kon niet verhinderen* dat die zich liet gelden. Dus waarom zou ik mezelf verwijten maken, waarom schuld en berouw voelen, als ik toch helemaal niets anders kon doen? Een ander had het in mijn plaats misschien wel gekund, zijn geweten had de angst misschien kunnen overwinnen. Maar dat gaat mij niet aan. Ik, deze *bepaalde* persoon op dit *bepaalde* moment, ik kon niet anders, en daarom valt eigenlijk niet goed te begrijpen waarom ik mezelf zo pijnig.

Is dat louter een laffe manier om uzelf gerust te stellen, of is het een inzicht dat u had moeten bevrijden toen u zich niet door archaïsche of misschien alleen maar conventionele gevoelens liet overspoelen, maar op de rede vertrouwde? Raskolnikov zou voor het tweede pleiten. En hij zou ons de emigrant in herinnering brengen, die eveneens vlucht, omdat hij het innerlijke beeld van de veewagon niet kan verdragen waarin zijn vrouw en kinderen opeengepakt zouden worden om hen naar het kamp te vervoeren. Tweemaal een oppermachtig innerlijk beeld, tweemaal de vlucht. Maar we reageren met verschillende gevoelens, en het verschil zou niet groter kunnen zijn. Waarom eigenlijk? Goed, de emigrant bracht niemand schade toe; integendeel, hij redde levens, terwijl u een kind liet sterven. De *gevolgen* zijn dus duidelijk verschillend. Ook de *motieven* verschillen: u wilde een dreigende straf ontlopen, de emigrant wilde zijn gezin en zichzelf redden. Er is dus geen enkele twijfel mogelijk dat de beide gevallen moreel beschouwd hemelsbreed van elkaar verschillen. Maar dat is, zou Raskolnikov zeggen, een oppervlakkige beschouwingswijze. Voor wie dieper kijkt, lijken ze op elkaar als twee druppels water. Noch u, noch de emigrant *kon er iets aan doen* dat de zaken in uw psyche gingen zoals ze gingen. U kon er niets aan doen dat u zelfzuchtig dacht en handelde, en de emigrant kon al net zomin iets doen aan zijn edele motieven. Als je maar consequent en eerlijk genoeg denkt, volgt dat uit het feit dat de vrijheid die u en de emigrant bezitten, slechts een voorwaardelijke vrijheid is. Dus waarom zou u met uzelf overhoopliggen?

Het zou vreemd zijn in een gemeenschap te leven die zich van alle morele gevoelens had ontdaan. Een hardvochtige gemeenschap zou het niet hoeven te zijn. Dat geluk beter is dan leed zou ook hier kunnen gelden. Ook zou er onderscheid worden gemaakt tussen moreel goede en slechte handelingen, en zou er een poging worden gedaan tot morele opvoeding in de eenvoudige zin van het beïnvloeden van gedrag, met als doel het leven in deze gemeenschap over het geheel aangenaam te maken. Voor de rest zou er echter een uitgesproken koele sfeer heersen. Wij, de leden van deze gemeenschap, zouden elkaar zeer afstandelijk bejegenen. We zouden elkaar niets kwalijk nemen, maar elkaar ook geen bijzondere waardering laten blijken voor moreel opmerkelijke daden. Het is zoals het is, zou ons parool zijn; mensen kunnen alleen wat ze kunnen. Lof en bewondering zouden onbekend zijn, want het zou ons te allen tijde duidelijk voor ogen staan dat niemand anders kán, of hij zich nu goed of slecht gedraagt. Als we iemand tegenkwamen die ons hielp, zouden we blij zijn met die hulp, maar geen reden zien voor een gevoel van dankbaarheid. Misdadigers en morele monsters zouden we proberen te ontwijken als waren het meteorieten en wervelstormen. En als we er toch slachtoffer van zouden worden, zouden onze gevoelens niet anders zijn dan wanneer een lawine ons verraste. Gebroken beloften, misbruik van vertrouwen, leugen en bedrog – dat alles zouden we met stoïcijnse gelijkmoedigheid op de koop toe nemen, net als het weer. En ook tegenover onszelf zouden wij een spookachtige koelheid aan den dag leggen. Niet dat we geen geweten zouden hebben in de zin dat we geen dingen zouden doen omdat we die tot onze plicht rekenden, en geen dingen zouden nalaten omdat we die als verboden beschouwden. We zouden best uitermate plichtbewust, ja moreel scrupuleus kunnen zijn. Maar gewetenswroeging, berouw en schaamte over vroegere handelingen zouden we niet kennen. Het was zoals het was, zouden we onszelf voorhouden. Het zou ons misschien spijten in die zin dat we zouden wensen anders te hebben gehandeld, maar we zouden niet op het idee komen erom te treuren. En om dezelfde reden zou iedere vorm van morele zelfvoldaanheid ons volkomen vreemd zijn.

Is het wel *mogelijk* op deze wijze van morele gevoelens af te zien, vraagt u zich misschien af. Dat is niet de juiste vraag, zou Raskolnikov zeggen. Diepgeworteld onvermogen bestaat nu eenmaal, zoals er ook onuitroeibare vergissingen zijn. De juiste vraag is: *behoort* er een eind te komen aan de morele gevoeligheid? Zou dat *juist* zijn – juist in de zin van inzicht en consistent denken? En als u vindt van niet, waar is dan uw argument? Ik heb het nu niet paraat, zult u misschien denken, maar het móét er zijn. Want het maakt ons als personen toch wel iets uit dat wij in onze verwachtingen en gevoelens zo met elkaar verweven zijn als uit de morele gevoelens valt af te lezen. Daarom is het karakteristiek voor personen dat ze nauw bij elkaar betrokken zijn, al is het ook alleen maar de betrokkenheid van de verontwaardiging. Zonder het vermogen tot deze betrokkenheid zouden we ophouden personen te zijn en zombies worden, zij het zombies die in andere opzichten gevoelig zouden blijven. Zo staan de zaken, luidt de gedachtegang die we nu volgen, en precies daarom moet u in de onvoorwaardelijk vrije wil geloven. Dan krijgen de morele gevoelens namelijk in één klap weer zin, en kunt u tegen Raskolnikov zeggen: «Juist omdat u, deze bepaalde persoon op dit bepaalde moment, de moord ook had kunnen *nalaten*, zijn wij verontwaardigd over uw daad. En daarom, precies daarom, zult u er tot het eind van uw leven berouw over moeten voelen.»

Het argument luidt dus als volgt. Het behoort tot het idee van het persoon-zijn dat iemand morele gevoelens kan hebben. Maar dan behoort het ook tot dit idee dat personen een onvoorwaardelijk vrije wil hebben, want de louter voorwaardelijke vrijheid slaat de bodem onder de morele gevoelens weg. En vandaar: als iemand zichzelf als persoon wil begrijpen, moet hij zijn wil als onvoorwaardelijk vrij beschouwen. Wij begrijpen onszelf als personen. Dus moeten wij onze wil als onvoorwaardelijk vrij beschouwen.

Gewoonweg willen – gewoonweg doen

De overwegingen die we tot nu toe besproken hebben, proberen te bewijzen dat wij er door ons begrip van onszelf als personen toe gedwongen worden te geloven in een vrijheid van de wil in onvoorwaardelijke zin. In zoverre wij personen zijn, hebben wij het vermogen zonder voorwaarden vooraf iets nieuws in gang te zetten. De vrije wil, die ons in beweging brengt, wordt op zijn beurt door niets bewogen en is dus een onbewogen beweger. Deze gedachte kun je ook nog op een andere manier proberen te onderbouwen. Je kunt wijzen op vertrouwde aspecten van onze intuïtieve vrijheidservaring, en vervolgens zeggen: u ziet het, het is niet alleen nodig dat we in de onvoorwaardelijk vrije wil *geloven*, we *ervaren* die ook!

Als Raskolnikov uithaalt voor de slag met de bijl, is zijn beweging voor zijn eigen gevoel niet het eindpunt van een keten van innerlijke episodes die de voorwaarden zijn voor deze beweging. Hij heeft niet de indruk met zijn beweging een lang tevoren in gang gezette opeenvolging van episodes af te sluiten. Daarom heeft hij ook niet de indruk dat deze beweging slechts een volgende episode onder andere is. Hij beleeft die als een handeling waarvan hij de actor is, en om die reden beleeft hij die ook als iets *nieuws* – als iets wat niet slechts de lijn doortrekt van een proces dat toch al aan de gang was. Hij, en hij alleen, beslist of dit nieuwe zal optreden of niet. Hij voelt geen lawine van voorwaarden achter zich, die hem noodzaakt uit te halen voor de slag.

Als hij de bijl opheft, heeft hij het gevoel dat *spontaan* te doen, en bij deze spontaniteit hoort ook het gevoel dat hij het evengoed zou kunnen laten.

Volledig juist is deze beschrijving nog niet. Er is een afhankelijkheid van voorwaarden die Raskolnikov heel goed voelt: het feit dat zijn beweging afhangt van zijn wil. Hij heeft de indruk dat hij de bijl opheft omdat en alleen *omdat* hij dit wil. Vanuit die vooronderstelling beleeft hij de beweging als een handelen. De beleving dat zijn beweging spontaan en iets nieuws is, is dus eigenlijk de beleving dat hij handelt vanuit een spontane wil, die het begin van iets nieuws betekent.

De gevoelde spontaniteit van het willen en handelen is één belangrijke bron voor de gedachte dat vrijheid in de zin van onvoorwaardelijkheid niet slechts een abstract postulaat is, maar iets wat wij ervaren en wat de status van een intuïtieve zekerheid bezit. De gedachte kan verder worden uitgewerkt als we bedenken dat Raskolnikov daar niet plotseling en geheel toevallig met de bijl tegenover de pandhoudster staat; integendeel, dat hij daar staat en kan uithalen voor de slag omdat hij eerst een bepaalde afweging heeft gemaakt. Er zijn bepaalde redenen of motieven die hem zover hebben gebracht. Hoe is dat verenigbaar met de spontaniteit van zijn wil en zijn daad? Raskolnikov is immers niet gewoon *vergeten* waarom hij daar nu staat, zou je toch zeggen, en hij heeft ook niet het gevoel dat zijn daad níéts met zijn motieven te maken heeft. Algemeen gezegd: wij beleven onze overwegingen en onze redenen toch niet als iets wat helemaal geen bindende kracht heeft? Maar hoe verhoudt deze bindende kracht zich dan tot de spontaniteit? Het antwoord zoals je dat in het kader van de huidige gedachtegang zou moeten geven, is als volgt. Het overwegen is de activiteit waardoor we uit een grote hoeveelheid mogelijkheden voor ons willen en handelen er enkele uitkiezen die uiteindelijk voor een beslissing in aanmerking komen. Het overwegen haalt dus zeker wel iets uit: het bereidt een overzichtelijke keuze voor, en verhindert dat het volkomen willekeurig is wat wij willen en doen. Niettemin is er uiteindelijk een laatste speelruimte, waarbinnen onze vrijheid zich manifesteert in de vorm van spontaniteit. Deze laatste speelruimte is beslissend voor de vrijheid, want deze garandeert *dat wij zelfs niet door onze redenen en motieven worden gedwongen iets te doen.* Raskolnikovs motieven hebben hem in de woning van de oude vrouw gebracht en hebben zo een heel bepaalde, begrensde keuze voorbereid: toeslaan dan wel iets anders ondernemen tegen de oude vrouw, of omkeren en weggaan. De rest was zuivere, ongebonden, onvoorwaardelijke spontaniteit. Toen hij uiteindelijk toesloeg, wilde en deed hij dat zonder ergens aan gebonden te zijn – *hij deed het gewoonweg.*

Denk even terug aan een eerder besproken argument, namelijk dat het een verlies van vrijheid zou betekenen als onze overwegingen onze wil ondubbelzinnig en onveranderlijk zouden vastleggen. De huidige gedachtegang komt op dit punt terug, en zegt: zo ís het toch ook niet, en we erváren dat het niet zo is. In overeenstemming hiermee worden de voorbeelden nu opnieuw beschreven. Onze emigrant, zo namen we tot nu toe aan, zag de veewagon met vrouw en kinderen voor zich, en bij latere navraag gaf hij aan dat hij onder de indruk van deze voorstelling niets anders had kunnen doen dan vluchten. Maar dan, aldus onze gedachtegang, was zijn ervaring niet de ervaring van vrijheid. Was ze dat wel geweest, dan was er tot het einde toe een ervaarbare speelruimte voor hem geweest, en zijn vrijheid had erin bestaan dat hij binnen deze speelruimte een spontane handeling verrichtte. Hij zou ten slotte al het overwegen en voorstellen achter zich hebben gelaten, zich hebben vermand en zijn ingestapt – *of ook niet.* Is dát niet precies wat de vrijheidsbeleving uitmaakt?

Laten we ook nog eens de situatie bekijken waarin u zich als op de vlucht geslagen automobilist bevindt. U hebt zojuist geremd en staat met draaiende motor op het verlaten stuk weg door het bos, het aangereden kind achter u. In het oorspronkelijke verhaal wordt u overvallen door de voorstelling van de gevangenis; die voorstelling is oppermachtig en brengt u onmiddellijk weer in beweging. Als het u zo vergaat, aldus onze gedachtegang, ervaart u zichzelf niet als iemand die vrij is in zijn willen en doen. De vrijheidservaring zou heel anders zijn: u zou uw wens om niet in de gevangenis terecht te komen afwegen tegen het klaarblijkelijke morele gebod, en uiteindelijk zou u, zonder u door de ene dan wel de andere overweging gebonden en onder druk gezet te voelen, spontaan het ene óf het andere doen. In de nacht lukt deze ervaring u niet; daarvoor is de angst te groot. Laten we daarom aannemen dat u de volgende dag naar het politiebureau rijdt. U blijft achter het stuur zitten en denkt nog een laatste keer na over het voor en tegen. Uw hoofd is nu helder en de angst is niet meer zo oncontroleerbaar als de afgelopen nacht. Op een gegeven moment merkt u dat uw gedachten in een kringetje ronddraaien. U schuift ze allemaal van u af, vermant zich en gaat het bureau binnen. Of u rijdt terug. En volgens deze gedachte is dit nu precies uw vrijheidservaring: dat u na al het overwegen *nog steeds* beide dingen kunt doen.

Deze beschrijving van onze vrijheidsbeleving kan zich tot slot ook nog op een ander verschijnsel beroepen, dat ons allen bekend is: de opheffing en het verdwijnen van een onvrijheid in onze wil. We kunnen uit de ban van een hypnose ontwaken en tot onze eigenlijke wil terugkeren. We kunnen een afhankelijkheid afschudden en eindelijk doen wat wij zelf willen. We kunnen een hersenspoeling achter ons laten en zelfstandig beginnen te denken en willen. We kunnen een innerlijke dwang doorbreken en nu vanuit een wil handelen die ons niet meer vreemd is. En we kunnen erin slagen ons van een afgedwongen wil te bevrijden. In al deze gevallen, zou je kunnen zeggen, vervliegt een ervaring dat je afhankelijk bent van voorwaarden, en maakt plaats voor de ervaring van een spontaan willen. Terwijl we voordien steeds de indruk hadden dat de wil ergens van *afhing* en door deze afhankelijkheid in zijn vrijheid werd beknot, blijkt de herwonnen vrijheid uit het feit dat we nu zonder afhankelijkheid te voelen en zonder een beperking te ervaren iets helemaal spontaan kunnen willen: gewoon zomaar. De vrij geworden speler bijvoorbeeld kan nu, in plaats van het casino in te moeten, duizend andere dingen willen, en zo is het ook met de bankbediende op vakantie, waar niemand hem een wil opdringt. Dat zijn – wie zou het willen bestrijden? – *bevrijdende* ervaringen. En zijn het geen overtuigende aanwijzingen, of zelfs bewijzen, voor de stelling dat een onvoorwaardelijk vrije wil tot onze ervaringswereld behoort?

Het innerlijke vluchtpunt

Er is nog een andere bron voor de gedachte dat we het idee van de onvoorwaardelijk vrije wil direct aan de ervaring kunnen aflezen. Die bron is het vermogen van personen om een innerlijke afstand tot zichzelf – tot hun eigen gedachten en wensen – tot stand te brengen. Ik heb het over deze afstand gehad toen de voorwaardelijke beslissingsvrijheid aan de orde was, en we hebben gezien dat ook veel ervaringen van onvrijheid deze afstand vooronderstellen. Maar in dit vermogen om een stap terug te zetten en van daaruit naar jezelf te kijken, kun je ook nog iets anders zien: de mogelijkheid jezelf van iedere innerlijke afhankelijkheid van voorwaarden te bevrijden en een nieuw begin te maken met je willen en handelen.

In plaats van me gewoon over te geven aan mijn wensen, kan ik stilhouden en erover nadenken. Ik kan ze evalueren en me afvragen of het me wel bevalt dat ze mijn handelen bepalen. Op het moment dat ik dat doe, heb ik de indruk mij aan hun dictaat te onttrekken. Ik zal beginnen met me te distantiëren van *afzonderlijke* wensen en zo de onmiddellijkheid van hun werking onderbreken. Dat kan bij íédere wens; er zijn geen wensen die van nature een kritische afstand zouden beletten. En zo ondervind ik ten slotte dat ik bij álle wensen een stapje terug kan doen, en dát – aldus deze nieuwe gedachte – is de ervaring van onvoorwaardelijke vrijheid. Die bestaat niet slechts ten opzichte van mijn wensen. Ik kan mij ook van mijn overwegingen distantiëren, eerst van enkele afzonderlijk, ten slotte van allemaal. En zo ondervind ik uiteindelijk dat ik aan *geen enkel* innerlijk proces onderworpen ben en dat mijn motieven geen innerlijk juk vormen waaraan ik niet zou kunnen ontsnappen. Als ik de emigrant ben die op het station op de trein wacht, dan ben ik vrij in de pregnante zin dat ik mij, als ik dat wil, boven het totaal van mijn motieven kan verheffen en vanuit een onvoorwaardelijke vrijheid kan kiezen welke van de tegenstrijdige motieven ik uiteindelijk zal volgen. Ik heb niet alleen, zoals bij de voorwaardelijke vrijheid, macht over mijn wil in die zin dat ik al overwegend die wil vormgeef. Ik heb bovendien nog de macht mij aan dit beslissingsproces over te geven of te onttrekken. Het is deze macht die de ware vrijheid uitmaakt, en hij openbaart zich in de ervaring van de innerlijke afstand tot alles wat er in mij gebeurt.

Omdat er vrijheid bestaat in de zin van dit innerlijke vluchtpunt, hoeven wij niet de gevangenen van ons verleden te blijven. We hoeven ons niet neer te laten drukken door de last van ons vroegere willen en handelen, en we hoeven ons karakter zoals het tot nu toe was, niet te accepteren als iets onveranderlijks dat ons grenzen stelt die nooit meer te verleggen zijn. Het zou verschrikkelijk zijn als het anders was, en het verschrikkelijke zou bestaan in het besef geen vrijheid te bezitten die die naam echt verdient. Maar we hébben dit vermogen ons van onszelf te distantiëren, en juist dit vermogen geeft aan onze toekomst echte openheid, en maakt het heden tot een dimensie waarin we, als we dat willen, een nieuw begin kunnen maken. Het zou dwaas zijn dit vermogen te ontkennen, en wie de reikwijdte ervan tot de voorwaardelijke vrijheid beperkt, zoals ik tot nu toe heb gedaan, kan worden beschuldigd van blindheid voor dit verschijnsel.

Wat nu?

Aan het begin van dit hoofdstuk, toen ik het idee van de onvoorwaardelijk vrije wil invoerde, wees ik erop dat het moeilijk is hierover iets te weten te komen wat boven negatieve bevindingen en boven de metafoor van de onbewogen beweger uitgaat. Onze hoop was toen tot een beter inzicht te komen door het naspeuren van de overwegingen die tot dit idee hebben geleid. Het resultaat is merkwaardig. Enerzijds is wel duidelijk geworden dat dit idee niet zomaar uit een filosofische bevlieging voortkomt. Er liggen sterke en naar het schijnt onbedorven intuïties aan ten grondslag, die zich in de vorm laten gieten van heldere argumenten. Anderzijds wordt ook door deze veelsoortige argumenten niet echt duidelijk wat dat zou moeten zijn: een wil die in het verloop der dingen kan ingrijpen, zonder er zelf aan onderworpen te zijn. Om een stap vooruit te komen, moeten we ons in dit stadium van het verhaal twee vragen stellen. Ten eerste: hoe zou het zijn om een onvoorwaardelijk vrije wil te hebben? Zou dat werkelijk een ervaring van vrijheid zijn? En ten tweede: is het idee consistent, is het dus een idee met inhoud? Of is het slechts een hersenschim, een retorische fata morgana, die in het niets verdwijnt als je maar dicht genoeg in de buurt komt?

7. Onvoorwaardelijke vrijheid: een fata morgana

De losgekoppelde wil: een nachtmerrie

Stel dat u een onvoorwaardelijk vrije wil zou hebben. Het zou een wil zijn die nergens van afhing: een volledig losgekoppelde, van alle oorzakelijke betrekkingen vrije wil. Zo'n wil zou een onzinnige, onbegrijpelijke wil zijn. Die loskoppeling zou namelijk betekenen dat deze wil onafhankelijk was van uw lichaam, uw karakter, uw gedachten en gevoelens, uw fantasieën en herinneringen. Het zou, met andere woorden, een wil zijn zonder verband met alles wat u tot een bepaalde persoon maakt. In een belangrijke zin van het woord zou het daarom helemaal niet úw wil zijn. In plaats van tot uitdrukking te brengen wat ú – dit bepaalde individu – vanuit de logica van uw levensgeschiedenis wilt, zou deze wil, komend vanuit een causaal vacuüm, u gewoon overvallen, en u zou hem ervaren als een volledig vervreemde wil, die mijlenver verwijderd was van de ervaring van het actorschap – terwijl hij toch was ingevoerd om die ervaring te redden.

Dat is het resultaat dat we zullen bereiken wanneer we het idee van de onvoorwaardelijkheid letterlijk nemen en vervolgens toepassen op de vele facetten die een wil gewoonlijk heeft. Laten we beginnen met de invloed die het overwegen, volgens het verhaal tot nu toe, op de wil uitoefent. Deze invloed komt neer op een voorwaardelijkheid, en daarom zouden wij op een onvoorwaardelijk vrije wil deze invloed niet kunnen uitoefenen. Dat betekent niets minder dan dat *het verschijnsel van het beslissen niet zou kunnen bestaan*. En dat betekent: de veeleisende vrijheid in de zin van onvoorwaardelijkheid zou ons de bescheiden vrijheid van beslissing ontnemen, want we kunnen niet *allebei* hebben: de beïnvloedbaarheid en de onbeïnvloedbaarheid van de wil. We zouden wel over de middelen voor het verwerkelijken van onze wil kunnen nadenken, en we zouden erover kunnen nadenken wat onze substantiële wil moet zijn; maar al dit nadenken zou voor de wilsvorming helemaal niets uithalen. Een onvoorwaardelijke wil is zoals hij is, je kunt die niet sturen. Als we zo'n wil zouden bezitten, zouden we over de richting ervan niet de minste zeggenschap en niet de minste controle hebben. Aangezien het de invloed van het overwegen op de wil is die ons, zoals we de zaak tot nu toe begrepen hebben, tot actor van het willen maakt, zouden we onszelf niet als actor van een onvoorwaardelijke wil kunnen ervaren. De verhouding tot zo'n wil kan niet anders dan volkomen passief zijn: we zouden die wil alleen kunnen beleven als iets wat ons *overkomt*. En hiermee zou nog een andere ervaring verbonden zijn. Aangezien deze wil aan de totaliteit van ons nadenken, overwegen en oordelen voorbij zou gaan, zou hij ons als volkomen *vreemd* voorkomen.

Deze consequentie is verrassend, want het betekent dat een onvoorwaardelijk vrije wil precies die kenmerken zou bezitten die volgens ons verhaal tot nu toe de *onvrijheid* van een wil uitmaken: onbeïnvloedbaarheid, gebrek aan actorschap, vreemdheid. En dat niet alleen: hij zou deze kenmerken niet slechts tijdelijk bezitten, maar voor altijd. Een onvrije wil in de tot nu toe gebruikte zin kan weer opnieuw beïnvloedbaar worden voor redenen, ik kan weer zijn actor worden en hij kan zijn vreemdheid voor mij verliezen. Een onder hypnose ingeplante of uit afhankelijkheid voortgekomen wil kun je afschudden en veranderen; een innerlijke dwang kun je verbreken; een uiterlijke dwang kan voorbijgaan. Zo komt er zeker telkens een einde aan de onvrijheid, en er kan juist een einde aan komen doordat deze onvrijheid berust op een afhankelijkheid van voorwaarden die te veranderen zijn. Bij de onvoorwaardelijke wil ligt dat anders. Die bezit de kenmerken van de onvrijheid niet doordat hij van de verkeerde voorwaarden afhangt, maar doordat hij van geen enkele voorwaarde afhangt. Dan is er echter ook geen punt waar je zou kunnen beginnen met van een verkeerde afhankelijkheid een juiste afhankelijkheid te maken. Een onvoorwaardelijke wil zou, als gevolg van zijn volkomen ongebondenheid, van begin af aan en voor altijd tot onvrijheid gedoemd zijn. De loskoppeling van alle voorwaarden, die op het eerste gezicht een vrijheid belooft die groter en echter is dan iedere voorwaardelijke vrijheid, ontpopt zich als een eigenschap die hem tot een onherroepelijk onvrije wil zou maken.

Deze onbeïnvloedbaarheid zou de onvoorwaardelijk vrije wil niet slechts tot een vreemd aandoende, maar ook tot een *dwaze* wil maken. Hij zou zich namelijk niet slechts aan de invloed van het overwegen onttrekken, maar ook aan de invloed van de *waarneming*. Afgesneden van alles wat hem zou kunnen beïnvloeden, zou hij zich niet kunnen laten bepalen door waarnemingen die hem over de wereld zouden informeren. Hij zou niet de mogelijkheid hebben zichzelf in een proces van leren en van het verzamelen en verwerken van ervaringen te veranderen. Het zou een werkelijkheidsvreemde wil zijn, gedoemd om te functioneren in een duisternis zonder enige informatie. Hardleers, blind en halsstarrig zou hij zijn bezitter zijn doelen dicteren, wat er ook van kwam.

Het irrationele van zo'n wil zou ook blijken uit het feit dat hij voor ons *onbegrijpelijk* zou moeten blijven. Een van voorwaarden afhankelijke wil kunnen we voor onszelf begrijpelijk maken door ons het netwerk van voorwaarden voor de geest te halen waarin hij is ingebed. Dat iemand een bepaald iets wil, wordt begrijpelijk voor ons wanneer we de voorgeschiedenis ervan kennen en op de voorwaarden kunnen wijzen die er verantwoordelijk voor zijn dat deze wil nu zo is en niet anders. Iemand wil nu dit, zeggen we, *omdat* hij dit en dat waarneemt, denkt, zich herinnert en voelt. Wat een onvoorwaardelijke wil onbegrijpelijk zou maken, is dat er in het geheel geen inlichtingen van deze vorm over te geven zouden zijn. Het onvoorwaardelijke van zijn vrijheid zou onverenigbaar zijn met iedere vorm van verklarend commentaar. Aangezien wij alles wat we in vrijheid wilden, *gewoon zomaar* zouden willen, zouden we iedere vraag naar een waarom geërgerd moeten afwijzen, want we zouden er alleen maar de onbeschaamde insinuatie in kunnen zien dat we niet vrij waren. En wat voor de wil gold, zou ook voor de handelingen gelden. Ook nu zou het nog zo zijn dat handelen zou afhangen van willen. Deze ene voorwaardelijkheid zou moeten bestaan om te zorgen dat er sprake bleef van handelen. Maar afgezien daarvan zou er niet het minste aanknopingspunt zijn om te begrijpen waarom iemand nu juist dit deed en niet iets anders. «Ze wilde het gewoon» – dat zou het enige zijn wat je kon zeggen.

Als wij wezens met een onvoorwaardelijk vrije wil waren, zouden we voor elkaar een volledig raadsel blijven. Wat we uit vrijheid deden, zou krachtens deze vrijheid niet toegankelijk zijn voor welke verklaring of welk begrijpen dan ook. Wanneer we van het handelen van andere mensen iets konden begrijpen, zou dat bewijzen dat het om een handelen uit onvrijheid ging, want dit begrijpen zou inhouden dat we het voorstelden als iets wat van voorwaarden afhing. En zo zou het niet alleen bij andere mensen zijn. Ook onszelf zouden we slechts kunnen begrijpen voor zover ons willen en handelen onvrij was. Wat wij uit vrijheid zouden willen en doen, zou ons volkomen ondoorzichtig voorkomen. We zouden niet meer kunnen doen dan het gewoon laten gebeuren. Waarom we nu juist deze wil hadden en geen andere, zou een mysterie blijven.

Een in deze zin onbegrijpelijke wil zou volstrekt *onberekenbaar* zijn. Het zou onmogelijk zijn die te voorspellen, want iedere voorspelling van iets zal zich op voorwaarden moeten oriënteren. Zelfs een alwetende intelligentie zou niet kunnen uitrekenen wat we zouden gaan doen, gegeven onze van geen enkele voorwaarde afhankelijke wil. Hij zou kunnen weten wat we op elk afzonderlijk moment in feite wilden, maar ook hij zou een onvoorwaardelijk vrije wil niet uit iets anders kunnen *afleiden*. Het zou met andere woorden volkomen *toevallig* zijn wat we op het volgende moment wilden, en deze toevalligheid zou zich voortzetten van het ene moment op het volgende. In die zin zou de onafhankelijke wil een wispelturige wil zijn, waarop we ons niet konden verlaten. We zouden ons weliswaar net als anders herinneren wat we vroeger wilden, maar deze herinneringen zouden aan de wil geen enkele continuïteit weten te geven, omdat ook zij er geen enkele invloed op zouden kunnen uitoefenen.

Iemand die handelde vanuit een onvoorwaardelijk vrije, wispelturige wil, zou makkelijk in situaties terecht kunnen komen waaraan een komische noot niet zou ontbreken. Op een ochtend, zo nemen we aan, wordt u wakker met de wil te gaan verhuizen. Het is nog niet zo lang geleden dat u uw huidige woning betrok, en het beviel u daar, u hebt er veel geld in geïnvesteerd, en gisteravond nog verklaarde u tegenover de bewonderende gasten op het inwijdingsfeest dat u hier nooit meer weg zou gaan. Maar nu bij het ontbijt voelt u de duidelijke en vaste wil om van woning te veranderen. U vindt het heel merkwaardig dat het zo is, maar tegen deze verrassende wil is niets te doen. Natuurlijk zou het kunnen dat hij u op weg naar de makelaar alweer verlaat, maar laten we aannemen dat hij blijft bestaan tot u een nieuwe woning hebt gevonden en de oude hebt opgezegd. «Zeg eens, ben je niet goed wijs?» vragen uw vrienden. «Hoezo,» zegt u, «dat is toch het mooie aan de vrijheid: dat je telkens weer helemaal opnieuw kunt beginnen?» «Ja, maar waarom wil je daar in 's hemelsnaam alweer weg? Het beviel je toch zo goed? Om van het geld nog maar te zwijgen.» «Ik weet het niet,» zegt u. «Ik wil het nu eenmaal en ik geniet ervan om geen reden te kunnen geven. Dan voel ik me pas echt vrij.» En zo komt dus de verhuiswagen. U geeft de sleutel af en rijdt naar uw nieuwe woning. En daar gebeurt het: terwijl u op de aankomst van de verhuiswagen wacht, merkt u dat u hier in geen geval wilt gaan wonen. De verhuizers geloven hun oren niet, en na de eerste ergernis komt er iets van medelijden in hun blik, zoals jegens een gestoorde. Als ze weg zijn, staan uw meubels op straat. Nu zou u graag naar de bioscoop gaan. Deze wens heeft niets met de troosteloze situatie te maken, want hij heeft helemaal nergens mee te maken; hij is er gewoon opeens en wordt een wil. Als u diep in de nacht weer bij het nieuwe adres aankomt, zijn de meubels weg. De mannen van het grofvuil hebben ze meegenomen.

In een wereld waarin het ons allen zo zou vergaan met onze wil, zou onze relatie tot andere mensen en tot onszelf heel anders zijn dan deze in feite is. Alle vertrouwdheid zou eraan ontbreken. De relatie zou gekenmerkt worden door de wetenschap dat het geen enkel nut heeft iemands vroegere en huidige wil te kennen: zijn toekomstige wil zou toch altijd volkomen anders kunnen zijn dan je verwacht. Ieder van ons zou op ieder moment plompverloren kunnen worden getroffen door een wil die op geen enkele manier aansluit bij de geschiedenis van zijn wil tot dan toe. Een abrupte verandering van dien aard zou niet hóéven plaatsvinden, maar het zou wel kúnnen, en we zouden er nooit zeker van kunnen zijn dat het níét zou gebeuren. Daarom zouden we tegenover andere mensen steeds op onze hoede moeten zijn, en het samenleven zou worden gekenmerkt door een grondtoon van voorzichtigheid, wantrouwen en angst. Dat zou ook gelden voor de relatie tot onszelf. Het gevoel met onszelf vertrouwd te zijn en een nauwe band te hebben met onszelf, hangt er sterk mee samen dat we goed op de hoogte zijn van onze wil en ons daarop kunnen verlaten. Dit gevoel zou verloren gaan als we er steeds rekening mee moesten houden overvallen te worden door een volstrekt nieuwe wil, die een abrupte breuk met al het voorgaande zou betekenen. We zouden de indruk hebben op een tijdbom te zitten die ieder moment kan afgaan.

De toekomst van iemand met een onvoorwaardelijke wil zou volkomen open zijn. Niets zou kunnen vastleggen wat hij in de toekomst zou willen en doen. Uit het vorige hoofdstuk weten we dat het idee van de onvoorwaardelijk vrije wil gemotiveerd is door de behoefte deze openheid als voorwaarde voor echte vrijheid veilig te stellen. Maar de ervaring van dit soort openheid zou een merkwaardige ervaring zijn. Kijken we weer naar Raskolnikov op weg naar de pandhoudster. Hij weet dat hij zijn moorddadige plan nog tot op het laatste moment kan laten varen, en juist daarom ervaart hij de toekomst van het volgende uur als open. Nog op de laatste trede van de trap kan hij stilhouden, zich bezinnen en tot de slotsom komen dat hij toch niet wil. Dat maakt zijn vrijheid uit. Hij beleeft het overigens alleen als vrijheid omdat híj degene is die vanuit zíjn overwegingen en zíjn gevoelens de beslissing neemt hoe zijn wil zal zijn. Hij zal nog weer eens aan zijn eeuwige geldnood denken, aan het voorgenomen huwelijk van zijn zus en aan het gesprek in het restaurant, dat zo goed paste bij de wereldbeschouwing die hij in zijn essay had gepropageerd. En nu, nu het ernst is, valt hem misschien in dat dit alles geen reden is om iemand te vermoorden. Als hij vervolgens de trap weer af loopt, doet hij dat onder invloed van dit innerlijke proces, dat in zijn voorwaardelijkheid en vervlochtenheid tot zijn identiteit bijdraagt en hem maakt tot de persoon die hij is. En voor Raskolnikovs indruk dat hij in vrijheid van de moord afziet, is het *doorslaggevend* dat zijn afdaling van de trap op deze manier van voorwaarden afhangt. Was dat niet zo, en hadden zijn stappen niets met zijn gedachten en herinneringen te maken, dan zou Raskolnikov ze niet kunnen beleven als een handelen waarmee hij gebruikmaakt van de openheid van zijn toekomst, want dan zou hij dat naar beneden gaan in een substantiële zin niet eens kunnen ervaren als zíjn handeling. Maar juist dat zou het geval zijn als het een onvoorwaardelijk vrije wil was die hem tot omkeren aanzette. Verwonderd en geërgerd zou hij moeten vaststellen dat een onvoorziene, door geen enkele twijfel voorbereide wil hem de regie uit handen nam en hem, tegen zijn zojuist nog vaste voornemen in, de trap af naar beneden dreef. Zou hij een irritante ervaring zoals deze vaker hebben, en zouden wij zijn klachten daarover beantwoorden door erop te wijzen dat zijn toekomst nu eenmaal volstrekt open was, dan zou hij zeggen: «Deze openheid kan me gestolen worden, want die heeft met vrijheid helemaal niets te maken.» En als wij zouden aanhouden door hem erop te wijzen dat hij toch de trap af wílde gaan en niet naar beneden geduwd werd, zou hij geprikkeld antwoorden: «Maar deze plotselinge wil had toch niets met míj te maken? Per slot van rekening was ik erop gebrand de oude vrouw uit de weg te ruimen!» En zoiets zouden we van onze bankbediende ook te horen krijgen als de wil om de kas te plunderen en eenvoudigweg uit zijn vroegere leven te vluchten hem op een ochtend als een donderslag bij heldere hemel zou overvallen. «Goed,» zou hij zeggen, «misschien zou ik het op een dag ook wel gedaan hebben, er gist allang iets bij mij vanbinnen. Maar óf ik het doe en wannéér, dat zou ik toch graag zélf beslissen.»

De ervaring van een onvoorwaardelijk vrije wil zou dus in veel opzichten helemaal niet zijn wat we ons als een vrijheidservaring voorstellen. En ook nog in een ander opzicht zou de onvoorwaardelijke wil ons teleurstellen: onze toeschrijving van verantwoordelijkheid en onze morele gevoelens zouden hierdoor niet de verhoopte solide grondslag krijgen; integendeel, de loskoppeling van alle voorwaarden zou iedere normatieve verwachting onzinnig doen lijken. Dat blijkt wanneer we aannemen dat Raskolnikov de moord vanuit een onvoorwaardelijke wil zou hebben begaan.

«Niets en niemand dwong u ertoe,» zouden we tegen hem kunnen zeggen, «en ook met een beroep op uw levensgeschiedenis kunt u zich er niet uit praten, want u handelde uit vrije wil en dat betekent: vanuit een wil die nergens van afhing en geen voorwaarden kende. Als er ooit iemand was die een *echte keus* had, dan bent u het wel. U kon het doen óf laten, en er was niets, echt helemaal niets, wat u in de ene of de andere richting beïnvloedde. Wat u zou willen en doen, lag uitsluitend en alleen aan u. Daarom is geen enkele verontschuldiging voor uw daad ook maar *denkbaar*. En daarom zijn we verontwaardigd, roepen wij u ter verantwoording en zullen wij u straffen.»

«Dat is toch wel het toppunt!» zou een geërgerde Raskolnikov antwoorden. «Want dat ik de keus had en dat het aan míj lag wat ik wilde, daar kan helemaal geen sprake van zijn. Ik kon immers helemaal niets doen tegen deze wil! U zegt het toch zelf: niets had hem kunnen beïnvloeden, dus ook niet de gedachte dat je niemand mag vermoorden. Het is een aanfluiting om zoiets een keuze te noemen. Een keuze maken is iets volstrekt anders. Je denkt over de verschillende mogelijkheden na, komt tot een oordeel en ontwikkelt onder invloed daarvan de wil het ook te doen. Kunnen kiezen betekent: je door het maken van afwegingen kunnen *bekommeren* om je wil. Enkel en alleen wanneer dat mogelijk is, kun je zeggen dat het *aan iemand ligt* wat hij wil. U hebt gelijk dat het aan niemand ánders lag wat ik wilde. Maar het lag ook niet aan míj, want zoals gezegd kon ik tegen de wil in kwestie helemaal niets uitrichten. Mijn handen waren gebonden, *ik kon niets anders willen dan de moord*. En daarom is het niet eerlijk en ook onzinnig om verontwaardigd te worden en mij te straffen.» En Raskolnikov zou eraan kunnen toevoegen: «Het is een uitvinding van de duivel, die onvoorwaardelijke vrijheid. Wie er niet over beschikt, ziet deze vrijheid als het hoogste goed, omdat ze de hoogste mate van ongebondenheid en onafhankelijkheid van de wil betekent. Maar als je dan, zoals ik, die vrijheid aan den lijve ervaart, merk je algauw dat dit het tegendeel van vrijheid is, namelijk volkomen machteloosheid tegenover een onberekenbare wil. Maar de anderen willen dat niet van je aannemen, en als je het hun hebt uitgelegd, zijn ze het al snel weer vergeten en vallen ze opnieuw ten prooi aan de betovering die uitgaat van de gedachte van de volkomen ongebondenheid. En zo moet de onvoorwaardelijk vrije mens een nachtmerrie van volkomen machteloosheid doormaken, terwijl hij door de anderen ook nog wordt benijd en, wanneer hem een wil overkomt die verboden is, bestraft.»

De conceptuele aftakeling van de onvoorwaardelijke wil

Een wil is altijd een *bepaalde* wil, en is ook altijd *iemands* wil. Een wil die niet door een bepaalde inhoud en door het toebehoren aan een bepaalde persoon van een andere zou verschillen, zou geen wil kunnen zijn. Dat is een eenvoudige, zelfs triviale vaststelling over de voorwaarden waaraan een wil moet voldoen om een wil te kunnen zijn. Het is geen vaststelling waar je toe komt door bij afzonderlijke individuen afzonderlijke wilsepisodes te onderzoeken. Sterker nog: het is geen vaststelling waar je toe komt door de beschouwing van welk *verschijnsel* dan ook. Het is een vaststelling over het *idee* van het willen. Het is een *conceptuele* vaststelling.

We zijn deze vaststelling al in het tweede hoofdstuk tegengekomen. Daar zagen we dat aan de conceptuele eis van bepaaldheid en toebehoren aan een persoon is voldaan door het feit dat onze wil veel voorwaarden heeft en van veel dingen afhangt waar wij zelf geen beschikkingsmacht over hebben. Wat wij willen, hangt enerzijds af van wat de wereld te bieden heeft, dus van de uiterlijke omstandigheden, en anderzijds van de wijze waarop wij als personen met een bepaald karakter en een bepaalde geschiedenis denken en voelen, dus van de innerlijke omstandigheden. We constateerden dat hieruit weliswaar begrenzingen van de wil voortvloeien die er op het eerste gezicht kunnen uitzien als inperkingen van de vrijheid. In werkelijkheid zijn deze begrenzingen echter juist datgene wat aan de wil zijn conceptueel noodzakelijke bepaaldheid en individualiteit geeft. Als we in gedachten alle begrenzingen opheffen, blijft er niet een wil over die krachtens zijn onbegrensdheid een extra grote vrijheid bezit. Wat overblijft is geen bepaalde wil meer en daarom helemaal geen wil. Wezens met een van alle begrenzingen ontdane wil zouden geen volkomen vrije, maar volkomen willoze wezens zijn.

De bepaaldheid van het willen vereist dat het van voorwaarden afhangt. Daaruit volgt dat een onvoorwaardelijke wil geen bepaalde wil kan zijn. En dat betekent weer dat hij helemaal geen wil kan zijn. De onvoorwaardelijkheid, die aan deze wil de beloofde echte vrijheid zou moeten verlenen, doet hem als wil in werkelijkheid verdwijnen. Tot hetzelfde resultaat komen we als we nadenken over de speelruimte die nodig is om de vrijheidsgedachte te verhelderen. De wil van Raskolnikov, zo zagen we in het voorgaande hoofdstuk, heeft een speelruimte: zijn wil kan veranderen als er eerst een verandering in zijn overwegingen is opgetreden. Deze speelruimte is beslissend voor de vrijheid van zijn wil, die een beslissingsvrijheid is. Maar het is slechts een *betrekkelijke*, beperkte speelruimte. Om de wil te kunnen veranderen, moet er iets ánders veranderen. En dat lijkt niet genoeg vrijheid op te leveren als je bedenkt dat Raskolnikov, deze bepaalde Raskolnikov, in feite op een heel bepaalde manier overweegt en niet anders. Zo kom je in de verleiding te zeggen dat zijn wil, als deze een vrijheid moet bezitten die die naam verdient, een absolute, onbeperkte speelruimte nodig heeft, een speelruimte die niet op zijn beurt weer van iets anders afhangt. Het moet zo zijn, denk je dan, dat Raskolnikov onder dezelfde uiterlijke en innerlijke omstandigheden heel verschillende dingen kan willen, dat zijn wil ook dan nog kan veranderen als verder alles gelijk blijft. Maar door deze stap maak je zijn wil tot een onvoorwaardelijke wil, en nu wordt de voorgaande conceptuele vaststelling klemmend: zo'n wil is helemaal geen wil meer. En dat kunnen we ook zo uitdrukken: een absolute speelruimte voor de wil zou géén speelruimte zijn omdat er binnen zo'n speelruimte helemaal geen wil zou kunnen bestaan.

De onvoorwaardelijke wil zou met de wereld niets van doen hebben, hij zou een werkelijkheidsvreemde wil zijn. Niets in de wereld – in de buitenwereld noch in het innerlijk leven – zou aanleiding kunnen zijn voor het ontstaan ervan. Dat het een merkwaardige, verwarrende ervaring zou zijn om zo'n wil te bezitten, hebben we al gezien. Ik kon het echter alleen duidelijk maken door vals te spelen. Mijn bedrieglijke manoeuvre hield in dat ik aan de onvoorwaardelijke wil, ondanks de loskoppeling van alles, een bepaalde inhoud toeschreef. Intussen weten we dat deze wil om conceptuele redenen helemaal niet zo'n inhoud zou kunnen hebben. Laten we nog eens kijken naar uw abrupte, ongemotiveerde verhuizing, die u uiteindelijk uw hele hebben en houden kost. Strikt genomen valt de situatie niet zo te beschrijven dat u plotseling de van geen enkele voorwaarde afhangende wil hebt *weer uit uw nieuwe woning weg te gaan*. Aangezien een onvoorwaardelijke wil in geen enkel verband staat met iets buiten zichzelf, kan hij niet gaan over woningen en verhuizingen. Het kan ook geen wil zijn om *naar de bioscoop te gaan*, want we kunnen hem niet opvatten als een wil die reageert op een aanbod dat de wereld doet. Eigenlijk had ik mijn komische verhaal dus helemaal niet kunnen vertellen. Want als we aannemen dat u een onvoorwaardelijke wil bezit, nemen we in feite aan dat u géén wil bezit. Deze kleine komedie is daarom in werkelijkheid een verhaal over hoe u willoos van de ene calamiteit naar de andere zwiert.

De opgave

Er bestaat geen onvoorwaardelijk vrije wil. Zoiets ontdek je niet door je eigen binnenwereld goed te belichten en te doorzoeken, om vervolgens vast te stellen: ik kan hem niet vinden. Je komt het te weten door het idee van de onvoorwaardelijke wil onder de loep te nemen en te onderzoeken of dit begripsmatig consistent is. Als je dat doet en de conceptuele lens scherp instelt, blijkt dat hier geen consistent idee en dus helemaal geen idee in het spel is. Toen ik het spreken over de onvoorwaardelijk vrije wil in het voorgaande hoofdstuk invoerde, tekende ik erbij aan dat het hier gaat om iets wat door pure ontkenning ontstaat, en dat je niet verder komt door direct te vragen naar meer informatie over wat dit spreken inhoudt. Dat wordt nu verklaarbaar: verdere toelichting is niet mogelijk, omdat het spreken over de onvoorwaardelijk vrije wil afgezien van deze ontkenning geen verdere inhoud hééft. Ik zei ook dat het bij het idee van de onvoorwaardelijk vrije wil om een váág idee gaat. Intussen weten we dat je deze vaagheid niet zou kunnen overwinnen door een nadere formulering. Het is een onoverkomelijke vaagheid, die zijn oorsprong vindt in het feit dat er achter de façade van woorden geen conceptuele inhoud schuilgaat die je aan het licht zou kunnen brengen. *Onvoorwaardelijk vrije wil*: achter deze woorden ligt níéts verborgen wat je nader zou kunnen articuleren en steeds beter begrijpen. De onvoorwaardelijke vrijheid, zou je kunnen zeggen, is een puur retorische constructie.

Nu moeten we duidelijkheid zien te krijgen over de situatie die door dit resultaat voor ons denken is ontstaan. Om te beginnen kunnen we vasthouden aan het volgende inzicht: *Het is een fundamentele fout het onderscheid tussen vrijheid en onvrijheid van de wil in verband te brengen met het contrast tussen onvoorwaardelijkheid en voorwaardelijkheid.* Beide verschijnselen, de vrijheid evengoed als de onvrijheid, kunnen conceptueel gezien slechts bestaan in het kader van allerlei vormen van voorwaardelijkheid. Het idee van de voorwaardelijkheid gaat vooraf aan de ideeën van vrijheid en onvrijheid, en daarom bega je een ernstige fout met talrijke gevolgen als je de gedachte van de voorwaardelijkheid gebruikt om het verschil tussen vrijheid en onvrijheid te verklaren, want dat betekent dat je de juiste conceptuele volgorde op zijn kop zet.

In het licht van deze constatering wordt een tweede fout zichtbaar die we moeten vermijden. We begrijpen de vraag naar de vrijheid van de wil helemaal verkeerd als we deze in verband brengen met die andere vraag: of er in de wereld gebeurtenissen bestaan die door geen enkele voorwaarde ondubbelzinnig worden bepaald en vastgelegd. Het is een ontdekking van de kwantummechanica dat er zulke gebeurtenissen zijn. Maar deze ontdekking kan voor de vraag naar de vrijheid van de wil geen betekenis hebben. Niet alleen omdat het verschijnsel van de wil op een ander, veel grofmaziger niveau van beschrijving en analyse thuishoort en omdat het onduidelijk is of kwantummechanische onbepaaldheid overdraagbaar is van het fijnmazige op het grofmazige niveau. De ware reden ligt dieper en is ook weer van conceptuele aard. *We zoeken de vrijheid op de verkeerde plaats wanneer we die zoeken in de afzwakking of de afwezigheid van voorwaardelijkheid en bepaaldheid.*

Ook een ander soort fout mogen we niet maken. Die betreft de interpretatie van het feit dat de onvoorwaardelijke vrijheid in het niets is opgelost. Deze vrijheid heeft zich ontpopt als een conceptuele hersenschim. Dat betekent niet dat ons iets ontnomen is, terwijl de vrijheid ons toch zo lief is. Er valt geen verlies te betreuren, want behalve een retorisch drogbeeld hádden we nooit iets. Als het anders leek te zijn, kwam dat doordat we de ervaring van de vrijheid verkeerd begrepen. Wat we verloren hebben is *geen aspect van de vrijheidsbeleving* dat we kwijt zouden kunnen raken, maar een *verkeerd conceptueel commentaar*. De ervaring van de vrijheid zelf is nog precies als vroeger. Ook moeten we voorzichtig zijn met de vaststelling dat we zijn gecorrigeerd vanwege een vergissing. Gewone vergissingen zijn overtuigingen die op zich wel consistent waren, maar feitelijk onjuist bleken te zijn, zoals de overtuiging dat de zon om de aarde draait. Bij het geloof aan de onvoorwaardelijke vrijheid van de wil gaat het om een ander soort vergissing. Strikt genomen kon dit geloof niet eens onjuist blijken te zijn, want het had van begin af aan geen innerlijk consistente inhoud, die waar of onwaar had kunnen zijn. Het is niet zo dat we een duidelijke overtuiging hadden en die moesten opgeven omdat de feiten ons een lesje leerden. De vergissing was groter en verraderlijker: we geloofden dat we een gedachte hadden, maar het bleek er geen te zijn.

Inmiddels weten we: het moet zo zijn dat we alles wat aan de vrijheid van de wil begrijpelijk en belangrijk is, kunnen verkrijgen in het kader van de algehele voorwaardelijkheid. Langs deze lijnen moeten we ook onderscheid maken tussen een juiste en een verkeerde beschrijving van de opgave waar we voor staan als we ons met de vrijheid van de wil bezighouden. De verkeerde beschrijving luidt: als vrijheidslievende mensen moet ons er iets aan gelegen zijn de vrijheid tegen de voorwaardelijkheid te verdedigen en te bewijzen dat deze bestaat. Of omgekeerd: als realisten, die de alomvattende voorwaardelijkheid dapper onder ogen zien, komt het er voor ons op aan te bewijzen dat we de illusie van de vrijheid vaarwel moeten zeggen. De geschiedenis van ons onderwerp is vol van die strijd om bewijzen over en weer. Maar het is een onzinnige strijd, en het onzinnige ervan berust op een gebrek aan analytische diepgang. De juiste beschrijving van de situatie luidt: we moeten helemaal niets bewíjzen; wat we moeten doen is begríjpen wat in het kader van de universele voorwaardelijkheid het verschil is tussen vrijheid en onvrijheid. Als we dat eenmaal begrepen hebben, is het geen open vraag meer of er wilsvrijheid bestaat. Natúúrlijk bestaat die. Je moet alleen op de juiste plek zoeken.

Dit zoeken is overigens geen gemakkelijke opgave. Want het spreken over de onvoorwaardelijke wil was immers niet het gevolg van pure onoplettendheid of overborrelende retoriek. Er lagen gedachtegangen en dus argumenten aan ten grondslag, die de indruk wekten dat wij, om onszelf als personen te kunnen begrijpen, gedwongen waren van een wil te spreken waarvan de vrijheid gelegen is in zijn onvoorwaardelijkheid. Daarom kunnen we nu niet kort en droogweg zeggen: «Goed, dan nemen we maar genoegen met de voorwaardelijke vrijheid.» Dan zou er een onopgeloste spanning en een gebrek aan evenwicht in het denken blijven bestaan – een onbevredigende situatie. We kunnen al evenmin zeggen: «Bewezen is dat het idee van het persoon-zijn onvoorwaardelijke vrijheid vereist. Nu hebben we ontdekt dat zulke vrijheid om conceptuele redenen niet kan bestaan. Dus zijn wij geen personen.» Dan zouden we namelijk met een beroep op de conceptuele inconsistentie van het ene idee een ander idee – dat van het persoon-zijn – afwijzen dat, voor zover we weten, op zich níét inconsistent is. Dat zou een bizarre conclusie zijn, want het zou inhouden dat je met een lege gedachte tegen een steekhoudend idee zou argumenteren. Als deze conclusie al te redden is, dan alleen door te zeggen: «Het idee van het persoon-zijn vereist het idee van de onvoorwaardelijke vrijheid. Gebleken is dat dit tweede idee leeg en dus geen echt idee is. Daarom kan het niet anders, of ook het eerste idee is leeg en dus geen idee.» Dan zouden we van inconsistentie naar inconsistentie redeneren. Daarmee zouden we beweren dat we, wanneer we onszelf als personen beschrijven, louter dingen over onszelf zeggen die conceptueel net zo inconsistent zijn als het spreken over de onvoorwaardelijke vrijheid. We zouden beweren dat we, omdat we nérgens over spreken wanneer we over onze onvoorwaardelijke vrijheid spreken, eveneens en om dezelfde reden nergens over spreken wanneer we het over de vele facetten hebben die samen ons persoon-zijn uitmaken: het vermogen om in het zicht van een open toekomst een keuze te maken, deze keuze door het afwegen van verschillende mogelijkheden voor te bereiden, beslissingen niet slechts te laten gebeuren maar zelf te nemen, de actor van ons eigen willen en doen te zijn, in ons handelen verantwoordelijk en voorwerp van morele gevoelens te zijn. Maar aan deze kenmerken van het persoon-zijn is bij een onbevangen beschouwing niets te onderkennen wat tot conceptuele inconsistentie zou leiden. Als iemand ze problematisch en conceptueel instabiel vindt, is dat omdat hij al vooronderstelt dat ze onvoorwaardelijke vrijheid en dus een inherent instabiel idee nodig hebben – omdat hij dus vooronderstelt wat door de overweging in kwestie nu juist beredeneerd moet worden.

Hoe zou het zijn als we met het oog op de resultaten tot nu toe zeiden: «Eigenlijk is het niet zo verwonderlijk dat de onvoorwaardelijk vrije wil zich heeft ontpopt als een retorisch hersenspinsel. Per slot van rekening vertelde het eerste deel van dit boek een verhaal over de vrijheid en onvrijheid van de wil waarin we onszelf kunnen herkennen, een verhaal ook dat de gedachte van de onvoorwaardelijkheid niet nodig heeft. En laten we duidelijk zijn: als het waar was dat vrijheid onvoorwaardelijkheid vereist, *had dit verhaal niet eens verteld kunnen worden, of we hadden van begin af aan het gevoel moeten hebben dat het helemaal niets met onze vrijheid van doen heeft.* Maar zo was het niet, en dat is het beste bewijs dat het spreken over de onvoorwaardelijke vrijheid van begin af aan tot mislukken gedoemd was.»

Met deze diagnose zouden we iets waars zeggen. Maar het zou niet genoeg zijn om alléén dat te zeggen. *In de filosofie is gelijk hebben niet voldoende; je moet bovendien ook begrijpen waar de fout zit.* En dat betekent in ons geval: we moeten begrijpen hoe het tot de onjuiste overtuiging kan komen dat persoon-zijn de onvoorwaardelijke vrijheid van de wil vooronderstelt. In zekere zin begrijpen we dit al. We kennen de gedachtegangen die het noodzakelijk lijken te maken, de vrijheid te interpreteren in de zin van onvoorwaardelijkheid. Maar nu moeten we nog iets meer begrijpen. We moeten de plekken in deze gedachtegangen opsporen waar de vergissing ontstaat. En het zal niet voldoende zijn zulke plekken aan te wijzen en eenvoudig te zeggen: «Zó is het juist gedacht, zó daarentegen verkeerd.» Het diagnostisch inzicht moet dieper reiken, want het zijn geen simpele denkfouten die zich verdichten tot de indruk dat alleen een onvoorwaardelijke vrijheid die aspecten van ons persoon-zijn kan redden, die ons lief en dierbaar zijn. We moeten de dieper gelegen bronnen van de vergissing aan het licht brengen door te laten zien waarom het zo gemakkelijk kan gebeuren dat iemand zich, uitgaande van onschuldig lijkende overwegingen en zonder het goed te merken, plotseling op de weg bevindt die naar de onvoorwaardelijke vrijheid voert.

Ook moet het nagestreefde inzicht diep zijn in die zin dat het recht doet aan de bijzondere aard van de vergissing. Het gaat immers niet om een gewone vergissing, die zou inhouden dat je voor het persoon-zijn een vooronderstelling liet gelden die weliswaar in feite niet opgaat, maar die op zichzelf onproblematisch en conceptueel stabiel is. De vergissing waar we hier mee te maken hebben, is heel bijzonder en curieus. Van iets wat zo te zien conceptueel onopvallend en logisch zonder gebreken is – het persoon-zijn – wordt beweerd dat het iets vooronderstelt wat zich bij nader inzien ontpopt als een conceptueel inconsistente, louter retorische constructie: de onvoorwaardelijke vrijheid. Hoe kan het tot deze merkwaardige vergissing komen, en waarom hebben wij zo'n diepgewortelde neiging hieraan ten prooi te vallen? Waarom raken we zo gemakkelijk in de ban van overwegingen die niet steekhoudend kúnnen zijn, omdat het resultaat ervan conceptueel ongerijmd is? Als het rollenspel in het voorgaande hoofdstuk zijn doel heeft bereikt, zult u de tekst bij terugbladeren nog steeds overtuigend vinden. Hoe is dat mogelijk, als u toch wéét dat u op een dwaalspoor wordt gebracht?

En nog iets anders kunnen we van het nagestreefde diagnostisch inzicht verwachten: voor de vergissingen in de afzonderlijke argumenten zou het een *gemeenschappelijke wortel* zichtbaar moeten maken. Oppervlakkig beschouwd gaat het om verschillende argumenten die de gedachte van de onvoorwaardelijkheid vanuit verschillende facetten van het persoon-zijn laten opkomen. Toch zijn het geen argumenten die zonder samenhang naast elkaar staan. Dat ze allemaal tot hetzelfde resultaat komen, doet een verwantschap vermoeden die ook aan het licht gebracht moet worden. De verklaring van zowel hun aantrekkingskracht als hun mislukking zal des te overtuigender zijn naarmate deze meer uit één stuk is. Het zal een verklaring moeten zijn die laat zien dat de misleidende gedachtegangen op een misvatting van de betreffende aspecten van het persoon-zijn berusten, en dat het niet om een toevallige, maar om een systematische misvatting gaat.

Woorden die ons gevangenhouden

De misvatting die we moeten doorgronden heeft verschillende aspecten, en het is van belang te laten zien dat het uiteindelijk facetten van een en dezelfde vergissing zijn. De relatie tussen de afzonderlijke facetten heeft niet de eenvoud van een strikt logische relatie. Het is een lossere en tegelijk rijkere relatie, die je als volgt kunt karakteriseren: de ene vergissing geeft het denken telkens een motief voor de andere. De relatie is niet lineair, maar wederkerig: de vergissingen roepen elkaar over en weer op en ondersteunen elkaar. Daarom zal ook blijken dat als de ene wegvalt, de andere ongemotiveerd lijken en hun aantrekkingskracht verliezen.

De vergissing die het gemakkelijkst te benaderen valt, is de verkeerde interpretatie van bepaalde woorden. Deze houdt niet in dat aan een woord eenvoudigweg een verkeerde betekenis wordt toegeschreven. Het gaat niet om een misvatting die je door een blik in het woordenboek zou kunnen wegnemen. Wie door zo'n woord op een dwaalspoor wordt gebracht, gaat zonder meer van de juiste betekenis uit. De fout die erin kan sluipen is dan heel onopvallend, en het is een interessante fout juist omdát hij zo onopvallend is: men trekt *associatieve lijnen* door die in ander verband zonder meer bij het woord horen, maar niet in deze context. Dat kan ook zo worden uitgedrukt: men *dramatiseert* een woord door een associatieve omgeving die in het betrokken verband niet gerechtvaardigd is. Ook nog iets anders hoort bij het verschijnsel dat ik op het oog heb: vaak beseft de gebruiker van het woord op een onduidelijke manier dat hij de grens van de rechtmatige associatie overschrijdt, en nu probeert hij deze grens te verdoezelen door het woord bezwerend te gebruiken. Het is alsof hij uitroept: «Als je dit woord maar serieus genoeg neemt, zul je wel merken dat het eigenlijk dát betekent!» Vervolgens trekt hij een associatieve lijn door om ons iets te doen geloven wat op het eerste gezicht niet bij het woord hoort. Daarom moeten we oppassen wanneer er bij dit onderwerp woorden met een bezwerende intonatie worden uitgesproken. Misschien gaat het dan wel om een van deze onopvallende en toch verstrekkende fouten.

Wat ik zojuist beschreef, kan al optreden bij het woord dat al talloze keren is voorgekomen: «voorwaardelijk». Dat kan worden voorzien van een associatieve omgeving waardoor het in contrast komt te staan met het woord «vrij». Zo gebeurt het vaak dat we iets graag zouden doen, maar dat er aan wat wij wensen, zoals we dan zeggen, «voorwaarden verbonden zijn». Dat dit het geval is, betekent een inperking van onze vrijheid: we zouden ons vrijer voelen als we zomaar konden krijgen wat we wensen, en men niet eerst de vervulling van bepaalde voorwaarden van ons zou eisen. Zo kan iemand het als irritant en als belemmering van zijn vrijheid ervaren dat je moet wachten tot je achttien bent geworden om eindelijk auto te mogen rijden. Irritant is ook dat je een rijbewijs nodig hebt om achter het stuur te mogen gaan zitten, en dat je dure rijlessen moet nemen om dit rijbewijs te krijgen.

Irritant is bovendien dat je geld op tafel moet leggen voor je bij de dealer de sleutel van een auto overhandigd krijgt. En natuurlijk zijn er nog duizend andere dingen die op deze wijze aan voorwaarden verbonden zijn. Deze voorwaarden doen zich aan ons voor als eisen, en eisen zijn iets wat onze bewegingsruimte, en dus onze vrijheid, inperkt. Als dat is wat men voor ogen heeft, krijgt het spreken over voorwaarden en over voorwaardelijkheid de klank van onvrijheid, en dan kan het begrip *voorwaardelijke vrijheid* een paradoxale indruk maken.

Deze indruk wordt soms nog versterkt als het spreken over voorwaardelijkheid wordt toegelicht door te spreken van afhankelijkheid. Zo wordt wel gezegd: dat y een voorwaarde is voor x, betekent dat x afhankelijk is van y. Als mensen die naar vrijheid streven, zouden wij het liefst van niets en niemand afhankelijk zijn – niet van alcohol, niet van medicijnen, niet van onze ouders, niet van een baas. Iedere stap naar meer onafhankelijkheid vieren wij als een stap naar de vrijheid. Als iemand ons zegt dat onze wil veel voorwaarden heeft en dus van veel dingen afhangt, en als de woorden in deze associatieve omgeving beluisterd worden, kan het zijn dat we ineenkrimpen en denken: die vrijheid van de wil stelt dus niets voor.

Datzelfde zullen we denken – en deze gedachte komt hier extra snel bij ons op – als het spreken over voorwaardelijkheid wordt toegelicht door te zeggen: een voorwaarde voor iets *maakt het noodzakelijk* in die zin dat het, gegeven deze voorwaarde, *niet kan uitblijven*; de voorwaarde *legt vast* dat het wel móet gebeuren. Als vrij mens is dat nu precies wat we niet graag hebben: dat we in ons willen en handelen door iets worden vastgelegd wat ons *noodzaakt* iets te willen en te doen. Dan zouden we namelijk onder dwang staan, en dat is toch zeker het tegendeel van vrijheid. En nog iets anders maakt deel uit van dit veld van de verleidelijke associaties. Als de wil, net als alle andere dingen, omringd zou zijn door voorwaarden waar hij van afhangt en die over hem beschikken, zouden we moeten toegeven dat de wil aan dit proces van voorwaarden *onderworpen* was en dus *onderdrukt*; en zo'n wil kun je echt niet vrij noemen. En zo kan de indruk ontstaan dat wij de vrijheid van de wil van begin af aan verspelen wanneer we hem als een van voorwaarden afhankelijke wil opvatten, en dat het alternatief dus is: onvoorwaardelijke vrijheid of geen vrijheid.

Dat dit een onjuist alternatief is, weten we intussen, en het is niet al te moeilijk het patroon te herkennen dat aan deze suggestie van de taal ten grondslag ligt. Aan nuchtere, onpersoonlijk bedoelde woorden worden associaties toegedicht die afkomstig zijn uit de sfeer van mensen die andere mensen in hun vrijheid beperken. Dat mensen elkaar voorwaarden voor hun handelen dicteren, die zij kleden in de vorm van eisen, is één ding, en dat heeft inderdaad met onvrijheid te maken. Iets heel anders is het dat er voor de wil voorwaarden bestaan. Dat betekent alleen dat er binnen en buiten een persoon bepaalde dingen *het geval moeten zijn* voordat een bepaalde wil ook maar kan bestaan. Logisch gezien heeft deze samenhang noch met onvrijheid, noch met vrijheid te maken. Het is een samenhang zoals die overal in de wereld tussen verschijnselen bestaat, een samenhang waar we gebruik van maken telkens wanneer we het ene verschijnsel door het andere verklaren door de voorwaarden te noemen waaronder het optreedt. En tot deze tweede, onschuldige variant van voorwaardelijkheid behoort ook de samenhang tussen overwegen en willen, die de voorwaardelijke vrijheid uitmaakt: de wil moet veranderen als de overwegingen veranderen, zodat geldt: als de betrokkene een andere afweging had gemaakt, had hij ook iets anders gewild. En omdat dit soort voorwaardelijkheid niets met onvrijheid te maken heeft, dreigt er ook geen paradox wanneer wij over voorwaardelijke vrijheid spreken.

Hetzelfde geldt voor het spreken over de afhankelijkheid van de wil. Als je de intuïtieve weerstand tegen de beperking tot een voorwaardelijke vrijheid naspeurt, stuit je vaak op de bezwerende uitroep: «Hoe zou de wil vrij kunnen zijn als hij van andere dingen afhangt?» Het idee van afhankelijkheid wordt gecontrasteerd met het idee van de vrijheid, en wel door een impliciet beroep op de ervaring die wij hebben wanneer wij van andere mensen afhankelijk zijn, die ons door hun macht tot slaaf maken. In werkelijkheid is hier een afhankelijkheidsrelatie aan de orde die logisch gezien ook nu weer niets met het contrast tussen vrijheid en onvrijheid van doen heeft. Het gaat alleen hierom: dat het voor mijn wil *verschil maakt* wat eraan voorafgaat, of andersom uitgedrukt: dat het voor het willen *niet onverschillig is* in welke omgeving het ontstaat. En we hebben steeds opnieuw gezien dat we deze gedachte nodig hebben om de vrije van de onvrije wil te kunnen onderscheiden. Zonder deze gedachte valt het idee van de wilsvrijheid niet eens onder woorden te brengen.

De meest voorkomende en invloedrijke associatieve vervalsing treedt op bij de gedachte dat een wil door bepaalde voorwaarden noodzakelijk wordt gemaakt. De vervalsing houdt in dat deze gedachte door verzwegen ondergrondse associaties overgaat in de heel andere gedachte dat de wil, als hij van voorwaarden afhangt, een *afgedwongen* en dus onvrije wil is. «Hoe kan een wil vrij zijn wanneer er voorafgaande voorwaarden zijn die ons noodzaken en dwingen een bepaald iets te willen!» De bezwerende uitroep ontleent zijn kracht aan een punt van overeenkomst tussen iets wat wij onder dwang willen en doen, en iets wat onder invloed van voorwaarden gebeurt: in beide gevallen vindt er een *reductie van mogelijkheden* plaats. Als hij niet de dood wil riskeren, heeft de bankbediende tegenover de man met het masker slechts één mogelijkheid: het geld afgeven. Benzine heeft, wanneer die met een vlam in aanraking komt, slechts één mogelijkheid: ontbranden. Toch is er tussen deze beide gevallen een beslissend verschil. In het eerste geval gaat de reductie van mogelijkheden terug op een persoon en diens wil, in het tweede niet. Daarom is het correct om te zeggen: de man met het masker noodzaakt of dwingt de loketbediende hem het geld te geven; maar het brengt ons op een dwaalspoor als we zeggen: de vlam noodzaakt of dwingt de benzine tot ontbranden. De vlam doet niets van dien aard, dat kán hij ook helemaal niet. De reductie van mogelijkheden gaat hier terug op iets wat – ik zeg het nog maar eens – met vrijheid en onvrijheid niets maar dan ook niets te maken heeft: het feit dat vuur en het gedrag van benzine volgens natuurwetten met elkaar verbonden zijn. Als we zeggen dat benzine onder invloed van vuur *onvermijdelijk* ontbrandt, betekent dat gewoon: de beide verschijnselen *doen zich altijd samen voor*. We kunnen dit samenvoorkomen verder verklaren door de moleculaire structuur van benzine aan de orde te stellen. Nergens, op geen enkel verklaringsniveau, bestaat er zoiets als dwang of noodzaak; er is alleen steeds weer dezelfde nuchtere en onpersoonlijke stand van zaken: het gemeenschappelijk voorkomen van verschijnselen. En bij de beïnvloeding van de wil door voorwaarden ligt het niet anders. Er kan geen sprake van zijn dat ze de wil dwingen of noodzaken om zo en niet anders te zijn; hun aanwezigheid brengt gewoon in de regel met zich mee dat hij zo en niet anders is. Als we willen, kunnen we in ons commentaar op het geregelde of regelmatige van dit gemeenschappelijk voorkomen het begrip noodzakelijkheid gebruiken. We kunnen de samenhang zelfs *dwingend* noemen. Wat niet mag gebeuren, is dat we als gevolg van zulk commentaar onmerkbaar in de sfeer van onderlinge beïnvloeding tussen mensen terechtkomen, waar het begrip dwang in de zin van onvrijheid thuishoort. Als er bezwerend een verbinding wordt gelegd tussen het afhankelijk zijn van voorwaarden en het afgedwongen-zijn van de wil, dan is dat precies wat er gebeurt. Twee volstrekt verschillende categorieën worden met elkaar versmolten. Als de angst voor de voorwaardelijkheid van de wil een angst voor dwang is, berust die op een categoriefout. Onnodig te zeggen dat hetzelfde geldt voor de gedachte dat de wil, wanneer hij aan voorwaarden onderworpen is, een onderdrukte en dus onvrije wil is.

Als we onszelf duidelijk hebben gemaakt dat de taal van de voorwaardelijkheid geen taal van dwang en dus van onvrijheid is, heeft ons denken een van de motieven voor het eisen van een onvoorwaardelijk vrije wil verloren. Een volgend motief verliezen we als we meer licht werpen op een andere woordenschat die ons gevangenhouden en als het ware bedwelmen kan: de taal van de machteloosheid. Die kwamen we voor het eerst tegen toen we ons bezighielden met de verschillende ervaringen van onvrijheid. Een onvrije wil hebben betekent – dat was de gemeenschappelijke noemer – niet zelf kunnen beslissen welke wil je hebt. En dat kun je zo lezen: moeten toekijken hoe je handelt vanuit een wil waarover je geen macht hebt, hetzij omdat hij zich aan de invloed van het overwegen onttrekt, hetzij omdat hij het antwoord is op een door anderen beheerste situatie. In contrast hiermee heb ik de vrije wil beschreven als een wil waaraan wij niet machteloos zijn overgeleverd, omdat hij zich voegt naar onze overwegingen en ons oordeel. In het vorige hoofdstuk kwamen we vervolgens gedachtegangen tegen die bezwerend spraken over machteloosheid en onvrijheid, ook daar waar wij tot dan toe macht en vrijheid hadden gezien. De beslissende stap in het denken was steeds dezelfde: iedere voorwaardelijke wil, ook de zogenaamd vrije, kan door zijn voorwaardelijkheid niet anders zijn dan hij in feite is. En deze constatering werd op een heel bepaalde manier uitgelegd: wij zijn met onze wil als geheel, ook de wil die voortkomt uit overwegingen en beslissingen, overgeleverd aan een proces van bepalende voorwaarden waar wij geen macht over hebben. Zeker, het lukt ons vaak onze wil door overwegingen te beïnvloeden. Maar we moeten onszelf niets wijsmaken, want over de vraag of het ons lukt of niet, hebben wij ook weer geen enkele macht. Als we maar nauwkeurig en diep genoeg nadenken, komt overal machteloosheid te voorschijn. Of het nu Raskolnikov is die door zijn motieven tot zijn moorddadige plan wordt gedreven, of onze emigrant die uiteindelijk bezwijkt voor het verschrikkelijke beeld van de veewagon, of de voortvluchtige automobilist die buigt voor de allesoverheersende gedachte aan de gevangenis en daarom doorrijdt – overal niets dan machteloosheid.

De woordenschat waarmee deze vermeende machteloosheid kan worden opgeroepen, is rijk. Als we de geschiedenis van Raskolnikovs wilsvorming naspeuren en in detail ontrafelen – zo is de gedachte – zullen we onderkennen dat het *onvermijdelijk, onveranderlijk, onafwendbaar* en *onontkoombaar* was dat hij uiteindelijk de pandhoudster zou doden. Niemand kon het ontstaan van deze wil *tegenhouden* of *verhinderen*. Dat geldt ook voor Raskolnikov zelf: ook hij kon niet in dit proces *ingrijpen* of zich ertegen *verweren*. De opeenvolging van innerlijke gebeurtenissen die samen zijn beslissingsproces uitmaakten, *stortte zich over hem uit en sleepte hem met zich mee*. Hij mocht zich dan de actor van zijn beslissing voelen, in werkelijkheid was hij het *weerloze slachtoffer* van de dingen die zich in hem afspeelden. Zo is het althans wanneer Raskolnikovs vrijheid slechts een voorwaardelijke vrijheid is. En daarom is er slechts één enkele mogelijkheid om hem echte vrijheid toe te schrijven: we moeten hem zien als iemand wiens wil onvoorwaardelijk vrij is. Zo, en zo alleen, kan hij van zijn machteloosheid verlost worden.

Maar we zagen al dat zijn onvoorwaardelijk vrije wil helemaal geen wil zou zijn. Daarom kun je hem zo niet van zijn machteloosheid verlossen. Hoe dan wel? *Door te laten zien dat deze machteloosheid er nooit geweest is*. Maar hoe valt dat te bewijzen, als er toch die sterke en navoelbare intuïtie is die in de taal van de machteloosheid tot uitdrukking komt? Door deze intuïtie als een bedrieglijke constructie te ontmaskeren, die ontstaat doordat de taal van de machteloosheid wordt ingeroepen op een plek waar hij vanuit zijn eigen innerlijke logica helemaal niet zou mogen worden ingezet. We moeten aantonen dat deze taal ons alleen dan gevangen kan houden als wij de stilzwijgende vooronderstellingen ervan vergeten en dus over het hoofd zien dat die hier niet vervuld zijn.

Drie vooronderstellingen spelen hier een rol; ze zijn zo onopvallend en triviaal dat we ze gemakkelijk over het hoofd zien. De eerste luidt: iemand kan tegenover een proces alleen dan weerloos en machteloos zijn als dit proces *van hem verschillend is*. Iemand is machteloos tegenover iets wat hij niet zelf is. De skiër, bijvoorbeeld, is machteloos tegenover de lawine die op hem af komt. Ten tweede: het bedreigende proces dat iemand weerloos maakt, is in zijn causale verloop onafhankelijk van het slachtoffer – met andere woorden, is door het slachtoffer *niet te beïnvloeden*.

En ten slotte: het slachtoffer *heeft liever niet* dat de dingen die hem bedreigen ook gebeuren; hij zou wensen dat hij die zou kunnen tegenhouden. Als hij kon instemmen met wat er gebeurt zou de objectieve onbeïnvloedbaarheid nog steeds een feit blijven, maar dat zou niet als een verschrikkelijke weerloosheid worden beleefd en zou niet die karakteristieke emotionele kleuring van machteloosheid bezitten die bij deze thematiek een rol speelt.

Laten we deze voorwaarden nu toepassen op die vermeende machteloosheid tegenover het eigen willen en beslissen, en ons allereerst alleen op het willen concentreren. Heeft het zin te zeggen dat mijn wil verschillend is van mij en dat het wilsproces onafhankelijk van mij verloopt, als een innerlijke lawine? En heeft het zin te zeggen dat ik de innerlijke lawine van het willen liever zou tegenhouden? Op het eerste gezicht lijkt het antwoord ontkennend te moeten zijn. De wil van een persoon is immers ín die persoon – hoe zou deze zijn wil dan als iets vreemds kunnen ervaren? Algemener gesteld: hoe zou een persoon machteloos kunnen staan tegenover gebeurtenissen die zich in hemzelf afspelen? Zo moeilijk is dat overigens niet te begrijpen: u kunt u hulpeloos en machteloos voelen tegenover een ziekte die in u woedt. De ziekte bevindt zich in u, en desondanks kunt u deze als iets vreemds tegemoet treden en ervaren hoe ze, onafhankelijk en onbeïnvloedbaar, haar verwoestende werking tentoonspreidt. We kunnen van deze onafhankelijkheid spreken omdat we onderscheid kunnen maken tussen u als denkend en voelend wezen, en u als lichamelijk wezen waarin zich lichamelijke processen afspelen. Dat betekent niet dat wij u in een psychische en een lichamelijke substantie opdelen. Het betekent gewoon dat we u in *verschillende opzichten* kunnen beschouwen, in fysiologisch opzicht en in psychologisch opzicht. En dat kan ook worden uitgedrukt met het beeld van een standpunt: vanuit het standpunt van uw denken en voelen komt de ziekte u voor als iets wat verschillend is van u en wat onbeïnvloedbaar zijn loop neemt. En vanuit dit standpunt is de ziekte als een innerlijke lawine, die u graag zou tegenhouden.

Maar hoe zit het bij de wil, die anders dan een ziekte onder de psychologische beschouwingswijze valt? Kan daar, dus binnen het algehele psychische proces, de ervaring van distantie, onafhankelijkheid en afwijzing bestaan die de vooronderstelling is voor een ervaring van machteloosheid? Zeker wel: veel vormen van onvrijheid van de wil die wij eerder hebben besproken, lieten zich in die zin beschrijven dat de wil ons vreemd en onbeïnvloedbaar voorkomt, omdat hij een eigen leven leidt waar wij met onze overwegingen geen vat op kunnen krijgen. Voor zover de verslaafde speler iemand is die oordeelt, ervaart hij zichzelf – voor zover hij iemand is die wil – als een vreemd en onbeïnvloedbaar persoon: tegenover zijn wil bevindt hij zich niet in een principieel andere positie dan tegenover een lawine. Vanuit het standpunt van zijn oordeel doet zijn wil zich aan hem voor als iets wat in zijn onafhankelijkheid en vreemdheid volledig aan hem voorbijgaat – dus als iets waar hij geen vat op heeft en waartegen hij zich niet kan verweren. Hij zou de lawine van zijn dwangmatige wil graag tegenhouden en kan het niet. En omdat deze innerlijke afstand door vreemdheid en afwijzing aanwezig is, is de taal van de machteloosheid hier op zijn plaats. De speler is wat zijn wil betreft een *slachtoffer*.

Nu zijn we heel dicht bij het doel van ons betoog: dat de taal van de machteloosheid, wanneer die bezwerend wordt overgedragen van de *onvrije* op de voorwaardelijk *vrije* wil, in conflict komt met zijn eigen innerlijke logica en een intuïtie teweegbrengt die een bedrieglijke en ongerijmde constructie blijkt te zijn. We hoeven nu alleen nog maar te bedenken dat het kenmerkend is voor de voorwaardelijk vrije wil dat hij níet als een onafhankelijk, onbeïnvloedbaar en afgewezen verschijnsel aan onze overwegingen en ons oordeel voorbijgaat. Wie in vrijheid iets wil, ervaart zijn wil niet als een lawine die hij graag zou tegenhouden, maar waartegen hij niets kan uitrichten. Hij kan weliswaar nog steeds in twee afzonderlijke opzichten beschreven worden: als iemand die wil én als iemand die oordeelt. Maar tussen deze beide standpunten bestaat in de beleving geen kloof meer. Ze vallen samen, en de vrijheid bestaat in deze afwezigheid van distantie. *Maar dan is er ook geen standpunt meer van waaruit het zin zou hebben van machteloosheid te spreken. Door de voorwaardelijke vrijheid wordt machteloosheid conceptueel onmogelijk.*

We komen nog sneller bij het doel van ons betoog als het niet slechts om een eenvoudig willen gaat, maar om het gecompliceerdere beslissen. Al meteen aan de eerste voorwaarde voor machteloosheid is hier namelijk niet voldaan: het heeft geen zin te zeggen dat het beslissingsproces *als geheel* van mij verschillend zou zijn. Dat is zo omdat ik in *beide* rollen bij het beslissen betrokken ben: als willend én als oordelend persoon. Beslissen is het proces waarin ik in de rol van iemand die oordeelt invloed uitoefen op mijzelf in de rol van iemand die wil. In het verloop van dit proces vallen beide rollen of standpunten samen en versmelten ze: ik wil zoals ik oordeel. Om mij dit hele proces te kunnen laten beleven als iets wat van mij verschilt, zou er nog een extra rol of een extra standpunt moeten kunnen bestaan, van waaruit ik deze versmelting als geheel tegemoet zou kunnen treden. *Maar zo'n extra standpunt is er niet.* En omdat het er niet is, is ook niet voldaan aan de tweede voorwaarde voor machteloosheid: ik kan mijn beslissing niet ervaren als iets wat onbeïnvloedbaar aan mij voorbijgaat, want *er is niemand meer* aan wie het voorbij zou kunnen gaan: ik, met mijn voorwaardelijk vrije wil, bén dit proces. En dat betekent ook dat aan de laatste voorwaarde voor machteloosheid niet voldaan kan worden: het heeft geen zin aan te nemen dat ik misschien liever niet zou hebben dat mijn wil vrij wordt door zich naar mijn oordeel te voegen, en dat ik het hele proces dat eindigt met de voorwaardelijk vrije wil liever zou tegenhouden, maar dat niet kan. Mijn beslissing kan mij niet als een angstwekkende innerlijke lawine voorkomen, omdat er geen standpunt is van waaruit ik het zo zou kunnen ervaren. En dit laatste punt kunnen we onderstrepen door aan de eerdere opmerkingen over het begrip machteloosheid nog een andere opmerking toe te voegen. Ook wanneer het tot dit begrip behoort dat ik het mij bedreigende proces nu niet kan tegenhouden, hebben wij er toch in de meeste gevallen een voorstelling van hoe je het *in principe* zou moeten aanleggen om het tegen te houden: je zou een lawinewering kunnen bouwen. De gedachte daarentegen dat ik mijn vrije beslissing zou kunnen tegenhouden, heeft geen betekenis. Niet alleen zou ik die *liever niet* tegenhouden; ik zou ook helemaal niet weten hoe dat in zijn werk zou moeten gaan. En daar is een heel eenvoudige reden voor: het uitoefenen van de beslissingsvrijheid behoort niet tot de *categorie* van dingen die je in principe zou kunnen tegenhouden en waarvan je het verloop zou kunnen indammen. En dat is weer het geval omdat er geen standpunt buiten het proces bestaat zoals dat voor deze categorie vereist is.

Stelt u zich nog weer eens voor dat u die ongehuwde emigrant bent die heen en weer wordt geslingerd tussen zijn loyaliteit tegenover het verzet en de angst voor zijn leven. Het zou kunnen dat uw oordeel uiteindelijk toch heel ondubbelzinnig is: u kunt niet weglopen, u zou dat zichzelf nooit vergeven. U hoeft er niet meer over na te denken, de vroegere twijfels vallen stil. De daaropvolgende dagen raakt u betrokken bij het verzet en neemt u taken op u waar het leven van anderen van afhangt. Nu komt het erop aan bij uw besluit te blijven. En wat uw oordeel betreft, doet u dat ook. Maar dan speelt de angst die u meende overwonnen te hebben u parten, u gaat er toch vandoor en geeft uw kameraden aan de dood prijs. Ook nu nog houdt u aan uw oordeel vast: ik mocht niet weglopen. Maar tegen de uit angst geboren wil tot vluchten kunt u niets uitrichten. U beleeft dat als machteloosheid, want u wilt en doet iets wat u vanuit het standpunt van uw oordeelsvermogen veroordeelt, en u hebt de bittere ervaring dat u met uw oordeel tegen deze tot handelen leidende wens niets kunt uitrichten, u wordt erdoor bedolven als door een lawine. Later zegt u: «Ik stond tegenover mijn angst volkomen weerloos.» En u hebt gelijk; de taal van de machteloosheid is hier terecht, want er is een standpunt van waaruit deze toepasbaar is.

En nu veranderen we het verhaal. U neemt uw angst van begin af aan serieus en beschouwt die ditmaal niet als een duistere storende factor, maar als een gevoel waarin goede redenen zijn gecomprimeerd. U hebt toch het recht uw leven niet op het spel te zetten? Iedereen heeft dat recht. U bent nog zoveel van plan. En voor de rest: van patriottisme moest u al nooit iets hebben, en u betwijfelt of dat een leven waard is. Dat alles zegt u tegen uw vriend uit het verzet als die u uitdaagt. U zegt het met innerlijke rust en met vaste stem, en ook als hij woedend en vol verachting wegloopt, brengt dat u niet aan het wankelen. U hebt in vrijheid een beslissing genomen. Oordeel en wil vallen samen. Deze congruentie is het resultaat van een ingewikkeld innerlijk proces dat van veel voorwaarden afhangt: als u anders geleefd en anders gedacht had, had u ook een andere beslissing genomen; maar u hebt niet anders geleefd en gedacht; daarom is de beslissing zo en niet anders uitgevallen. Bewijst dat uw machteloosheid? Allerminst. Om te beginnen voelt u zich niet machteloos, integendeel, zoals u daar in de trein zit voelt u zich rustig en vrij, heel anders dan vroeger, toen u soms weerloos aan uw wispelturige hartstochten was overgeleverd. U bent blij dat de beslissingsvrijheid u ditmaal, nu het erop aankwam, gelukt is – dat uw denken een onbeperkte macht over uw wil bezat en dat u niet toch nog zwak geworden bent onder de blik van uw vriend. Is dit gevoel verder verwijderd te zijn van alle machteloosheid dan ooit tevoren voldoende bewijs dat het ook werkelijk zo *ís*? Bestaat er niet ook een verborgen, onopgemerkte machteloosheid, die des te erger is omdat ze niet wordt opgemerkt? Ja, die bestaat. Maar u kunt er zeker van zijn dat hier bij u geen sprake van is, en wel op grond van de sterkste reden die zich denken laat: *u voldoet niet aan de conceptuële vooronderstellingen voor machteloosheid.* Om u als machteloos te kunnen beschrijven, zouden wij over u moeten kunnen zeggen: hij zou graag macht over zijn wil uitoefenen, maar het lukt hem niet. In de eerste versie van het verhaal is dat waar, in de tweede daarentegen onwaar. En omdat het onwaar is, is er geen standpunt van waaruit u de argwaan zou kunnen koesteren toch machteloos te zijn. Deze argwaan is conceptueel onmogelijk, ook in die variant waarin de argwaan niet gericht is tegen een eenvoudig willen, maar tegen het complexere beslissen. U bent van uw beslissing niet verschillend op een manier die ons zou toestaan te zeggen: hij zou graag verhinderen dat de redenen die hij voor de beste houdt, zijn wil bepalen, maar het lukt hem niet dit proces van wilsvorming tegen te houden, hij wordt door zijn beslissingsvrijheid bedolven als door een lawine. Als u het recht op uw leven stelt boven iedere verplichting tegenover het verzet en tegenover uw land, en als uw wil zich naadloos naar dit oordeel voegt, is het conceptueel uitgesloten dat u zichzelf bij deze vrije beslissing als een machteloos slachtoffer beschouwt. En als de speler, nadat hij zijn innerlijke dwang heeft overwonnen, bevrijd en kalm aan het verlichte casino voorbijloopt, zou het onzinnig – conceptueel onzinnig – zijn hem te beschrijven als iemand die zich nu machteloos buigt voor zijn vrije wil.

Denk even terug aan een van de vragen die we in het voorgaande hoofdstuk aan de gehuwde emigrant stelden. «Had u uiteindelijk de indruk dat u ondanks de overweldigende kracht van het beeld van de veewagon ook iets anders had kunnen willen dan de vlucht? Dat u had kunnen *verhinderen* dat door dit beeld de wil om te vluchten zou ontstaan? Dat u uw beslissing had kunnen *tegenhouden*? Dat u in het hele beslissingsproces had kunnen *ingrijpen*?» En de gedachte achter die vraag was: alleen als het antwoord bevestigend is, hebben wij het met echte vrijheid van doen; zo niet, dan was de emigrant louter het machteloze slachtoffer van zijn beslissing. Maar nu weten we dat dit geen consistente gedachte is. En omdat deze gedachte bij nadere beschouwing uiteenvalt, verliest ook het nieuwe idee van beslissen dat erdoor gemotiveerd werd alle houvast. «Was u *vrij* om te beslissen tot deze beslissing?» Afgezien van het plezier in het opwaarderen en verdubbelen van woorden, kan iemand deze vraag alleen maar bedenken wanneer hij de oorspronkelijke beslissing – de beslissing van het eerste niveau – ziet als iets wat niet reeds alle vrijheid omvat waar het ons om te doen is. En die indruk kun je alleen hebben vanuit de inconsistente gedachte dat iemand zich machteloos zou kunnen voelen tegenover zijn eigen beslissingsproces. Wie deze fout niet maakt, heeft in zijn denken geen motief om de verdubbelde vraag te stellen, en zal die herkennen voor wat hij is: een louter spel met woorden. De vrijheid om te beslissen tot onze beslissingen – die hebben we niet nodig, omdat de machteloosheid en onvrijheid die we daardoor zouden moeten afweren helemaal niet bestaan.

De verborgen homunculus

De taal van de machteloosheid is om conceptuele redenen niet toepasbaar op iemand die de beslissingsvrijheid in praktijk brengt. Er kan geen sprake van zijn dat hij in zijn willen en beslissen het weerloze slachtoffer van een onontkoombaar proces is dat zich over hem uitstort en hem met zich meesleept, want er is niemand die zichzelf hier als slachtoffer zou kunnen begrijpen en zich meegesleept zou voelen. Nadat de taal van de voorwaardelijkheid al was gezuiverd van de associatie met dwang, is hiermee een volgend denkmotief voor het postulaat van de onvoorwaardelijk vrije wil vervallen. Maar de intuïtieve aantrekkingskracht die het idee van de onvoorwaardelijke vrijheid ondanks de aantoonbare inconsistentie ervan weet te ontwikkelen, is hiermee nog lang niet verdwenen. Daarom moeten we voor ons diagnostische inzicht nog dieper graven. De vergissing die we nu als eerste moeten bespreken, heeft niet meer te maken met het feit dat wij ons door de taal gevangen laten houden. Een gevangenis van woorden is hier niet de juiste voorstelling. Voor zover je kunt spreken van een gevangenis, is het een *intuïtieve* gevangenis – een gevangenis die ontstaat wanneer we onze *ervaring* van vrijheid verkeerd interpreteren.

Om dit misverstand op te helderen, kunnen we het best beginnen bij het argument in het voorgaande hoofdstuk dat pretendeert te bewijzen dat de louter voorwaardelijke vrijheid ons, ondanks de schijn van het tegendeel, geen echt actorschap van willen en handelen oplevert. De kern van dit argument was de gedachte dat de wil door zijn voorwaardelijkheid tot een loutere gebeurtenis onder andere gebeurtenissen wordt, dat hij hierdoor zijn karakter van echte wil verliest en dat als gevolg van dit verlies het hele idee van het actorschap van willen en handelen uiteenvalt. Raskolnikov de dader – aldus de illustratie – wordt tot een Raskolnikov die alleen nog een plek is waar dingen gebeuren. Het leek alsof we daar iets tegen moesten ondernemen, en zo kwam het idee van de onvoorwaardelijke wil in het spel. Intussen is de situatie voor ons denken ingewikkelder geworden. Want in dit hoofdstuk hebben we inmiddels gezien dat een onvoorwaardelijke wil geen bepaalde wil en dus om conceptuele redenen helemaal geen wil zou kunnen zijn. De zaken staan dus nu als volgt: welke kant we ook op gaan, die van de voorwaardelijkheid of die van de onvoorwaardelijkheid, we verliezen de wil.

Er moet iets scheef zijn gegaan, en het moet liggen aan de gedachtegang die het actorschap leek uit te hollen. Waarom kan Raskolnikov eigenlijk niet langer als actor van zijn willen en handelen gelden als we toegeven dat zijn wensen en dus zijn wil gewoon innerlijke gebeurtenissen onder andere zijn? Dan *overkomen* ze hem alleen maar, luidde het argument, en gaat het onderscheid tussen de categorie van het gewilde handelen en de categorie van het actorloze gebeuren verloren. Is dat geen categoriaal onderscheid dat we in geen geval willen opgeven, niet alleen omdat het intuïtief dwingend is, maar ook omdat we het nodig hebben voor het idee van de verantwoordelijkheid en voor de logica van de morele gevoelens? Dat is juist, en we hoeven het ook niet op te geven. *De beslissende vraag is echter waar we het op toepassen.*

Gewoonlijk maken we hierbij geen fouten. Wanneer Raskolnikov de oude vrouw doodslaat, is dat een daad, en we beschouwen Raskolnikov, *deze hele persoon*, als dader. Het is de hele persoon die wij als actor aanmerken. En we lichten dit actorschap toe door te zeggen: hij wilde het. Zo ook wanneer hij valt. Dat is een loutere gebeurtenis; opnieuw is de gehele persoon erbij betrokken, en we zeggen: hij wilde het niet. Hiermee is dit onderscheid gewoonlijk uitgeput. Dit is het einde van het categoriale verhaal, en er is geen uitgangspunt meer van waaruit ons probleem ontwikkeld zou kunnen worden.

Wat moet iemand doen als hij dat wel wil ontwikkelen? Hij moet met zijn gedachten *in de persoon binnendringen*. Hij moet afzonderlijke verschijnselen binnen de persoon beschouwen, bijvoorbeeld diens wensen en diens wil. Vervolgens past hij het onderscheid in kwestie daarop toe en vraagt: is de wil een loutere gebeurtenis of niet? En nu heeft hij een uitgangspunt voor zijn probleem. Wanneer de wil alleen maar een gebeurtenis is, een schakel in een keten van andere gebeurtenissen, lijkt de meest wezenlijke eigenschap eraan te ontbreken: dat deze de wil van een willend *subject* is. Als hij aan de periferie van de gehele persoon was gebleven, zou hij weten waar hij het subject kon vinden: het zou de persoon zelf zijn. Maar hij bevindt zich met zijn gedachten binnen in de persoon, en hierdoor lijkt dat hem niet het gezochte antwoord. Dus zal hij het antwoord binnen in de persoon zoeken. Daar móét een antwoord zijn, zal hij denken, want anders stelt het actorschap niets voor. En zo begint hij na te denken over een *innerlijk subject* dat, wil het op zijn beurt niet ook weer in loutere gebeurtenissen oplossen, een onvoorwaardelijk subject met een onvoorwaardelijke wil moet zijn.

En dat is zijn fout. Om die fout te begrijpen, moeten we terugdenken aan iets wat ik in het eerste intermezzo zei: alle ideeën en conceptuele onderscheidingen zijn door ons *gemaakt*. En nu is het van belang hieraan toe te voegen: ze zijn gemaakt *voor een bepaald verband* en kunnen daarbuiten niet worden toegepast zonder onzinnige vragen op te roepen. Dat geldt ook voor het idee van het actorschap, van het subject en van het onderscheid tussen gewild handelen en louter gebeuren. Die zijn gemaakt om over personen als geheel te spreken, en verliezen hun zin wanneer ze op verschijnselen binnen in de persoon worden toegepast. In de gedachtegang die leidde tot de verbrokkeling van het actorschap werd gezegd dat het onderscheid tussen daad en gebeurtenis oppervlakkig blijkt te zijn als je maar nauwkeurig en hardnekkig genoeg nadenkt. Tegenover deze diagnose kunnen we nu een andere stellen. Het op personen als geheel gerichte onderscheid is het enige zinvolle onderscheid en is ook niet oppervlakkig, *omdat er helemaal geen diepte is*. En in dit licht beschouwd ziet het afbrokkelen van het actorschap er heel anders uit dan tot nu toe: het ligt niet aan de voorwaardelijkheid, maar aan het feit dat het actorschap binnen in de persoon wordt gezocht, dus daar waar het conceptueel gezien niet thuishoort. Daar waar het actorschap thuishoort, brokkelt het niet af, en daar waar het afbrokkelt, hoort het niet thuis.

Hiermee zijn we in ons diagnostisch inzicht weer een stap verder gekomen. Maar we zijn nog lang niet waar we willen zijn. We hebben namelijk nog niet begrepen waaróm de neiging bestaat in deze categoriefout te vervallen. Eigenlijk, zo denkt u misschien, is alles toch zo helder als glas. Natúúrlijk gaat het bij het actorschap om de persoon als geheel. Dus waarom al dat theater? En inderdaad: zolang wij, anderen dan Raskolnikov zelf, hem van buitenaf beschouwen en over zijn actorschap nadenken, zullen we niet in de verleiding komen nog een extra subject aan te nemen diep in zijn binnenste. Dat lijkt niet slechts onnodig, maar regelrecht belachelijk. De hele mens Raskolnikov – dat is ons wel genoeg.

Maar het perspectief van buitenaf op andere mensen is niet het enige perspectief. Er is ook het perspectief van binnenuit, het perspectief dat iedereen tegenover zichzelf en zijn ervaringen kan innemen. En van daaruit kan iemand een heel andere indruk van de situatie krijgen. Hoe de situatie er dan uitziet, weten we uit de slotparagraaf van het vorige hoofdstuk. We kennen de ervaring van het innerlijke vluchtpunt en de ervaring van het spontane willen. Ik kan, zo lijkt het, de kritische afstand tot mijzelf zo inzetten dat ik een stap terug doe achter al mijn wensen en overwegingen, ja, achter alles wat in mij gebeurt. En je zou kunnen zeggen dat ik, in zoverre ik dat doe, een *zuiver subject* ben. Als u de emigrant bent die op het station, terwijl hij op de trein wacht, voor de laatste keer zijn tegenstrijdige motieven de revue laat passeren, dan bent u in deze rol een zuiver subject: de instantie voor wie de innerlijke film met de veewagon, het barbaarse laarzengestamp van de nieuwe machthebbers en het woedende gezicht van uw vriend zich ontrolt. U bent verschillend van al deze beelden en van wat zij in u aanrichten. En als u uiteindelijk een beslissing neemt, doet u dat vanuit de positie van dit teruggetrokken, zuivere subject. Iedere gebeurtenis van buitenaf of van binnenuit die u dreigt te raken en omver te duwen, kunt u ontwijken door een stap achteruit te zetten.

Deze teruggetrokken positie geeft u de echte vrijheid, die zich openbaart in de spontaniteit van het willen en beslissen. De mogelijkheden voor willen en handelen die u in gedachten nagaat zijn nu echte mogelijkheden, en u hoeft niet bang te zijn dat u zichzelf daarbij maar iets wijsmaakt, omdat achter uw rug alles al beslist is. Achter uw rug is er nu namelijk niets meer wat u een streek zou kunnen leveren en een schijnvrijheid zou kunnen voorspiegelen. En dat maakt u tot een echt subject van verantwoordelijkheid. Dat heeft ook een schaduwkant: als zuiver subject kunt u uw geschiedenis met alle voorwaarden waar die van afhangt niet als uitvlucht gebruiken. U kunt nu niet meer zeggen: eigenlijk ligt het helemaal niet aan mij wat ik wil en doe. U kunt zich tegen verwijten en wrok niet meer beschermen door te zeggen: eigenlijk kan ik er niets aan doen. Nu moet u wroeging, berouw en schaamte voelen voor uw verwerpelijke daden, want nu geldt zonder enige beperking dat u anders had kunnen doen. Daarom wordt u nu volledig serieus genomen, u bent iemand die zijn beslissingen werkelijk neemt en die een echt moreel subject is.

In deze interpretatie geeft het innerlijke perspectief met zijn flexibele vluchtpunt ons een uitgangspunt van waaruit de voorwaardelijkheid van de wil zich toch weer kan voordoen als dwang en machteloosheid. Want als het zo zou zijn dat mijn wil op ieder moment volgens ijzeren wetten uit bepalende voorwaarden voortkwam, dan zou ik, het zuivere subject, machteloos staan tegenover dit dwingende proces. Aan de conceptuele vooronderstellingen voor machteloosheid is nu namelijk plotseling toch voldaan. Het innerlijke proces is verschillend van mij, ik zou het graag tegenhouden, en ik kan het niet tegenhouden. En zo dringt zich een gevolgtrekking op die reeds vervuld leek te zijn: als ik mijzelf als vrij wil begrijpen, moet ik mezelf opvatten als een subject dat de dwang en machteloosheid van het afhankelijk-zijn van voorwaarden kan doorbreken, en wel door zich als onbewogen beweger tegen de lawine van het innerlijke proces teweer te stellen en uit zuivere spontaniteit iets heel anders te willen dan wat in de lijn van dit proces zou liggen.

Stelt u zich nog weer eens voor dat u de emigrant bent. U leeft inmiddels in den vreemde en het gaat goed met u. U hebt werk gevonden dat u beter bevalt dan alles wat u vroeger hebt gedaan. Voor uw vrouw geldt hetzelfde, en ook met de kinderen gaat het goed, ze zijn intussen helemaal vergroeid geraakt met hun nieuwe omgeving. In uw vaderland spitsen de zaken zich echter toe, de gruweldaden van de nieuwe machthebbers worden steeds talrijker en verschrikkelijker. Lange tijd is het u gelukt zulke berichten te verdringen en helemaal op te gaan in uw nieuwe leven. Maar er komt een dag waarop dat u niet meer lukt. Misschien is het de dag waarop u hoort van de terechtstelling van uw vriend uit het verzet. Spontaan vlamt de wil in u op om als tirannenmoordenaar naar uw vaderland terug te keren. Wat er nu met u gebeurt, illustreert het idee van het innerlijke vluchtpunt. U begint zich los te maken uit de identificatie met uw privéleven en uw beroep. Niet dat dit gemakkelijk is. Er zijn sterke innerlijke krachten van allerlei aard die zich verzetten tegen dit losmaken. U moet zich schrap zetten tegen al die krachten afzonderlijk, om ze uiteindelijk achter u te laten. Dit houdt ook in dat u afstand leert nemen van uw weerzin tegen geweld en van uw angst, zelfs die voor de dood. Telkens wanneer dat u lukt, ervaart u het als vrijheid; telkens wanneer u het onderspit delft, is dat een ervaring van machteloosheid.

En nu kunnen we het verband beschrijven tussen de ervaring

van het innerlijke vluchtpunt en de gedachte van het zuivere, boven alle voorwaardelijkheid verheven subject. Het is een gecompliceerd verband, zoals ik dat in abstracte termen al eerder geschetst heb: de denkmotieven roepen elkaar over en weer op en ondersteunen elkaar. Om te beginnen is er de ervaring dat wij ons van onze wensen kunnen distantiëren door er expliciet over na te denken en de onmiddellijke tenuitvoerlegging ervan te onderbreken. Dat is het onmiskenbare verschijnsel van de innerlijke afstand tot onszelf, dat een sleutelrol speelt bij de beslissingsvrijheid en bij de analyse van de onvrijheid. Dit verschijnsel kun je beschrijven – zoals ik oorspronkelijk ook deed – zonder van een vluchtpunt te spreken dat achter álle wensen ligt. Je kunt een beroep doen op dit verschijnsel en van mening zijn dat een innerlijke distantiëring ten opzichte van bepaalde wensen alleen mogelijk is vanuit het standpunt van ándere wensen, zodat het dus om een *relatieve* distantiëring gaat. Met andere woorden, er is een bijzonder denkmotief nodig om de ervaring van de distantiëring te interpreteren in de zin van een absoluut vluchtpunt. Dit motief doet zich voor als je nog een andere reden hebt om te geloven dat er achter iedere aaneenschakeling van door voorwaarden vastgelegde innerlijke gebeurtenissen nog een subject aanwezig moet zijn. Deze andere reden is dat je die aaneenschakeling als machteloosheid beschrijft, waartegen je de vrijheid moet verdedigen. Maar dit soort machteloosheid bespeur je alleen, en kun je conceptueel gezien ook alleen bespeuren, wanneer je het zuivere subject al vooronderstelt hebt. Het idee van het zuivere subject speelt dus een dubbele rol: enerzijds is het nodig om de indruk van machteloosheid op te roepen, en anderzijds om de vrijheid te beschermen tegen deze door ditzelfde idee opgeroepen machteloosheid. Met andere woorden, het is een idee dat alleen *door zichzelf* gemotiveerd is, en dus een idee dat *helemaal niet* gemotiveerd is. Maar dan kun je het ook niet als reden aangrijpen om de innerlijke afstand te interpreteren in de zin van een absoluut vluchtpunt.

Noch de ervaring van de innerlijke afstand, noch het innerlijk proces als zodanig vormt op zichzelf genomen een reden voor het idee van het zuivere subject. Om een reden te kunnen opleveren, zouden ze al in het licht van dit idee beschouwd moeten worden.

En niets dwingt ons ze in dit licht te beschouwen. Als u, de emigrant, zich van uw hele leven in den vreemde probeert te distantiëren, doet u dat niet vanuit een imaginair vluchtpunt waar geen wens aan te pas komt. Uw innerlijke standpunt is eenvoudig het standpunt van een nieuwe wens die tegen alle overige wensen ingaat: de wens een eind te maken aan de bloedige dictatuur, wat het ook kosten mag. En het is geen wens die zomaar uit de lucht komt vallen en met de rest van u niets te maken heeft. Hij sluit aan bij dingen die u destijds op het station al voelde, toen de beslissing u zo zwaar viel. En we kunnen ons voorstellen dat een nooit geheel tot zwijgen gebracht gevoel van schuld nu is veranderd in de hartstochtelijke wens uw vriend te wreken. Er bevindt zich geen zuiver subject in u, dat tegenover de concrete persoon met zijn veelsoortige wensen zou staan. Wat u ervaart, is een gevecht in uzelf tussen tegengestelde wensen. En als u partij kiest voor de nieuwe wens, die alles in uw leven overhoop zal gooien, dan is de identiteit die hierdoor ontstaat de identiteit van een concrete persoon. Het kan u overkomen dat de nieuwe persoon het aflegt tegen de oude die minder moeite vergt. Misschien ervaart u dat als machteloosheid. Maar het is niet de machteloosheid van een zuiver subject tegenover het feit dat alles wat in zijn binnenwereld gebeurt van voorwaarden afhangt. Het is een machteloosheid zoals we die allang kennen: het lukt u niet datgene te willen en te doen wat in overeenstemming is met uw oordeel.

We hebben geen zuiver subject nodig om de ervaring van vrijheid en onvrijheid te beschrijven. En het zou ons in conceptueel opzicht ook helemaal niets opleveren. Dat wordt duidelijk wanneer we ons afvragen hoe zo'n subject eruit moet zien om zijn taak te vervullen. Het is gevaarlijk, maar laten we aannemen dat u een zuiver subject bent. U geeft blijk van uw bestaan door de methode van de systematische innerlijke distantiëring, en het is uw taak de vrijheid tegen de afhankelijkheid van het innerlijke proces te verdedigen. Welke eigenschappen moet u hebben om tegen deze taak opgewassen te zijn?

Allereerst moeten we garanderen dat u een *bepaald* subject bent. En dat wordt meteen al moeilijk. Want hier geldt dezelfde overweging die tot de conceptuele ondergang van de onvoorwaardelijke wil leidde: bepaaldheid vereist afhankelijkheid van voorwaarden. We willen immers dat ú – en niemand anders – het subject in kwestie bent. Dat kunnen we alleen bereiken door u een identiteit te geven die iets met u als gehele persoon te maken heeft. U bent bijvoorbeeld het zuivere subject van de emigrant. Maar dat is alleen mogelijk als we u in uw subject-zijn afhankelijk maken van eigenschappen die u, de emigrant, van andere personen onderscheiden. En daarmee hebben we uw zuiverheid, die zou moeten bestaan in onvoorwaardelijkheid, al tenietgedaan. U moet immers niet slechts een subject zijn dat in volledige passiviteit blijft steken; u moet in staat zijn iets te *willen*, bijvoorbeeld de moord op een tiran. En hier geldt opnieuw: bepaaldheid vereist voorwaardelijkheid. Als werkelijk zuiver, van niets afhankelijk subject zou u een wispelturig subject zijn, dat zonder binding aan redenen de ene keer dit wil en de andere keer dat. Ook dat mag niet gebeuren: als tirannenmoordenaar moet u een wil hebben die, op z'n minst voor uzelf, berekenbaar en betrouwbaar is. Dat kunnen we alleen bereiken door u een innerlijke continuïteit te geven, herinneringen dus, die hun inhoud krijgen doordat ze in een voorwaardelijk verband staan met uiterlijke en innerlijke episodes uit het verleden. Ook met het vermogen tot overwegen moeten we u uitrusten, want uw wil de tiran te doden zou – dat weten we uit het eerste hoofdstuk – geen echte wil zijn als hij niet zou steunen op overwegingen over het verwerkelijken ervan. Ook als iemand die zijn moord moreel kan rechtvaardigen en de verantwoordelijkheid ervoor op zich kan nemen moet u kunnen overwegen: u moet de morele regels kennen. En ten slotte is uw nieuwe wil, die u wegvoert van het leven in den vreemde, geen droge papieren wil maar een wil die in sterke emoties verankerd is.

Als u zich, om uw zuiverheid te bewaren, innerlijk verwijdert van alles wat u tot een concrete persoon maakt, eindigt u in een conceptueel niemandsland, en daar kunt u geen subject zijn. Als we u vervolgens uit het niemandsland terughalen, gebeurt er iets wat ons niet kan verrassen, maar wat strijdig is met het oorspronkelijke idee: *als innerlijk subject wordt u tot persoon*. Dat gebeurt niet uit onachtzaamheid en omdat we vergeten waren dat u een zuiver subject moest zijn. Het gebeurt om conceptuele redenen, het *kon dus niet anders*. Om u als subject te redden, moesten we u tot persoon maken. De situatie die hierdoor voor ons denken ontstaat, kunnen we vervolgens op twee manieren beschrijven. De ene beschrijving luidt: om subject te kunnen zijn, moet u tot een kleine persoon in de grote persoon worden, tot een *homunculus*. Deze innerlijke verdubbeling zou uiteraard een onbegrijpelijke consequentie zijn, en dus geven we de voorkeur aan een andere beschrijving: om subject te kunnen zijn, moet u uw bedrieglijke zuiverheid van u af schudden en uzelf weer veranderen in wat u oorspronkelijk was: een persoon.

Laten we ook nu weer terugdenken aan een gesprek met de emigrant over de vrijheid die hij zogenaamd nodig had om te beslissen tot zijn beslissing. «Het spel van uw gedachten en fantasiebeelden was één ding,» legden wij hem uit, «en de wilsvorming nog iets heel anders. Voordat uit het spel van uw gedachten een wil kon ontstaan, moest er nog een leemte worden opgevuld, een leemte die ú moest opvullen. Het was úw beslissing – echt alleen de uwe – of die moest worden opgevuld of niet.» De emigrant aarzelde en wist niet wat hij moest zeggen. Hij leek helemaal niet te begrijpen wat we tegen hem zeiden. En dat is geen wonder: het ís ook niet te begrijpen. Wie zou deze zogenaamde leemte kunnen opvullen? De persoon van de emigrant? Maar hij kan – zoals hij zelf zei – maar één ding doen: nog meer overwegen. En dat is natuurlijk niet bedoeld. Het zou een instantie ín de persoon moeten zijn. Deze instantie zou natuurlijk in staat moeten zijn tot beslissen – met alles wat daarbij hoort. En dat zou haar tot een onzinnige constructie maken: tot een homunculus. De gedachte van een vrijheid die zou bestaan in het feit dat je kon beslissen om al dan niet te beslissen, heeft dus geen zin.

Laten we even terugkijken. We zijn in ons diagnostisch inzicht weer een stap vooruitgekomen. We weten nu waarom we de neiging hebben het actorschap van de wil binnen in de persoon te zoeken. Het is de verkeerd begrepen ervaring van het innerlijke vluchtpunt die ons hiertoe verleidt. En we hebben bovendien dieper begrepen waarom wij de onjuiste indruk hebben dat het machteloosheid en onvrijheid zou inhouden wanneer wij ons willen en beslissen gewoon als een van voorwaardelijkheid doortrokken innerlijk proces zouden opvatten. Als we naar de taal van de machteloosheid grijpen, doen we dat aangezien we onszelf als zuiver subject opvatten, en zoals gebleken is zou dat een homunculus moeten zijn. Laten we deze diagnose niet verkeerd begrijpen. De vergissing die ik heb geschetst, is niet iets wat we als uitdrukkelijke gedachtegang voltrekken. Integendeel, op het moment dat we die in de vorm van een uitdrukkelijke gedachte voor ons krijgen, herkennen we ook meteen dat het hier om een buitenissige vergissing gaat. «Nou ja, dát bedoel ik natuurlijk niet!» zullen we uitroepen. Maar wat bedoelen we dan wel? Er moet nog iets anders zijn, want de intuïties die ons in de richting van de onvoorwaardelijke vrijheid trekken, komen niet tot rust door het loutere feit dat iemand ons de besproken fout uit de doeken doet. Ze blijven bestaan en willen tot gelding komen, ook nadat wij onszelf hebben uitgelegd hoe wij de ervaring van het innerlijke vluchtpunt niet verkeerd mogen begrijpen. Als de nog resterende, hardnekkige intuïties op een vergissing berusten, moet er een vergissing in het spel zijn die in zekere zin nog *achter* de tot nu toe besproken vergissingen verborgen ligt, en het is zaak deze aan het licht te brengen. Dat is de opgave voor de laatste twee hoofdstukken in dit deel van het boek.

Gematigde onvoorwaardelijkheid?

Maar voor ik aan deze opgave begin, wil ik de huidige diagnose afronden door een gedachte te onderzoeken die je vaak tegenkomt wanneer de twee steekwoorden «vrijheid» en «voorwaardelijkheid» vallen. Deze gedachte kun je opvatten als een reactie op mijn voorgaande kritiek op de onvoorwaardelijke vrijheid, en hij luidt dan zo: «U hebt voor uw kritiek een ridicule versie van de onvoorwaardelijke vrijheid uitgezocht, en het is geen wonder dat het u gelukt is u daar vrolijk over te maken. Natúúrlijk kan het bij de vrije wil niet gaan om een wil die *volstrekt* onvoorwaardelijk is in de zin dat hij *geen enkel* verband houdt met een bepaalde persoon, diens geschiedenis en diens karakter. Zo'n wil zou inderdaad volstrekt toevallig en volstrekt onbegrijpelijk zijn. Maar dat bedoelen we ook niet wanneer we zeggen dat de vrijheid van een wil en een beslissing ligt in het feit dat ze niet ondubbelzinnig worden vastgelegd door datgene wat eraan voorafging. Wat we op het oog hebben, is een speelruimte van veel kleinere omvang. We geven natuurlijk toe dat er voor de wil in kwestie een kader van voorwaarden moet bestaan waardoor deze iémands wil is, en ook een wil die een antwoord is op een bepaalde situatie. Maar dan komt er een punt waar het ondanks alle voorgeschiedenis een open vraag is wat de betrokkene zal willen. Hij kan evengoed het ene willen als het andere. Er is niets wat nu nog ondubbelzinnig zou bepalen wat het zal worden. Dit soort laatste openheid, dat is de vrijheid. En om deze vrijheid te beschrijven, hebben we noch de retoriek van de machteloosheid, noch een zuiver subject nodig.»

Is het verschijnsel correct beschreven? En heeft het werkelijk met vrijheid van doen? Laten we eerst kijken naar het geval van een substantiële beslissing, dus het geval waarin het gaat om de substantie van ons leven en onze identiteit op de lange termijn. Kan de emigrant zichzelf begrijpen als iemand wiens beslissing zus of zo zal uitvallen zonder dat er dingen in hem zijn – herinneringen, innerlijke beelden, overwegingen – die uiteindelijk de overhand krijgen, zodat hij afreist of juist blijft? Kan hij zichzelf zien als iemand die een munt opgooit en de zaak dus aan het toeval overlaat? Dat kan hij niet, in ieder geval niet als hij zichzelf graag ziet als iemand die zijn vrijheid in praktijk brengt. Als het namelijk waar was dat het toeval bepaalde wat hij zal willen en doen, en niet zijn overwegingen, dan *zou het helemaal niet om een beslissing gaan* en dus ook niet om de uitoefening van vrijheid. En aan deze conceptuele vaststelling beantwoordt ook iets in de ervaring. Juist omdát de emigrant graag uit vrije wil zou bepalen wat hij doet, zal hij net zo lang met zichzelf worstelen tot de ene groep innerlijke voorwaarden de overhand heeft gekregen boven de andere en zijn wil nu vastlegt. Pas wanneer hij de indruk heeft dat het nu géén toeval meer is wat hij wil, zal hij in het besef van zijn vrijheid tot rust komen. Mochten de omstandigheden hem tot handelen dwingen op een tijdstip waarop alles voor hem nog onbeslist is, zodat het hem als toeval zou voorkomen wat hij wil en doet, dan zou dat een ervaring van *verijdelde* vrijheid zijn.

Met de ervaring van vrijheid heeft de gedachte aan de toevalligheid van de eigen wil dus niets te maken, ook niet in dit meer beperkte kader. De indruk dat het anders is, berust op een verwisseling van vrijheid met besluiteloosheid, die je als een vorm van onvrijheid kunt ervaren. Zo is het ook in het geval van een instrumentele beslissing, waar minder op het spel staat. Er zijn situaties waarin voor het ene precies zoveel te zeggen lijkt te zijn als voor het andere. Bijvoorbeeld bij de keuze tussen twee woningen of de keuze tussen twee vervoermiddelen. En het kan gebeuren dat we een munt opgooien, letterlijk of figuurlijk. Maar als we dat doen, dan alleen omdat het een zaak betreft die we gewoon niet belangrijk genoeg vinden om van onze vrijheid een punt te maken. Bij woningen zullen we daarom geen munt opgooien, maar net zo lang een beroep doen op onze fantasie tot we uiteindelijk toch tot een vast besluit en een ondubbelzinnig bepaalde en dus vrije wil gekomen zijn. Als we vervoer nodig hebben, ligt het anders. Daar heeft lang overwegen geen nut, en we laten het naar onze eigen indruk aan het toeval over wat ons op dat moment aanstaat. Misschien genieten we daar zelfs van en vatten we de ervaring op als een vorm van vrijheid. Maar dan is het zoals toen we ons in de hoofdstraat met de stroom lieten meedrijven: we spelen dat we een windvaan zijn. En als we later op deze episode terugkijken, zullen we aan die pure toevalligheid gaan twijfelen. In zekere zin was het toevallig dat er bij de bushalte juist een taxi stopte. Maar dat we die ook namen, hing af van voorwaarden, bijvoorbeeld het feit dat we in de stemming van dat moment maling hadden aan geld. En zo hebben we het ook graag, want ook bij kleinigheden hebben we liefst dat ze de ónze zijn en ons niet door de anonieme instantie van het toeval worden toegespeeld.

Ook in deze beperkte versie helpt onvoorwaardelijkheid ons niet om de ervaring van de vrijheid te begrijpen. En wel omdat ook hier geldt: we zoeken de vrijheid op de verkeerde plaats als we die zoeken in de afzwakking of afwezigheid van afhankelijkheid van voorwaarden. En de indruk dringt zich op dat ook deze poging om de vrijheid te zoeken in de afwezigheid van voorwaarden die het handelen noodzakelijk maken, in het geheim ten prooi gevallen is aan de vergissing dat voorwaarden, als ze voldoende zijn om iets teweeg te brengen, gelijk zouden staan met dwang en machteloosheid.

8. Vrijheid vanbinnen en vanbuiten

Ook als we het verschijnsel van het innerlijke vluchtpunt niet verkeerd interpreteren in de zin van een zuiver subject, en ons hoeden voor de val van het geloof in een verborgen homunculus, ook dan kunnen we toch de indruk hebben dat we geen recht kunnen doen aan onze vrijheidservaring wanneer we deze vrijheid louter als voorwaardelijke vrijheid opvatten. Ook als we wéten dat vrijheid alleen een voorwaardelijke zaak kan zijn, kan het ons toch toeschijnen dat we ons daar niet volledig in kunnen herkennen. Net als tevoren hebben we misschien de indruk dat er iets ontbreekt, en dan niet iets wat we ons alleen maar *in het hoofd halen* en wat je door het blootleggen van een vergissing kunt rechtzetten, maar iets wat we zonder enige twijfel *ervaren*. De opgave waar we nu voor staan is te begrijpen wat hier aan de hand is. We moeten ontdekken welke verschijnselen zich kunnen samenvoegen en verdichten tot de indruk dat het interne perspectief op onze vrijheid zich verzet tegen een volledige analyse in het kader van de voorwaardelijkheid. En we moeten met ons inzicht weten door te dringen tot het punt waarop we kunnen onderkennen dat deze intuïtieve indruk uiteindelijk toch op een denkfout berust – een vergissing die de tot nu toe besproken vergissingen omvat en motiveert.

Fantasie: effectieve mogelijkheden

We kunnen beginnen bij het besef dat we op elk moment kunnen kiezen tussen diverse mogelijkheden voor ons willen en handelen. Het besef van zo'n speelruimte maakt de substantie van onze vrijheidservaring uit. En we hoeven ons niet te verstrikken in de tegenspraken die het idee van een zuiver subject aankleven om toch de indruk te hebben dat dit besef in gevaar zou komen als het tot nu toe vertelde verhaal over de voorwaardelijke vrijheid het laatste woord zou blijven.

Laten we terugdenken aan de openheid van de toekomst zoals die er in dit verhaal komt uit te zien. Waarin bestaat de ervaring van onze emigrant dat hij een open toekomst voor zich heeft? We hadden in deze ervaring drie componenten ontdekt: ten eerste de ervaring van het beslissen als zodanig, dus de ervaring dat iemand met zijn overwegingen en zijn fantasie over zijn wil kan beschikken; ten tweede het besef dat beslissingen herroepbaar zijn; ten derde de ervaring dat zelfs het besef van welke weg zijn wil doorgaans neemt iemands beslissing kan beïnvloeden en zijn wil in de tegengestelde richting kan sturen. Tezamen leveren deze drie componenten – zo liet het zich aanzien – precies datgene op wat zo belangrijk voor ons is: een speelruimte van mogelijkheden die ons op elk moment begeleidt.

Maar vervolgens – in het openingshoofdstuk van dit tweede deel – leerden we een argument kennen dat alles teniet leek te doen. Wil het besef van een open toekomst niet bedrieglijk zijn, zo werd ons verteld, dan moeten de mogelijkheden die iemand in overweging neemt ook *echte*, dus *feitelijke* mogelijkheden zijn, en geen mogelijkheden die alleen *in zijn voorstelling* bestaan. Louter voorgestelde mogelijkheden hebben voor de vrijheid geen nut. Maar de mogelijkheden die iemand voor zich ziet, zijn alleen dan echt wanneer niet achter de coulissen van zijn denken reeds beslist is welke hij zal kiezen. En juist dat is het geval wanneer alles van voorwaarden afhangt. Neem onze emigrant. Welke van zijn fantasieën over de toekomst het zal winnen en zijn wil zal bepalen, volgt ondubbelzinnig uit zijn levensgeschiedenis en uit datgene wat die van hem gemaakt heeft. Het is dus niet wáár dat zijn weg over het oppervlak van de aarde zich in verschillende richtingen kan vertakken. Hij gelooft dat wel tijdens zijn overwegingen, en moet het ook geloven, want het hoort bij het idee van het overwegen. Maar als zijn vrijheid louter een voorwaardelijke vrijheid is, is het in feite onwaar; en als de emigrant zichzelf enerzijds beschouwt als iemand die mogelijkheden afweegt en anderzijds als iemand wiens vrijheid van voorwaarden afhangt, verstrikt hij zich dus in een regelrechte tegenspraak.

Hoe helder en dwingend deze overweging ook klinken mag, ze is toch verward. De bron van de verwarring ligt in het spreken over de *echte mogelijkheden*. Kijken we naar de emigrant zoals hij op het station op zijn koffer zit. Wat kan het betekenen om een onderscheid te maken tussen zijn echte en onechte mogelijkheden, en wat heeft dit onderscheid met de vrijheid van zijn wil te maken? De man kan – zoals we tot nu toe hebben aangenomen – met de trein naar het buitenland reizen of zich bij zijn vriend aansluiten en in het verzet gaan. Dat zijn echte mogelijkheden, en wel in deze zin: zoals de wereld op dit tijdstip is, staat beide handelingen niets in de weg. Laten we het verhaal veranderen en aannemen dat de agenten van het nieuwe, bloedige regime hem al op de hielen zitten en achter de muren van het station alleen nog op het bevel wachten hem te arresteren. Wat in het oorspronkelijke verhaal echte mogelijkheden waren, zijn dat nu niet meer: hij kan niet afreizen en ook niet in het verzet gaan. Maakt dat voor zijn beslissingsvrijheid enig verschil? Niet zolang hij de agenten niet opmerkt. Wij weten meer, en daarom heeft het voor ons iets tragikomisch hoe hij daar op het perron zit en over twee mogelijkheden nadenkt die hij in werkelijkheid helemaal niet meer heeft. En in feite is er ook iets in zijn vrijheid als geheel veranderd: zijn vrijheid van *handelen* is dramatisch ingekrompen. Maar de vrijheid van zijn *wil* heeft door het feit dat de wereld achter zijn rug om veranderd is en zijn handelingsvrijheid over een paar minuten helemaal zal verstikken, geen schade geleden. Als het de gevoelens van loyaliteit aan het verzet zijn die bij hem de overhand krijgen, en als hij vervolgens, vastbesloten deze wil te verwerkelijken, van de koffer opstaat om naar de stad terug te keren, dan loopt hij als een man met een vrije wil in de armen van de wachtende beulsknechten.

Het is dus niet zoals het argument zegt, dat de overwogen mogelijkheden feitelijk moeten bestaan en dat louter voorgestelde mogelijkheden voor de vrijheid niets uithalen. Dat geldt voor de vrijheid van handelen, en daar is het triviaal: ik kan alleen dan doen wat ik wil als ik het werkelijk kán doen. Voor de vrijheid van de wil daarentegen geldt dit niet. Voor de vraag of mijn wil vrij is in de zin dat hij zich naar mijn oordeel voegt, speelt het geen rol of de mogelijkheden die ik bij mijn oordeelsvorming overweeg ook werkelijk bestaan – of mijn fantasie dus realistisch is. Ook de wil van iemand die in een waan verstrikt is, kan een vrije wil zijn. Zo'n wil zal ons in zijn dwaasheid als ridicuul voorkomen, en wanneer het bij de verwerkelijking altijd al direct spaak loopt, omdat de wereld nu eenmaal niet strookt met zijn fantasie, kan het twijfelachtig worden of je eigenlijk nog wel van een wil kunt spreken. Maar het beslissende conceptuele punt blijft bestaan: voor zover deze wil overeenstemt met de overwegingen en het oordeel van de betrokkene, is hij vrij. Misschien is het iedereen die onze pianoleerlinge kent allang duidelijk dat zij de wil om Chopins Minutenwals in zestig seconden te spelen nooit zal kunnen verwerkelijken. Dat maakt haar tot een pathetische figuur, en misschien hebben we medelijden met haar. Haar waardigheid echter, voor zover het de waardigheid van de wilsvrijheid en niet die van de rede is, verliest ze hiermee niet – vooropgesteld dat zij niet het slachtoffer is van een dwangmatige of anderszins onvrije wil, maar handelt vanuit een wil die overeenstemt met haar beeld van wat je wensen kunt.

De openheid van de toekomst die we voor de vrijheidservaring nodig hebben, ligt in het spel van de verbeeldingskracht. En *alleen* in dit spel. Niet alleen is het onwaar dat louter voorgestelde mogelijkheden voor de vrijheid van de wil geen nut hebben; het is omgekeerd: *alleen* voorgestelde mogelijkheden hebben enig nut. Het zou kunnen dat de emigrant zich op zijn zolderkamer dagenlang dood houdt omdat hij meent omsingeld te zijn door spionnen van de geheime politie. Geen stap buiten de deur, geen licht, de deurbel blijft onbeantwoord, net als de rinkelende telefoon. De enige mogelijkheden waar zijn fantasie zich mee bezighoudt, betreffen maatregelen om zich te barricaderen en tegen een gewelddadige invasie te beschermen, en vluchtwegen over de daken. In werkelijkheid zijn het vrienden die aanbellen om hem af te halen en in het geheim de stad uit te brengen. Er zíjn dus vluchtmogelijkheden voor de emigrant. Maar aangezien ze geen toegang krijgen tot zijn fantasie, heeft het feit dat ze er zijn voor zijn vrijheid geen nut. Dat is triviaal, zult u misschien denken. Natúúrlijk kun je geen rekening houden met mogelijkheden die je niet kent. Maar ondanks de trivialiteit ervan is deze opmerking toch belangrijk. Het wordt zo opnieuw duidelijk dat het voor de vrijheid van de wil niet, zoals ons argument voorgeeft, op de feitelijke maar op de voorgestelde mogelijkheden aankomt, niet op de wereld maar op de fantasie. En de mogelijkheden van de fantasie, zo kun je hieraan toevoegen, zíjn echt, en zijn zelfs *feitelijk*, zij het in een gewijzigde zin. Als voorgestelde mogelijkheden oefenen ze echte en feitelijke invloed op de wil uit, die door deze invloed tot een vrije wil wordt.

Hiermee hebben we nog niet alles aan het besproken argument rechtgezet. De gedachtegang blijft namelijk in stand doordat het spreken over de echte mogelijkheden ook nog in een heel andere betekenis voorkomt. Men zegt dan dat de mogelijkheden die iemand voor zich ziet alleen echt zijn wanneer achter de coulissen van zijn denken niet reeds beslist is welke hij zal kiezen. Op het eerste gehoor klinkt dit plausibel, want je denkt: ja, en als we alleen voorwaardelijke vrijheid hadden, zou deze voorwaarde niet vervuld kunnen worden; dus is het alleen de onvoorwaardelijke vrijheid die ons echte mogelijkheden en een echte afweging geeft.

In werkelijkheid is het precies omgekeerd. Wat zou het in het geval van de emigrant kunnen betekenen dat achter de coulissen van zijn denken en zijn fantasie reeds beslist is welke van de overwogen mogelijkheden hij zal kiezen? Het zou twee heel verschillende dingen kunnen betekenen. In de eerste plaats *zou zijn wil zich onafhankelijk van zijn denken kunnen vormen.* Wat hij zich met zijn verbeeldingskracht voor de geest haalde – de veewagon, bijvoorbeeld, of het woedende gezicht van zijn vriend – zou dan zijn als een vrijlopend tandrad dat niets in beweging brengt. Dat zou inderdaad, zoals we allang weten, de onvrijheid van zijn wil betekenen. Maar dat is niet de situatie als zijn wil *voorwaardelijk* vrij is, maar als die *onvoorwaardelijk* vrij zou zijn. Het zou juist de onvoorwaardelijk vrije, wispelturige wil zijn die zich om geen enkele voorstelling bekommerde en zich achter de coulissen van het denken vanuit het niets vormde. Daarvoor, en niet voor de voorwaardelijke wil zou gelden dat deze met de speelruimte van de voorgestelde mogelijkheden niets te maken heeft. De voorwaardelijk vrije wil daarentegen vormt zich juist níet onafhankelijk van het denken en het innerlijk afpassen van een speelruimte van mogelijkheden, maar onder invloed daarvan. Met andere woorden, de voorwaardelijke vrijheid, en die alleen, garandeert dat de mogelijkheden die iemand overweegt ook echte en dus effectieve mogelijkheden zijn.

Maar er is nog een andere interpretatie voor de gedachte dat het misschien al van tevoren beslist is welke van de overwogen mogelijkheden de emigrant uiteindelijk zal kiezen. Er kan namelijk ook bedoeld zijn: *het is geen open vraag welke van zijn voorstellingen uiteindelijk de overhand zal krijgen en zijn wil zal bepalen.* Dat betekent: in de levensgeschiedenis en het karakter van de emigrant zijn factoren en voorwaarden aanwezig die ervoor verantwoordelijk zijn en erover beslissen welke van de overwogen mogelijkheden bij zijn wilsvorming de doorslag zullen geven. En dat is in het kader van de algemene voorwaardelijkheid inderdaad zo. Maar ondergraaft dat de echtheid van de overwogen mogelijkheden? Integendeel. Laten we aannemen dat het niet zo was. Dan zou gelden: het hangt bij de emigrant nergens van af of het de voorstelling van de deportatie of de voorstelling van zijn woedende vriend is die zijn wil uiteindelijk bepaalt. Het zou evengoed de ene voorstelling kunnen zijn als de andere. Zou dat de overwogen mogelijkheden een bijzondere echtheid verlenen?

Allerminst. Want nu zou het puur toeval zijn welke beslissing de emigrant neemt, want het zou puur toeval zijn welke voorstelling zijn wil zou volgen. De toevalligheid van zijn beslissing zou betekenen dat deze niets – werkelijk helemaal niets – met hem, zijn innerlijke gesteldheid en zijn geschiedenis te maken zou hebben. En als het bij déze beslissing zo was, zou het bij élk van zijn beslissingen zo moeten zijn. De emigrant zou nu de indruk maken van iemand die van de ene toevallige beslissing naar de andere struikelt, zonder dat de opeenvolging van zijn beslissingen ook maar iets met hem, zijn herinneringen, zijn emoties en zijn karakter van doen zou hebben. Dat zou een buitenissige vorm van vrijheid zijn, even buitenissig als de vrijheid van de onvoorwaardelijke wil. Wat de emigrant wil wanneer hij een vrije wil wenst te hebben, is precies het tegendeel: hij wil dat het afwegen van mogelijkheden hem voorziet van een wil die bij hem, bij deze concrete persoon, past. De verbeeldingskracht moet juist zien te bereiken dat hij een wil vindt waarmee hij zich kan identificeren. En de verbeeldingskracht kan dat alleen bereiken wanneer de uitwerking van de fantasiebeelden niet toevallig is, maar mede bepaald wordt door al die dingen die hem tot de bepaalde persoon maken die hij is. Dan en dan alleen hebben de overwogen mogelijkheden voor hem enig nut. Dan en dan alleen zijn het echte, dus effectieve mogelijkheden.

De overweging die als uitkomst had dat de voorwaardelijke vrijheid onze vrijheidservaring tot een illusie zou maken, is dus in beide interpretaties onwaar. Het is niet juist dat de overwogen mogelijkheden feitelijk moeten bestaan en dat louter voorgestelde mogelijkheden voor de vrijheid geen nut hebben, en het klopt ook niet dat voor een begrijpelijke en gewenste vrijheid van de wil vereist is dat de voorgestelde mogelijkheden bij hun uitwerking op de wil van geen enkele voorafgaande voorwaarde mogen afhangen. De echte situatie van de beslissingsvrijheid is heel anders. Het behoort tot de *logica* en de betekenis van het beslissingsproces dat ik weet: uiteindelijk zal ik nog maar één ding kunnen willen en doen. Zolang ik aan het overwegen ben en mij verschillende mogelijkheden voorstel, is de wilsvorming niet afgesloten en is het waar als ik denk: nú, terwijl ik over de alternatieven nadenk, is nog niet alles vastgelegd. Maar dit hele proces van nadenken over de alternatieven zal samen met mijn geschiedenis uiteindelijk mijn wil in een heel bepaalde zin vastleggen. Dat weet ik, en het stoort me niet; integendeel, juist hierin bestaat de beslissingsvrijheid. Deze vrijheid zou niet groter worden, maar zou mij geheel worden ontnomen als ik tegen mezelf moest zeggen: mijn overwegingen kunnen nog eindeloos doorgaan – het zal ze nooit lukken mijn wil vast te leggen. Dát zou het overwegen tot donquichotterie maken, en dát zou voor mij machteloosheid betekenen.

Nu zijn we ook in staat de tegenspraak op te heffen die de besproken redenering ons probeerde voor te houden. Het behoort tot het idee van het overwegen, zo werd ons verteld, te geloven dat er diverse mogelijkheden voor ons openstaan. Als we echter de voorwaardelijke vrijheid zien als de enige vrijheid, komt dit neer op de tegengestelde overtuiging: dat er voor onze wil per slot van rekening slechts één enkele mogelijkheid zal bestaan. Is dat geen regelrechte tegenspraak? Nee. Want het *onderwerp* van beide overtuigingen is verschillend. Als de emigrant nadenkt over zijn verschillende mogelijkheden tot handelen, heeft zijn nadenken betrekking op de wereld, zijn mogelijk handelen en de vraag hoe het hem zou vergaan als hij de ene dan wel de andere mogelijkheid koos. Hij ziet het gevaar onder ogen dat als hij bleef, zijn vrouw en kinderen gedeporteerd zouden kunnen worden, hij denkt aan de reactie van zijn vriend en het verwijt van lafheid waar hij aan bloot zou staan als hij afreisde, en haalt zich de gevoelens voor de geest waar hij in beide gevallen mee zou moeten leven. Wat hij denkt – dat zagen we al – hoeft niet waar te zíjn; maar het behoort tot het beslissingsproces dat het niet gaat om een tot niets verplichtend gedachtespel, maar om iets wat hij voor waar hóudt. En tot datgene wat hij voor waar houdt, behoort ook de overtuiging dat beide mogelijkheden tot handelen en willen voor hem openstaan; anders zou hij niet heen en weer geslingerd worden. Maar nu komt het erop aan de inhoud van deze overtuiging niet verkeerd te beschrijven. Het is niet de overtuiging: *hoe mijn afweging ook uitvalt, het zal uiteindelijk altijd nog mogelijk zijn beide dingen te willen.* De overtuiging in kwestie gaat *helemaal* niet over de invloed die de zojuist voltrokken overwegingen al dan niet op zijn wil zullen hebben. Het verband tussen de gedachten en de wil is simpelweg niet het voorwerp van deze overtuiging. Wat de emigrant bij het nadenken in beslag neemt, is de *inhoud* van zijn voorstellingen en niet de *uitwerking* die ze in zijn binnenste zullen hebben. Hij is, zou je kunnen zeggen, geheel *verzonken* in zijn voorstellingen en moet dat ook zijn, anders kan hun uitwerking op de wil niet totstandkomen. Wanneer hij – zoals het vermogen tot innerlijk afstand nemen hem in principe toestaat – expliciet zou nadenken over de uitwerking van zijn voorstellingen op zijn wil, zou de uitwerking ervan stagneren, en het oorspronkelijke beslissingsproces zou worden onderbroken.

Goed, zal iemand zeggen, de beschouwing van de voorgestelde mogelijkheden sluit *feitelijk* de gedachte aan de uitwerking van deze verbeelding op de wil uit – beide dingen vinden in ons innerlijk niet gelijktijdig plaats, en de overgang van het een naar het ander zou de innerlijke situatie sterk veranderen. Dus zal de in zijn gedachten verzonken emigrant feitelijk niet de gedachte voltrekken dat zijn overwegingen hem, ook als ze zijn afgerond, niet op één enkele wil zullen vastleggen. Maar dat is ook niet wat het besproken argument op het oog heeft. Waar het op aankomt is de vraag of de overtuiging van de emigrant dat hij nog beide wegen kan gaan, *logisch gezien* niet de overtuiging vereist dat het ook als hij is uitgedacht nog mogelijk is diverse dingen te willen. Anders uitgedrukt: zijn de beide gedachte-inhouden «Ik kan verschillende dingen willen en doen» en «Mijn nadenken zal ertoe leiden dat ik uiteindelijk nog maar één ding kan willen en doen» met elkaar te verenigen?

Natúúrlijk zijn ze dat, want ze hebben zoals gezegd een verschillend onderwerp of, zoals je ook kunt zeggen, een verschillende *reikwijdte*. De ene keer is er sprake van de mogelijkheden voor mijn willen en handelen zoals die eruitzien vóórdat het nadenken erover zijn definitieve uitwerking op de wil heeft gehad; de andere keer spreken we over de situatie zoals die zal bestaan nádat de beslissing is gevallen. De ene keer spreken we over de wil *afgezien van* het beslissingsproces, de andere keer over de wil *met inbegrip* van dit proces. En daarom kan van een tegenstrijdigheid geen sprake zijn.

Aandacht voor de dingen

We hadden ons ten doel gesteld te ontdekken waar de indruk vandaan komt dat wij geen recht kunnen doen aan het interne perspectief op de vrijheid als we deze vrijheid als voorwaardelijk opvatten. Welke denkfouten doen deze indruk ontstaan? In het voorgaande hoofdstuk hebben we twee van deze fouten blootgelegd: de misvatting van de machteloosheid en de misvatting van het zuivere subject. Inmiddels is er nog een derde fout bij gekomen: de misvatting van het overwegen en de open toekomst. We weten nu dat de bezigheid van het nadenken over verschillende mogelijkheden logisch noch functioneel gezien in tegenspraak is met de verwachting en de zekerheid dat deze bezigheid ons uiteindelijk op één enkele mogelijkheid zal vastleggen. Integendeel, het voornemen tot een beslissing te komen is nu precies het voornemen om zich, door aan veel dingen te denken, op één ding vast te leggen. Eigenlijk is dat zonneklaar. Waarom dan de misvatting? Hoe kunnen we ons diagnostisch inzicht verder verdiepen?

We kunnen aanknopen bij een observatie waar ik al eerder gebruik van maakte toen ik de nadenkende emigrant beschreef als iemand die geheel *verzonken* is in zijn voorstellingen. Ik bedoelde dat hij uitsluitend bezig was met de *inhouden* waar hij over nadacht. Dat kun je ook zo uitdrukken: zijn *aandacht* is helemaal *bij de dingen*. Stel u voor hoe het zou zijn als u de emigrant was.

Met ontsteltenis ziet u de geüniformeerde handlangers voor u die uw gezinsleden in de veewagon samendrijven. U ziet uw vrouw en kinderen in het concentratiekamp en bij hun laatste gang naar de dood. U ziet hun van ontzetting vertrokken gezichten en hoort hun kreten. Aan de andere kant ziet u de kelder voor u waarin de verzetsstrijders elkaar treffen. U hoort hoe zij over u praten, over uw verraad aan hun zaak en over uw lafheid. We moeten hem maar vergeten, zeggen ze, en hun gezicht staat vol verachting. Dat alles ziet u voor u, en u krimpt ineen omdat de beslissing zoveel pijn doet. U gaat helemaal op in de scènes die u zich voorstelt. Er is in uw bewustzijn nergens plaats voor, behalve voor datgene wat de fantasie u ingeeft. U bent met uw gedachten helemaal *buiten* bij de dingen die u benauwen: de trein met de veewagons, de gezichten van uw vrouw en kind, de gezichten en opmerkingen van de mensen uit het verzet. Om deze ervaring van het elders-zijn nader te karakteriseren zou je kunnen zeggen: uw gedachten en de beelden van uw fantasie zijn *voorbij die beelden gericht op het voorwerp van uw aandacht*. Of misschien beter: uzelf richt u voorbij die gedachten en beelden op het voorwerp van uw aandacht. Uw nadenken en fantaseren is in deze zin naar buiten toe *doorzichtig*.

Het is denk ik deze transparantie die verklaart hoe de misvatting kan ontstaan dat het voor de vrijheid aankomt op de mogelijkheden buiten in de wereld en niet op de voorstellingen daarvan. Als u in uw fantasie de verschillende mogelijkheden nagaat, hebt u de indruk dat ze zich bewegen in een universum van objectieve mogelijkheden, waaruit u een keuze moet maken. En dan kan gemakkelijk ook het tweede deel van deze misvatting ontstaan: het kan nu lijken alsof uw vrijheid moet bestaan in het feit dat uw wil een van deze werkelijke mogelijkheden uitzoekt – *zonder dat hij erop aangewezen is door de overeenkomstige voorstellingen bepaald en vastgelegd te worden*. Uw vrijheid zou dan bestaan in een directe confrontatie met een speelruimte van objectieve mogelijkheden, en aan deze directe confrontatie zou niet de smet kleven dat uw wil door innerlijke voorwaarden zou worden beperkt en vastgelegd. Het zou, met andere woorden, een onvoorwaardelijke wil zijn. Als iemand u er dan aan herinnert dat mogelijkheden voor u alleen nut hebben wanneer ze als voorstellingen in u aanwezig zijn, vergaat het u misschien als bij de aanblik van een afbeelding die plotseling omklapt en u een heel andere figuur laat zien dan eerst. Opeens zijn de objectieve mogelijkheden en de bijbehorende onvoorwaardelijke wil weg, en in plaats daarvan zijn voorstellingen en een door en door voorwaardelijke wil gekomen. Als je de zaak zo reconstrueert, kun je de redenering die vanuit het idee van het overwegen concludeert tot het idee van de onvoorwaardelijke wil, opvatten als een poging dit omklappen ongedaan te maken en de oorspronkelijke denkfiguur te herstellen.

Het feit dat we onze voorstellingen niet als in zichzelf besloten innerlijke episodes beschouwen, maar onze aandacht naar buiten richten op datgene waar ze over gaan, is ook nog in ander opzicht een belangrijke bron voor de illusie van de onvoorwaardelijkheid. Het kan ertoe leiden dat wij de *spontaniteit* van onze fantasie verkeerd uitleggen. Het naar buiten gericht zijn van de aandacht houdt namelijk ook de ervaring in dat onze fantasiebeelden er plotseling *zomaar zijn*. Als u in uw fantasie met uw mogelijkheden bezig bent, is uw geestesgesteldheid van dien aard dat u zich volledig aan de voorstellingen, hun aantrekkingskracht en hun logica overgeeft en er geheel in opgaat, *zonder over hun herkomst na te denken*. Het enige wat telt zijn uw verwanten en de mensen van het verzet, dus datgene waar de voorstellingen over gaan. Verzonken in de inhoud ervan verspilt u geen gedachten aan de voorwaarden waar die voorstellingen van afhangen. En dat kan de indruk doen ontstaan dat zulke voorwaarden er helemaal niet zíjn.

Deze diagnostische gedachte kunnen we ook op de wil toepassen. Het willen bezit namelijk een transparantie die analoog is aan die van het voorstellen. Ook onze wensen beleven we niet als in zichzelf besloten innerlijke episodes. Als we iets wensen, zijn we in onze beleving weer daar buiten bij wat we wensen. U, de emigrant, wilt de deportatie van uw naaste verwanten verhinderen. Terwijl u door deze wil in beslag genomen wordt, hebt u geen aandacht voor de herkomst ervan. De wil is er gewoon en houdt u volledig gevangen. En de spontaniteit ervan, de als volkomen direct beleefde aanwezigheid, kan de indruk doen ontstaan dat er helemaal geen vlechtwerk van innerlijke voorwaarden ís van waaruit deze wil is ontstaan.

Raskolnikov, zo zei ik in het voorgaande hoofdstuk, beleeft zijn moorddadige handeling niet als iets wat de afsluiting vormt van een reeds veel vroeger ingezette opeenvolging van innerlijke episodes. Hij beleeft deze als iets *nieuws*, of beter: als een *nieuw begin*, en deze indruk behoort tot zijn ervaring van actorschap. Zoiets kun je ook van zijn wil zeggen, en nu begrijpen we die indruk van spontaniteit beter: hij beleeft deze wil als een nieuw begin juist omdat hij met al zijn aandacht bij de moord is, zodat hij niet expliciet nadenkt over de episodische voorgeschiedenis van zijn wil.

Als iemand de spontaniteit van het willen verkeerd interpreteert als onvoorwaardelijkheid, kan de reden dus zijn dat hij de ware bron ervan, de doorzichtigheid van de wil naar buiten toe, over het hoofd ziet. Er kan echter ook nog een andere vergissing in het spel zijn. Denk even terug aan de autobestuurder die is doorgereden na een ongeluk en de volgende dag nabij het politiebureau met zichzelf worstelt. Op een gegeven moment – zo beschreef ik het – schuift hij alle overwegingen van zich af, vermant zich en gaat het bureau binnen – of rijdt terug. Het nuchtere en onbevangen commentaar hierop luidt: het overwegen *wordt gewoon afgebroken*, en de rest van het innerlijke proces kan nu zijn loop nemen. Stel dat we denken: Maar dat kan toch niet álles zijn? Anders was er geen vrijheid! Hoe komt het dat wij dit denken? Wat brengt ons in de verleiding de woorden te gebruiken die ik de verdediger van de onvoorwaardelijke vrijheid in de mond legde: «De vrijheidservaring is nu precies dat je na al het overwegen *altijd nog* beide dingen kunt doen»? We weten dat er geen onvoorwaardelijke vrijheid kan bestaan, en daarom weten we dat dit wel een verkeerde beschrijving móét zijn. En vanuit het verschijnsel gezien is deze beschrijving ook allerminst dwingend. We kunnen ook zeggen: de automobilist *geeft nu toe aan zijn wil* zoals die, door zijn in een kringetje ronddraaiende gedachten en door alles wat deze in hem hebben losgemaakt, uiteindelijk geworden is. Als iets ons doet aarzelen deze beschrijving te accepteren en ons nog altijd in de richting van de verkeerde beschrijving trekt, wat kan het dan zijn? Het zou kunnen zijn dat we aan de oude vergissing ten prooi vallen, en toch weer het gevoel hebben dat het machteloosheid zou betekenen als in het innerlijk van de autobestuurder de dingen *gewoon hun loop nemen*. Maar laten we aannemen dat we ons door de taal van de machteloosheid niet meer laten beheksen. En laten we aannemen dat er tóch nog iets is wat ons stoort. Wat kan dat zijn?

Kleurloze vrijheid

Het kan een gedachte zijn die ons verhaal tot nu toe in twijfel trekt op een manier die radicaler is dan alles wat wij aan bezwaren tot nu toe besproken hebben. In eerste aanzet kun je deze twijfel als volgt formuleren. Als je de vrijheid van de wil opvat als een bepaalde vorm van voorwaardelijkheid, ga je voorbij aan het speciale *innerlijke* karakter van deze vrijheid. Het idee van de voorwaardelijkheid stamt namelijk uit het externe perspectief, en is dus niet geschikt om de vrijheid, die wezenlijk een kwestie van het interne perspectief is, te beschrijven. Als je het toch doet, doe je iets paradoxaals: *je beschrijft het interne perspectief vanuit het externe perspectief.* Je doet alsof het interne perspectief iets is wat door het externe perspectief *omvat* kan worden. En daarvan verwacht je dan een beter inzicht in het interne perspectief. In werkelijkheid verlies je de eigen aard ervan volledig uit het gezicht. Dat is wat er uiteindelijk mis is met het idee van voorwaardelijke vrijheid.

Deze gedachte kun je beschouwen als de wortel van de tot nu

toe besproken weerstanden tegen de voorwaardelijke vrijheid. Dat geldt bovenal voor het intuïtieve gevoel van actorschap, waar de bezwaren tot nu toe steeds weer op teruggrepen. Wat irritant leek, was dat in het verhaal tot nu toe van het actorschap uiteindelijk toch alleen een innerlijk *proces* overbleef, waardoor het leek alsof wij als *subjecten* van de vrijheid verloren gingen. Dat krijgt nu een verklaring: het komt doordat we de gedachte van de voorwaardelijkheid tot leidraad van de analyse maakten, en zodoende het interne perspectief van begin af aan tot voorwerp maakten van een beschouwing vanuit het externe perspectief en het daardoor zonder het te merken van zijn eigenlijke natuur vervreemdden.

Zo gebeurde het bijvoorbeeld – zo zou deze gedachte verdergaan – bij Raskolnikov. We hebben het ontstaan van zijn moorddadige wil beschreven als een aaneenschakeling van innerlijke voorwaarden. Dat was de blik van buitenaf. Onder deze blik werd Raskolnikov tot iets wat in principe lijkt op een horloge: een voorwerp of systeem dat door een intern proces – een mechanisme – wordt aangedreven. In veel opzichten lijkt hij vanzelfsprekend níet op een horloge: wat hem aandrijft, zijn geen radertjes, maar gedachten en voorstellingen, herinneringen en gevoelens, en natuurlijk een wil. Maar wat de fundamentele *categorie* betreft maakt dat geen verschil. Van buitenaf beschouwd is ook hij iets wat wordt aangedreven door een innerlijk proces, een innerlijk tikken. Toen vervolgens zijn vrijheid ter sprake kwam, *zijn we bij deze beschouwingswijze gebleven*; we hielden vast aan de leidende gedachte van de voorwaardelijkheid, en beschreven deze vrijheid dus ook weer als een innerlijk tikken. Weliswaar is het volgens onze beschrijving een heel bijzonder en bijzonder belangrijk tikken: de vorming van de wil door overwegingen, het beslissingsproces dus. Maar het is en blijft een *tikken*, dus iets wat gewoon gebeurt en zijn loop neemt. De fout is niet dat we Raskolnikov *helemaal niet* zo mogen beschouwen. Het zou onzinnig zijn het externe perspectief te verwijten dat het is zoals het is. De zwaarwegende fout bestaat erin te geloven dat wij op deze manier zijn vrijheid, met het speciale innerlijke karakter daarvan, adequaat kunnen beschrijven.

Iets aan deze gedachte kan niet kloppen. Dat wordt duidelijk zodra je bedenkt dat het idee van voorwaardelijkheid nauw verbonden is met het idee van *begrijpen*: geen begrijpen zonder het kennen van voorwaarden. Als het dus waar was dat het idee van de voorwaardelijkheid uitsluitend in het externe perspectief thuishoort, dan zou moeten gelden: binnen het interne perspectief is er geen begrijpen, of begrijpen is daar iets geheel anders. Het begrijpen in de tot nu toe gebruikte zin zou dan de indruk wekken van iets wat de karakteristieke innerlijkheid opheft en ons blind maakt tegenover de vrijheid. En dat is een consequentie die niet past bij de manier waarop we onszelf begrijpen: als we onszelf begrijpen door de voorwaarden te onderkennen voor onze wil, zoals die vroeger was en ook zoals die nu is, hebben we allerminst de indruk onszelf naar buiten te stulpen en daarbij de vrijheid te verliezen.

Maar dat is niet de verklaring voor de vergissing waaruit de gedachte in kwestie voortkomt. Het is slechts een aanwijzing voor het feit dat er hier een vergissing moet worden opgehelderd. Wat kan zo'n opheldering inhouden? We moeten dan het volgende aantonen: het uitoefenen van onze wilsvrijheid is weliswaar *omgeven* door een bijzondere innerlijkheid, maar deze innerlijkheid *heeft met de vrijheid zelf niets van doen*. Als dit vermoeden kan worden waargemaakt, is de situatie als volgt. Zelfs als er aan de ervaring van de innerlijkheid iets zou zijn waardoor deze in conflict komt met het idee van de voorwaardelijkheid, zou dit vermeende feit niet kunnen bewijzen dat er ook zo'n conflict bestaat tussen vrijheid en voorwaardelijkheid. En er zou nog iets anders volgen: ook als de innerlijkheid aspecten zou bezitten die zich systematisch aan een goed inzicht vanuit het externe perspectief onttrekken, betekent dat nog niet dat ook de vrijheid iets is wat zich aan zulk inzicht onttrekt.

Voor de bedoelde opheldering is het van belang dat zich achter het steekwoord «innerlijkheid» twee volstrekt verschillende verschijnselen verbergen: het verschijnsel van de *beleving* en het verschijnsel dat we bij de uitoefening van onze vrijheid door een bijzondere *intimiteit* worden beschermd tegen de blik van andere mensen. Het komt erop aan te laten zien dat deze verschijnselen weliswaar feitelijk met onze vrijheid *gepaard gaan*, maar niet deze vrijheid *uitmaken*. En dat kunnen we het best aantonen door deze beide verschijnselen weg te denken en ons af te vragen of dit aan de vrijheid iets zou veranderen.

Laten we beginnen met de innerlijkheid die bestaat in het feit van de beleving. Het *voelt voor u op een bepaalde manier aan* een persoon te zijn die iets wil en al overwegend tot een beslissing komt. Stel u bent de leider van het verzet die na lange innerlijke strijd besluit zijn geliefde dood te schieten omdat zij te veel weet en daardoor een gevaar voor de kameraden is geworden. De beslissing is hartverscheurend, en in de seconden dat u op de vrouw af rijdt, aanlegt, een laatste blik wisselt en de trekker overhaalt, voelt u zich aangegrepen als nooit tevoren. Het verdriet, de angst en de haat tegen de bezetter die deze beslissing aan u heeft opgedrongen, kennen geen grenzen. En tot het profiel van uw beleving behoort ook een gevoel waarin uw vrijheid tot uitdrukking komt: de inspanning die het u kost uw liefde te onderdrukken en bij de vorming van uw wil met uw inzicht over uw verdriet te triomferen.

Dat u dit alles voelt, betekent dat het uitoefenen van uw vrijheid gepaard gaat met de ervaring van de innerlijkheid – de ervaring niet alleen subject van overwegen, willen en handelen te zijn, maar ook subject van gevoel. Onttrekt deze ervaring zich aan het externe perspectief? Is ze voor ons, de anderen, die de blik van buitenaf vertegenwoordigen, ontoegankelijk? Het is van belang wat we hieronder willen verstaan. Laten we aannemen dat het betekent: we kunnen daar eigenlijk niets van *weten*. Dan is het onwaar. Want in de eerste plaats kunt u ons zeggen hoe uw verscheurdheid aanvoelt; u kunt die beschrijven. En in de tweede plaats bezitten we invoelingsvermogen en kunnen we *navoelen* wat u doormaakt. Het is dus niet zo dat er over dit soort innerlijkheid in het externe perspectief helemaal niet kan worden nagedacht. Eén ding is uiteraard voor ons niet mogelijk: wij kunnen uw beleving van verscheurdheid niet hébben. Alleen u kunt die hebben, want het behoort tot de identiteit ervan dat het uw beleving is en niet de onze. Wij kunnen in principe hetzelfde *soort* beleving hebben als u; wat wij niet kunnen, is deelnemen aan uw belevingsepisode in de zin dat we die doorleven. En dat geldt ook voor de complexe beleving die het voltrekken van uw vrije beslissing begeleidt. Aangezien wij onmogelijk u kunnen zíjn, blijft deze beleving in zekere zin voor ons een gesloten boek.

Betekent dat – zoals de besproken redenering wil doen geloven – dat uw vrijheid voor ons principieel een gesloten boek moet blijven en ons hoogstens als een karikatuur kan voorkomen wanneer we die van buitenaf beschouwen? Er is een aanwijzing waaruit blijkt dat dit niet zo kan zijn. In de zin waarin uw doorleefde vrijheid zich aan ons onttrekt, onttrekt uw doorleefde *onvrijheid* zich ook aan ons. Mocht u een speler zijn die tegen beter weten in geen weerstand kan bieden aan het verlichte casino, dan geldt ook voor uw beleving van de innerlijke dwang dat deze een gesloten boek voor ons blijft in die zin dat wij de beleving niet met u kunnen delen en tot de onze maken. En dat betekent: de innerlijkheid die hier aan de orde is, kan geen innerlijkheid zijn die uit het wezen van de vrijheid voortkomt. Als uw doorleefde vrijheid zich aan het externe perspectief onttrekt, dan niet omdat het *vrijheid* is maar omdat het *beleving* is.

De innerlijkheid van de beleving is geen kenmerk van de vrijheid als zodanig. We komen tot hetzelfde resultaat wanneer we het aangekondigde gedachte-experiment uitvoeren en de innerlijkheid in gedachten opheffen. Verplaatst u zich weer in de situatie van de leider van het verzet. De situatie is zoals eerder beschreven: na een lange worsteling met uzelf besluit u uw geliefde te doden. Maar één ding is anders. In de loop van dit proces wijkt alle subjectieve kleur uit uw ervaring. Eerst worden de gevoelens van verscheurdheid alleen maar zwakker, en ook de inspanning die nodig is om de innerlijke weerstanden met uw oordeel te overwinnen, verliest aan kleur en wordt in de beleving minder intens. Uiteindelijk is uw innerlijk leven geheel kleurloos geworden. Er is wel nog steeds de angst om uw kameraden, de haat tegen de bezetter en het verdriet bij de gedachte aan het overhalen van de trekker. Deze dingen nemen in uw innerlijk nog precies dezelfde plaats in, en ze bezitten precies dezelfde bepalende kracht als tevoren. Alleen zijn het geen *belevingen* meer. En nu de beslissende vraag: zou dit verbleken en volledig kleurloosworden van de beleving en de innerlijkheid aan uw *vrijheid* iets veranderen? Nee. Het zou natuurlijk geen *doorleefde* vrijheid meer zijn, maar een volledig kleurloze vrijheid. Structureel gezien echter zou het nog steeds dezelfde vrijheid zijn als tevoren. U zou er nog steeds in slagen uw wil te laten luisteren naar uw oordeel. Als we op de hoogte waren van uw kleurloosheid, zouden onze gevoelens tegenover u veranderen. We zouden niet meer op dezelfde manier met u meevoelen in uw verscheurdheid, omdat we zouden weten dat u die niet hoeft te doorleven. Maar ons oordeel over uw vrijheid zou niet veranderen. Weliswaar heeft de bezetter hem deze verschrikkelijke wil opgedrongen, zouden we zeggen, maar desondanks oefent hij, wanneer hij zijn pistool richt en de trekker overhaalt, zijn beslissingsvrijheid uit.

De innerlijkheid van de beleving kan om deze reden niet worden gebruikt tegen ons eerdere verhaal over de voorwaardelijke vrijheid. Wat er ook moeilijk te begrijpen is aan deze innerlijkheid – moeilijker misschien dan uit mijn weergave blijkt –, een bezwaar tegen de voorwaardelijke vrijheid kan er niet aan worden ontleend.

Glazen vrijheid

Stelt u zich voor dat u wat uw willen, overwegen en beslissen betreft volkomen doorzichtig zou zijn, als van glas. Wij zouden bij u naar binnen kunnen kijken en u zou geen enkele mogelijkheid hebben uw gedachten en uw wil voor ons te verbergen. Onze blik zou ongehinderd in u kunnen doordringen en alle intimiteit die uw wilsvorming gewoonlijk omgeeft vernietigen. Dat zou een nachtmerrie zijn, zoveel is zeker. Maar zou het een nachtmerrie van *onvrijheid* zijn? Zou het verlies van de innerlijkheid in de zin van intimiteit onvermijdelijk ook het verlies van uw vrijheid betekenen?

Zoals eerder bij de innerlijkheid van de beleving is er ook hier een aanwijzing dat dit niet zo kan zijn. Wat voor de vrijheid geldt, geldt evenzeer voor de onvrijheid. Datgene wat u zou storen als uw vrije wil tot een publiek tafereel zou worden, zou u ook storen als u met uw onvrije wil aan de opdringerige blikken van de anderen was blootgesteld. Het zou niet minder onaangenaam zijn om met een dwangmatige of afhankelijke wil in de etalage te zitten dan om bij een vrije beslissing te worden gadegeslagen. Eerder het tegendeel. Daarom is het onmogelijk dat de innerlijkheid in de zin van intimiteit iets is wat de vrijheid als zodanig kenmerkt. Onze opgave is nu te begrijpen waarom u de indruk kunt hebben dat er tussen intimiteit en vrijheid toch een diepere samenhang is.

De reden is dat u door de openbaarheid van uw wil gemakkelijker beheersbaar en manipuleerbaar zou worden dan u bent wanneer u zich tegen onze blikken kunt beschermen. We zouden nu een uitgebreide kennis hebben van de kronkelwegen waarlangs uw wil zich vormt. Dat zou u wat uw wil en uw beslissingen betreft volkomen voorspelbaar en berekenbaar maken. Nu wij het innerlijke landschap van uw wil tot in detail kunnen overzien, zou het gemakkelijker zijn deze wil te beïnvloeden dan toen deze zich in het verborgene ontwikkelde. We zouden meer macht over u hebben dan anders. Bijvoorbeeld wanneer we u beschouwen in de rol van de weifelende emigrant. Uw woedende vriend zou nu een gedetailleerd actieplan kunnen opstellen om u tot andere gedachten te brengen. Zo zou hij veel beter weten hoe hij uw slechte geweten ten opzichte van het verzet zou kunnen aanwakkeren. Het kan heel goed zijn dat u dat als een inbreuk op uw vrijheid zou beschrijven. Maar de vrijheid waar u het dan over had, zou niet de mogelijkheid zijn om met uw overwegingen uw wil te bepalen. Het zou de vrijheid zijn die erin bestaat dat iemand bij zijn beslissingen niet het slachtoffer wordt van weloverwogen manipulatie. Als een inspecteur van politie zich voor bankier uitgeeft en u informatie over een geldtransport toespeelt om u te sterken in uw vage plan een bank te overvallen, zodat hij u later op heterdaad kan betrappen, zult u nadien een gevoel van onvrijheid hebben. Maar de onvrijheid waar dit gevoel betrekking op heeft, heeft niets te maken met de beslissingsvrijheid, want die is u niet ontnomen. Het lag geheel aan u dat u de verraderlijk rondgestrooide informatie van de inspecteur gebruikte om te besluiten tot de overval.

Het gevaar van manipulatie kan u dus op de onjuiste gedachte brengen dat een vernietiging van de intimiteit een vernietiging van de wilsvrijheid zou betekenen. Hoe zit het wanneer we dit gevaar uitsluiten en aannemen dat wij ons tegenover u louter als toeschouwer gedragen, zonder het minste voornemen u te beïnvloeden? We laten u met uw glazen vrijheid ongestoord uw gang gaan. Toch weet u dat ons niets verborgen blijft. U zou zich daar nog steeds niet lekker bij voelen, en u zou nog steeds de indruk kunnen hebben dat dit onaangename gevoel iets met een inbreuk op uw vrijheid te maken heeft. Waarom?

Laten we een kleine omweg maken en aannemen dat u zelf degene bent die zichzelf van buitenaf beschouwt. Zittend voor een televisiecamera ziet u zichzelf op het beeldscherm. Het onderwerp van deze gespreksronde is de doodstraf. Uw voornaamste tegenspeler is een Texaan die reeds vele doodvonnissen ondertekend heeft. De man is een briljant spreker; met een ondoorgrondelijk cynisme en een gluiperige verachting voor de mens pleit hij voor de gaskamer. U voelt langzaam maar zeker de wens opkomen hem voor het oog van de camera het glas mineraalwater in het gezicht te gooien. U wilt niet dat het een onbeheerste daad is. Dus u gebruikt de tijd waarin de anderen praten om uw motieven op een rijtje te zetten. Je moet laten zien dat er met zo iemand niet te praten valt, zegt u tegen zichzelf. Dat je geweld moet beantwoorden met tegengeweld, al is het dan maar symbolisch. Het is goed dat juist ik het doe, ik sta immers bekend als een beheerste gentleman. En bovendien is het een prachtige gelegenheid om eindelijk van dat verstikkende imago af te komen. Terwijl u dit gesprek met uzelf voert, ziet u op het beeldscherm hoe u overeind gaat zitten in uw stoel, het halfvolle glas water bijvult en het in de hand neemt alsof u wilt gaan drinken. Zo dadelijk zal bij hem de beslissing vallen, denkt u over uzelf. Op dat moment voltrekt zich op het beeldscherm een wonderbaarlijke verandering: u wordt van glas en kunt toezien hoe de beslissing totstandkomt. Stoort het u dat u datgene wat u innerlijk beleeft, nu ook van buitenaf ziet? Wordt de beslissing minder vrij door het feit dat deze het object van uw blik is? Nee, zult u zeggen, ik ben immers degene die mijzelf bij de uitoefening van mijn wilsvrijheid gadesla. Het is natuurlijk wel iets ánders om de beslissing van buitenaf te zien in plaats van deze van binnenuit te beleven. Maar dit anders-zijn heeft geen betrekking op de vrijheid. De beslissing verliest onder mijn blik niets van haar vrijheid. Hoe zou mijn eigen blik mij van mijn vrijheid kunnen beroven?

Als dat juist is, stoort de glazen vrijheid u dus niet omdat de blik *van buitenaf* komt, want ook uw eigen blik komt nu van buitenaf. Het storende is dat de blik van buitenaf in de regel de blik van de *anderen* is. En wat is het nu precies dat u stoort? Stel dat de wonderbaarlijke verandering op het beeldscherm op uzelf terugslaat, zodat u nu voor de anderen in de studio en voor alle toeschouwers van glas wordt. De Texaan en de hele natie kunnen nu uw innerlijke monoloog zien, en gadeslaan hoe die steeds meer vat krijgt op uw wens en deze spoedig tot een wil zal maken. Het kan zijn dat u dat pijnlijk vindt. Maar laten we aannemen dat dit niet zo is – u bent bereid tegenover de hele wereld voor uw gedachten in te staan. Wat zou er nu nog voor gevaar kunnen bestaan voor uw vrijheid? Dit gevaar: dat de Texaan grijnst. Het gevaar dus dat de anderen anders met u omgaan als er achter uw voorhoofd geen geheimen meer zijn en u hen met uw wil niet meer kunt *verrassen*. Het is heel goed mogelijk dat het grijnzen van de Texaan, een reactie op het feit dat u zo doorzichtig bent en zich zo blootgeeft, u ertoe beweegt het mineraalwater te laten waar het is. Zijn grijns verandert dus uw beslissing. Dat genoegen gun ik je niet, denkt u misschien. Natuurlijk zal de Texaan ook déze gedachte kunnen lezen, en zijn grijns wordt daarop misschien nog wat breder en uitdagender. En precies op het moment waarop u dit effect van uw herziene beslissing onderkent, gooit u hem het water in het gezicht.

Of u het uiteindelijk doet of niet, u doet het om een bijkomstige reden die met uw oorspronkelijke beslissing niets te maken heeft. U doet het uit trots of verdubbelde trots, en dat betekent: u doet het onder invloed van de anderen. En zo valt te verklaren waarom u misschien de indruk hebt dat uw vrijheid verloren gaat: de situatie is logisch gezien identiek met de eerder besproken situatie waarin u gemanipuleerd werd. Ook nu weer is het waar dat er inbreuk wordt gemaakt op een vrijheid, en ook nu weer is het waar dat dit niet de wilsvrijheid is, want ook een koppige wil kan een vrije wil zijn. Het is de *herkomst* van uw wil die u stoort, niet de *onvrijheid* ervan. Wat u moet doen om weer uzelf te zijn, is de invloed indammen die het grijnzen van de Texaan op u heeft. Het moet u onverschillig zijn of uw doorzichtigheid de man amuseert of niet. U moet hem het water gewoon in het gezicht gooien – omdat u het zo besloten had. Maar of u het doet of niet, in beide gevallen is uw wil vrij.

De glazen vrijheid wordt door het feit dat ze van glas is niet tot onvrijheid. Wat kan gebeuren wanneer de intimiteit wordt opgeheven, en wat ons dan kan storen, is niet het verlies van de wilsvrijheid, maar het feit dat de uitwerking die onze doorzichtigheid op de anderen heeft, ons van onze eigenlijke wil af kan brengen. Het hoeft niet eens zo te zijn dat de anderen blijk geven van iets wat overeenkomt met het grijnzen van de Texaan. Het loutere besef dat de anderen ons doorzien is soms al voldoende om ons af te leiden van wat we willen. Daarom gaan we, wanneer het erop aankomt, soms juist die mensen uit de weg die ons het best kennen. De intimiteit met hen kan de intimiteit met onszelf bedreigen, en we zouden er graag zeker van zijn dat we tot een beslissing komen die alleen de onze is. Het lege strand is hier vaak beter dan een gesprek. En de voorstelling van een God die ons ook daar nog achtervolgt kan ons op de zenuwen werken.

Maar het kan ook omgekeerd zijn. Soms hebben we om te ontdekken wat we nu eigenlijk willen juist iemand nodig die meer overzicht heeft dan wijzelf. Dan stoort het ons niet dat we voor de anderen meer van glas zijn dan voor onszelf. Beslissend voor deze ervaring is dat wij er zelf over beslissen aan wie wij die blik in ons binnenste gunnen. Als de ander ons dan met zijn blik beïnvloedt, ervaren wij dat niet als manipulatie, maar als bevrijding. Het kan gebeuren dat we langs deze weg van een onvrije tot een vrije wil komen. Dat is het ultieme bewijs dat het openbreken van de innerlijkheid in de zin van intimiteit onze vrijheid niet hoeft aan te tasten. En het bewijst tevens dat ook deze vorm van innerlijkheid onze vrijheid weliswaar meestal omgeeft, maar niet deze vrijheid uitmaakt.

De vergeetachtigheid van de fatalist

Het conceptuele feit dat onvoorwaardelijke vrijheid niet kan bestaan, stelde ons voor de opgave de intuïties en denkmotieven op te helderen die ons tot het inconsistente idee van de onvoorwaardelijkheid kunnen verleiden. We hadden ons voorgenomen dit vlechtwerk van motieven in hun wisselwerking te begrijpen om ze als facetten van één enkele systematische misvatting van ons persoon-zijn te kunnen doorgronden. Intussen hebben we een belangrijk deel van deze opgave vervuld. We hebben gezien dat een voorwaardelijke wil geen machteloze wil hoeft te zijn, en dat de indruk van het tegendeel berust op het inconsistente idee van een zuiver subject, een idee dat ontstaat als het verschijnsel van het innerlijke vluchtpunt verkeerd wordt geïnterpreteerd in de zin van een absoluut vluchtpunt. Door het inzicht in deze samenhang werd ons duidelijk hoe de vergissing kan ontstaan dat wij een onvoorwaardelijk vrije wil nodig hebben om personen met een speelruimte van echte mogelijkheden en een open toekomst te zijn. De opmerkingen over de transparantie van het voorstellen en willen, die ons hielpen bij deze diagnose, maakten het tegelijkertijd verklaarbaar waarom de doorleefde spontaniteit van het willen iemand ertoe kan verleiden een onvoorwaardelijke wil te veronderstellen. En ten slotte hebben we zojuist een misvatting onderzocht die als de intuïtieve achtergrond voor de andere vergissingen kan worden beschouwd, namelijk dat het innerlijke karakter van de vrijheidservaring indruist tegen de grondgedachte om de vrijheid van de wil als een bijzondere vorm van voorwaardelijkheid op te vatten.

Alles wat ons aan de vrijheid van de wil lief en dierbaar is, kunnen we krijgen in het kader van de algehele voorwaardelijkheid, en alleen in dit kader. Dit resultaat kunnen we nu aan een laatste toets onderwerpen door de fatalist aan het woord te laten en ons af te vragen hoe we zijn klacht kunnen beantwoorden.

«Alles goed en wel,» zal hij zeggen, «maar laten we niet vergeten dat een wereld waarin alles wat er gebeurt van voorwaarden afhangt, een wereld is die aan wetten onderworpen is, en dat zo'n wereld er een is waarin de loop der dingen ondubbelzinnig is vastgelegd. In zo'n wereld legt het verleden één enkel ondubbelzinnig heden vast en één enkele ondubbelzinnige toekomst. Het feitelijke verleden in combinatie met de feitelijke natuurwetten laat slechts één enkele gang van zaken in de toekomst toe. Nergens kan de loop der dingen zich vertakken en in uiteenlopende mogelijkheden overgaan. En wat geldt voor de wereld voor zover die ons niet insluit, geldt evenzeer voor de wereld voor zover die ons wel insluit. Maar dat betekent niets minder dan dit: wanneer al ons willen, beslissen en handelen door en door afhankelijk is van voorwaarden, is er ook voor dit willen, beslissen en handelen nog maar precies één mogelijke afloop. Met andere woorden: het is *voorbestemd* en van begin af aan *vastgelegd* wat ieder van ons zal willen, beslissen en doen. In het beeld van d'Holbach: voor ieder van ons is er slechts één enkele lijn over het oppervlak van de aarde die wij met ons leven kunnen beschrijven, en het staat van tevoren vast welke dat zal zijn. Als de golfbal eenmaal geslagen is, beschrijft hij zijn enig mogelijke baan. En bij ons is het precies zo: als we eenmaal verwekt en geboren zijn, beschrijven we onze enig mogelijke levenslijn. Deze lijn is ons fatum, ons noodlot. We hebben het niet in de hand, dit noodlot, en kunnen er niet de kleinste kleinigheid aan veranderen. Volgens ijzeren wetten voert het ons vanuit een vaststaand verleden een vaststaande toekomst in, tot de dood aan toe. Soms komen we daartegen in opstand, maar we zouden beter moeten weten, want voor ons leven geldt wat ook voor de rest van de wereld geldt: het komt zoals het komen móét. U gelooft nu wel dat alle vrijheid van voorwaarden afhangt, maar wat hebt u dan te zeggen over dit deprimerende feit en dit troosteloze vooruitzicht?»

We hebben daar heel veel over te zeggen. Maar allereerst zijn we blij met een verlichte fatalist te maken te hebben, die ervan afziet een beroep op God te doen. Hij had immers ook kunnen zeggen: «Alles is door de Heer voorbestemd, hij heeft beschikt hoe het met ons willen, beslissen en handelen zal gaan, hij wijst aan iedereen zijn levenslijn toe.» Het noodlot zou dan zijn wat God beschikt heeft. Dat zou ons in de situatie brengen waarin een knecht staat tegenover zijn heer, dus in de situatie van de onvrijheid. En daaruit zou de fatalist munt kunnen slaan voor zijn klacht: er zou immers heel wat theologische spitsvondigheid voor nodig zijn om het deprimerende van deze situatie weg te nemen. Maar onze fatalist is een nuchter man, die niets anders doet dan de lijn doortrekken die is ingezet met de gedachte van de algemene voorwaardelijkheid. En als hij dus van het noodlot spreekt, bedoelt hij niet iets wat door iemand over ons beschikt is, maar gewoon het feit dat wat er in het verleden is gebeurd, vastlegt wat er in de toekomst zal gebeuren, en dat wij met onze wil geen uitzondering zijn.

Toch moeten we op onze hoede zijn. Want ook nu bewegen we ons in het krachtenveld van woorden die ons door associatieve overlading en vervalsing gevangen kunnen houden. De retoriek van dwang, afhankelijkheid en machteloosheid kan ons ook hier in de ban krijgen. Het spreken over het noodlot doet ons ook in de nuchtere versie aan onvermijdelijkheid, onafwendbaarheid en onontkoombaarheid denken, en we moeten van begin af aan ons eerdere resultaat in gedachten houden: dat het idee van de machteloosheid niet van toepassing is op de voorwaardelijke vrijheid. En we moeten vooral oppassen als er wordt gezegd dat de baan die onze wil zal nemen van tevoren is *vastgelegd*. We voelen ons onvrij wanneer we op een bepaalde sociale rol en een bepaald imago worden vastgelegd, want nu zijn we gedwongen zo door te gaan en kunnen we geen andere wegen meer inslaan. En zo is het ook als ons beroep is vastgelegd – we kunnen niet meer veranderen. Vastgelegd-zijn betekent hier: ingeperkt-zijn, en dat betekent een aanval op de vrijheid. Maar hier geldt hetzelfde wat we vroeger bij het spreken over afhankelijkheid van voorwaarden hebben opgemerkt, toen dat sluipenderwijs in een retoriek van de dwang overging. Aan een nuchter, onpersoonlijk bedoeld woord wordt een associatie toegeschreven die afkomstig is uit de sfeer waarin mensen elkaar in hun vrijheid beperken. Zulke bijklanken van onvrijheid moeten we vermijden als we nuchter willen onderzoeken hoe het staat met de voorwaardelijke vrijheid van de wil, gegeven de klacht van de fatalist.

Om te achterhalen waardoor deze klacht is ingegeven, kunnen we het best kijken naar deze uitspraak van onze fatalist: «Wij hebben ons noodlot niet in de hand en kunnen er niet de kleinste kleinigheid aan veranderen.» De suggestieve kracht van deze uitspraak wordt duidelijk wanneer we deze als volgt lezen: *het gaat met ons zoals het gaat, we kunnen daar helemaal niets tegen beginnen.* Voor de zoveelste keer, zo lijkt het, zijn wij in plaats van vrij handelende personen tot slachtoffers geworden, die tot overgave aan het noodlot en dus tot zuivere passiviteit gedoemd zijn. Waar ligt de fout?

In het feit dat de fatalist de beslissende dingen vergeet. Kort samengevat vergeet hij dit: *ik ben er zelf bij als het erop aankomt wat er met mij gebeurt*. We kunnen dat duidelijker voor ogen krijgen door verschillende varianten van de fatalistische berusting te beschouwen. Een eerste variant luidt als volgt: *wat zal gebeuren, gebeurt, onverschillig wat ik doe*. Voor het allergrootste deel van de wereld klopt dat: voor buitenaardse processen, voor het weer, voor de beslissingen van machthebbers. Het klopt overduidelijk niet voor dingen die mijn privéleven en mijn beroep betreffen. Wat er gebeuren zal, hangt daar beslist wél af van wat ik doe. Maar de loop der dingen in de buitenwereld is eigenlijk niet wat de fatalist op het oog heeft. Voor hem is belangrijk hoe het *met hemzelf* staat. Hierover gaat de tweede variant: *ik zal doen wat ik doe, onverschillig wat ik wil*. Dat zou inderdaad verschrikkelijk zijn, mijn handelingen zouden volledig aan mij voorbijgaan, onbereikbaar voor mijn wil; het zou de nachtmerrie zijn van een volledig vervreemd handelen. Maar dit gevaar bestaat in werkelijkheid niet, en wel om conceptuele redenen. Als mijn handelingen niet aan het dictaat van mijn wil zouden gehoorzamen, waren het geen *handelingen*. Handelingen zijn nu precies die gebeurtenissen waarvoor het níet onverschillig is wat ik wil. Er is dus geen reden voor deze fatalistische vrees. We komen steeds dichter bij onszelf als we nu deze variant beschouwen: *ik zal willen wat ik wil, onverschillig hoe ik oordeel*. Ook dat zou een nachtmerrie zijn, en ditmaal een die niet conceptueel inconsistent is. Deze is ons allang bekend, het is de nachtmerrie van een voortdurende en alomvattende *onvrijheid van de wil*. We weten dat we niet lijden onder een zo alomvattende onvrijheid, en dus is het fatalisme in deze versie feitelijk onwaar. Maar laten we aannemen dat er een ongelukkige zou bestaan wiens wil volledig aan zijn overwegingen en oordelen voorbijging. Dat zou niet, zoals de fatalist vreest, een gevolg zijn van de voorwaardelijkheid *van alle dingen*, ook nog niet eens van de algehele voorwaardelijkheid van de *wil*, maar van het feit dat er zich bij deze ongelukkige een afhankelijkheid van verkeerde voorwaarden voordoet. Ook hier weer volgt uit de universele voorwaardelijkheid niets wat ons ongerust zou moeten maken. En hoe zit het met: *ik zal doen wat ik doe, onverschillig welke beslissing ik neem*? Hier geldt hetzelfde als bij het willen en handelen: dit is conceptueel onmogelijk, want het beslissen is de geslaagde beïnvloeding van de wil, die mijn handelen bepaalt.

Is er nog een andere variant – een die toch nog als grondslag zou kunnen dienen voor de fatalistische klacht? Laten we het eens proberen. We moeten beginnen met: *ik zal beslissen zoals ik beslis, onverschillig hoe...* Hoe kan het verder gaan? Het kan gewoon níet verder gaan. Waarom niet? Omdat er geen *standpunt* meer is van waaruit ik zou kunnen constateren en betreuren dat de dingen aan mij voorbijgaan. Tot nu toe was er steeds zo'n standpunt: eerst mijn handelen, vervolgens het willen, vervolgens het oordelen. Nu echter zijn al deze standpunten al redenerend opgebruikt, het beslissen heeft ook het laatste verzwolgen. En buiten het beslissen ís er geen standpunt meer dat ik zou kunnen innemen, want je zou kunnen zeggen: ik bén het beslissen. Maar dan is er ook geen *motief* meer voor een fatalistische klacht, want wat ik hierboven zei geldt nog steeds: ik ben er zelf bij als het erop aankomt wat er met mij gebeurt. En ik ben er niet alleen bij in de zin van passieve aanwezigheid; ik ben er ook bij in de zin dat ik degene ben die bepaalt wat er met mij gebeurt. En dat is precies het tegendeel van wat de fatalist ons als troosteloos, onheilspellend vooruitzicht voor ogen wilde stellen: dat ik het verloop van mijn leven op geen enkele manier zou kunnen meebepalen.

De fatalist, zou je kunnen zeggen, doet alsof wij aan de oever van de onstuimige levensrivier zitten en berustend en gelaten moeten toezien wat deze aanricht. Maar zo is het niet. Als personen die willen, beslissen en handelen zijn wij ín de rivier, of liever: we zíjn de rivier, en het stromen ervan is vaak – zij het niet altijd – het in praktijk brengen van onze beslissingsvrijheid. Dat is wat de fatalist vergeet. Is het toeval dat hij het vergeet? Na alles wat we aan diagnostisch inzicht tot nu toe hebben bereikt, zou je haast zeggen: nee. Hij vergeet het omdat hij zich zonder het te merken een subject indenkt dat aan de oever zit, het zuivere subject dat de positie van het absolute innerlijke vluchtpunt inneemt. En het is waar: aan dat subject zou alles voorbijgaan, zelfs mijn beslissingen. Alleen, dit subject, deze verborgen homunculus, bestaat niet. En zo blijft er van de fatalistische klacht niets over.

«Het heeft immers geen enkele zin iets te doen,» zegt iemand die fatalistisch gestemd is misschien. «Wat gebeuren zal, gebeurt toch wel.»

«Wanneer jij iets doet, zal er beslist iets anders gebeuren dan wanneer je niets doet,» werpen wij tegen.

«Goed, maar wat ik doe is toch ook voorbestemd, dus wat maakt het uit?»

«Wat je doet is niet gewoon zomaar voorbestemd. Als jij iets anders wilt, zul je ook iets anders doen.»

«Goed, maar wat ik wil is nu juist ook voorbestemd, dus wat maakt het uit?»

«Ook wat je wilt is niet gewoon zomaar voorbestemd. Als je een andere afweging maakt en een andere beslissing neemt, zal ook je wil anders zijn.»

«In godsnaam! Maar welke beslissing ik neem, is toch óók voorbestemd? En laat me nu eindelijk met rust!»

«Nog één vraag,» zeggen wij. «Wat zou je nu eigenlijk wensen?»

«Domme vraag: dat ík bepaal wat er met mij gebeurt, en niet een blind noodlot!»

«Maar dat is toch ook zo? Jíj bent toch degene die aldoor beslissingen neemt en uit vrije wil het ene doet in plaats van iets anders?»

«Maar verdomd nog aan toe, ook dat *hangt* toch *van voorwaarden af* en is dus *van tevoren vastgelegd*!»

«Nou en?» zouden we kunnen zeggen. Maar dat zou niet voldoende zijn. Zoals bij alle intuïtieve weerstanden moeten we ook hier dieper graven en de bron blootleggen.

De bron ligt weer in de vergeetachtigheid van de fatalist. Wat hij vergeet is dat wij geen golfballen zijn. Hij laat zich beetnemen door een associatie die voor de hand ligt bij de gedachte dat het voorbestemd en vastgelegd is hoe onze levenslijn zal verlopen. Zoals gezegd is het niet de associatie met een heer die de lijn van zijn knechten vastlegt. Het is een andere associatie: dat de lijn, omdat het een *bepaalde* lijn is, *eenvoudig* en *star* zou moeten zijn. De baan van de golfbal is eenvoudig en star. Gegeven de aantrekkingskracht van de aarde, een bepaalde kinetische energie en een bepaalde luchtgesteldheid, verloopt deze baan volkomen overzichtelijk en zonder verrassingen. Denk nu weer even terug aan de ongetrouwde emigrant. Na een blik in de krant die een deportatie laat zien, gaat hij op het perron op zijn koffer zitten. Dan ziet hij zijn vriend en vlucht het station uit. Op de hoek komen de beulsknechten van het nieuwe regime hem tegemoet. Hij keert om, gaat terug naar het station en stapt in de trein. Een zigzaglijn over het oppervlak van de aarde. Echter, niet het zigzagpatroon onderscheidt de emigrant van de golfbal, maar het feit dat deze lijn zijn oorsprong heeft *in hem*. Weliswaar wordt de lijn ook voortgebracht door wat de wereld hem aan omstandigheden toespeelt – het opduiken van zijn vriend en van de beulsknechten –, maar het is vooral zijn hevige reactie op hun aanblik die maakt dat hij tweemaal op zijn schreden terugkeert. En hij reageert niet alleen op deze twee gebeurtenissen. Hij reageert op duizend dingen: de aanblik van het station, de advertenties op het perron, de foto en de letters in de krant, het huis op de hoek, het verkeer enzovoort. En hij reageert niet alleen op dingen van buitenaf. De lijn die hij beschrijft, wordt ook bepaald door de herinneringen die in hem opkomen, de fantasiebeelden, gedachten en gevoelens die zijn wil van richting veranderen en nogmaals van richting veranderen. Het is een *flexibele* lijn in die zin dat de invloeden veelsoortig zijn en de reactie gevoelig is. Maar het is desondanks een *heel bepaalde* lijn! Jawel, maar dat bepaalde karakter zou de emigrant alleen dan kunnen storen als hij zelf met al zijn gevoeligheid en zijn beslissingsvrijheid er niet in tot uitdrukking kwam. Als de lijn hem werd gedicteerd door krachten die zich van zijn genomen beslissing niets aantrokken. Als hij langs de baan van zijn noodlot werd voortgedreven zoals een golfbal. Alleen dan zou hij die baan als star kunnen ervaren – als iets waarmee hij onvrede zou kunnen hebben en waartegen hij in opstand zou willen komen. In opstand komen tegen een levenslijn die voortkomt uit zelfgenomen beslissingen – dat zou geen zin hebben: er is helemaal niets *waartegen* je in opstand zou kunnen komen.

Uit deze overweging blijkt dat voorwaardelijkheid en van tevoren vastgelegd-zijn niet iets is waartegen je *als zodanig* in opstand zou kunnen komen. Er is dus geen reden voor de geprikkeldheid van onze fatalist.

«Maar er zijn toch dingen zoals kanker, een hersentumor, verminking door een ongeval?» zal hij misschien zeggen. «Zijn dat geen dingen waartegen je in opstand kunt komen? En kom mij niet aan boord met de frase ‹Het heeft geen zin om in opstand te komen, het gebeurde zoals het gebeuren moest!› Want *dat is nu precies waartegen ik in opstand kom*! En als jullie me nu vertellen dat het geen zin heeft om in opstand te komen tegen iets wat zich niet laat veranderen, dan zeg ik: jullie hebben blijkbaar niet begrepen wat het hier betekent om in opstand te komen. Het is niet zoals een revolte tegen iets wat zich omver laat werpen. Het is een innerlijke revolte, en het behoort tot de *inhoud* ervan dat de dingen zich niét laten veranderen. Berusting in het noodlot – dat is een mogelijke levenshouding voor vermoeide mensen, maar probeer mij niet wijs te maken dat het de enige zinvolle levenshouding is. De revolte mag dan afmattend zijn, maar heeft wel degelijk een bijzondere zin.»

Hij is een gecompliceerd mens, onze fatalist, en uit zijn woorden kun je opmaken dat het fatalisme niet die berustende gemoedsgesteldheid hoeft te betekenen die men gewoonlijk met het woord verbindt. Er zijn ook woedende fatalisten. Hoe kan dat? Dat kan doordat de kern van het fatalisme een beoordeling is die nog aan berusting of opstand voorafgaat: *dat iets van tevoren vastligt, is een kwade zaak*. En het is precies deze beoordeling die de vergissing van de fatalist uitmaakt. Dat leggen wij hem nu uit:

«Een hersentumor is zonder twijfel een verschrikkelijk kwaad. En wie van zichzelf denkt of zegt dat hij daar niet tegen in opstand komt, liegt of houdt zichzelf voor de gek. Maar het kwaad is nu juist de *tumor* en niet het feit dat die onvermijdelijk is voortgekomen uit een lange geschiedenis van voorafgaande oorzaken. Het kwaad is niet dat de tumor al van tevoren vastlag, maar dat hij zo verwoestend uitwerkt. Want stel dat je geen tumor krijgt, maar dat een groot geluk je ten deel valt. Daar zul je niet tegen in opstand komen, ook niet als je bedenkt dat ook dit geluk een schakel is in een lange keten van voorwaarden. Dat zal je helemaal niet storen. En daaruit blijkt dat je in werkelijkheid ook bij de tumor niet vervloekte dat hij van tevoren al vastlag; je vervloekte het kwaad dat hij inhoudt.»

Omdat het feit dat iets van tevoren vastligt als zodanig geen kwaad is, kan *ook het feit dat onze vrije beslissingen van tevoren vastliggen geen kwaad zijn*. Of de fatalist nu berustend of woedend is, in beide gevallen heeft hij ongelijk. En hij heeft ongelijk omdat hij vergeetachtig is. Hij is vergeten dat wij in opstand komen tegen een ongelukkig lot, niet tegen een gelukkig lot, en heeft toen de conclusie getrokken dat hij in opstand is tegen het lot *als geheel*. Hij heeft zich vergist in datgene waartegen hij in opstand komt.

«Toch stoort iets me nog,» zegt hij, niet meer zo geprikkeld, «en wel het loutere feit dat nu al vaststaat wat ik over een jaar zal willen. Is het niet hoe dan ook verstikkend, dat te weten? Maakt dat het niet moeilijk om vrij te ademen?»

«Je vergeet één ding: het staat niet vast in die zin dat jouw wil zo zal zijn als hij is, *onafhankelijk van de vraag wat je in de tussentijd denkt, doet en beslist*. Dat zou inderdaad verschrikkelijk zijn – het zou zijn alsof je als verlamd naar je toekomstige wil zou moeten staren zonder daar ook maar iets aan te kunnen doen. Maar je toekomstige wil komt niet op je af als een lawine. Jij *brengt die zelf teweeg*, jij *werkt ernaartoe* door de ene vrije beslissing na de andere te nemen, net zo lang tot je bij die toekomstige wil bent aangekomen. Wat vind je daar deprimerend aan?»

Onze fatalist wordt steeds milder.

«Misschien dit: het feit dat alles vastligt, betekent dat alles ook van tevoren *te voorzien* is. In principe bedoel ik.»

«Is het de alwetendheid van God die je op de zenuwen werkt?»

«Eh... nee. Die zou me op de zenuwen werken, maar dan omdat je er zo naakt bij zou staan, als er zoiets was. Ik geloof dat ik iets anders bedoel.»

«Is het omdat wij als toeschouwers in principe alles in jouw leven zouden kunnen voorspellen – als we die mogelijkheid hadden?»

«Ook niet, want dat zou niet anders zijn dan bij God.»

«Dan moet het toch wel zijn omdat het *voor jouzelf* in principe voorspelbaar zou zijn wat je zult willen, beslissen en doen.»

«Ja. Want zou het niet hoe dan ook verschrikkelijk zijn een lange reeks vrije beslissingen voor je te zien die *eigenlijk al genomen zijn*? Zou het niet op z'n minst vreselijk saai zijn?»

«Je hoeft je geen zorgen te maken. En we zullen je niet troosten door te zeggen dat je het toch nooit zúlt kunnen voorspellen. We zullen niet het gebruikelijke loflied zingen op de sluier van onze onwetendheid. Onze troost reikt veel dieper: *wat jij je voorstelt kan namelijk helemaal niet*. Stel dat op dit ogenblik de sluier van de onwetendheid voor je ogen wordt weggetrokken. Wat jij gelooft, is dat je nu al je beslissingen voor je uitgespreid zou zien, zoals ze *achter* die sluier zullen vallen. Maar bedenk wel: de sluier is er niet meer, en dat betekent: jij, de beslisser, zult in de toekomst vanuit een heel andere positie je beslissingen nemen. Je volmaakte overzicht over de toekomst zal nu een rol gaan spelen bij je volgende beslissingen. Neem de eerstvolgende beslissing die ophanden is, en laat het een belangrijke zijn, bijvoorbeeld de beslissing van werkgever te veranderen. Je bent alwetend en weet dus dat je vroegere bedrijf bankroet zal gaan en het nieuwe zal floreren. Deze wetenschap sterkt je in je beslissing, je weet nu: dit is een *juiste* beslissing. En dus neem je die. Nu de volgende, waarbij de vraag is of je de voormalige geliefde van je baas moet trouwen. Omdat je alles weet, weet je ook: dit is een *verkeerde* beslissing met verwoestende consequenties, thuis en voor het bedrijf. Of beter: het *zou* een verkeerde beslissing zijn, *want natuurlijk neem je nu een andere.* Blijft het bij deze ene afwijking? Natuurlijk niet. Je leven zal nu immers anders verlopen, zodat het niet meer komt tot alle verdere beslissingen die ophanden waren geweest als je was getrouwd met deze vrouw – die, zoals je nu weet, handelde achter een diepzwarte sluier van onwetendheid. En omdat het daar niet meer toe komt, kun je deze beslissingen ook niet als een vaststaand lot voor je uitgespreid zien. *Je beslissingsvrijheid als alwetend persoon verandert je lot.* En de verandering houdt niet alleen in dat je deze ene verkeerde beslissing niet neemt. Je zult op je nieuwe levensweg geen verkeerde beslissing meer treffen, want je onderkent van tevoren dat die verkeerd zou zijn. Je neemt alleen nog juiste beslissingen, je kunt niet anders meer. Zou dat niet geweldig zijn?»

«Dan zou mijn leven een van tevoren aan mij bekende opeenvolging zijn van volmaakt geïnformeerde, volkomen juiste beslissingen. Zou dat niet ook heel saai zijn?»

«Dodelijk saai. Maar voor één klacht zou geen reden zijn: dat het geen leven vanuit vrijheid zou zijn.»

Het fatalisme is, zo weten we nu, een niet consistent doordachte levenshouding. Bovendien is het ook een psychologisch onmogelijke levenshouding. Het motto zou zijn: *maar eens afwachten wat ik zal willen*. Het zou een poging zijn *zichzelf altijd alleen maar te laten gebeuren*. Dat lukt soms wel even, in de bioscoop, bij het dagdromen, aan het strand – overal waar geen beslissing van ons wordt verlangd en we in zekere zin pauze hebben. Het fatalisme in de zin van een psychologische aanbeveling doet alsof we daar een duurzame levenshouding van zouden kunnen maken. Dat zou alleen lukken als we onszelf in een windvaan veranderden, zodat we niet meer zouden weten wat het is om te beslissen. Zolang we het weten, is het onmogelijk het beslissen maar te laten gebeuren, en in deze onmogelijkheid bestaat onze vrijheid.

Aangezien het inzicht dat alles komt zoals het komt de vrijheidservaring en de vrijheid zelf onaangetast laat, is het een inzicht dat ons op geen enkele manier hoeft te interesseren, omdat het ons helemaal niet *aangaat*. Het bevat niets nieuws en betekent geen correctie van ons denken over de vrijheid. Dat de lijn die wij over het oppervlak van de aarde beschrijven, slechts één enkele lijn kan zijn omdat alle andere dingen zijn zoals ze zijn, ontneemt ons geen greintje van onze vrijheid. Afhankelijk van de vraag hoe de wereld mij tegemoet treedt, ontwikkel ik mij op een heel bepaalde wijze, en deze ontwikkeling maakt mij duidelijk wie ik ben. Veel dingen in deze ontwikkeling gebeuren uit vrijheid, enkele dingen niet. Wanneer ik door onvrijheid word beheerst, kan ik mij daarover beklagen, zoals ik mij over ieder kwaad kan beklagen. Dat de onvrijheid, net als de vrijheid, aan voorwaarden onderworpen is, daar kan ik mij niet over beklagen. Er is geen standpunt van waaruit ik mijn klacht naar voren zou kunnen brengen.

9. Levensgeschiedenis en verantwoordelijkheid: Raskolnikov voor de rechter

Het conceptuele feit dat er geen onvoorwaardelijke vrijheid kan bestaan maakt onze vrijheidservaring niet tot een illusie. Het is omgekeerd: deze ervaring is alleen te begrijpen in het kader van een algehele voorwaardelijkheid. En intussen hebben we ook de vergissingen opgehelderd die de indruk kunnen wekken van het tegendeel. Maar het diagnostische inzicht dat wij ons tot taak stellen, is hiermee nog niet afgerond. We weten uit hoofdstuk 6 dat er nog een heel ander soort overweging is die ons het idee kan geven dat het verlies van de onvoorwaardelijke vrijheid verwoestende gevolgen heeft voor ons zelfbesef als personen. De gedachte namelijk dat het idee van de verantwoordelijkheid en de praktijk van het straffen hun zin en rechtvaardiging verliezen als we niet vrij zijn in de onvoorwaardelijke zin. En om dezelfde reden kan het lijken alsof ook onze morele gevoelens hun zin en rechtvaardiging zouden verliezen als ze niet gericht kunnen zijn op personen van wie de wil een onbewogen beweger is.

De zitting wordt geopend

Op een dag, zo stellen we ons voor, staat Raskolnikov voor de rechter. De rechter heeft het voornemen hem schuldig te verklaren en hem naar een werkkamp in Siberië te sturen. Deze rechter, willen we aannemen, was altijd al tot nadenken geneigd, en daarom heeft hij in al die jaren nooit uit het oog verloren dat hij iemand, wanneer hij hem schuldig verklaart, welbewust leed berokkent en niet zelden diens hele leven verwoest. De gedachte hieraan heeft hem vele slapeloze nachten bezorgd, waarin hij onzeker raakte of datgene wat hij deed ook werkelijk juist was. Nu komt er, in de persoon van Raskolnikov, iemand tegenover hem te staan die hem wil bewijzen dat hij, de rechter, zijn leven lang het verkeerde heeft gedaan en de ene verschrikkelijke fout na de andere heeft begaan, en dat laat de rechter niet koud. We kunnen ons voorstellen dat hij zegt: als het me niet lukt mijn rol en mijn beroepsuitoefening tegen deze uitdaging te verdedigen, zal ik de man niet veroordelen en mijn rechterstoel voor altijd verlaten. Voor beiden, Raskolnikov en de rechter, staat er dus veel op het spel: voor de een de vrijheid, voor de ander de zin van zijn werk.

RECHTER: Wat hebt u tot uw verdediging aan te voeren?
RASKOLNIKOV: Ik kon niet anders. Ik kan er dus niets aan doen. En daarom ben ik niet verantwoordelijk voor mijn daad.
RECHTER: Dat is onzin. Natúúrlijk kon u wel anders.
RASKOLNIKOV: Bewijst u mij dat maar eens!
RECHTER: U had op die dag en op dat tijdstip gewoon thuis kunnen blijven, in plaats van naar de pandhoudster te gaan en haar dood te slaan.
RASKOLNIKOV: Nee, juist niet. Ik wilde de oude vrouw ombrengen, en wist dat ze op die dag en op dat tijdstip alleen thuis zou zijn. Deze wil en deze wetenschap hebben mij naar haar toe gedreven. Daar kon ik niets tegen beginnen.
RECHTER: Zeker. Eenmaal gegeven dat u deze wil had, moest het wel tot de moord komen. Maar natuurlijk *had u ook iets anders kunnen willen*, en dan had u ook iets *anders* gedaan.
RASKOLNIKOV: Allerminst. Een wil ontstaat immers niet uit het niets. Die wordt vastgelegd door een voorgeschiedenis. Zo was het ook bij mij. Ik heb de zaak lang overwogen, en ten slotte stond mijn wil vast dat ik de oude vrouw zou ombrengen. Daar kon ik helemaal niets tegen beginnen. Ik móést de moord willen.
RECHTER: *U had een andere afweging kunnen maken.* Dan zou u iets anders hebben gewild en dus ook iets anders hebben gedaan.

RASKOLNIKOV: Ook overwegingen ontstaan niet uit het niets. Ook die hebben een voorgeschiedenis, die vastlegt hoe ze verlopen. En de voorgeschiedenis van mijn afweging legde vast dat ik deze afweging zou maken en geen andere. Daar kon ik helemaal niets tegen beginnen. Ik moest eenvoudig tot deze afweging komen. En daarom ben ik, zoals gezegd, niet verantwoordelijk.

RECHTER: U bent een mens, en mensen overwegen niet dwangmatig op zo'n manier dat in hen de wil ontstaat een moord te plegen. Ook mensen die dringend geld nodig hebben en een mogelijkheid zien om zich dat door een moord te verschaffen, doen dat niet. Mensen kúnnen zo'n verleiding weerstaan.

RASKOLNIKOV: Het gaat er niet om hoe mensen *in het algemeen* overwegen en wat zij in het algemeen kunnen willen. Ik sta immers niet als *zomaar iemand* voor u, maar als een *bepaald iemand*. Waar het dus om gaat is of ik, dit bepaalde iemand, op dat tijdstip anders had kunnen overwegen en dus iets anders had kunnen willen en doen. De verwijzing naar andere mensen doet niet ter zake. En overigens geldt voor ieder van hen hetzelfde. De vraag is steeds of een bepaald iemand op een bepaald tijdstip anders had gekund wat zijn overwegen, willen en handelen betreft. En het antwoord is steeds hetzelfde: nee. Ook de reden is steeds dezelfde: er was een voorgeschiedenis. En daarom geldt voor ieder van hen dat hij voor zijn daden niet verantwoordelijk is.

RECHTER: Goed, laten we ons geheel op u concentreren. Vaststaat in ieder geval: u bezit, en bezat ook toen, het vermogen verschillende dingen te overwegen, te willen en te doen. U bent niet als een dier of een klein kind, dat geen enkele afstand heeft tot zijn wensen en ze eenvoudigweg uitleeft. U waait niet eenvoudigweg als een windvaan met uw wensen mee. U kunt een stap terug doen achter uw wensen, die beoordelen en door dat oordeel uitmaken welke wens tot een wil moet worden. Dat is de beslissende vooronderstelling voor verantwoordelijkheid, en daar voldoet u aan. Dus bent u verantwoordelijk voor de moord.

RASKOLNIKOV: Ik zal niet ontkennen dat ik dit vermogen bezit. Ik bestrijd echter dat dit genoeg is voor verantwoordelijkheid.

Want ziet u, het betekent toch alleen maar dat ik op ieder tijdstip met mijn gedachten mijn wil kan beïnvloeden. Dat is wat dit vermogen inhoudt, en meer niet. Het houdt níét in dat ik op ieder tijdstip de mogelijkheid heb een heel *verschillende* beoordeling van mijn wensen te geven en mijzelf er op die manier toe kan brengen heel *verschillende* dingen te willen – gewoon zomaar. Dat ik een speelruimte van denken, beoordelen en willen heb, geldt alleen wanneer we *verschillende* tijdstippen in beschouwing nemen en niet wanneer we over een en hetzelfde tijdstip spreken. En dat mijn denken en willen op een later tijdstip anders kan uitvallen dan op een eerder tijdstip, ligt gewoon aan het feit dat de voorgeschiedenis van dit denken en willen intussen anders geworden is. Maar voor het latere tijdstip geldt hetzelfde als voor het eerdere: nu bestaat slechts deze ene mogelijkheid om mijn wensen te beoordelen, en dus ook slechts deze ene wens die onder invloed van die beoordeling tot wil kan worden. De verwijzing naar het vermogen tot zelfbeoordeling – of naar welk ander vermogen dan ook – haalt dus niets uit. Het komt er steeds weer op aan hoe de *uitoefening* van dit vermogen op een bepaald tijdstip verloopt. En dit kan steeds maar op één enkele manier, afhankelijk van de voorgeschiedenis. En dat betekent toch dat geen mens anders kan overleggen, willen en handelen dan het in feite gebeurt. Daarom kan niemand iets doen aan zijn daden. En daarom is niemand er verantwoordelijk voor.

RECHTER: Niettemin geeft u toe dat u het vermogen tot weloverwogen wilsvorming bezit. Dat maakt u tot iemand die het vermogen tot vrije beslissing bezit. En u geeft eveneens toe dat uw wil om te doden totstandkwam onder invloed van uw overwegingen. Dat wil zeggen, u hebt uit vrije wil gedood. Dat is de beslissende vooronderstelling voor verantwoordelijkheid. U voldeed hieraan. Dus bent u verantwoordelijk voor de moord.

RASKOLNIKOV: Wat u zegt komt erop neer dat u de betekenis van drie woorden vastlegt: «beslissing», «vrij» en «verantwoordelijkheid». Dat kunt u natuurlijk doen. Maar het betekent niet dat ik moet buigen voor wat u vastlegt. En dat doe ik ook niet, want ik herken mijzelf met mijn voorstellingen van de zaak daar niet in. Ik ben nog wel bereid uw opvatting over te nemen dat een beslissing het vastleggen van de wil door overwegingen is. Maar ik zie eigenlijk niet in wat dat met vrijheid te maken heeft. Voor u, zo lijkt het, bestaat vrijheid in niets anders dan het feit dat iemand met zijn denken beschikt over zijn wil. Dat vind ik intuïtief onbevredigend, om het zacht uit te drukken. En ik kan u ook precies zeggen waarom. Met het beslissen is het namelijk niet anders gesteld dan met het overwegen en willen, de componenten ervan dus. Niemand kan op een bepaald tijdstip anders beslissen dan hij in feite doet. Of een bepaalde overweging bij de wilsvorming de doorslag geeft, is door een voorgeschiedenis vastgelegd. Mijn eigen voorgeschiedenis, wat ik dacht, voelde, me herinnerde en fantaseerde, maakte het onontkoombaar dat uiteindelijk juist de gedachte aan geld mijn wil bepaalde. Ik had geen *macht* over deze beslissing, ik kon die niet *verhinderen* en niet *tegenhouden*, ze verliep zoals ze moest verlopen. Hoe kan iemand dát vrijheid noemen? Ik kan alleen maar dit zeggen, en ik herhaal mezelf: ook wat mijn beslissing betreft kon ik niet anders. Ik móést deze beslissing wel nemen. Ik kan er dus niets aan doen. En daarom ben ik niet verantwoordelijk, want de vooronderstelling voor vrijheid was niet gegeven. U hebt aan het woord «verantwoordelijkheid» een betekenis gegeven volgens welke het voldoende is dat er aan de daad een beslissing voorafging, en omdat de vrijheid voor u in de beslissing ligt, lijkt het misschien wel alsof u voldaan hebt aan het intuïtieve principe *zonder vrijheid geen verantwoordelijkheid*. In werkelijkheid is dat een verwrongen, bijna cynische interpretatie van het principe. Want ik vraag u: hoe kan iemand verantwoordelijk zijn voor een daad waartoe hij de beslissing nam als het niet in zijn macht lag een andere beslissing te nemen?

Het is tijd om een eerste balans op te maken. De strategie van Raskolnikov is rechtlijnig en duidelijk. Hij houdt vol dat het altijd gaat om het willen en handelen van een bepaalde persoon met een bepaalde voorgeschiedenis, en niet om personen en hun vermogens in het algemeen. En daar heeft hij gelijk in. De vraag naar de verantwoordelijkheid is altijd de vraag naar de verantwoordelijkheid van een heel bepaalde persoon op een heel bepaald tijdstip. Verder heeft hij gelijk dat de wil en de beslissingen van een persoon voortkomen uit de voorgeschiedenis ervan, en dat ze vanwege deze geschiedenis niet anders kunnen zijn dan ze in feite zijn. *Geen enkele analyse van verantwoordelijkheid die probeert stiekem onder dit feit uit te komen, kan overtuigend zijn.* Als de rechter in dit dispuut overeind wil blijven, moet hij een gedachtegang kunnen voordragen die hem in staat stelt tegen Raskolnikov te zeggen: «U draagt de volle verantwoordelijkheid voor de moord, ook als uit uw voorgeschiedenis volgt dat u op dat tijdstip slechts deze ene beslissing kon nemen.»

Hoewel Raskolnikov gelijk heeft met hierop te hameren, moeten we hem op de vingers blijven kijken. En dan valt algauw op dat hij zich, om zijn punt te maken, van de misleidende taal van dwang en machteloosheid bedient. Hij móést wel zo willen, overwegen en beslissen, zegt hij. Maar dat is niet waar. Niemand heeft hem ertoe gedwongen. Dat het van voorwaarden afhing wat hij wilde, overwoog en besliste, betekent geen moeten dat in tegenspraak zou zijn met vrijwilligheid. «Daar kon ik helemaal niets tegen beginnen,» is zijn refrein. En van zijn moorddadige beslissing zegt hij: «Ik had geen *macht* over deze beslissing, ik kon die niet *verhinderen* en niet *tegenhouden*.» We weten allang dat de indruk van machteloosheid die door zulke woorden wordt opgeroepen een bedrieglijke constructie is, die in elkaar stort als we de conceptuele consistentie ervan onderzoeken. Het spreken over machteloosheid vooronderstelt een standpunt van waaruit die ervaren – of zelfs maar gedacht – zou kunnen worden, en bij een vrije beslissing is zo'n standpunt er niet. Bij voorwaardelijke vrijheid is machteloosheid begripsmatig uitgesloten. Op de retorische slotvraag van Raskolnikov zou de rechter daarom moeten antwoorden: «Als iemand tot een daad besluit, heeft hij alle macht over deze beslissing die maar denkbaar is. Die macht houdt simpelweg in dat hij déze beslissing neemt en geen andere – dat hij zijn wil dus door deze overweging bepaalt en niet door een andere. Er is geen andere betekenis meer waarin de beslissing in zijn macht kan liggen of niet.» En hij zou Raskolnikov moeten vermanen in het vervolg bij de nuchtere beschrijving van zijn punt te blijven: dat uit een voorgeschiedenis een bepaalde beslissing voortkomt. Van het verwijt van cynisme worden zo de scherpe kantjes af gehaald.

De rechter begint met erop te wijzen wat mensen in het algemeen kunnen, en herinnert Raskolnikov vervolgens aan het vermogen om zichzelf met enige distantie te beoordelen, een vermogen dat hij over het algemeen genomen bezit. Dat is niet willekeurig, en het is ook geen trucje. Het is het perspectief dat we vaak innemen als het om verantwoordelijkheid gaat: we onderzoeken of je iets van een mens als zodanig kunt verlangen, bijvoorbeeld dat hij, zoals onze bedreigde loketbediende, zijn leven riskeert. En we vragen ons af of iemand het algemene vermogen bezat om zijn wensen kritisch te beoordelen, anders dan bijvoorbeeld iemand die gehypnotiseerd of afhankelijk is. Je kunt je een rechter voorstellen die zegt: «Dat is *het enige* waar het bij verantwoordelijkheid op aankomt. Als dit onderzoek positief uitvalt, is er sprake van verantwoordelijkheid. Punt uit. Om de innerlijke geschiedenis van deze persoon hoeven we ons niet te bekommeren.» Onze bedachtzame rechter voelt echter wel aan dat je Raskolnikov niet op deze dogmatische wijze tot zwijgen kunt brengen, en daarom gaat hij zonder verzet mee met de gedachte van de voorgeschiedenis die een beslissing vastlegt. Vervolgens concentreert hij zich op het feit dat een aldus van voorwaarden afhankelijke beslissing niettemin een vrije beslissing is en dat deze vrijheid genoeg is om iemand verantwoordelijk te stellen. Opnieuw geen spitsvondigheid, maar een beschouwingswijze die de meesten van ons vanzelfsprekend zullen vinden, zolang we niet worden geconfronteerd met verdere stappen in Raskolnikovs uitdaging, die nu volgen.

Geen strijd om woorden

Raskolnikov is niet tevreden met de wijze waarop de rechter de sleutelwoorden «vrijheid» en «verantwoordelijkheid» gebruikt. Hij zou ze liever in een andere, veeleisender zin toegepast zien. Wat te doen in zo'n geval? Eén ding is duidelijk: in het twistgesprek kan alleen vooruitgang worden geboekt wanneer beide partijen dezelfde taal spreken, en het dus eens kunnen worden over een door beiden gedeelde betekenis van de woorden. Stel nu dat dit niet het geval is. Dan valt de volgende woordenwisseling te verwachten:

RASKOLNIKOV: Het is een aanfluiting, zo goedkoop als u de woorden gebruikt wanneer u zegt dat ik vrij was in mijn daad en er dus verantwoordelijkheid voor draag. En uw goedkope betekenis komt mij duur te staan, want u in uw toga hebt de macht en kunt mij laten wegvoeren. En u hebt het wetboek aan uw kant, want daarin wordt er ook zo goedkoop op los geredeneerd. En nadat u mij veroordeeld hebt, zult u naar huis gaan en goed slapen, want u zult tegen uzelf zeggen: hij was vrij, dus moet hij de consequenties dragen. Maar ik zeg u: u hebt niet het minste morele recht mijn leven te verwoesten. Ik was níet vrij, en daarom ben ik níet verantwoordelijk voor mijn daad.

RECHTER: Goedkoop of niet, ik gebruikte de woorden zoals we ze gewoonlijk gebruiken. Ik was niet de enige die er deze betekenis aan heeft gegeven. De regels voor het woordgebruik die ik volg, zijn de regels die alle sprekers van deze taal volgen. Als u meer in deze woorden wilt leggen, stelt u zich buiten de taalgemeenschap. Dat kunt u doen. Maar dan kunt u niet verwachten dat de anderen uw klacht serieus nemen. Vanuit de logica van deze kwestie gezien is het alsof u verklaart: «In Sint-Petersburg zijn geen mensen.» Op de verbaasde vraag wat u bedoelt, zegt u: «Onder een mens versta ik een onsterfelijk wezen. Maar iedereen die hier rondloopt is sterfelijk. Dus zijn hier geen mensen. En kom mij niet aan met een goedkope betekenis van het woord die voor het mens-zijn geen onsterfelijkheid vereist!» We zouden lachen, want de redenering klopt wel, maar alleen omdat u aan het idee van de mens een voorwaarde verbindt die niemand anders eraan verbindt en die niet te vervullen is. Niemand zou zich door deze redenering aangesproken voelen, en niemand zou er interesse voor hebben. En zo is het ook met hoe u praat over vrijheid en verantwoordelijkheid. U verbindt aan deze zaken kennelijk voorwaarden die niemand anders eraan verbindt en die niet te vervullen zijn. Het klopt dan wel als u zegt: «Ik was niet vrij en ben daarom niet verantwoordelijk.» Maar dat is alleen in schijn een uitspraak in onze gemeenschappelijke taal, en dus ook alleen in schijn een bijdrage tot ons gesprek over dit onderwerp. In werkelijkheid speelt u met deze woorden een spel alleen voor uzelf en zegt u niets wat ons aangaat en zou moeten verontrusten.

In principe heeft de rechter gelijk. Maar hij heeft niet helemáál gelijk. Bij «vrijheid» en «verantwoordelijkheid» is er een intuïtieve speelruimte die er bij «mens» en «onsterfelijkheid» niet is. Daar is het volstrekt duidelijk dat de voorgestelde betekenis geheel afwijkend is. Hier is dat anders. Per slot van rekening hebben we een hele reeks intuïtieve bronnen leren kennen die voedsel geven aan de opvatting dat het vrijheidsidee waar de rechter mee werkt niet het enige idee is, en dezelfde bronnen kunnen nu ook voedsel geven aan de opvatting dat het idee – óns idee – van de verantwoordelijkheid meer vereist dan de vrijheid die de rechter aan Raskolnikov toeschrijft. Als het anders was, zou niemand de thematiek van de vrije wil verwarrend en opwindend vinden, en hoefde niemand een boek als dit te schrijven. Juist het feit dat deze intuïtieve speelruimte er is, berooft de bedachtzame rechter soms van zijn slaap en roept bij hem de vraag op of de beklaagden die voor hem staan daadwerkelijk verantwoordelijk zijn, aangezien er voor hun wil en hun beslissingen geen alternatieven waren. Het is daarom niet alleen een handige zet, maar het komt ook voort uit echte belangstelling als hij nu aan Raskolnikov vraagt:

RECHTER: Wat zou dan naar uw mening een vrijheid inhouden die verantwoordelijkheid teweeg kon brengen? Hoe zou het in uw binnenste moeten toegaan, voordat u zich als vrij en dus verantwoordelijk zou kunnen beschouwen?

RASKOLNIKOV: Heel eenvoudig: ík zou degene moeten zijn die over mijn wil beschikt, en niet mijn voorgeschiedenis. Mijn beslissingen zouden beslissingen moeten zijn die niet door de last van een voorgeschiedenis werden bezwaard. Vrije beslissingen, kortom.

Het is duidelijk wat we nu moeten doen. We moeten de rechter de beide voorgaande hoofdstukken laten lezen, zodat ook hij weet wat wij intussen weten. Namelijk dat Raskolnikov, wanneer hij met nadruk over *zichzelf* spreekt als een instantie die onafhankelijk van welke voorwaarden dan ook iets wil en beslist, het heeft over de hersenschim van het zuivere subject, dat een onvoorwaardelijke vrijheid in praktijk brengt. De rechter kan hem dan al die dingen voorhouden waarop we gestuit zijn: het conceptuele feit dat een onvoorwaardelijke wil geen bepaalde wil, geen persoonlijke wil en dus helemaal geen wil zou zijn; of als het al een wil was, zou het een volledig vreemd aandoende, louter toevallige, onberekenbare, krankzinnige en onbegrijpelijke wil zijn, die we zouden beleven als iets wat ons alleen maar overkwam en dus mijlenver verwijderd was van de ervaring van het actorschap. En de rechter kan zijn uiteenzetting afronden door tegen Raskolnikov iets te zeggen wat wij laatstgenoemde eerder zelf in de mond hebben gelegd.

RECHTER: Beslissingen die in deze zin vrij waren, zouden niet eens beslissingen zijn, omdat er helemaal geen beïnvloeding van de wil zou bestaan. U zou zich, als u in deze zin vrij was, op geen enkele wijze om uw wil bekommeren. Dat zou betekenen dat het helemaal *niet aan u lag* wat u wilde. Wat uw wil betreft zouden uw handen gebonden zijn. En dat zou weer betekenen dat *u niets anders kon willen dan de moord*. En ziet u, dát zou een goede, ja afdoende reden zijn om te zeggen: u bent niet verantwoordelijk. U hebt met uw idee van vrijheid precies het tegendeel bereikt van wat u wilde. In plaats van ons verantwoordelijkheid te geven in een bijzonder veeleisende zin, zou deze vrijheid iedere verantwoordelijkheid, ook in de bescheiden zin die ik bedoel, vernietigen.

Raskolnikov had geprobeerd als volgt te redeneren: «Verantwoordelijkheid vooronderstelt onvoorwaardelijke vrijheid. Die bestaat niet. Dus bestaat er ook geen verantwoordelijkheid.» Uit het verwijt van de rechter blijkt dat hij zo niet meer kán argumenteren. Want ten eerste is gebleken dat deze zogenaamde vooronderstelling innerlijk niet consistent is, en wat innerlijk niet consistent is kan nergens een vooronderstelling voor zijn. En ten tweede heeft de rechter hem bewezen dat zijn voorstelling van vrijheid ons de verantwoordelijkheid zou ontnemen in plaats van garanderen.

Dat is in meer dan één opzicht een belangrijk resultaat. Ten eerste betekent het dat er voor Raskolnikov niets anders op zit dan te discussiëren over het idee dat de rechter aan de orde heeft gesteld en dat gebaseerd is op de voorwaardelijke vrijheid van de wil. Het valt te voorzien dat hij zal doorgaan met tegen dit idee storm te lopen. Maar zijn revolte kan van nu af aan niet meer inhouden dat hij de rechter met een ander idee van vrijheid confronteert: zo'n idee is er niet. Dat betekent ten tweede dat de eerdere strijd over de juiste betekenis van «vrijheid» en «verantwoordelijkheid» nu beslist kan worden. Het hoeft niet bij een teleurstellende patstelling te blijven, waarna beide partijen, koppig vasthoudend aan hun eigen opvatting, uit elkaar gaan. Dat is ook weer een voorbeeld van wat ik aan het eind van de proloog zei: filosofie is de inspanning waardoor en de weg waarlangs we zulke dingen beslisbaar maken, in plaats van ze als onophefbare wereldbeschouwelijke verschillen op te vatten, waar je alleen maar de schouders over op kunt halen. En ten derde is gebleken dat, al zag de strijd er aanvankelijk uit als een woordenstrijd, het er toch niet om ging over de gebruiksregels van woor-

den en dus over taalconventies te redetwisten, maar om na te
denken over de consistentie van ideeën en hun bijdrage aan onze ervaring.

Verantwoordelijk stellen als praktijk

RECHTER: Verantwoordelijkheid vereist geen onvoorwaardelijke
vrijheid van de wil en kan die ook niet vereisen, want het gaat
hier om een inconsistent idee. Verantwoordelijkheid vereist
slechts voorwaardelijke vrijheid. Toen u toesloeg, had u die ook.
Dus bent u verantwoordelijk voor deze daad. En daarom heb ik
alle reden u te veroordelen.
RASKOLNIKOV: Maar het is gewoon niet eerlijk mij voor een daad
verantwoordelijk te stellen die onvermijdelijk uit mijn voorgeschiedenis voortvloeide.

Dat is wat Raskolnikov al de hele tijd wilde zeggen. Zijn uitroep
leidt de beslissende wending in het twistgesprek in. Hij komt uit
twee dingen voort. Om te beginnen is er hier voor het eerst sprake van dat wij anderen verantwoordelijk *stellen*, en ten tweede
wordt deze handelwijze als niet eerlijk gebrandmerkt en daarmee
vanuit een moreel gezichtspunt bekritiseerd. Tot nu toe was het
twistpunt: ís Raskolnikov verantwoordelijk? Dat klinkt alsof het
ging om een beslissing over de aanwezigheid van een eigenschap
die onafhankelijk van ons en ons handelen in de wereld gewoon
bestaat. De vraag leek dezelfde logica te hebben als bijvoorbeeld
de vraag: is Raskolnikov intelligent? Om deze laatste vraag te beantwoorden, zullen we ons duidelijkheid moeten verschaffen
over de vooronderstellingen voor intelligentie, en onderzoeken
of Raskolnikov hieraan voldoet. Bezit hij bijvoorbeeld het vermogen om van zijn ervaringen te leren? De indruk kan ontstaan
dat we hetzelfde patroon ook bij verantwoordelijkheid zouden
kunnen of moeten volgen: we onderzoeken hoeveel vrijheid
vooronderstelt is voor verantwoordelijkheid en vragen ons af of

Raskolnikov hier voldoende van bezit. Het leek misschien alsof de vraag «Wat is verantwoordelijkheid?» precies analoog is aan de vraag «Wat is intelligentie?» In beide gevallen worden we opgeroepen een eigenschap te analyseren die in de wereld voorhanden is. Het antwoord op de vraag naar intelligentie moet duidelijk maken waarin intelligentie *bestaat* en wat die *inhoudt*. En de indruk kan ontstaan alsof we op analoge wijze zouden moeten uitleggen waarin verantwoordelijkheid bestaat en wat die inhoudt.

Door te zeggen dat men hem niet verantwoordelijk kan *stellen*, herinnert Raskolnikov ons eraan dat de zaak zo niet ligt. We *doen* niets met anderen wanneer we hen als intelligent beschrijven. We *constateren* dat ze het zijn of niet zijn. De taalhandeling waarmee we hen als intelligent omschrijven behoort niet tot de omschreven eigenschap, maar staat daar los van. Heel anders bij verantwoordelijkheid. We *constateren* niet dat iemand verantwoordelijk is, maar *verklaren* hem verantwoordelijk. Door deze verklaring, en alleen daardoor, *wordt* hij verantwoordelijk. Aan deze verklaring ligt niet nog eens een stand van zaken – het verantwoordelijk-zijn – ten grondslag, waarvan we met die verklaring rekenschap moeten afleggen. Met het toeschrijven van verantwoordelijkheid is het als met het doen van een belofte of het voltrekken van een doop. De uitspraak «Ik beloof het» ís al het beloven zelf; daarachter ligt niet nog een «werkelijk beloven» dat door die uitspraak beschreven zou worden. En evenzo bij de doop. De woorden «Ik doop u» zíjn de doop, en hun functie is niet ons in te lichten over een van deze woorden onafhankelijke stand van zaken, te weten het dopen. Uitspraken die een belofte of een doop uitdrukken, zijn dan ook niet *waar* of *onwaar*, want het zijn geen *beschrijvingen* die een onafhankelijke stand van zaken juist of verkeerd kunnen weergeven. Ze beschrijven niets, ze *brengen* iets *tot stand*: een belofte, een doop. En zo is het ook wanneer we iemand verantwoordelijk verklaren: met deze verklaring brengen we tot stand dat hij verantwoordelijk is.

Oorspronkelijk had Raskolnikov verklaard: «Ik bén niet verantwoordelijk.» Hierop had de rechter meteen kunnen zeggen: «Toch wel, want ik *stel* u hierbij verantwoordelijk.» Mocht Raskolnikov tegenwerpen: «Dat kunt u niet, want ik bén het niet», dan zou het droge antwoord van de rechter zijn: «Voordat ik het deed, was u het niet, maar nu bent u het wel.» Hoe kan Raskolnikov zich hiertegen verweren? Als hij zegt: «Het is onwaar dat ik het ben», krijgt hij als antwoord: «Het is helemaal niet onwaar, want het is waar dat ik u verantwoordelijk stel.» Wat te doen? Raskolnikovs enige mogelijkheid tot verdediging bestaat in het aanvechten van de *handeling* die de rechter voltrekt wanneer hij hem verantwoordelijk verklaart. De logica van het dispuut wordt hierdoor fundamenteel anders. Van nu af aan gaat het niet meer om de vraag wie de *feiten juist beschrijft*, maar om de vraag of de rechter *juist handelt* wanneer hij Raskolnikov verantwoordelijk stelt. Mocht Raskolnikov aan het woord «onjuist» willen vasthouden en zeggen: «Het is onjuist mij verantwoordelijk te stellen», dan zou dat woord iets heel anders betekenen dan voorheen. Het zou niet het verkeerd weergeven van een feit betekenen, maar het verwijt tot uitdrukking brengen dat de rechter inbreuk maakt op een regel of norm. En juist dit soort verwijt komt tot uitdrukking in Raskolnikovs opmerking dat het niet eerlijk is.

Om dit verwijt zal het in de hele rest van de dialoog gaan. En al sinds jaar en dag is het dit verwijt waar de rechter bang voor is. Dit is wat hem uit de slaap houdt als hij weer eens heeft moeten toezien hoe de bewakers iemand afvoerden die hij veroordeeld had. Voordat zij in het duister achter de kerkermuren verdwenen, hadden de veroordeelden vaak voor de laatste keer zijn blik gezocht. Het waren heel verschillende blikken geweest die hij had moeten ondergaan: blikken vol woede en wraaklust, blikken vol machteloosheid en wanhoop, of blikken die alleen maar blijk gaven van diep onbegrip. Maar alle blikken hadden deze ene boodschap gemeen: *u hebt niet het minste morele recht mij dit aan te doen, want ik kan er niets aan doen dat het met mij zover gekomen is.* Wat de rechter altijd al dwarszat, was dat hij na al die jaren nog steeds geen zekerheid had weten te verkrijgen over de vraag of dit verwijt gerechtvaardigd was. 's Nachts gingen zijn gedachten steeds in hetzelfde kringetje rond: «Volgens de wet kon ik niets anders doen dan hem veroordelen, want hij had beslissingsvrijheid, daar bestond geen twijfel aan. Bij zijn volle verstand besloot hij tot een misdaad. Hij liet toe dat misdadige gedachten de regie voerden over zijn wil. Het probleem is dat dit gebeurde onder invloed van een voorgeschiedenis die vastlegde dat het niet anders kon gebeuren. Moet je uiteindelijk niet toegeven dat de een – zoals ik, die uit de gegoede burgerij en uit een volledig gezin stam – het geluk heeft dat zijn wil niet onder de invloed komt van misdadige gedachten, terwijl een ander de pech heeft in de goot op te groeien, waar je, misschien zelfs om redenen van het naakte bestaan, leert maling te hebben aan wet en moraal? En nu bestraft degene die in de sociale loterij geluk heeft gehad degene die pech heeft gehad. De ongelukkige wordt dus dubbel gestraft: eerst door de slechte uitgangsvoorwaarden en dan nog eens door het oordeel van de geluksvogels die hem naar de gevangenis sturen. Als de mensen me aankijken met een blik die mij ervan beschuldigt dat dit niet eerlijk is, hebben ze dan niet gewoon gelijk? Anderzijds: móét je iemand die in koelen bloede een moord heeft begaan niet anders behandelen dan degenen die zich aan de spelregels van recht en moraal houden? Zou het niet even onrechtvaardig zijn hier géén onderscheid te maken?»

Als we willen bereiken dat de gedachten van de rechter tot rust komen, moeten we ons nader bezinnen op de zin en de logica van de praktijk van het verantwoordelijkheid toeschrijven. Wat we in deze praktijk doen, is iemand een *status verlenen*: we maken hem tot een verantwoordelijk persoon. Ook degenen die de rechter hebben benoemd, verleenden hem daarmee een status. Zijn status bestaat in het hebben van bepaalde bevoegdheden en bepaalde plichten, zoals ook bij een president, een officier en een officieel erkende arts het geval is. De status van verantwoordelijkheid is hiermee vergeleken fundamenteler en omvattender. Die houdt in dat wij de betrokkene afmeten aan de regels van wet en moraal als geheel, dat we hem in het licht van deze normen mogen bekritiseren en voor overtredingen mogen bestraffen. We verwachten van hem dat hij zich aan deze regels houdt, en wanneer we in deze verwachting worden teleurgesteld, laten we hem dat voelen.

Een status berust op een overeenkomst of afspraak van degenen die in de betrokken gemeenschap leven. En een status kan, aangezien hij door mensen is ingesteld, ook ongedaan worden gemaakt, zoals wanneer een rechter uit zijn ambt wordt ontheven. Maakt dat een status niet tot iets willekeurigs?

RASKOLNIKOV: U zegt tegen mij: «U bent verantwoordelijk voor de moord, omdat ik u verantwoordelijk *stel*.» U gelooft dat dit uw positie versterkt. Want wat moet ik hiertegen beginnen? Maar u vergist zich: uw positie is door de nieuwe interpretatie van verantwoordelijkheid niet sterker, maar zwakker geworden. Verantwoordelijkheid wordt zo namelijk tot iets wat u mij eenvoudig wílt toedichten, dat wil zeggen tot een volkomen willekeurige aangelegenheid, een zaak van wat u goeddunkt. Maar tegenover uw wil stel ik nu de mijne: ik accepteer de status van verantwoordelijkheid niet, ik wijs die af. Ik weet dat u mij desondanks zult laten wegvoeren. Maar daaruit blijkt alleen dat u de macht hebt; er blijkt absoluut niet uit dat u ook gelijk hebt.

RECHTER: Ik stel u allerminst uit persoonlijke willekeur verantwoordelijk. Men heeft mij tot rechter benoemd om de wil van de gemeenschap waarin wij beiden leven te vertegenwoordigen. Het is deze hele gemeenschap die u door mijn toedoen verantwoordelijk maakt.

RASKOLNIKOV: Dat verandert niets. Het maakt de zaak alleen maar erger. Nu heb ik namelijk gewoon een collectieve willekeur tegen mij. Ik word niet alleen door u opgejaagd, ik word ook nog eens door de hele meute van de gemeenschap opgejaagd. Maar het aantal, hoe groot het ook is, brengt nog geen moreel recht met zich mee en heft de willekeurigheid niet op. Uw oordeel wordt niet eerlijker doordat uw collega's in de kroeg en later de hele pers u instemmend op de schouder kloppen. Ik blijf erbij: het is gewoon niet eerlijk mij voor een daad verantwoordelijk te stellen die onvermijdelijk voortvloeide uit mijn voorgeschiedenis!

Zoals we weten is dit het punt dat de rechter steeds opnieuw hulpeloos maakt. Hij kan zich erop beroepen slechts te doen wat de anderen van hem verwachten, maar tegen de knagende twijfel helpt dat niet. Want in stilte geeft hij Raskolnikov gelijk: dat hij een maatschappelijk geaccepteerde praktijk volgt, is nog lang geen rechtvaardiging voor wat hij doet. Omdat hij dat weet, is hij een rechter die naderhand niet de kroeg in gaat en ook nooit leest wat de kranten over zijn vonnissen schrijven. En soms overvalt hem 's nachts een blinde woede. Waarom zijn de anderen zo zeker van zichzelf? Waarom denken ze niet na? Waarom ben ik omringd door louter meelopers met andermans gedachten?

Het was geen fout van de rechter toen hij Raskolnikov eraan herinnerde dat de praktijk van het verantwoordelijk stellen is verankerd in een gemeenschappelijke wil. We zullen nog zien dat dit feit grote betekenis krijgt wanneer het erop aankomt de gedachte te formuleren die de uitdaging van Raskolnikov uiteindelijk weet te ontkrachten. Maar de rechter doet er goed aan het verwijt van willekeurigheid nog op een andere manier te weerleggen. Hoe dat kan gebeuren, wordt duidelijk als we de afspraak over de vraag wie er wanneer en waarvoor verantwoordelijk is vergelijken met een ander soort maatschappelijke beoordeling, die inderdaad volkomen willekeurig is: het oordeel over de vraag wat *modieus* is. Het is karakteristiek voor dit oordeel dat het komt en gaat, zonder verankerd te zijn in welke feiten dan ook. Modieus is wat voor modieus gehouden wordt. Punt uit. We kunnen ons daarbij nergens op beroepen, en er valt niets te argumenteren. Degenen die de trend zetten geven er geen redenen voor, ze zetten hem gewoon. Er is geen aan feiten en bewijzen geöriënteerde overgang van de ene mode naar de andere. Het zou ridicuul zijn tegen een mode bezwaar te willen maken. Aan modeoordelen ben je weerloos overgeleverd; het enige wat je kunt doen is ze negeren.

Heel anders ligt het bij de toeschrijving van verantwoordelijkheid. Die steunt zeker wel op feiten en bewijzen. Deze feiten *vallen* niet met de verantwoordelijkheid *samen*, maar het zijn de gegevens waaraan we ons houden wanneer we beslissen of we iemand voor iets verantwoordelijk stellen. We beroepen ons erop wanneer we een toeschrijving van verantwoordelijkheid te verdedigen hebben, en we laten ons door deze feiten instrueren dat we de eerder uitgesproken status van verantwoordelijkheid dienen te herroepen. Wat zijn deze feiten en wat hebben ze gemeenschappelijk?

Verontschuldigingen

Als Raskolnikov valt en een voorbijganger hierdoor letsel oploopt, stellen we hem niet verantwoordelijk. «Het was geen opzet,» zeggen we, en we zouden ook kunnen zeggen: «Het was geen handeling.» Dat is de eenvoudigste en meest elementaire vorm van verontschuldiging. Iemand moet iets gedaan hebben, anders kunnen we hem niet verantwoordelijk stellen. Een even elementaire regel is deze: de betrokkene moet geweten hebben dat hij met zijn daad een regel overtrad. Een kind dat in het warenhuis vrolijk zijn zakken vult om dan zingend naar de uitgang toe te gaan, stellen we niet verantwoordelijk omdat het zich er niet van bewust was een diefstal te begaan en dus een regel te overtreden. Ook iemand die iets heeft aangericht omdat hij *de situatie verkeerd inschatte* is verontschuldigd. Zo is het bijvoorbeeld bij een ambulancedokter die iemand met een injectie doodt omdat hij niet weet dat de patiënt een zeldzame allergie heeft tegen het geneesmiddel. Omzichtigheid is vereist, maar geen alwetendheid. Deze drie soorten verontschuldigingen kunnen we samenvatten in deze gedachte: *iemand is niet verantwoordelijk als hij geen juridische of morele fout heeft begaan*. En dat betekent: als hij niet opzettelijk een juridisch of moreel principe heeft overtreden. Het is duidelijk dat Raskolnikov zich niet op dit principe kan beroepen. Hij beging met opzet een koelbloedige moord.

Toch is dit niet het enige principe waar we ons door laten leiden als we iemand verantwoordelijkheid ontzeggen of op z'n minst aarzelen hem die toe te schrijven. We laten ons ook door een ander principe leiden: *iemand moest de vrijheid bezitten om een juridische of morele fout niet te begaan*. Met name dit principe verbindt het idee van verantwoordelijkheid met het idee van de vrijheid. Iedere inperking van de vrijheid roept twijfel op aan de toeschrijving van verantwoordelijkheid. Deze gedachte zijn we al in hoofdstuk 6 tegengekomen, en we hoeven die nu alleen even in herinnering te roepen. Een windvaan die de hond in de hoofdstraat met veel plezier op zijn staart trapt, kunnen we niet verantwoordelijk stellen omdat hij in het geheel geen beslissingsvrijheid bezit, aangezien het hem ontbreekt aan iedere kritische afstand tot zichzelf, die noodzakelijk is om het idee van behoren en vereist zijn te begrijpen. Ook iemand die gehypnotiseerd of psychologisch volledig afhankelijk is, verontschuldigen we als hij regels schendt die hij toch wel kent: hij bezat niet de vrijheid zich eraan te houden. Hetzelfde geldt voor een onbeheerst iemand die een woede-uitbarsting krijgt en voor een dwangmatig persoon die niet opgewassen is tegen de kracht van zijn afgewezen wil. Zij kunnen zich ter verontschuldiging op een gebrek aan vrijheid van hun wil beroepen. Een slachtoffer van afpersing, die opzettelijk de regels overtreedt, kan dat niet in dezelfde zin doen: hij heeft de controle over zijn wil. Toch zullen we hem verontschuldigen, want zijn wil om de regels te overtreden is een wil die hem is opgedrongen.

Je zou nog hier en daar nuances kunnen aanbrengen, maar in principe is de catalogus van mogelijke verontschuldigingen hiermee afgerond. Deze omvat alles wat iedereen die in onze praktijk van het verantwoordelijk-stellen is ingevoerd intuïtief als juist beschouwt: verantwoordelijk ben je alleen voor vrijwillige daden – voor daden die uit een vrije wil voortkomen. De vrijheid in kwestie is de voorwaardelijke vrijheid: door overwegingen besluiten wat je wilt. Een onvoorwaardelijke vrijheid, mocht die conceptueel al mogelijk zijn, zou voor ons hier geen *nut hebben*. Dat wordt duidelijk als we nog eens kijken naar de twee formules die Raskolnikov gebruikte in zijn antwoord op de openingsvraag van de rechter: «Ik kon niet anders», en: «Ik kan er niets aan doen.» Ze bezitten een enorme suggestieve kracht, deze formules, en vormen een effectief wapen bij iedere verdediging. Daarom is het van groot belang dat we ons er niet door laten beetnemen. Uit het vervolg van het dispuut weten we dat Raskolnikov er een beroep op doet om het feit te beschrijven dat zijn willen, beslissen en handelen bepaald werden door een voorgeschiedenis. Maar dat is allerminst de echte *functie* van deze woorden, zo weten we uit hoofdstuk 3. We hebben ze niet uitgevonden om de algehele bepaaldheid van ons willen en handelen tot uitdrukking te brengen. De echte boodschap ervan is: *wat ik wilde en deed, was niet in overeenstemming met mijn oordeel.* Raskolnikov leest «anders kunnen» alsof het zou betekenen: *willekeurig iets anders* kunnen willen en doen. Maar niemand die deze woorden ooit gebruikte, had dát in de zin. Wat iemand ermee bedoelt is: ik kon een *bepaald iets* niet willen en doen, namelijk datgene wat mijn oordeel mij aanraadde. Wanneer de speler verslagen het casino uit komt en wanhopig zegt: «Ik kon weer niet anders», gebruikt hij het woord «anders» om aan te duiden wat hij naar eigen oordeel wél had moeten doen: uit de buurt van het casino blijven. En zo is het ook wanneer iemand die gehypnotiseerd was of in een afhankelijkheidsrelatie verkeerde, terugkijkt en zegt dat hij niet anders kon. Zijn klacht is niet dat hij destijds geen willekeurig ander ding kon willen en doen, maar dat hij niet in staat was iets te doen wat in overeenstemming zou zijn geweest met zijn zelfstandig oordeel. En als het de loketbediende is die deze woorden gebruikt, dan bedoelt hij niet: «Het is betreurenswaardig dat ik op dat moment niet zomaar een willekeurig alternatief kon verwerkelijken», maar: «Gezien de bedreiging was het mij niet mogelijk datgene te doen wat ik eigenlijk juist vind:

níét met het geld over de brug komen.» De woorden «iets anders» klinken weinig bepaald, maar dit is een valstrik. Ze doen denken aan een speelruimte van willekeurige mogelijkheden, terwijl in werkelijkheid een heel bepaald alternatief bedoeld is: een willen en handelen dat zich voegt naar het oordeel over wat juist is. In dezelfde zin moeten we de zaak begrijpen als we over iemand zeggen: «Hij kon wel anders», of: «Hij had ook anders kunnen doen.» Ook hier hebben we het niet over willekeurige mogelijkheden; we bedoelen dat de betrokkene in staat was datgene te willen en te doen wat overeenkwam met zijn oordeel. Met andere woorden: *hij had beslissingsvrijheid.*

Raskolnikov had deze vrijheid, en daarom is het regelrecht *onwaar* wat hij zegt wanneer hij probeert staande te houden dat hij immers niet anders kon. De opmerking dat zijn wil van voorwaarden afhing, helpt hem geen steek. En hetzelfde geldt voor zijn andere formule: «Ik kan er niets aan doen.» Wat betekent het tegendeel – dat iemand er wél iets aan kan doen? Het betekent dat hij deed wat hij besloten had. Raskolnikov kan er niets aan doen dat de voorbijganger verongelukte. Hij had niet de beslissing genomen hem voor het rijtuig te duwen. Als we zeggen dat gehypnotiseerde, afhankelijke, onbeheerste en dwangmatig handelende mensen er niets aan kunnen doen, bedoelen we: wat zij deden, kwam niet voort uit hun vrije beslissing. Voor zijn moord heeft Raskolnikov deze verontschuldiging niet. Hij kan er juist álles aan doen, zou je kunnen zeggen. En ook hier weer helpt de verwijzing naar bepalende voorwaarden geen steek. Ook hier weer is het gewoon *onwaar* wat hij zegt.

De crux

Dit alles zal de rechter Raskolnikov voorhouden, en we kunnen ons indenken dat hij het met toenemende nadruk doet en ten slotte in een roes van opwinding raakt, omdat hij zijn kans schoon ziet eindelijk de zaak te beslechten en Raskolnikov tot zwijgen te brengen. Maar zoals gezegd is hij een heel bedachtzame rechter en daarom voelt hij ondanks die roes dat hij nog altijd niet gewonnen heeft. En zo is het ook.

RASKOLNIKOV: Dat is allemaal prachtig. En ik ben bereid de twee punten toe te geven waar het voor u op aankomt. Ik heb opzettelijk de regels overtreden en dus een fout gemaakt, en ik had hierbij beslissingsvrijheid – ik zal buigen voor uw regeling van de taal. Inderdaad kreeg de gedachte aan het geld in mij de overhand en die bepaalde mijn wil. Daarom kan ik geen aanspraak maken op een van de verontschuldigingen waarover u sprak. En ik doe nog een volgende stap in uw richting. Als we «iets anders kunnen» en «er iets aan kunnen doen» begrijpen in de zin zoals u hebt uitgelegd, dan trek ik terug wat ik aanvankelijk zei: dat ik niet anders kon en er dus niets aan kan doen. U hebt nu dus een man voor u voor wie geldt dat hij uit vrije wil een moord beging, nadat hij daar op grond van onwettige en immorele gedachten toe besloten had. En ik weet dat ik in het licht van de door u vertegenwoordigde praktijk verantwoordelijk gesteld kan worden, want ik heb geen verontschuldiging zoals deze praktijk die erkent. Maar dat alles maakt op mij geen indruk. Want over één ding hebt u tot nu toe nog geen woord gezegd: het feit *dat het niet anders kon gebeuren dan dat mijn immorele gedachte aan het geld de overhand kreeg*. Het gebeurde zoals het gebeuren moest, gegeven mijn voorgeschiedenis. Zoals gezegd respecteer ik uw uiteenzettingen over de uitdrukkingen «anders kunnen» en «er iets aan kunnen doen». Maar ziet u, u had hierbij steeds het beslissen op het oog, de situatie dus waarin ik als denkend mens de regie voer over mijn wil. In dat geval is er altijd een standpunt van waaruit iemand ook anders zou kunnen en er iets aan kan doen: het standpunt van het denken. *Maar voor het denken zelf is er geen ander standpunt van waaruit iemand er de regie over zou kunnen voeren*. Je denkt op een gegeven moment zoals je op dat moment nu eenmaal denkt. Daar zit niet nog eens een regisseur achter die de gedachten uitkiest. Het denken voltrekt zich gewoon, en het komt, zoals ik al eerder zei, niet uit het niets, maar is het resultaat van een voorgeschiedenis. En daarom moet ik nu toch weer mijn woorden van daarnet herhalen, want ik ken geen betere. Ik kon toen niet anders denken dan ik deed, en ik kon er niets aan doen dat deze en geen andere gedachten in mij opkwamen. Net zomin als u, overigens. Ook u is het alleen maar overkomen dat u steeds in harmonie met de regels dacht, en u hoeft zich daar niet op te laten voorstaan. U had gewoon het geluk dat de stroom van uw gedachten u omhoogspoelde tot u op de rechterstoel terechtkwam, terwijl ik gewoon de pech had dat mijn stroom me hier in de beklaagdenbank deed belanden. En daarom, precies daarom, is het niet eerlijk mij ter verantwoording te roepen – wat de feitelijke praktijk hier verder ook over zegt.

RECHTER: Uit het feit dat *heel bepaalde* vormen van afhankelijkheid van innerlijke processen een verontschuldiging betekenen, kunt u niet afleiden dat die afhankelijkheid *als geheel* als verontschuldiging moet gelden. Deze gevolgtrekking van het bijzondere naar het algemene gaat niet op, aangezien er zonder voorwaardelijkheid over dit onderwerp niet eens gesproken kan worden.

RASKOLNIKOV: Deze fout maak ik ook echt niet. Ik besef heel goed dat mijn uiteindelijke beroep op de voorwaarden die mijn denken hebben gevormd, iets anders is dan een verontschuldiging op grond van onwetendheid dan wel uiterlijke of innerlijke dwang. Niets van wat ik zei was erop gericht dit onderscheid te ontkennen. Ik zeg alleen: het is niet eerlijk iemand verantwoordelijk te stellen voor een daad die voortvloeide uit een denken dat niet anders kon zijn dan het was. Dat is alles, en daarover heb ik u nog steeds geen woord horen zeggen.

RECHTER: Laten we het dan over eerlijkheid hebben. Dat is geen categorie die zomaar uit de lucht komt vallen en die we van buitenaf aan de praktijk om personen verantwoordelijk te stellen kunnen opleggen, zoals u dat doet. Het is een categorie waarvan de inhoud en reikwijdte door de praktijk zelf worden bepaald.

Wat eerlijk is en wat niet beslissen we door de praktijk uit te voeren.

RASKOLNIKOV: Dat kunt u niet menen. Het zou namelijk betekenen dat deze praktijk met al zijn consequenties, die zoveel mensen in het ongeluk stort, *helemaal niet vatbaar zou zijn voor kritiek*. Het móét mogelijk zijn zo'n praktijk van buitenaf te bekritiseren. Anders zouden willekeurige groepen immers een vergezochte normatieve praktijk kunnen ontwikkelen en op iedere kritiek reageren met de mededeling: over de vraag of deze praktijk in orde is beslissen alleen wij, de beoefenaars van die praktijk.

RECHTER: Goed, maar de kritiek moet op een argument berusten. Het is niet voldoende eenvoudigweg uit te roepen: dat is niet eerlijk!

RASKOLNIKOV: Toegegeven. Maar ik héb ook een argument. En het is een buitengewoon sterk argument, want het bewijst dat de praktijk die u met uw toga aan vertegenwoordigt, schuldig is aan een innerlijke tegenspraak. Aan de ene kant stelt ze namelijk *bepaalde* mensen verantwoordelijk en bestraft ze individuele mensen. U stelt míj verantwoordelijk, mij strikt persoonlijk, en niet mij als willekeurig voorbeeld van een mens. Aan de andere kant ziet u bij uw oordeel af van iets wat juist mijn individualiteit uitmaakt: van het verloop van en de voorwaarden voor mijn denken. Het lijkt rechters helemaal niet te interesseren dat het denken van een bepaalde persoon echt niet anders kán verlopen dan het in feite verloopt. Als het ze al interesseert, dan alleen in bijzondere gevallen, waarin iemands denken wegen gaat die niet te volgen zijn, zodat je van een ziek denken kunt spreken. Wanneer het denken echter, zoals bij mij, normale maar immorele wegen bewandelt, interesseren de herkomst en ontwikkeling ervan de rechters plotseling niet meer. Dat is een volstrekt tegenstrijdige houding, en dat is wel het ergste wat je over een praktijk met zoveel gevolgen kunt zeggen: dat die innerlijk niet consistent is. En ik zal u zeggen wat er verantwoordelijk is voor deze inconsistentie. Het is ofwel een bijzonder krasse vorm van gedachteloosheid, ofwel iets nog ergers: onoprechtheid en huichelarij. Want eigenlijk doet men net alsof het denken van een mens onvoorwaardelijk vrij is, alsof hij op ieder moment en zonder voorwaarden zou kunnen bepalen wat hij denkt. Hoewel iedereen weet dat het niet zo is. En ik zou er nog aan willen toevoegen: wat voor de toeschrijving van verantwoordelijkheid geldt, geldt ook voor wrok en morele verontwaardiging. Deze gevoelens zouden onmiddellijk verdwijnen als die verontwaardigde mensen zouden bedenken dat de gedachten van de boosdoener gewoonweg niet anders konden zijn dan ze waren. Daarom zeg ik u: ook al die morele gevoelens berusten op gedachteloosheid of huichelarij.

Een verkeerde zet

Nu kiest de rechter de vlucht naar voren en vat de stier bij de hoorns.

RECHTER: Goed dan, er zit iets tegenstrijdigs in, en het is ook niet helemaal eerlijk. Er is weliswaar een rijk palet aan verontschuldigingen die wij aanvaarden, en een rechter – in de juridische en de morele zin – zal nauwgezet proberen rekening te houden met de bijzondere omstandigheden. Maar u hebt gelijk: er komt ooit een moment dat we in onze oordelen én onze gevoelens te werk gaan volgens het principe: «Mensen die geen acht hebben geslagen op morele redenen, roepen we ter verantwoording» – en we bekommeren ons niet verder om de geschiedenis die ertoe leidde dat ze er geen acht op sloegen. Maar dat gebeurt niet uit gedachteloosheid en ook niet uit onoprechtheid of huichelarij. Het gebeurt om goede redenen, en als het niet eerlijk is, zoals u zegt, is dat ook geen teken van willekeur; er zijn dwingende redenen voor. De eerste reden is dat de taak om de samenleving te organiseren ons ertoe dwingt. Stelt u zich eens voor wat er zou gebeuren als we niemand voor zijn daden ter verantwoording zouden roepen, aangezien we zeiden: «Hij kan er toch niets aan doen, want het was onvermijdelijk dat hij zo immoreel dacht als hij dacht.» Eén grote chaos van moord en doodslag zou het gevolg zijn, want dat zouden de andere mensen, die zich voortdurend morele inspanningen getroosten en hierbij afzien van de bevrediging van allerlei wensen, zich niet laten welgevallen. Een permanente aaneenschakeling van privélynchpartijen zou het gevolg zijn.

RASKOLNIKOV: Niet in een verlichte samenleving, waarin het de regel zou zijn de voorwaarden voor het denken, ook het morele denken, voor ogen te houden. De morele mensen zouden immers niet van de immorele hoeven te houden. Maar ze zouden hen *met rust laten*, in de wetenschap dat ze er uiteindelijk niets aan kunnen doen en dat ze gewoon de pech hadden dat hun denken, dat immers niet meer is dan een klein fragment uit het verloop der dingen, aan wet en moraal voorbijging. De samenleving organiseren zou juist betekenen: zorgen dat dit inzicht doorbreekt, in plaats van de boosdoeners oneerlijk te behandelen door ze achter de muren van een kerker te begraven en hun ellende uit het bewustzijn te verbannen om rustig te kunnen slapen.

RECHTER: We zouden daarmee een belangrijk instrument voor de morele opvoeding uit handen geven. Deze opvoeding werkt alleen zolang er straffen zijn. Als we in een vreedzame en aangename maatschappij willen leven, moeten we de mensen zover krijgen dat ze zich aan de regels houden. En gegeven hoe de mensen nu eenmaal zijn, lukt dat alleen wanneer we hun de ellende voor ogen houden die zij riskeren als ze de regels overtreden. Zonder afschrikking krijg je ze niet zover dat ze moreel gaan denken; aanmoedigen alleen is niet voldoende. U ziet dus: de oneerlijke behandeling waar we het over hebben, is *onmisbaar*.

RASKOLNIKOV: Dus moet ík, al kan ik ook niet helpen dat ik moorddadige gedachten heb, in een Siberisch strafkamp te gronde gaan, alleen om de morele opvoeding van ánderen mogelijk te maken. Dat is toch wel het toppunt!

Ook dat heeft de rechter zich in slapeloze nachten al eens afgevraagd: mag je mensen die met hun gebrek aan moraal gewoon pech hebben gehad, gebruiken om de opvoeding tot trouw aan wet en moraal te bevorderen? Maak je deze mensen in hun ongeluk dan niet tot een louter instrument? Is dat welbeschouwd niet cynisch? Deze rechtvaardiging van de oneerlijke behandeling gaf hem dan ook geen goed gevoel. En dus neemt hij een tweede aanloop.

RECHTER: Stel dat we elkaar zo tegemoet zouden treden als volgens u verlicht en wenselijk is: in het voortdurende besef dat boosdoeners en goeddoeners niet kunnen helpen wat ze doen, aangezien hun denken zijn onvermijdelijke loop neemt. U hebt gelijk: onze reacties en gevoelens zouden nu heel anders moeten zijn. We zouden de anderen niets kwalijk kunnen nemen en niet verontwaardigd kunnen worden over hen. Ook voor morele lof en buitengewone morele hoogachting zou geen plaats meer zijn. Onze blik op andere mensen zou zijn als de blik van een insectenkenner: nieuwsgierig en van een passieloze nuchterheid. Of op z'n minst zo afstandelijk als de blik van een therapeut op zijn patiënten. Dat zou de hele wijze waarop mensen elkaar tegemoet treden veranderen. Er zou niets meer over zijn van de speciale *betrokkenheid* die ontstaat wanneer mensen elkaar met morele gevoelens tegemoet treden. Niet alleen zou je over andere mensen niet meer verontwaardigd kunnen zijn, je zou hun ook niet meer dankbaar kunnen zijn en hun niet meer iets vergeven. Alle gevoelens die Sonja volgens Dostojevski voor u heeft, zouden hun zin verliezen. Het is moeilijk voorstelbaar dat we ons tot zo'n soort kilte zouden kunnen opwerken. Maar kunnen is niet het beslissende punt: we wíllen zo'n kilte gewoon niet. Wij allemaal samen willen die niet. Aan het eind van de roman bent u immers ook dankbaar voor de gevoelens van Sonja. En ziet u, dat is de reden waarom we op de koop toe nemen dat het niet eerlijk is. Dat oneerlijke is, om het zo maar te zeggen, een voorwaarde voor de gevoelsrijkdom die we in geen geval zouden willen verliezen.

RASKOLNIKOV: Dus word ik niet eerlijk behandeld, en zo betaal ík ervoor dat de anderen, jullie dus, in weldadige warmte en betrokkenheid met elkaar kunnen leven. Ook dat is wel het toppunt! Want ik zeg u: ik zou oneindig veel liever in een koude vrijheid leven dan door een sentimentele samenleving naar Siberië gestuurd te worden. En ook wat die gevoelens betreft vergeet u één ding: iemand als u moet toch wel ongelooflijk hardvochtig zijn om straks onaangedaan toe te zien hoe de bewakers mij wegvoeren. In een verlichte, eerlijke samenleving zou een zekere koelheid heersen. Maar dit soort gevoelloosheid zou daar niet voorkomen.

Zoals we weten, trapt hij hiermee de rechter op zijn ziel. Want die is allesbehalve gevoelloos. Dat blijkt wel uit het feit dat de laatste blikken van de veroordeelden hem uit de slaap houden. Wat hij nu zegt, is een wanhopige poging de bal terug te kaatsen.

RECHTER: Uw woorden zijn voortdurend vol van morele verontwaardiging. Zo weerlegt u datgene wat u zegt door de expressie waarmee u het zegt. U zou toch eigenlijk moeten zeggen: «Hij daar in de hoogte, met zijn toga aan, kan ook niet anders denken dan hij denkt. Dus wat zal ik me opwinden? Ik moet zijn oneerlijke denken en handelen net zo gelaten ondergaan als de hele rest.»
RASKOLNIKOV: Nou ja, niet echt gelaten. Per slot van rekening gaat het om de verwoesting van mijn leven. Maar u hebt gelijk: mijn opwinding zou geen morele opwinding moeten zijn. Alleen vergist u zich wanneer u meent dat mijn verwijt ongegrond is zodra ik dit toegeef. Ik zou me over uw oneerlijke handelwijze niet moeten opwinden, maar dat verandert niets aan het feit dat het niet eerlijk ís wat u met mij doet.

De juiste zetten

Met de strategie die hij tot nu toe volgde, is de rechter vastgelopen. Het is hem weliswaar gelukt het doel of het nut te verhelderen van de praktijk waar Raskolnikov zich tegen keert. Maar de prijs was hoog: hij moest toegeven dat die praktijk niet consistent en – nog erger – niet eerlijk is; dat is geen geringe concessie, want hij geeft hiermee toe dat hij, de rechter, tegenover Raskolnikov iets immoreels doet. Het was een gambiet wat de rechter probeerde, en het is misgelopen. Want het is hem niet gelukt de diepere zin van die vermeende niet-eerlijke behandeling aan het licht te brengen, een zin die iedere vaststelling van een uitwendig doel te boven gaat. Niettemin kwam hij in de buurt van dit doel toen hij de bal terugkaatste. En na de laatste woordenwisseling kunnen we in grote lijnen onderkennen wat hij tegenover Raskolnikov moet bewijzen: *dat er geen standpunt is van waaruit je het verwijt zou kunnen maken dat deze behandeling niet eerlijk is.* Alles wat Raskolnikov naar voren bracht, ging uit van de vooronderstelling dat er zo'n standpunt is. Als dat onwaar zou blijken, zou de aanval van Raskolnikov doodlopen. En dat zou betekenen dat er geen innerlijk consistente gedachte is die het mogelijk maakt de voorwaardelijkheid van alle vrijheid in te zetten tegen het idee van de verantwoordelijkheid.

Maar hoe slagen we erin dit te bewijzen? Door te bedenken wat er nu eigenlijk in de praktijk van het verantwoordelijk stellen en in de morele gevoelens tot uitdrukking komt. Denk nog even terug aan de man die een kind had aangereden en doorreed. Hij reed door omdat hij bang was voor de gevangenis. Maar toen hij in de krant las dat het kind nog gered had kunnen worden, kromp hij ineen en ging op weg naar het politiebureau. Laten we deze man vergelijken met een ander, die op de verlaten weg eveneens een kind aanrijdt. Ook hij stopt. Maar anders dan de eerste man is hij niet hevig geschrokken, maar alleen misnoegd. Hij stapt uit, haalt zijn zakdoek te voorschijn en veegt het bloed van de bumper. Hij poetst net zo lang tot de bumper weer glimt. Dan strijkt hij liefkozend over zijn brandschone auto, stapt in en rijdt tevreden weg. Het zou weerzinwekkend en schokkend zijn dit te moeten gadeslaan. Waarom? Omdat deze man blijkbaar iets fundamenteels niet kent, of in ieder geval niet erkent:

het *morele standpunt*. Waarin bestaat dat? In de gedachte *dat de belangen van andere mensen voor mij een reden tot handelen zijn*. De eerste man kent deze gedachte en reageert met gevoelens die eraan gebonden zijn. De tweede niet; voor hem telt enkel en alleen zijn eigen belang: de smetteloosheid van zijn geliefde auto. Het leven van het kind beschouwt hij als iets wat hem niet aangaat. «Hoezo,» zou hij zeggen wanneer iemand hem een verwijt maakte, «míjn leven stond toch niet op het spel? Waarom zou ik mij er dan druk om moeten maken?» Waar het deze man aan ontbreekt, is de gedachte en het gevoel van rekening houden met en achting hebben voor anderen en hun belangen. En zo is het ook met Raskolnikov. Als hij toeslaat teneinde het opgepotte geld te bemachtigen, maakt hij inbreuk op de grondgedachte van het morele standpunt: hij erkent de belangen van de pandhoudster niet als iets wat voor hem een reden zou kunnen zijn om iets niet te doen.

Als we iemand de status van verantwoordelijk persoon verlenen, drukken we hiermee ons voornemen uit hem en zijn handelen te beschouwen in het licht van het morele standpunt. Het is dus niet alleen zo dat wij door een blik op een catalogus van regels, die we in gedachten of op papier hebben, beslissen of iemand juist of verkeerd gedacht, beslist en gehandeld heeft. Dat is weliswaar iets wat in een gerechtelijk vonnis gebeurt, en ook een moreel oordeel kan de vorm hebben: dat is een schending van principe zus of zo. Maar de regels die hierbij voor ons van bijzonder belang zijn, zijn op hun beurt in het morele standpunt verankerd. Wanneer we iemand verantwoordelijk verklaren, stellen we onszelf dus algemeen genomen de vraag: heeft hij erkend dat de belangen van degenen met wie hij te maken had ook voor hem en zijn handelen richtinggevend hadden moeten zijn? Is hij iemand die erkent dat de inachtneming van andermans belangen zwaarder kan wegen dan het eigenbelang? Heeft hij in zijn handelen rekening gehouden met anderen en het nodige respect voor hen getoond? En op precies dezelfde logica berusten ook onze morele gevoelens. We zijn verontwaardigd en koesteren wrok wanneer wij aan een daad menen te herkennen dat de handelende persoon het morele standpunt verlaten heeft en, zoals we dan zeggen, een volstrekt zelfzuchtige beslissing heeft genomen. Het is dus altijd hetzelfde vergrijp dat wij bestraffen: dat iemand zijn wil niet heeft gevormd in het licht van het morele standpunt. Deze overweging doet de rechter een eerste argument tegen Raskolnikov aan de hand.

RECHTER: U hebt met uw daad op duidelijke en bijzonder krasse wijze inbreuk gemaakt op het morele standpunt. Het ging u alleen om het geld, het leven van de pandhoudster was u onverschillig. Hiermee hebt u uzelf tot iemand gemaakt die buiten het morele standpunt staat. Hierdoor hebt u ieder recht verspeeld om te worden beoordeeld en behandeld volgens categorieën die tot dit standpunt behoren. Eerlijkheid is zo'n categorie. Dus hebt u niet de minste reden te verwachten of te eisen dat ik mij als vertegenwoordiger van de samenleving in mijn oordeel tegenover u door deze categorie laat leiden. U hebt zich buiten de reikwijdte ervan begeven. Aangezien ú besloten hebt de belangen van anderen te minachten, kunt u van ons nu niet verwachten dat wíj rekening houden met uw belangen. Dat zou een regelrechte tegenspraak zijn: u zou zich in één adem op het morele standpunt beroepen en het afwijzen. U zou zich het volgende moeten voorhouden: «De anderen veroordelen mij en sluiten mij buiten de kring van diegenen die een beroep kunnen doen op een eerlijke behandeling. En dat gebeurt niet uit willekeur of omdat het op de een of andere manier bij hun wensen past. Het gebeurt omdat ik mij eerst zélf heb uitgesloten. De anderen behandelen mij precies zoals ik mijzelf zag toen ik het morele standpunt verliet: als een outcast. De anderen zijn gewoon alleen maar consequent.»

Je kunt je afvragen of de rechter hiermee eigenlijk niet toegeeft dat het inderdaad niet eerlijk is wanneer hij de voorwaarden die Raskolnikovs immorele denken hebben gevormd, niet als verontschuldiging laat gelden. Het antwoord is: nee. Hij zegt noch dat het niet eerlijk is, noch ook dat het wél eerlijk is. Zo'n oordeel zou hij moeten vellen vanuit zíjn standpunt – het morele –, en tot dusver is het nog helemaal niet aan de orde hoe de zaak er vanuit dit standpunt uitziet. De rechter herinnert Raskolnikov er eenvoudig aan dat híj geen aanspraak kan maken op een eerlijke behandeling. Beide mogelijkheden zijn hiermee verenigbaar: ofwel dat de rechter zelf het niet eerlijk vindt, maar tegen zichzelf zegt: «Daar kan hij zich niet over beklagen»; ofwel dat hij het eerlijk vindt en tegen zichzelf zegt: «Hij vergist zich; zijn aanspraak is ongegrond, maar er is aan voldaan.»

RASKOLNIKOV: Dat het in mij zo gebeurde dat ik het morele standpunt verliet, was iets wat ik niet kon verhinderen, ik had er geen enkele macht over. Het overkwam mij eenvoudigweg dat ik mijzelf tot outcast maakte. Legt u mij eens uit waarom ik niet verwachten kan dat u daar rekening mee houdt.

De rechter zou zich nu hard kunnen opstellen en zeggen dat hij deze vraag al heeft beantwoord omdat voor «rekening houden met» hetzelfde geldt als voor eerlijkheid: Raskolnikov heeft niet het morele gezag dat aan zo'n appèl, dat immers een moreel appèl is, ten grondslag zou moeten liggen. Toch neemt de rechter de moeite opnieuw te antwoorden, omdat hij zo de gelegenheid krijgt zijn gedachten toe te spitsen.

RECHTER: Kijk eens, toen u de beslissing nam tot de moord, was het alsof u een bord voor u uit droeg waarop stond: *er is geen reden om rekening te houden met anderen.* Deze stelling heeft de vorm van een algemeen geldend principe. Dat betekent dat het ook voor u geldt. Daarom moet er ook op het bord staan: *er is geen reden om rekening te houden met mij.* Hiermee deelt u aan ons, de andere mensen, mee dat u geen reden ziet waarom wij rekening met u moeten houden en u eerlijk moeten behandelen. En dat staat gelijk met de mededeling dat u afziet van iedere aanspraak op een eerlijke behandeling. Nu kan er in dit verband slechts één enkele reden zijn om ons bezig te houden met de voorwaarden die uw immorele denken hebben gevormd: de wens u eerlijk te behandelen. Aangezien er echter op uw bord eigenlijk staat: *er is geen reden om mij eerlijk te behandelen*, kunt u niet verwachten dat wij die wens ook vormen. Sterker nog: wat op dat bord staat betekent niet alleen dat u geen aanspraak maakt op een eerlijke behandeling, maar ook dat u het *ongegrond* en dus *onredelijk* zou vinden als wij probeerden u eerlijk te behandelen. Hieruit volgt dat u het onredelijk zou vinden als we ons – om eerlijk tegenover u te zijn – zouden bekommeren om de voorwaarden die uw immorele denken hebben gevormd. En dat betekent dat u zelf, *door immoreel te denken*, het bewijs levert dat deze afhankelijkheid van voorwaarden niet van belang is.

Dit argument van de rechter is alleen steekhoudend als zijn eerste vooronderstelling klopt, namelijk dat iemand die het morele standpunt minacht, handelt volgens het principe: er is geen reden om rekening te houden met anderen. Dat is iets wat Raskolnikov in twijfel zou kunnen trekken. Maar laten we aannemen dat hij dat voorlopig niet doet. In plaats daarvan wisselt hij van tactiek en bekritiseert hij de rechter door hem aan zijn eigen maatstaf te meten.

RASKOLNIKOV: Misschien hebt u gelijk en kan ik in mijn positie niet verwachten dat u rekening houdt met de voorwaarden die mijn immorele denken hebben gevormd. Maar nu vraag ik u: moet u daar vanuit úw standpunt, het morele standpunt dus, geen rekening mee houden? Dat standpunt houdt immers in dat de belangen van anderen een reden zijn om bepaalde dingen te doen of te laten. En geef ik geen uitdrukking aan mijn legitieme belang wanneer ik vraag of men rekening wil houden met de voorwaarden voor en de onvermijdelijkheid van mijn immorele denken?

Is dit een legitieme zet van Raskolnikov? Kan hij op deze wijze gebruik maken van het standpunt van de rechter, dat immers niet zijn eigen standpunt is? Ja. Want in deze tegenwerping wordt het morele standpunt weliswaar genoemd, maar het is zelf geen morele tegenwerping, maar een bezwaar op grond van het criterium van consistentie. En hij weet de rechter te treffen, want het is een bezwaar dat de rechter, zoals we weten, voor zichzelf al vaak heeft opgeworpen.

De rechter doet nu iets wat hij al duizend keer heeft gedaan toen hij op dit punt was aangekomen en zich afvroeg: kan niet iedereen aanspraak maken op toegevendheid, omdat zijn misdadige wil een voorgeschiedenis heeft? Voor hij weer het woord neemt, staart hij even in de leegte. Hij ziet een huurmoordenaar voor zich, een ijskoude, beroepsmatige killer, die zich grijnzend beroept op de voorwaardelijkheid van zijn meedogenloze wil en hem voorstelt grootmoedig te zijn. En als we de rechter in de tijd laten reizen, kunnen we ons voorstellen dat hij Höß voor zich ziet, de kampcommandant van Auschwitz. Nu weet de rechter hoe hij verder moet gaan.

RECHTER: In morele zaken komt het enkel en alleen op de *inhoud* van het denken aan en niet op de *herkomst* ervan. Als iemand denkt op een wijze die het morele standpunt schendt, zijn we niet bereid deze schending te verontschuldigen met een verwijzing naar de algehele voorwaardelijkheid van al het denken. Waarom niet? Omdat we hiermee iets uit handen zouden geven wat tot de interne logica van dit standpunt behoort, namelijk dat we het willen *handhaven* en *verdedigen*. Als iemand door zijn denken, willen en handelen het morele standpunt minacht, ervaren we hem als iemand die een aanval doet op de hele externe en interne ordening die we vanuit ons persoon-zijn hebben gecreëerd. Dat is de radicaalste aanval die we kennen, en deze wekt bij ons een hevige verontrusting en een verbitterde vijandschap. Morele grootmoedigheid lijkt ons dan niet alleen onmogelijk, maar ook absurd. De morele *grand seigneur* namelijk die ook de ergste misdaad nog verontschuldigt, zou op ons de indruk maken van iemand die het morele standpunt uiteindelijk niet echt serieus neemt, want om de substantie ervan te kunnen behouden vereist dit standpunt vijandschap tegenover je vijanden. Wij zouden het standpunt verraden als we de vijanden ervan niet zouden veroordelen.

RASKOLNIKOV: Maar mijn vraag is dan: is deze houding wel éérlijk?

De rechter kijkt verbaasd. Hij heeft de indruk dat er met deze vraag iets niet in orde is. Kun je een categorie, die haar inhoud dankt aan het morele standpunt, op dit standpunt zelf toepassen? Na enig nadenken besluit hij tot het volgende antwoord.

RECHTER: Ik begrijp niet hoe je deze houding niet eerlijk zou kunnen noemen als het eenvoudigweg tot de innerlijke logica ervan behoort dat schendingen – van welke voorwaarden die ook afhangen – worden bestraft. En eerlijk zou ik deze houding ook niet noemen, want er is geen verdere morele maatstaf voor deze maatstaf. Zou je hier toch van eerlijkheid willen spreken, dan zou je alleen nog dit kunnen zeggen: het ligt in de aard van het morele standpunt om eerlijk te zijn, waarbij die eerlijkheid eenvoudigweg hierin bestaat dat de verdedigers ervan consequent zijn. Maar in wezen kan ik uw vraag alleen zó beantwoorden: ik *bevestig* het morele standpunt, zoals iedereen die zich er serieus aan gebonden weet, het tegenover de vijanden ervan zal bevestigen.

Als de rechter het met deze gedachtegang bij het rechte eind heeft, heeft Raskolnikovs verwijt dat hij niet eerlijk wordt behandeld geen betekenis, noch van buiten het morele standpunt, noch van daarbinnen. Hiermee is bewezen wat we moesten bewijzen, namelijk dat er geen standpunt is van waaruit dit verwijt te maken valt. En dit betekent voor de thematiek van dit boek: het feit dat alle vrijheid van voorwaarden afhangt, kan niet tegen het idee van de verantwoordelijkheid worden uitgespeeld.

Heeft Raskolnikov nog een laatste troef? Jawel, hij kan de legitimiteit of de zin van het morele standpunt *als geheel* in twijfel trekken.

RASKOLNIKOV: Ik zie nu in dat ik u van begin af aan te veel tegemoet gekomen ben. Want eigenlijk wilde ik al protesteren toen u het had over het principe van het morele standpunt: dat de belangen van anderen voor mij een reden tot handelen behoren te zijn. Laten we elkaar niet voor de gek houden, dat begrijpt toch geen mens? Redenen tot handelen, dat kunnen toch alleen de *eigen* wensen zijn? Daar zitten misschien ook wensen tussen die het welzijn van anderen betreffen, altruïstische wensen dus. Maar dat ieder van ons *daarnaast nog* een andere reden zou hebben om rekening te houden met anderen, daar kan geen sprake van zijn. Waar zou zo'n reden vandaan moeten komen? Ik had mij dus ook moeten verzetten toen u mij het algemene principe toeschreef dat er geen reden is om rekening te houden met anderen. Toen ik de moord beging, ben ik allerminst van zo'n principe uitgegaan. Ik begrijp namelijk ook dat principe niet, en om dezelfde reden waarom ik ook het vermeende morele principe niet begrijp. Ik had destijds gewoon de wens – míjn volstrekt persoonlijke wens – het geld in handen te krijgen, en ik had gewoon niet de wens rekening te houden met de woekeraarster. Dat is het hele verhaal. Er zíjn geen algemene redenen die de eigen wensen in de weg staan. En ziet u, daarom zou u ook uw ambt moeten neerleggen en ophouden de hersenschim van een moreel standpunt in te roepen om te rechtvaardigen dat u mij achter de tralies zet.

We zijn in de diepste wateren van de moraalfilosofie verzeild geraakt. De discussie die we nu zouden moeten voeren – over moraal en rationaliteit, over moraal en geluk – zou het kader van dit boek te buiten gaan en zou ons ook wegvoeren van het thema vrijheid. Toch moet de rechter nog een laatste keer het woord krijgen.

RECHTER: Uw bewering dat u de grondgedachte van het morele standpunt niet begrijpt, lijkt mij een uitvlucht. Want ik en degenen die mij in dit ambt gekozen hebben – wíj begrijpen deze gedachte en verdedigen die door mensen als u ter verantwoording te roepen. Maar laat ik, om u ter wille te zijn, eens aannemen dat deze gedachte louter fictie en zelfbedrog is. Dan blijft altijd nog dit feit: wij – de meesten van ons – hébben de wens rekening te houden met anderen en hun behoeften. En dat is voor ons niet iets louter bijkomstigs. Het is iets wat onze hele *levensvorm* bepaalt. Wij wíllen vanuit deze wens leven en zouden een ander leven niet de moeite waard vinden. Daarom dulden we eenvoudig niet dat iemand zo meedogenloos handelt als u – ook al had deze meedogenloosheid een voorgeschiedenis waardoor ze onvermijdelijk werd. En daarom, precies daarom, roep ik nu de bewakers.

Hier kan de rechter zich in de toekomst ook aan vasthouden wanneer hij de laatste blikken van de veroordeelden moet doorstaan. Het zal hem in de toekomst niet ieder innerlijk conflict besparen, maar als hij de rechtszaal toch weer terneergeslagen verlaat, zal dat niet zijn omdat hij twijfelt aan de juistheid van de gedachte waarmee hij Raskolnikov ten slotte tot zwijgen heeft gebracht. Het zijn andere twijfels die hem, de bedachtzame rechter, nooit definitief zullen loslaten. Allereerst zal hij zich bij iedere verdachte afvragen: was zijn wil echt helemaal vrij? Waren er toch geen aspecten van innerlijke of uiterlijke dwang, en was zijn beslissingsvermogen niet toch beschadigd? En als hij de roman van Dostojevski nog een keer leest, zal hij hier bij Raskolnikov niet meer zo zeker van zijn. Er is nog een vraag die hem blijft benauwen. Is datgene wat de wet als straf voorschrijft de passende reactie op het feit dat iemand zich stiekem aan het morele standpunt heeft onttrokken? Is het een passende vorm van maatschappelijke veroordeling als je iemand in een krappe cel opsluit en hierdoor zijn hele persoonlijkheid verwoest?

Waarover gaat berouw?

Uiteindelijk, zo laat Dostojevski ons tussen de regels door weten, voelt Raskolnikov berouw. De gedachte van de rechter over de innerlijke logica van het morele standpunt, dat verdedigd moet worden tegen de vijanden ervan, kan ons misschien helpen dit gecompliceerde gevoel van moreel berouw te begrijpen. Ik druk me voorzichtig uit, omdat gevoelens ons hun inhoud en hun logica niet vanzelf onthullen. Over een gevoel weet je niet meteen alles doordat je het hebt of gehad hebt. Ook onze ingesleten, geroutineerde manier van spreken over gevoelens betekent niet dat ze ons volledig duidelijk zijn. Je kunt vastlopen wanneer iemand je vraagt waar een vertrouwd gevoel eigenlijk over gaat, en je kunt ontdekken dat je je eigenlijk in de inhoud ervan vergiste. Dus hoe nu verder? Er zijn vier punten voor onze oriëntatie: de aard van de beleving, de overtuigingen die een voorwaarde zijn voor het gevoel, het woordgebruik, en de situatie waarin van het gevoel sprake is. Een analyse van een gevoel die rekening houdt met deze vier zaken, is een manier om dat gevoel te *lezen*, zoals ik het noemen zal.

Hoe kun je dus berouw lezen? Over één ding kan geen twijfel bestaan: het gevoel betreft een daad die u hebt begaan en die u moreel veroordeelt. Zo ligt de zaak als u de man bent die na een ongeluk doorreed in plaats van zich om het gewonde kind te bekommeren. Dat u berouw voelt, betekent op z'n minst dat u uw gedrag moreel verwerpelijk vindt. Het is dus een gevoel dat alleen iemand kan hebben die het morele standpunt kent, en hij kan het alleen hebben op een moment dat hij dit standpunt ook tot het zijne maakt. Degene die na het ongeval alleen zijn bumper oppoetst, is niet in staat tot berouw. Uit deze eerste vaststelling volgt dat berouw in de buurt ligt van andere gevoelens waarmee u op vroegere misstappen reageert: een slecht geweten, schuldgevoel, zelfverwijt, met uzelf overhoopliggen, wroeging, schaamte, ergernis en teleurstelling over uzelf. Bij al deze reacties hoort het besef dat de daad niet ongedaan te maken valt, en daarom gaat er ook altijd wanhoop mee gepaard. En er is een wens mee verbonden die uitdrukking vindt in de woorden: «Had ik nu maar...!»

U denkt misschien: Berouw – dat is gewoon het geheel van deze gevoelens en reacties. Er is daarnaast niet ook nog een bijzondere ervaring van berouw.

En misschien hebt u gelijk, want de verschillende woorden die zojuist gevallen zijn, worden vaak verwisselbaar gebruikt, en de blik naar binnen onthult niet zonder meer een gevoel van berouw met scherpe contouren.

Maar laten we aannemen dat berouw een bijzondere, op zichzelf staande ervaring is. Waaruit zou die kunnen bestaan? Als u de boven beschreven gevoelens en reacties hebt, vooronderstelt u dat u ook anders had gekund. Nu snijdt de koppige Raskolnikov u de pas af en zegt: «Maar dat is niet waar, want uw voorgeschiedenis liet u geen andere mogelijkheid dan die misstap. Dus is dat allemaal een onzinnige zelfkwelling. Hoe kunt u zichzelf iets verwijten als u toch absoluut niet anders kon?» Intussen weten we wat je daarop moet antwoorden: «Dat we iets anders hadden kunnen doen betekent niet dat we iets anders, *willekeurig* wat, hadden kunnen willen en doen. Het betekent dat we in staat waren een heel *bepaald* ander iets te willen, namelijk datgene wat ons oordeel ons zou hebben aangeraden wanneer het een moreel oordeel was geweest. Het betekent, met andere woorden, dat we beslissingsvrijheid hadden. En dat is waar.» «Maar *op dat moment* kon het niet anders dan dat u immoreel dacht en dus een immorele beslissing nam,» zal Raskolnikov natuurlijk zeggen, «en daarom is het ondanks alles onzin jezelf verwijten te maken.»

Berouw, zou je kunnen zeggen, is het duidelijke, zonneklare besef dat deze gedachte zonder enige restrictie onwaar is. Het is een gevoel dat voortkomt uit en kracht geeft aan het inzicht dat de herkomst van een misstap uit voorwaarden in onze levensgeschiedenis geen verontschuldiging betekent en ons op geen enkele wijze vrijspreekt. Als we berouw zo lezen, berust het op de gedachte van de rechter dat wij ons, door ons te laten leiden door immoreel denken, van het morele standpunt hebben verwijderd en onszelf zodoende hebben gemaakt tot personen die geen recht hebben op verontschuldiging. En dat dit niet alleen zo is vanuit het perspectief van de anderen, maar ook vanuit het perspectief dat wij op onszelf hebben. Dat zou verklaren waarom een berouwvol iemand tot vijand kan worden van degene die zijn schuldgevoel probeert te sussen door steeds opnieuw de ongelukkige herkomst van zijn daad uit te leggen en erbij te zeggen dat hij alleen maar probeert «eerlijk te zijn tegenover zichzelf». Je voelt soms walging en woede tegenover zulk gedrag, omdat je net als de rechter weet dat zo'n houding op een denkfout berust, die voortkomt uit lafheid, eigendunk en zelfgenoegzaamheid.

Woedend kun je ook worden van het vlotte devies: «Niet achteromkijken en het de volgende keer gewoon beter doen, want alleen dat is productief!» Dit devies wil ons namelijk een ervaring afhandig maken die, hoe pijnlijk ook, een bijzondere diepgang bezit, die tot ons persoon-zijn behoort. Het is de ervaring van een niet meer op te heffen verscheurdheid. Het gaat om een heel andere verscheurdheid dan die welke de leider van het verzet voelt wanneer zijn geliefde een gevaar geworden is en hij haar doodschiet om zijn kameraden te redden. Bij deze man ontstaat de verscheurdheid doordat hij zich op een compromisloze wijze gebonden weet aan het morele standpunt. Bij berouw gaat het daarentegen om een verscheurdheid die ontstaat doordat ik onherroepelijk moet leven met een deel van mijn verleden waarin ik mijzelf tot een outcast heb gemaakt. Berouw, zou je kunnen zeggen, is een nooit verjarend verdriet over het feit dat ik mezelf tijdelijk was kwijtgeraakt. Niet kwijtgeraakt zoals bij een psychische inzinking, waarbij alles wat ik vroeger was, ineenstort. Ik ben mezelf kwijtgeraakt als persoon die zichzelf vroeger altijd vanuit het morele standpunt begreep en dat nu weer doet. Het is een beetje riskant, maar je zou kunnen zeggen: het kan toch ook niet anders dan dat er zo'n gevoel bestaat. En de naam ervoor is nu juist «berouw».

Als we berouw zo begrijpen, wordt een gedachte of indruk verklaarbaar die anders moeilijk te begrijpen zou blijven: boete kan misschien schuld delgen, maar kan het berouw niet opheffen. Ook wordt begrijpelijk waarom berouw een tamelijk kalm gevoel is en geen hevige opwelling van het gemoed. Het is niet iets van een enkel moment, maar behoort tot onze identiteit op lange termijn. En nog iets anders wordt verklaarbaar: de verwachting van andere mensen dat wij «berouw tonen». Want we onderkennen nu dat deze verwachting ons niet iets onzinnigs opdringt en ons onderdrukt; het is een gerechtvaardigde verwachting, die van ons het inzicht vereist dat wij, ook al hing onze verwerpelijke daad van voorwaarden af, toch geen aanspraak konden maken op een verontschuldiging. De verwachting dus dat wij in deze kwestie met de anderen in het reine komen.

Zoals gezegd: zo zit het misschien met berouw en voorwaardelijke vrijheid.

TWEEDE INTERMEZZO

Ideeën verkeerd begrijpen – ervaringen verkeerd begrijpen

1

Toen ik na het eerste deel van dit boek even stilhield en me afvroeg wat ik nu precies gedaan had, luidde het antwoord: conceptuele analyse en articulatie van de innerlijke waarneming. Ik had, zei ik, de bijdrage onderzocht die het idee van de vrijheid aan onze ervaring levert, en ik had naar de juiste woorden gezocht om het door ons beleefde verschil tussen de vrijheid en de onvrijheid van de wil in begrippen te vangen. Door die twee dingen te combineren probeerde ik stilzwijgend weten te veranderen in uitdrukkelijk weten. Ik heb u door schoolvoorbeelden en gedachte-experimenten herinnerd aan uw conceptuele intuïties, en door mij als verteller in het innerlijk van een aantal figuren te verplaatsen wilde ik u herinneren aan ervaringen van velerlei aard die wij hebben met de vrije en de onvrije wil.

Wat er in het nu achter ons liggende tweede deel gebeurde, sloot aan bij dit methodische voornemen. Maar iets anders stond hier in het middelpunt van de analytische aandacht: het ging erom te begrijpen hoe het bij dit onderwerp tot *misvattingen* kan komen. Het zijn deze misvattingen, zei ik in het eerste intermezzo, die verantwoordelijk zijn voor de doolhof waarin onze gedachten in de proloog verdwaald waren geraakt. Intussen weten we dat het gaat om twee verschillende soorten misvattingen, die in elkaar grijpen. Het eerste soort houdt in dat men het *idee* van de vrijheid verkeerd interpreteert. Men vat het op als een idee dat in scherp en onverzoenlijk contrast staat met het idee van de voorwaardelijkheid. Dat is zoals we zagen geen interpretatie die eenvoudig uit de lucht gegrepen en volkomen willekeurig is; ze is geworteld in bepaalde ervaringen die deze interpretatie dwingend lijken te maken. En hier is dus een tweede bron van misvattingen: je kunt niet alleen ideeën maar ook *ervaringen* verkeerd begrijpen. Vrijheidservaringen worden verkeerd geïnterpreteerd omdat men zich heeft vastgelegd op een onjuiste interpretatie van het vrijheidsidee, en men voelt zich tot deze interpretatie aangetrokken omdat men datgene wat men ervaart, verkeerd interpreteert. Gegeven deze wisselwerking, zal geen enkele analyse overtuigend zijn die zich ofwel alleen met het begrip vrijheid, ofwel alleen met de vrijheidsbeleving bezighoudt. Bij het zoeken naar een uitweg uit de doolhof moeten we beide dimensies in het oog houden. Alleen wanneer we voor beide soorten misvatting op onze hoede zijn, kunnen we erin slagen de ban te breken van die interpretatie van vrijheid, die de doolhof doet ontstaan.

2

Ideeën en begrippen onderzoeken, zei ik aan het begin van het eerste hoofdstuk, betekent kijken naar woorden in actie. Dat is de reden waarom het voor de filosofie zo belangrijk is zich met de taal bezig te houden. In het eerste deel leidde deze aandacht tot een voorstel over hoe we de vrijheid van handelen, willen en beslissen kunnen begrijpen zonder conceptuele vergissingen. In het tweede deel was de concentratie op woorden een belangrijk instrument om bronnen van verkeerd begrip op te sporen. Dat was het geval toen ik de taal van voorwaardelijkheid, afhankelijkheid en machteloosheid onder de loep nam. Het kwam erop aan te laten zien dat de vertrouwde woorden, als ze worden gebruikt om de voorwaardelijke wil als onvrij te brandmerken, een intuïtieve indruk doen ontstaan die conceptueel geen houvast heeft. Om dat te laten zien heb ik de woorden vervreemd en vanuit de zo verkregen afstand naar de voorwaarden en associaties gevraagd waardoor hun gebruik gewoonlijk wordt geleid. Dat hielp ons in te zien dat ze op de voorwaardelijke vrijheid van de wil simpelweg niet van toepassing zijn. De voorwaarden voor een zinvol gebruik zijn hier niet vervuld.

Ook op een ander punt kwam het erop aan de diepere logica van woorden te onderzoeken: bij het thema van de verantwoordelijkheid. Pas wanneer ons duidelijk is geworden dat toeschrijvingen van verantwoordelijkheid geen beschrijvingen van een onafhankelijke stand van zaken zijn, maar taalhandelingen die de stand van zaken in kwestie pas doen ontstaan, komen we bij de vraag die Raskolnikov en de rechter bezighoudt: of het wel eerlijk is iemand ondanks de voorwaardelijkheid van zijn denken en willen ter verantwoording te roepen. Deze vraag zou niet eens kunnen opkomen zolang het spreken over verantwoordelijkheid ten onrechte werd begrepen als een beschrijvende, constaterende wijze van spreken. Ook hier was de analyse van woorden geen bijkomstige of louter academische aangelegenheid, maar het punt waar voor het theoretisch inzicht alles om draait.

Dat is de ene manier waarop filosofische onderzoekingen nauwkeurig zijn: de vervreemding van woorden maakt het mogelijk vaagheden en dubbelzinnigheden te onderkennen, en ook gebruikswijzen die meer verhullen dan verhelderen. Niet zelden raken we bij een filosofisch onderwerp in verwarring omdat we ons laten beetnemen door een spraakgebruik dat in een praktische context onschadelijk is, maar de helderheid van het denken in de weg staat wanneer we daarnaast ook naar theoretische consistentie streven. Taalanalyse is daarom vaak een probaat middel bij het zoeken naar een uitweg uit een doolhof voor onze gedachten. Ook al omdat de intuïties – de spontane meningen – waarop we ons beroepen, vaak niet meer zijn dan het met nadruk wijzen op bepaalde zinswendingen. «Hoe kan iemand nu vrij zijn als hij helemaal niet anders kan!» Deze uitroep bezit een enorme suggestieve kracht; we raken steeds opnieuw in de ban ervan en hebben de indruk dat er toch juist wel een conflict is tussen vrijheid en voorwaardelijkheid. Dat wordt pas anders wanneer we die zinswending over «anders kunnen» onder de loep nemen en vaststellen dat hier geen sprake is van willekeurige andere mogelijkheden en van een willekeurige vertakking van ons handelen en willen, maar van het feit dat iemand, als hij vrij is, het vermogen bezit zijn wil te veranderen in overeenstemming met zijn oordeel. Zodra het ons duidelijk voor ogen staat dat deze zinswending in werkelijkheid eenvoudigweg over onze beslissingsvrijheid gaat, verandert ook onze intuïtie: we denken nu niet meer dat we, om de vrijheid te redden, moeten stormlopen tegen de gedachte van de universele voorwaardelijkheid.

3

Taalanalytische nauwkeurigheid is niet het enige soort nauwkeurigheid dat door een filosofisch onderzoek wordt nagestreefd. Zo'n onderzoek is ook nauwkeurig in die zin dat het de consequenties van begrippen en eenmaal ingezette gedachtegangen rigoureus doordenkt. In alledaagse, praktische contexten deert het niet dat onze begrippen vaag en onstabiel zijn, en fragmenten of flarden van gedachten zijn vaak voldoende om aan praktische eisen tegemoet te komen. Dat wordt anders zodra het erop aankomt helderheid te krijgen over de algemeenste onderwerpen die ons bezighouden. Een filosofische ontdekking bestaat niet zelden uit de vaststelling dat iets wat eruitzag als een duidelijk, onproblematisch begrip – zoals «weten», «waarheid» en natuurlijk «vrijheid» – vol raadsels is en dat iets wat eruitzag als een onschuldige gedachte verbluffende en onrustbarende consequenties heeft, waar je op moet reageren als je hecht aan de consistentie en transparantie van je eigen gedachtewereld. In deze zin is de filosofie een strenge discipline: ze herinnert ons eraan dat we ook moeten geloven in de consequenties van een mening die we met ons meedragen. Dat klinkt als een onschuldige eis. In werkelijkheid kunnen heel wat dingen waar wij aanvankelijk geloof aan hechtten aan het wankelen raken als we eraan proberen te voldoen. De proloog is hier een voorbeeld van.

Veel analyses in het tweede deel van dit boek bezaten deze strengheid. Ze volgden vaak dit patroon: laten we het idee van de onvoorwaardelijke vrijheid letterlijk nemen en zonder compromis de lijnen doortrekken die in dit idee hun aanzet vinden; dan zien we dat het geen goed idee is. Deze gevolgtrekking kwam in twee varianten voor. De eerste ging zo: wat eruitzag als een idee, is dat in werkelijkheid helemaal niet, want het valt niet consistent te maken. Dit was het geval toen wij de vraag bestudeerden wat het voor de wil zou betekenen wanneer we de vrijheid ervan als onvoorwaardelijkheid zouden opvatten. We stelden vast dat deze interpretatie het eigen uitgangspunt ervan, namelijk het wilsbegrip, zou vernietigen: de onvoorwaardelijke wil kon onmogelijk íemands wil zijn en kon geen inhoud hebben. Juist doordat de wil als onvoorwaardelijk beschreven wordt, gaat hij als wil verloren. De gedachte van de onvoorwaardelijkheid vernietigt zijn eigen onderwerp. Omgekeerd uitgedrukt: de interpretatie van vrijheid als onvoorwaardelijkheid is niet beschikbaar voor wie zijn oorspronkelijke onderwerp, de wil, behouden wil. Wie er toch aan vasthoudt, rijgt louter *woorden* aan elkaar die geen *gedachte* uitdrukken.

De andere variant van de gevolgtrekking was: zelfs als de wil zonder tegenspraak als onvoorwaardelijk kon worden beschreven, zou het beschrevene toch niet beantwoorden aan onze *ervaring* van vrijheid. En ook dit resultaat hebben we bereikt door de lijnen door te trekken die hun aanzet vinden in het vermeende idee van de onvoorwaardelijke wil. Voor onze beleving zou de onvoorwaardelijke wil krankzinnig, hardleers en onbegrijpelijk moeten zijn – kenmerken die een ervaring van vrijheid in de weg zouden staan.

Toen ik in het eerste intermezzo over de begripsanalyse sprak die tot dan toe had plaatsgevonden, zei ik dat de analytische overwegingen niet het karakter droegen van een bewijs, maar tot doel hadden begripsverbanden zichtbaar te maken waarin mensen zich kunnen herkennen; deze herkenning is de toetssteen dat een voorstel ons geen gevoel van willekeur geeft. Bij de overwegingen die er intussen bij gekomen zijn, ligt de zaak iets anders: je kúnt die als een soort bewijs opvatten. Hiermee is net als eerder geen afleiding uit axioma's bedoeld, maar het volgende: je laat zien dat we over een onderwerp op een bepaalde manier niet kúnnen denken – dat we daarover wel op een andere manier móéten denken. Dit «niet kunnen» en «moeten» slaat op de consistentie van een begrip of gedachtegang, niet op de psychologische mogelijkheid of onmogelijkheid sommige gedachten – of wat men daarvoor aanziet – te koesteren. De aard van de discussie sluit hierbij aan: er wordt gestreden over de vraag of het klopt dat de begrippen in kwestie zo en niet anders samenhangen, en of een bepaalde gedachte uit een andere volgt. Dat wordt er bedoeld wanneer men zegt: het medium van de filosofie is het *argument*.

4

«In de filosofie is gelijk hebben niet voldoende; je moet ook begrijpen waar de fout zit.» Dit zei ik in hoofdstuk 7, nadat duidelijk was geworden dat het spreken over de onvoorwaardelijke vrijheid op een retorische fata morgana berust. Ik had ook kunnen zeggen: filosofie is *wezenlijk*, en niet zomaar als bijzaak, een diagnostisch begrijpen van mogelijke vergissingen. Vandaar dat het tweede, overwegend kritische en diagnostische deel van dit boek verreweg het omvangrijkste is. Hoe komt het dat het diagnostisch inzicht zo'n grote betekenis heeft?

Denk even terug aan iets wat ik in het eerste intermezzo zei. Ook al is het de functie van onze meest algemene begrippen de ervaring als geheel mogelijk te maken, ze zijn toch in eerste instantie gemaakt voor alledaagse situaties. De contouren ervan zijn dan ook slechts zo scherp als voor de praktische behoeften nodig is, en niet scherper. Er blijft een zone van onscherpte en schemering. En als we dan – wat toch de filosofische opgave is – in deze zone doordringen, moeten we onszelf de vraag stellen of datgene wat wij aan nieuwe, ditmaal theoretische resultaten over een onderwerp verkrijgen, *niet willekeurig* is. Wat kan hier de maatstaf zijn? Verwacht mag worden dat het theoretisch aangescherpte idee niet gewoon voorbijgaat aan de dingen waar het voortheoretische begrip over gaat, en de reden waarom men dit verwacht is heel eenvoudig: alleen zo blijft gewaarborgd dat het filosofische resultaat nog betrekking heeft op het oorspronkelijke onderwerp en niet onder de dekmantel van gelijkluidende woorden van onderwerp verandert. Maar deze eis alleen is niet voldoende. Want dat de oorspronkelijke contouren van het begrip onscherp zijn, betekent nu juist dat verschillende theoretische resultaten ermee verenigbaar kunnen zijn. Dat roept de verwarrende vraag op hoe je er zeker van kunt zijn dat zo'n resultaat niet iets willekeurigs heeft. Hoe valt dat uit te sluiten als het tot het wezen van theoretische resultaten behoort dat ze de vage, intuïtieve afbakening van het onderwerp te boven gaan? Het voortheoretische spreken over de vrijheid van handelen, willen en beslissen laat – zoals de literatuur bewijst – een speelruimte voor tal van niet met elkaar verenigbare manieren om het onderwerp theoretisch te doordenken. Wat kun je doen als je een voorstel niet louter wilt *onderschrijven*, maar het ook tegenover anderen *verdedigen*?

Een verdediging zal bestaan uit een kritiek op andere voorstellen. Zo'n kritiek kan luiden: dit voorstel is – ondanks de schijn van het tegendeel – innerlijk niet consistent. Soms is het daarmee afgelopen. Dat is zo wanneer de aangetoonde inconsistentie teruggaat op gebrek aan overzicht of onvoldoende zorgvuldigheid bij de overwegingen. Het is nog niet afgelopen – of behoort dat niet te zijn – wanneer het bekritiseerde voorstel ondanks zijn inconsistentie een intuïtieve aantrekkingskracht behoudt. In zo'n geval kun je iets *over het onderwerp zelf* leren door na te gaan hoe datgene wat je voor een vergissing houdt, is geworteld in ons denken. Waarom? Omdat je dan een begin maakt met de opgave om *de gedachten die aanleiding geven tot de vergissing opnieuw te beschrijven*. In plaats van alleen maar te zeggen: «Dat is niet zo», of: «Dat klopt niet», zoek je naar een resultaat van de vorm: «Ja, dat is zo; maar je kunt het anders beschrijven, en wel zo dat de inconsistentie vermeden wordt.» Hierdoor kan een voorstel aan reikwijdte winnen, en het kan rijker en gedifferentieerder worden dan wanneer je je zou beperken tot een korte, droge uiteenzetting van hoe je de zaak ziet.

Het diagnostisch inzicht, zou je daarom kunnen zeggen, heeft een dubbele functie en een dubbele waarde. Enerzijds dient het om de eigen zienswijze af te grenzen en te fixeren; anderzijds garandeert het dat deze zienswijze recht doet aan het onderwerp in zijn volle omvang. Een tikje overdreven uitgedrukt: het diagnostisch inzicht is niet slechts een middel ter verdediging van een voorstel, het draagt bovendien bij tot de *identiteit* ervan. Ook het feit dat de filosofie zich vaak met haar eigen geschiedenis bezighoudt, houdt verband met deze constatering. Veel filosofische onderwerpen zouden helemaal niet *bestaan* als we niet op goede gronden behoefte hadden aan een kritische en diagnostische discussie over vergissingen die we voor *interessante* vergissingen houden, omdat ze ons helpen ons eigen onderwerp te identificeren door te proberen de gedachten die tot deze vergissingen uitlokten, opnieuw te beschrijven.

Laten we deze gedachte toepassen op wat er in dit boek tot nu toe is gebeurd. Stel, ik had afgezien van het hele tweede deel en was na het eerste direct overgegaan tot het derde deel, dat de ideeën van het eerste verder zal uitwerken. Het denkbeeld dat wij ons over de vrijheid van de wil gevormd zouden hebben, zou veel armer zijn. Zo zouden we wel een idee hebben van het actorschap van handelen en willen, en dat zou ook het juiste idee zijn. Maar ons begrip van dat idee zou vager zijn dan het nu is, nu we de misvattingen hebben belicht waarin je hier kunt vervallen, zoals de conceptuele valstrik van de verborgen homunculus of de verkeerde interpretatie van het innerlijk vluchtpunt als het zuivere subject. Hetzelfde geldt voor het idee van de verschillende mogelijkheden, dat deel uitmaakt van het vrijheidsidee. Je begrijpt dat beter als je weet dat je het niet mag interpreteren in de zin van een willekeurige vertakking van de loop der dingen, en dat is ook het geval als je zelf niet de neiging had die verkeerde interpretatie te kiezen. Ook wat de spontaniteit van handelen en willen betreft levert het extra inzicht op als je duidelijk beseft dat de onjuiste interpretatie daarvan als uitdrukking van een onvoorwaardelijke wil teruggaat op het verschijnsel dat wij onze aandacht steeds voorbij onze gedachten en onze wil op het voorwerp ervan richten. Hetzelfde geldt voor de angst voor het fatalisme en het idee van de verantwoordelijkheid. Ook al ben je zozeer doordrongen van de beslissingsvrijheid dat je de fatalistische angst nooit hebt gevoeld, de situatie voor ons denken wordt toch duidelijker als je begrepen hebt waarom die angst misplaatst is. En de opheldering die de rechter uiteindelijk aan Raskolnikov geeft, krijgt pas haar volle gewicht doordat ze in het twistgesprek wordt waargemaakt.

Filosofische inzichten, zou je kunnen zeggen, krijgen hun bijzondere diepte door het besef dat sommige dingen juist níét het geval zijn. Deze gedachte wordt weerspiegeld in een stilistische eigenaardigheid van teksten waar we het grootste nut van ondervinden: deze bevatten vaak lange passages die als *rollenspel* geschreven zijn. Ik bedoel hiermee niet de uitdrukkelijke vorm van de dialoog, die het hoofdstuk over verantwoordelijkheid kenmerkt. Ik bedoel de kunstgreep die ik in hoofdstuk 6 toepaste: de tegenpartij eerst maar eens uit laten praten en zijn argumenten hierbij zo sterk mogelijk maken. En hier treffen we – naast de nauwkeurigheid van taalanalyse en argumentatie – een derde vorm van filosofische nauwkeurigheid: de diagnostische nauwkeurigheid, in die zin dat je de moeite neemt de gedachten die een vergissing motiveren *in hun volle reikwijdte* te ontwarren.

5

Sommige filosofische thema's hebben met het interne perspectief van onze beleving meer te maken dan andere. Het thema van de vrije wil heeft er veel mee te maken. Veel intuïties over de vraag waarin onze vrijheid bestaat, zijn geworteld in de wijze waarop wij onszelf ervaren. Dat betekent dat de diagnostische nauwkeurigheid onder meer afhangt van de vraag hoe goed het ons lukt juist die aspecten van de beleving te beschrijven die een bron van vergissingen kunnen zijn. Ook hier komt het op nauwkeurigheid aan. De grootste hindernis op weg naar deze nauwkeurigheid is de oppervlakkige, verschraalde en schematische beschrijving van voorbeelden. Filosofische teksten die in andere opzichten een toonbeeld van nauwkeurigheid zijn, blijven vaak verbluffend onnauwkeurig als het erom gaat de complexiteit van onze beleving levendig voor ogen te stellen.

De wijze waarop dit boek geschreven is, heeft veel te maken met de poging ook in dit opzicht nauwkeurig te zijn. Het schematische en dus onnauwkeurige in de beschrijving van voorbeelden heeft vaak als oorzaak dat de voorbeelden – om zo te zeggen achteraf – als loutere illustratie worden toegevoegd aan iets wat conceptueel en argumentatief al een uitgemaakte zaak was. Mijn plan was daarentegen de conceptuele differentiaties langzaam vanuit de zorgvuldige beschouwing van de vrijheidsbeleving te laten ontstaan. Dat lukt alleen als je de vormen van die beleving aan figuren verbindt die een geschiedenis hebben. Het lukt dus alleen door te *vertellen*. Fenomenologische nauwkeurigheid is de nauwkeurigheid van de verteller. Dat is de reden waarom de structuur van dit boek een mengeling te zien geeft van analytische en vertellende passages. Het achterliggende motief is de wens tot nauwkeurigheid in alle opzichten.

DEEL DRIE

Vrijheid als eigen werk

10. De toe-eigening van de wil

Nadat ik in het eerste deel van dit boek de vrijheid van de aan voorwaarden gebonden wil had beschreven als beslissingsvrijheid, en deze had vergeleken met de verschillende vormen van onvrijheid, kwam de vraag op of dat genoeg vrijheid was. Is dat al het hele verhaal? Is dat alles wat we onder vrijheid verstaan, en is dat alles wat we ons aan vrijheid wensen? Nee, zei ik, het is allerminst al het hele verhaal, en vervolgens maakte ik een onderscheid tussen twee verschillende interpretaties van de gedachte dat er iets ontbreekt. De ene interpretatie luidde dat het eigenlijke aan de vrijheid nog helemaal niet ter sprake was gekomen, en dat we nog een keer helemaal opnieuw moesten beginnen om juist die vrijheid te pakken te krijgen waar het ons eigenlijk om gaat. Intussen weten we dat hiermee de onvoorwaardelijke vrijheid van de wil bedoeld was. En het is ons duidelijk geworden dat het idee van dat soort vrijheid eigenlijk helemaal geen idee is, omdat het innerlijk niet consistent is; bovendien is het een idee dat we nergens voor kunnen gebruiken. Dan blijft alleen de tweede interpretatie over van de gedachte dat er nog iets ontbreekt. Die luidt dat het erop aankomt de tot nu toe gegeven analyse van onze vrijheidservaring nader uit te werken en te verrijken, tot we ons daar volledig in kunnen herkennen. Dat is de opgave voor dit laatste deel van het boek.

Het idee

Als leidraad kan een gedachte dienen die bij de analyse van het beslissen al een belangrijke rol speelde. Het is de gedachte dat wij door het uitoefenen van de beslissingsvrijheid iets doen met onszelf en voor onszelf. Doordat wij met onze overwegingen en het spel van onze fantasie onze wil bepalen, werken wij aan onszelf. We geven de wil een profiel dat er voordien niet was. In deze zin is iemand na een beslissing een ander mens dan daarvoor. Dit vormende, scheppende aspect van het beslissen berust – zoals we zagen – op het vermogen innerlijk afstand te nemen tot onszelf en van daaruit over onze wil na te denken. En dit vermogen kan ons op zijn beurt een wilsvrijheid bezorgen die uitgaat boven de beslissingsvrijheid zoals ik die tot nu toe heb beschreven.

Wat kan de intuïtieve inhoud van deze verder reikende, rijkere vorm van wilsvrijheid zijn? Ook hier kunnen we aanknopen bij dingen die we vroeger al hebben aangestipt. Bij de beschrijving van substantiële beslissingen was er sprake van dat ik ten overstaan van tegenstrijdige wensen vóór de ene en tegen andere «partij moet kiezen» en mij «erachter moet stellen». Dat is een daad die ik als «identificatie» met een wens heb aangeduid, waardoor de wens in een speciale zin «bij mij gaat horen». En bij de analyse van de onvrijheid van de wil was vaak sprake van de tegenovergestelde ervaring dat een wil mij «vreemd», «afgesplitst» en «uitwendig» voorkomt. Dat zijn allemaal treffende benamingen, en het is niet moeilijk bij onszelf de intuïties wakker te roepen die hiermee worden afgebakend. Maar we moeten onszelf niet wijsmaken dat we hiermee al veel begrepen hebben. Wat kan het precies betekenen dat iemand zich met een wens identificeert? Waarin precies bestaat het gevoel van vreemdheid dat een onvrije wil aankleeft? Bij het zoeken naar een antwoord op zulke vragen lopen we snel vast. Hoe kunnen we aan datgene wat hier intuïtief juist getroffen lijkt scherpere conceptuele contouren geven? Dat zijn enkele van de vragen die we moeten beantwoorden als we een rijker en dieper inzicht in de wilsvrijheid willen bereiken. Verder is er nog een vraag die betrekking heeft op de samenhang tussen wilsvrijheid en tijdservaring. Zoals we aan het eind van het eerste deel zagen, wordt de onvrijheid van de wil weerspiegeld in vertekende vormen van tijdsbeleving. In aansluiting daarbij kunnen we ons nu de vraag stellen waar het aan ligt als we erin slagen zulke vertekeningen te overwinnen. Wat kunnen wij met onszelf doen om van een onvrije verhouding tot heden, verleden en toekomst te komen tot een vrije verhouding?

Iemand die de vrijheid zoekt in de fictieve onvoorwaardelijkheid van de wil, zal denken dat wij met een vraagstelling in deze vorm op het verkeerde spoor zitten. Of een wil al dan niet onvoorwaardelijk zou zijn, zou niet aan de betrokkene liggen. Hij zou het alleen maar kunnen laten gebeuren, hij zou er niets aan kunnen doen. Ook zouden vrijheid en onvrijheid eens en voor altijd vaststaan, en er zouden geen gradaties bestaan. Heel anders ligt het in het verhaal dat we nu moeten vertellen. Dit gaat ervan uit dat de vrijheid van de wil iets is waar je aan werken moet. Je kunt daarbij meer of minder succes hebben, en terugval blijft mogelijk. Wat je aan vrijheid bereikt hebt, kan weer verloren gaan. Wilsvrijheid is een fragiel goed, waar je steeds opnieuw moeite voor moet doen. En volgens dit idee blijft het een open vraag of je deze vrijheid ooit in haar volle omvang bereikt. Ze heeft misschien meer weg van een ideaal waarop we ons oriënteren als we ons om onze wil bekommeren.

Het geheel van de dingen die je kunt ondernemen om dit ideaal te benaderen, zal ik de *toe-eigening* van de wil noemen, en de vrije wil zal ik ook aanduiden als de *toegeëigende* wil. Aan deze toe-eigening vallen drie dimensies te onderscheiden. De eerste is die van de *articulatie*. Hierbij gaat het om duidelijkheid over de vraag wat je nu precies wilt. Onvrijheid moet dan worden opgevat als de toestand van onzekerheid over wat je wilt, een onzekerheid die als een gevangenis kan aanvoelen. Een tweede dimensie van de toe-eigening betreft de inspanning om de eigen wil te *begrijpen*. We kunnen een wil als onvrij ervaren omdat hij weerstand biedt aan ons begrip en ons in deze zin vreemd voorkomt. Ons deze wil toe-eigenen betekent dan dat we de indruk van vreemdheid opheffen door te zoeken naar een beschouwingswijze die een nieuw begrip mogelijk maakt. In een derde dimensie van de toe-eigening ten slotte gaat het om de *beoorde-*

ling van de eigen wil. Je kunt een wil ook als onvrij en vreemd ervaren omdat je die afwijst. De vraag rijst dan waar zo'n beoordeling vandaan komt en hoe het mogelijk is dat een afgekeurde, onvrije wil verandert in een goedgekeurde, als vrij beleefde wil. De drie dimensies van de toe-eigening zijn, zoals blijken zal, niet onafhankelijk van elkaar. Begrijpen vooronderstelt articulatie, en de beoordeling van een wil kan veranderen als het begrip toeneemt. De nu volgende analyse heeft tot doel te laten zien hoe de verschillende prestaties die we hier leveren in elkaar grijpen.

De vrije wil als gearticuleerde wil

Het is verbluffend moeilijk om te weten wat je wilt. Dat geldt niet zozeer voor de wil op korte termijn en de wil die zich bezighoudt met de vraag wat de beste middelen zijn voor het bereiken van een doel. Het is vooral de wil op lange termijn die ons vaak niet duidelijk voor ogen staat. Als we even stilhouden en ons afvragen wat ons drijft en welke wensen het zijn die ons leven nu juist deze vorm geven, kunnen we de indruk krijgen voor een ondoordringbare muur van onwetendheid te staan. Wensen zijn voor degene die ze heeft niet al transparant door het loutere feit dat hij ze heeft. Hij moet iets dóén om de richting en inhoud ervan te onderkennen. Hij moet zoeken naar methoden en werkwijzen om ze te articuleren.

Dit kan op heel verschillende manieren gebeuren. Het ligt voor de hand dat je probeert duidelijkheid te krijgen met behulp van uitgesproken of opgeschreven woorden. Dit betekent niet dat je eenvoudigweg naar binnen kijkt en benoemt wat je daar aan wensen aantreft. Zo'n directe blik naar binnen is er niet. De articulatie van een wil in taal verloopt langs omwegen. Het belangrijke punt is dat de inhoud van de wil door de woorden *buiten ons geplaatst* wordt. Wanneer je hem in woorden hebt gevat, komt hij in zekere zin als iets in de buitenwereld tegenover je te staan, en nu beschik je over iets wat je kunt onderzoeken, corrigeren en preciseren. Denk weer aan onze emigrant die met zichzelf worstelt over de vraag of hij moet weggaan of blijven. Zolang zijn wilsconflict niet gearticuleerd is, zal hij het ervaren als een onduidelijk innerlijk gevecht, waaraan hij in weerloze passiviteit is overgeleverd. Pas wanneer hij zijn tegenstrijdige wensen begint uit te spreken of op te schrijven, kan hij een standpunt ontwikkelen van waaruit hij over zijn wil kan oordelen en het conflict kan bestuderen. «Wat is het eigenlijk precies dat mij hier zou kunnen vasthouden?» kan hij zich nu afvragen. «De loyaliteit tegenover mijn land? De verbondenheid met mijn kameraden uit het verzet? De wens mijn compromisloze vriend niet teleur te stellen? Of gewoon alleen de wens moreel met mezelf in het reine te komen en mezelf later geen verwijten te hoeven maken? En wat is het precies dat mij in de andere richting trekt: de angst voor mijn leven? De wens om de dingen die ik in mijn leven nog van plan ben te verwerkelijken? De afkeer van de gedachte dat je van iemand kunt verlangen zich voor zijn vaderland op te offeren? Of is het uiteindelijk gewoon de wens mij van oude betrekkingen te bevrijden en nog eens opnieuw te beginnen?» Pas wanneer het de emigrant gelukt is zulke beschrijvingen van zijn wil voor ogen te krijgen, kan hij zijn beslissingsvrijheid in volle omvang uitoefenen door zich al overwegend en beoordelend met de nu welonderscheiden wensen bezig te houden. En niet alleen is hij nu op de hoogte van wensen die al voor de articulatie in deze bepaalde vorm aanwezig waren. Er zijn wensen die pas door de articulatie tot bepaalde, duidelijk afgebakende wensen wórden, omdat het proces van articulatie in taal op de wensen terugwerkt en de vorming ervan beïnvloedt. Daarom is de wil van een met taal begiftigd wezen iets anders dan de wil van een wezen dat niet in staat is tot articulatie in taal.

Maar woorden zijn niet het enige medium voor de articulatie van een wil. Wat ik wil, kan ook blijken uit de schilderijen die ik maak en uit de beelden die mijn fantasie en mijn dromen doordringen. In dat geval komt het erop aan de tekens goed te duiden. Toen het in deel 1 ging over substantiële beslissingen en over de rol die de fantasie hierbij speelt, kwamen wij de vrouw tegen die zich telkens weer naar stations en vliegvelden getrokken voelt, hoewel daar geen praktische reden voor is. Het is de wens aan haar benauwende gezin te ontsnappen die hierin tot uitdrukking komt, en deze wens uit zich verder in het fantasiebeeld van een zolderkamer waarin dat nieuwe leven zou plaatsvinden. Ook kwamen we een pianist tegen die ervan droomt alleen nog maar schandalige dingen te doen, die hem zouden bevrijden door aan zijn gehate carrière een einde te maken. Juist in het geval van bedreigende, verworpen en verbannen wensen is de fantasie met haar kronkelpaden en geheimzinnige beelden een onvervangbaar middel tot articulatie. Als we haar voortbrengselen goed interpreteren, kan dat een eerste stap zijn op weg naar de toe-eigening van een wil die tot dan toe vanuit een verborgen diepte werkzaam was.

Het zijn vooral levenscrisissen die ons dwingen tot een preciezere en dieper reikende articulatie van onze wil. Want vaak houdt de crisis juist in dat onze oude wil geen draagkracht meer heeft, zonder dat er al een nieuwe te bekennen valt die hem zou kunnen aflossen. Om tot een nieuwe wil te komen, moeten we onszelf meer duidelijkheid verschaffen over onze wensen dan we tot nu toe hadden, en bij deze duidelijkheid is het in eerste instantie zaak te ontdekken wat we voor de lange termijn nu precies wensen. In deze zin dwingt een crisis ons aan de vrijheid van onze wil te werken.

Ook de ontmaskering van zelfbedrog kan behoren tot de toe-eigening van de wil in de zin van articulatie. Soms schrijven wij onszelf een wil toe die we helemaal niet hebben, om zo de last van een situatie draaglijker te maken; of we leven vanuit een wil die we voor onszelf verkeerd beschrijven om hem zo voor ons aanvaardbaar te maken. Zelfbedrog is een door belangen gestuurde vergissing omtrent onszelf. Zo kan het gebeuren dat ik mezelf altruïstische wensen toeschrijf die ik helemaal niet heb, om beter overweg te kunnen met het benauwende feit dat mijn leven eruit bestaat er hoofdzakelijk voor anderen te zijn. Hierdoor kan ik mij er gemakkelijker bij neerleggen dat ik wat mijn eigen wensen betreft niet aan mijn trekken kom. Of ik lieg mezelf voor dat ik iemand ben die zijn leven in het verborgene wil leven, om minder te lijden onder het uitblijven van succes. En als ik de kinderen wegstuur om geen last van hen te hebben, leg ik dat misschien uit als de wens hen vroegtijdig zelfstandig te maken. Zulke rooskleurige voorstellingen die ik voor mezelf opvoer, kunnen een kerker zijn. Want doordat ze mijn echte wensen voor mijzelf verbergen, beroven ze mij van de kans die onder ogen te zien en tot een realistisch zelfbeeld te komen, wat een voorwaarde is voor vrijheid. Articulatie als eerste stap in de toe-eigening is onder meer de inspanning om levensleugens, voor zover ze de wil betreffen, op te heffen en te vervangen door een onbevooroordeelde inventarisatie van mijn eigen wensen.

Een articulatie van de wil die zich verplicht weet tot oprechtheid tegenover zichzelf, kan het begin zijn van een nieuwe, vrijere verhouding tot de tijd. Denk even terug aan de vrouw op vakantie, die deze reis eerst maakt onder de hoede van een tirannieke begeleider; later maakt zij de reis nog eens, maar nu alleen. We hebben ons drie versies van het verhaal voorgesteld. In de eerste weet de vrouw nog een zekere afstand tot de allesoverheersende wil van de man te bewaren, door datgene wat eigenlijk háár reis zou zijn althans in de fantasie te beleven. Zo lukt het haar in het geheim een soort eigen heden te scheppen, ook al blijft dat een bleke afspiegeling omdat het van ieder handelen is afgesneden. In de tweede versie verliest de vrouw ook deze rest van het heden, omdat de afhankelijkheid haar iedere zelfstandige fantasie verbiedt. En in de laatste variant verandert de dofheid van een ontbrekend heden in het zelfbedrog van een gemeenschappelijke, gedeelde tijd. Als de vrouw de hele reis nog eens maakt, doet ze dat met het doel de verloren tijd te herwinnen door elk afzonderlijk moment vanuit haar eigen vrije wil te doorleven en zo tot een levend heden te maken. Heel inspannend is deze tweede reis, een inspanning die erop neerkomt dat de vrouw haar eigen wil voor zichzelf articuleert door deze af te grenzen van de wil van de man zoals ze zich die herinnert. Als zij haar eigen heden ten slotte teruggewonnen heeft, krijgen haar verleden en toekomst daarmee ook de diepte terug die ze bezaten voordat de vreemde wil op verstikkende wijze de regie had overgenomen. Het verleden is nu weer nadrukkelijk haar eigen verleden, en de toekomst gaat zij tegemoet met een wil die zij zich door de inspanning van de articulatie eigen heeft gemaakt.

De vrije wil als inzichtelijke wil

Stel, u bent iemand die de nabijheid van anderen zoekt, ook de lichamelijke nabijheid, in alle vormen. Een groot deel van uw handelen is betrokken op dit soort wensen. Maar dan, alsof het van een andere planeet kwam, overvalt u telkens weer de oppermachtige behoefte naar veel lege ruimte om u heen; u zoekt de verte en komt pas aan de rand van een groot, leeg plein tot rust. U weet niet meer wat u met uzelf aan moet en bent wanhopig, want de vreemde, alle behoefte aan nabijheid weersprekende wil om weg te lopen is niet alleen een hinderlijk element dat slecht in uw leven past; u krijgt zo ook het gevoel dat uw wil door en door onvrij is.

Deze onvrijheid houdt nu juist in dat u die vreemde wil om te vluchten niet *begrijpt*. Wat kan dat betekenen? Wat betekent het trouwens dat iemand wél begrijpt wat hij wil? Wat voor soort inzicht is er in het spel wanneer een vreemd aandoende, ondoorzichtige wens tot een begrijpelijke wens wordt?

Wensen zijn causaal in de rest van de persoon ingebed, en je zou daarom misschien verwachten dat het antwoord luidt: het gaat om een verdiept causaal begrip van een wens, die aanvankelijk vreemd aandoet zoals een causale anomalie vreemd aandoet. Als iemand bijvoorbeeld steeds weer naar plaatsen getrokken wordt waar hij panische angst voelt, kan dat een causale anomalie lijken, vergelijkbaar met een verbluffende chemische reactie. Zoiets zou ook kunnen gelden voor uw wil om te vluchten, die helemaal niet bij uw overige wensen lijkt te passen. Uw begrip vergroten zou dan betekenen: de wetten leren kennen die de fijnmechanica van ons innerlijk leven sturen, zoals we in het chemische geval de wetten voor de fijnmechanica van de materie nauwkeuriger onderzoeken.

Maar zo zit het niet. Ten eerste heeft niemand er een voorstelling van hoe dat in zijn werk zou moeten gaan, en dat lijkt geen toevallig gebrek aan fantasie te zijn. En ten tweede zou een fijnmechanisch inzicht in het innerlijk leven ons helemaal niet geven waar het op aankomt. Dat wordt duidelijk als je kijkt naar het verschijnsel van de *verrassende* wil. Als de chemische anomalie het juiste model was, zou ik een verrassende wil onvermijdelijk als vreemd moeten ervaren, terwijl een voorspelbare wil mij niet zou kunnen voorkomen als iets van buitenaf. Intuïtief ligt het niettemin anders. Het kan gebeuren dat u eensklaps een wil weet te vormen waarop u niet meer durfde hopen, en waarvan u al direct het gevoel hebt dat die bij u hoort. En omgekeerd kan het zijn dat er in uw leven weinig is wat u zo nauwkeurig kunt voorspellen als uw verslaafde, dwangmatige wil om te werken, te behagen of te helpen.

Wanneer we onze wensen niet begrijpen, komt dat niet doordat ze in strijd lijken met causale wetten volgens welke wensen voortkomen uit andere wensen. Wat raadselachtig lijkt is eerder het feit dat een wens *inhoudelijk* niet past bij het profiel van de overige wensen van die persoon. Zo is het bij uw raadselachtige behoefte aan lege pleinen: het is de behoefte aan *distantie* tot andere mensen, terwijl u toch voor de rest door de behoefte aan *nabijheid* wordt geleid. Raadselachtig is de wens om afstand te nemen dus juist omdat hij *ongerijmd* is. Als u zich onvrij voelt wat deze wil betreft, is dat omdat hij naar uw gevoel inconsistent is. Tegen de achtergrond van uw overige wensen krijgt hij geen betekenis. De poging deze wil ondanks alles te begrijpen en hem u daardoor toe te eigenen, moet dan ook een poging zijn betekenis te ontdekken waar op het eerste gezicht geen betekenis is.

Een causaal verhaal draagt niet bij aan de toe-eigening; er is een *interpretatie* nodig, die de aanvankelijk onbegrijpelijke wil openstelt voor ons inzicht.

Dat betekent niet dat het onbelangrijk zou zijn het ontstaan van een wil na te gaan. Integendeel, de logica van wat we willen wordt vaak pas duidelijk wanneer we die beschouwen in het perspectief van de tijd, dat wil zeggen in de vorm van een levensverhaal. Beslissend is echter dat het ook bij deze beschouwing om de inhoud van de wil gaat en niet louter om de causale eigenschappen ervan, die je ook onafhankelijk van de inhoud zou kunnen onderzoeken, alsof we met een soort blinde hydraulica van wensen te maken zouden hebben. Wie het ontstaan van een wil uit iemands levensgeschiedenis beschrijft, zal zich op het onderwerp van die wil richten in die zin dat hij deze wil leest als een zinvol antwoord op een zinvolle situatie. Ook het causale gewicht van de situatie zal ter sprake komen, bijvoorbeeld bij een wil die zijn oorsprong vindt in een traumatische ervaring. Maar ook de hevigheid en hardnekkigheid van een wil die het antwoord is op een trauma, worden begrijpelijk gemaakt vanuit de inhoudelijke dramatiek van de doorstane ervaring en niet vanuit een causale energie waarbij inhoud geen rol speelt. Wanneer je een fanatieke spaarzucht en een ziekelijke gierigheid begrijpelijk maakt door te wijzen op de traumatische ervaring van bittere armoede, dan is het de inhoudelijke samenhang en niet een kwestie van de energetische samenhang – de interpretatie en niet het louter causale verhaal – die inzicht brengt.

Onze interpretatie van een wil moet dus de ongerijmdheid verminderen, de consistentie vergroten en zo bijdragen tot de toe-eigening en de vrijheid van deze wil. Wat kan zo'n interpretatie inhouden? Voor het welslagen ervan zijn we aangewezen op een nauwkeurige articulatie van de betrokken wensen. Is het lege ruimte *zonder meer* die u om u heen wenst? Of gaat het u om de afwezigheid van *bepaalde* dingen? Stoort u zich aan de tafels en stoelen van een café op het lege plein? Of aan rondstruinende honden en katten? Of zijn het vooral mensen die u daar niet wilt hebben? Mannen? Vrouwen? Beide? En als het u om mensen in het algemeen gaat, wilt u die dan uit de buurt houden omdat u ze niet mag? Of omdat u denkt dat ze u iets zouden kunnen afpakken? Of omdat u zich door hun aanwezigheid verstikt voelt? Pas wanneer we hierover duidelijkheid hebben, kunnen we een poging doen de wens in kwestie zo te interpreteren dat begrijpelijk wordt hoe deze met uw normale, eraan tegengestelde behoefte aan nabijheid samenhangt.

Wat kan zoal de leidraad zijn bij deze poging? De meest voor de hand liggende gedachte is dat het aan *onwetendheid* ligt als u de wens niet begrijpt. Misschien weet u in het innerlijke landschap van uw wensen gewoon niet voldoende de weg om te kunnen inzien dat het verlangen naar afstand er heel goed in past. Dan kan het gebeuren dat u in uzelf wensen leert kennen die tot nu toe in het duister lagen; in het licht van die wensen krijgt de afwijkende, onbegrijpelijke wil plotseling grote betekenis. Zo ontdekt u misschien dat uw behoefte aan nabijheid een dubbele bodem heeft en veel complexer is dan u dacht. Die behoefte omvat een sterk verlangen naar afhankelijkheid dat u als bedreigend ervaart, en in uw schijnbaar onredelijke hang naar lege pleinen komt de voor de hand liggende wens tot uitdrukking u daartegen te beschermen. Nu passen de stukjes plotseling in elkaar, en hoe beter u deze verborgen samenhang tussen uw wensen begrijpt, hoe meer de indruk van vreemdheid verdwijnt die uw paradoxale verlangen naar afstand en verte voordien aankleefde. Het is alsof dat verlangen door het toenemende inzicht dichter bij u komt te staan, zodat u het steeds meer kunt ervaren als iets wat bij u hoort en steeds minder als iets wat uw vrijheid bedreigt.

In de wijze waarop ik dit voorbeeld beschreven heb, ligt al een tweede vorm besloten van de ontdekking die kan bijdragen tot toe-eigening door beter inzicht. De ontdekking namelijk *dat een wil eigenlijk een andere inhoud heeft dan u dacht*. Ging het bij het eerste soort ontdekking om het vullen van een leemte in de kennis, dit keer gaat het om het wegnemen van een vergissing. U ontdekt dat het u helemaal niet om de lege pleinen daar buiten gaat – die u misschien zelfs radeloos maken zodra u daar bent –, maar om iets in uw innerlijk, namelijk het vermogen u tegen anderen af te grenzen. Wat u naar de lege pleinen drijft, zo blijkt nu, is een behoefte aan innerlijke afgrenzing, die zich heeft vermomd als het verlangen naar een bepaalde ruimtelijke situatie.

Als je het verschijnsel zo beschrijft, wordt er nog een ander soort ontdekking zichtbaar die in het spel kan zijn wanneer het iemand lukt zich een aanvankelijk onbegrepen, vreemd aandoende wens door beter inzicht toe te eigenen. De ontdekking namelijk dat deze of gene zeer bepaalde wil slechts schijnbaar voor zichzelf staat en in werkelijkheid als plaatsvervanger is ontwikkeld voor een wil die veel meer omvat: *pars pro toto*. De wens veel lege ruimte om u heen te hebben, is een concrete en in het oog lopende plaatsvervanger voor de abstractere, verder strekkende wens uw innerlijke grenzen te verdedigen tegen uw eigen verlangen met anderen te versmelten. De lachwekkend aandoende wens dat niemand het lege plein vóór u zal oversteken, staat voor de meer gecompliceerde en naar binnen gerichte wens uw eigen behoeften te beschermen tegen verstikking door andere mensen en hun verwachtingen. Als je de wens vanuit dit perspectief bekijkt, verliest hij zijn lachwekkendheid en kan hij herkend worden als een prima passend stukje in de legpuzzel van uw wensen.

En nog iets anders valt aan dit voorbeeld af te lezen. Wanneer we vaststellen dat we iets willen wat we niet begrijpen, kan het helpen als we beseffen dat wensen van onderwerp kunnen veranderen en kunnen verschuiven, van iets moeilijks naar iets makkelijkers, van een doel dat veel kosten meebrengt naar iets wat met minder moeite te verkrijgen valt. Het is veel makkelijker een leeg plein te vinden dan te vechten tegen het onvermogen om nee te zeggen, en de neiging tot zelfopoffering in toom te houden.

Dit zijn allemaal methoden en werkwijzen om het inzicht in de eigen wil te vergroten. En natuurlijk heb ik hiermee nog lang niet alles genoemd wat dit doel kan dienen. Om een raadselachtig aandoende wil te begrijpen, moet je soms ook zoeken naar verborgen *overtuigingen* die deze wil deden ontstaan en hem instandhouden. Misschien word je gedreven door een wil die voedsel krijgt uit een ondergronds werkende overtuiging dat je schuld op je geladen hebt. Of de wil gaat terug op een wereldbeschouwelijke overtuiging die nog steeds doorwerkt, hoewel je meende die overwonnen te hebben. En ook de geworteldheid van de wil in *emoties* moet je in gedachten houden als het erom gaat ongerijmdheden in wat je wilt op te helderen. We dragen tegenstrijdige gevoelens zoals haat-liefde met ons mee, die weerspiegeld kunnen worden in een tegenstrijdige wil.

Als het ons lukt op de geschetste wijze zin te geven aan een schijnbaar ongerijmde wil, en de verborgen consistentie ervan aan het licht te brengen, betekent dat een toename van wilsvrijheid. Dat geldt in tweeërlei zin. Ten eerste verdwijnt de indruk dat er een breuklijn door ons heen loopt en dat er wensen zijn die als een vreemd gezwel in ons woekeren. Wie vanbinnen door vreemd aandoende wensen wordt omringd, voelt zich als door gevangenismuren omsloten, en inzicht is het middel om die muren neer te halen. Ten tweede kan het inzicht leiden tot een innerlijke hervorming, die het conflict tussen de wensen doet verdwijnen. Als u eenmaal begrepen hebt dat het angst voor afhankelijkheid is die u naar lege pleinen drijft, kunt u nieuwe oplossingen voor het overwinnen van deze angst uitproberen, en dan hebt u misschien geen externe veiligheidszone meer nodig. En ook dat zult u als een toename van vrijheid ervaren.

De inspanning om het inzicht in de eigen wil te vergroten, is vaak de enige methode om een levenscrisis te boven te komen. De preciezere en dieper reikende articulatie van de wil die door de crisis werd afgedwongen, zal vaak vanzelf al de vraag opwerpen hoe het tot die verslavende wirwar van wensen heeft kunnen komen, en wat het betekent dat de bestaande structuur van de wensen geen draagkracht meer heeft. Denk weer aan de persoon met prestatiedwang over wie ik eerder sprak, of aan de vrouw die iedere nieuwe relatie bederft door de dwangmatige herhaling van oude fouten. Als zij op een dag door psychische uitputting niet meer verder kunnen, zullen zij alle twee een poging moeten doen de macht van die innerlijke dwang te breken door de herkomst ervan in een interpreterend verhaal op te helderen. Hierbij komt misschien ook zelfbedrog aan het licht, dat bij de loutere articulatie van wensen alleen maar wordt blootgelegd, maar nu ook kan worden begrepen, doordat duidelijk wordt waaróm het nodig was zichzelf iets wijs te maken. Het gaat trouwens bij dit begrijpen altijd om toenemend inzicht in de logica van een ontwikkeling naar onvrijheid, een inzicht dat het begin van een bevrijding kan zijn. Als iemand denkt dat de vrijheid van de wil bestaat in de onvoorwaardelijkheid ervan, dan betekent het inzicht in de herkomst van zijn wil hetzelfde als de ontdekking dat zijn wil onvrij is. In het hier geschetste beeld ligt de zaak precies omgekeerd: het begrijpen van de herkomst en ontwikkeling van een wil draagt bij tot de vrijheid van deze wil.

Net als de articulatie van de wil kan ook inzicht in de eigen wil ertoe bijdragen dat iemand een tijd die hij in zijn onvrije toestand verloren had weer terugvindt. Onze werkverslaafde, bijvoorbeeld, is een man die zichzelf van zijn heden berooft door het voor zich uit te schuiven als iets wat hij pas mag beleven wanneer de volgende prestatie eenmaal geleverd is. Hij verstikt zijn eigen heden met het oog op een toekomst die hij zich als open voorstelt, hoewel zijn dwangmatige wil ervoor zal zorgen dat deze precies zo wordt als het heden, namelijk zonder heden. En evenzo voor het verleden: dat bestaat voor hem niet uit heden dat voorbijging, maar uit een vergeefs wachten daarop. Wanneer hij er nu in slaagt zijn wil tot presteren, die hem als een vreemde macht de tijd door jaagt, als een verinnerlijkt overblijfsel van het ouderlijk gezag te zien, en te begrijpen wat het is in de relatie met zijn overleden ouders waardoor het hem zo moeilijk valt dat gezag af te schudden, dan zal hij er misschien ook in slagen de starheid van zijn blinde wil te breken, zich van de eerstvolgende verslavende verwachting te distantiëren en zichzelf periodes te gunnen waarin hij zich op een ongecompliceerde manier aan het heden kan overgeven. Hierdoor wordt de hoop op een open toekomst minder bedrieglijk; en er zullen steeds meer stukken in het verleden zijn waaraan hij kan terugdenken als periodes die hij doorleefde in een besef van vrijheid dat er diepte aan gaf. Doordat hij het heden ontdekt als de tijd van zijn eigenlijke wensen, wordt hij ook wat verleden en toekomst betreft de auteur van zijn eigen tijd.

De vrije wil als goedgekeurde wil

In zoverre de toe-eigening van de wil op articulatie en inzicht berust, gaat het om een kennisproces. Toenemende kennis betekent toenemende vrijheid. Zo bezien is zelfkennis een maatstaf voor wilsvrijheid. Deze samenhang levert een eerste interpretatie op van het intuïtieve idee dat een vrije wil een wil is waarmee ik me kan «identificeren». Het is een wil die ik aan mijzelf kan toeschrijven, omdat ik de precieze contouren ervan heb onderkend en omdat ik begrepen heb hoe hij is ingebed in de geschiedenis en de huidige structuur van mijn wensen, die mij tot deze bepaalde persoon maken.

Maar hiermee is nog slechts een deel onder woorden gebracht van de intuïtieve indruk dat de vrijheid van de wil te maken heeft met de houding die wij ertegenover aannemen. Denken en begrijpen is niet het enige waar het op aankomt. Een wezen zou op de hoogte kunnen zijn van zijn wensen, deze voortdurend kunnen registreren en zelfs van begrijpend commentaar voorzien, zonder hierdoor reeds ten volle te beschikken over een standpunt tegenover die wensen van waaruit de ervaring van de vreemdheid van de eigen wil en de gedachte van de identificatie met die wil begrijpelijk zouden worden. Wat nog ontbreekt is een innerlijke afstand tot onze wil, die bestaat in het feit dat we deze beoordelen. Vanuit deze beoordelende houding keuren wij onze wensen goed of af, we aanvaarden ze of wijzen ze van de hand, we vervloeken ze of verwelkomen ze. Valt de beoordeling positief uit, dan kunnen we ons ermee identificeren; distantiëren we ons er kritisch van, dan zullen we ervaren dat onze eigen wensen vreemd aandoen. Zo kunnen we de uitdrukking begrijpen dat we voor of tegen bepaalde wensen «partij kiezen»: het partij kiezen is niets anders dan de beoordeling.

Maar het beoordelende standpunt is in zijn herkomst en logica moeilijker te begrijpen dan je op het eerste gezicht zou zeggen. Wat is de inhoud van de beoordelingen, waar komen ze vandaan, en waar ligt het aan wanneer ze veranderen? Allereerst stellen we vast dat de beoordelende houding twee vormen kent. Om te beginnen kan ik mezelf de vraag voorleggen: welke van mijn wensen hebben een *gunstig effect*, welke zijn daarentegen storend en schadelijk? Vanuit deze invalshoek maak ik nuchter de balans op hoe ik met mijn wensen overweg kan in de wereld zoals die nu eenmaal is. Zo kan mijn wens om veel alleen te zijn vanuit deze houding als ongunstig beoordeeld worden, omdat eenzelvige mensen het moeilijk hebben in een wereld waarin iedereen zich door anderen laat leiden, zijn imago onderhoudt en achter anderen aan holt. Daarentegen is het streven altijd de beste te zijn voor succes in de buitenwereld duidelijk gunstig.

Een heel andere vorm van beoordeling is aan de orde wanneer de vraag luidt: welke wil *zou ik graag hebben* en welke niet, onverschillig welk nut dat voor mij heeft? Hier gaat het om de vraag wat voor soort persoon ik graag zou zijn. Het gaat om mijn zelfbeeld, zoals we dan zeggen. De resultaten van beide houdingen kunnen tegenstrijdig zijn. Misschien wil ik wel een onaangepast persoon zijn, dus iemand wiens wil zich niet naar de omstandigheden voegt en dus onpraktisch is. Als dat zo is, stoort het mij niet dat mijn eenzelvige wensen mij buitenspel zetten, en mijn wil tot presteren, hoe doelmatig die ook is, werkt me op de zenuwen. In dit geval wint de substantiële beoordeling het van de instrumentele waardering van mijn wensen.

Het lijkt nu alsof we hier een tweede, van de eerste onafhankelijke interpretatie hebben van het intuïtieve idee dat een vrije wil een wil is waarmee ik mij kan identificeren. Dat ik mij met een wil identificeer, kun je nu als volgt lezen: het is een wil die bij mijn zelfbeeld past, en daarom keur ik hem goed. Zie ik mezelf bijvoorbeeld als iemand voor wie sociaal engagement boven alles gaat, dan zal ik mijn bezeten inzet voor de verdediging van arme sloebers voor het gerecht ervaren als iets wat uit mijn vrijheid voortkomt, ook al betekent het dat ik er noch in financiële zin, noch in prestige veel mee opschiet. En als ik mijzelf zie als een cynicus zonder illusies, zal mijn habituele, onophoudelijke behoefte andermans dromen door te prikken mij niet als een onvrije neiging voorkomen. Wens en zelfbeeld stemmen volmaakt overeen. Mijn wil is vrij, want het is de wil die ik wens te hebben.

Hierbij past ook een tweede interpretatie voor de vreemdheid van een wil. Een vreemde, voor mijn gevoel externe wil is een wil die ik afwijs omdat hij niet past bij de wijze waarop ik mijzelf zie. Ook hier weer gaat het om een soort ongerijmdheid, ditmaal om de kloof tussen de gedroomde en de werkelijke persoon. Het is een kloof die bijvoorbeeld kenmerkend is voor een dwangmatige wil. De beklemmende indruk van de verslaafde speler dat er een vreemde wil in hem schuilt die sterker is dan hij, valt nu als volgt te begrijpen. Hij ziet deze wil als verwoestend, wijst hem af en verbant hem rigoureus uit zijn zelfbeeld. Dat de uitgebannen wens zich desondanks laat gelden en tot een wil wordt, ervaart de speler als hij niet uit vrije wil het casino binnengaat. Hetzelfde geldt als u zich een slaaf voelt van uw wil tot presteren. Als u deze wil als onvrij ervaart, is het omdat u zichzelf veel liever als onbekommerd levenskunstenaar zou zien. In uw lievelingsdagdroom luistert u naar het tikken van een klok in het besef dat u het zich kunt veroorloven de tijd gewoon te laten verstrijken. Niets wenst u hartstochtelijker dan dat. Maar u kunt nu juist niet ophouden op iedere straathoek een taak te zien die u moet volbrengen, en natuurlijk op voorbeeldige wijze. Het is om dol van te worden, want de wens die u steeds opnieuw hectisch in beweging brengt, past van geen kanten in uw gedroomde zelfbeeld, en deze inconsistentie maakt nu precies uw onvrijheid uit.

Intuïtief heeft deze gedachte veel voordelen, en de rechtlijnigheid ervan is verleidelijk. Maar bij nauwkeurig onderzoek houdt hij geen stand, in ieder geval niet in deze eenvoudige vorm. De moeilijkheden worden duidelijk zodra je beseft dat zelfbeelden niet uit de lucht komen vallen, maar op hun beurt de uitdrukking van wensen zijn. Niemand ontwikkelt een zelfbeeld dat in strijd is met alles wat hij wenst. En dat is geen toevallig feit dat ook anders zou kunnen zijn. Het komt voort uit de conceptuele samenhang tussen beoordelen en wensen: als ik het een positieve zaak vind een bepaald soort persoon te zijn – bijvoorbeeld een onbekommerde, geraffineerde levenskunstenaar –, *wil dat zeggen* dat ik ook de wens heb zo te zijn. Het valt niet te begrijpen waar beoordelingen vandaan zouden moeten komen als ze niet in onze wensen waren verankerd. En als we wezens zonder wensen waren, zouden we het *idee* van een beoordeling helemaal niet kunnen begrijpen.

Naast de wensen die aan het zelfbeeld *gemeten* worden, zijn er dus ook wensen die het zelfbeeld *uitmaken*. Het beoordelen van wensen gebeurt in het licht van andere wensen die de eerste als thema hebben. Deze gedachte brengt – zoals ik in het eerste deel al zei toen ik het idee van de innerlijke afstand invoerde – geen principiële moeilijkheden met zich mee. Er is niets in de aard van wensen wat zich zou verzetten tegen de mogelijkheid dat ze het voorwerp van andere wensen kunnen worden en dat ze op hun beurt andere wensen tot voorwerp kunnen maken. Dit is niet de reden waarom een poging de vrijheid van de wil te verklaren door overeenstemming met het zelfbeeld, problematisch lijkt. Als hier een probleem ligt, is het dit: de wensen waarop mijn zelfbeeld berust, moeten om, als maatstaf te kunnen dienen, heel nadrukkelijk míjn wensen zijn – wensen dus waarmee ik me heb *geïdentificeerd*. Nu hebben wij weliswaar, juist met behulp van het idee van een zelfbeeld, een interpretatie bedacht van wat het inhoudt dat een wens mij uitdrukkelijk toebehoort. Maar deze opvatting van «mij toebehoren» levert niets op wanneer het om de wensen gaat die het zelfbeeld uitmaken. Er is geen zelfbeeld waaraan we het zelfbeeld zouden kunnen meten om ons ermee te identificeren of het af te wijzen. Zelfs wanneer we – en het zou een twijfelachtige, uit nood geboren manoeuvre zijn en geen van ervaring doortrokken gedachte – van een zelfbeeld van de tweede orde zouden spreken, zou dat ons van geen enkel nut zijn, want ook dan zou precies dezelfde vraag zich herhalen. Als je wilt zeggen dat de vrijheid van de wil bestaat in het feit dat hij overeenstemt met het zelfbeeld, moet je een antwoord hebben op de vraag hoe het zit met de vrijheid van de wil die aan dit zelfbeeld ten grondslag ligt.

Om uiteindelijk een overtuigend antwoord op deze vraag te krijgen, is het belangrijk in gedachten te houden dat de wensen die het zelfbeeld produceren en de wensen die eraan gemeten worden, niet zuiver gescheiden en zonder enig contact naast elkaar bestaan. Het is ook niet zo dat de beïnvloeding slechts in één richting plaatsvindt, doordat het zelfbeeld de beoordeelde wensen tot aanpassing dwingt. De omgekeerde ervaring komt ook voor: zelfbeelden veranderen en ontwikkelen zich onder invloed van wensen die er niet goed bij passen. De ervaring dus dat zich in mij een wil aftekent die niet bij mijn bestaande zelfbeeld past, maar die om deze reden niet als vreemd wordt gebrandmerkt, maar omgekeerd tot bijstelling van het zelfbeeld dwingt.

Twee variëteiten van deze ervaring zijn bijzonder leerrijk. De eerste is het *berusten* in een hardnekkige wil. Ik geef mezelf toe dat een wil zonder meer de mijne is – geen afsplitsing die buiten mij staat –, maar dat hij helaas totaal niet overeenstemt met mijn zelfbeeld. Zo kan iemand die zichzelf altijd voor een toegeeflijk, groothartig mens gehouden heeft, zichzelf na levenslange strijd bekennen dat hij een kleingeestig, haatdragend, wraakzuchtig mens is die anderen alleen maar betaald wil zetten wat zij hem hebben aangedaan. Dat hij er nu in berust, betekent dat hij de lang bestreden wil eindelijk als de zijne erkent, hoewel die zijn zelfbeeld logenstraft. En dat wil zeggen dat er een erkenning van een wil en een identificatie met die wil kan bestaan die geen overeenstemming met een zelfbeeld inhoudt.

Zo ligt het ook bij het tweede soort ervaring: de *opstand tegen de innerlijke censuur*. Het behoort tot het wezen van zelfbeelden dat ze censuur met zich meebrengen: wat er niet mee overeenstemt, is verboden. Als mijn zelfbeeld inhoudt dat ik een plichtsbewust, voorkomend, bescheiden en eerlijk mens ben, zal de wens eindelijk eens alleen aan mezelf te denken en zonder enige reserve uit de band te springen, mij voorkomen als een wens die nooit een wil mag worden, ja zelfs als een wens die ik geheel moet uitbannen. En in het licht van mijn zelfbeeld zou het, als er van die wens toch een wil kwam, om een uiterst onvrije wil gaan. Maar het innerlijke perspectief kan veranderen. We kunnen ontdekken dat niet alleen een gecensureerde wil ons vreemd kan zijn, maar ook de censuur zelf. Dan kiezen we partij voor de verboden wil en tegen het verbod, en we hebben hierbij de indruk recht te doen aan een vrije wil, tegen een tot slaaf gemaakte wil in.

Dat het te makkelijk zou zijn de vrijheid van de wil te zoeken in de overeenstemming met een vaststaand, onaanvechtbaar zelfbeeld, blijkt ook als we aanknopen bij de eerdere gedachte dat vrijheid en onvrijheid van de wil kenbaar worden door de wijze waarop wij tijd ervaren. De tijdsbeleving kan namelijk in de dimensie van de beoordeling van de wil op twee tegengestelde wijzen worden vervormd. Enerzijds kan het gebeuren dat ik mijn heden verlies omdat wensen de aandacht vragen die mijn zelfbeeld in gevaar brengen. Misschien heb ik mij jarenlang op een beroep ingesteld dat met mijn zelfbeeld overeenkwam en mij het gevoel gaf helemaal in het heden op te gaan, omdat mijn handelen de uitdrukking was van een wil die ik echt wilde hebben. Maar dan, sluipenderwijs of plotseling, verliest mijn beroepsleven het karakter van een levend heden en blijf ik achter met een tijd die ik alleen nog beleef als iets wat ik moeizaam moet doorwaden of gewoon uitzitten. En als ik dit verlies nader onderzoek, blijkt misschien dat de tijd van mijn zelfbeeld vanuit een diepere laag wordt gestoord door wensen die niet meer passen bij de voorstelling die ik van mijzelf heb. Om tot een nieuw heden te komen, moet ik mij dan met deze wensen bezighouden en ze tot hun recht laten komen. De tijdsbeleving heeft me laten zien dat de vrijheid van mijn wil niet hoeft te bestaan in het tot elke prijs handhaven van mijn zelfbeeld, maar soms ook een herziening van dit beeld kan vereisen. Anderzijds kan het gebeuren dat ik mijn heden misloop omdat ik tussen tegenstrijdige wensen heen en weer geslingerd word en ik er niet in slaag deze te beoordelen, partij te kiezen en zo een zelfbeeld op te bouwen. Dan is het niet de macht van mijn zelfbeeld die mij het heden verspert, maar juist het ontbreken van een beoordelende identificatie zoals die in een zelfbeeld tot uitdrukking komt.

Deze onloochenbare ervaringen roepen vragen op die twijfel zaaien aan de hele grondgedachte dat de vrije wil de goedgekeurde wil is. Waarom zou ik vrijer zijn wanneer ik als censor mijn wil tot aanpassing dwing dan wanneer ik als de gecensureerde samen met de onderdrukte wensen in opstand kom? Klopt het eigenlijk wel dat ik dichter bij mezelf blijf en in die zin intuïtief vrijer ben wanneer ik mijn wil beoordeel dan wanneer ik als auteur van de wil deze beoordeling aanvaard? Wat is het dan in het standpunt van de censor waardoor dat blijkbaar bij mij hoort en vrijheid brengt, terwijl het negatief gecensureerde buiten mij staat en onvrij is?

Uit deze onontkoombare vragen valt voor het idee van de toe-eigening iets belangrijks te leren. De verwijzing naar de beoordelende houding tegenover de eigen wil leidt niet, zoals aanvankelijk misschien leek, tot een zelfgenoegzame verklaring van vrijheid die op zichzelf zou kunnen staan. Het idee van het beoordelen kan bij zo'n verklaring inderdaad niet ontbreken. *Maar het moet met het eerder besproken idee van het begrijpen verbonden worden.* Wil de beoordelende overeenstemming met mijzelf kunnen bijdragen tot de ervaring van vrijheid, dan moet het iets zijn wat mij niet alleen maar overkomt en wat ik als innerlijk feit voor kennisgeving aanneem; het moet iets zijn wat uit mijn zelfinzicht voortkomt.

Een gedachte-experiment kan dit verduidelijken. Stel, u wenst na jaren van opoffering voor anderen eindelijk eens aan uzelf te kunnen denken en uw eigen, lang achtergestelde wensen te verwerkelijken. Misschien hebt u de wens iets creatiefs te doen, bijvoorbeeld te componeren, te schilderen of uw krachten te beproeven op artistieke fotografie. U hebt het in zich, dat gevoel hebt u reeds lang. In de afgelopen jaren waren er telkens weer momenten waarop u tegen uzelf zei dat dit soort voornemens intussen belangrijker voor u geworden zijn dan de vroeger overheersende wens er voor anderen te zijn. De beoordeling van uw wensen is in de loop van de tijd verschoven, uw zelfbeeld is anders geworden, u zou nu graag een andere wil hebben dan vroeger. Het probleem is dat het heden van de anderen er toch telkens weer toe leidt dat juist de oude, opofferende wil u in beweging zet, en dat de nieuwe wensen en uw nieuwe oordeel daartegen geen stand weten te houden. Gisteren hebt u zich weer door uw oude gewoonten laten beetnemen en een verplichting op u genomen die de vervulling van uw andere wensen, waar u eigenlijk partij voor wilde kiezen, op de lange baan schuift. U bent naar bed gegaan met een gevoel van verscheurdheid en onvrijheid, de kloof tussen uw nieuwe zelfbeeld en de macht van uw oude wil maakte u wanhopig. Maar vanochtend gebeurde het: toen u wakker werd, was het conflict verdwenen alsof het nooit had bestaan.

Er zijn twee varianten denkbaar. De ene mogelijkheid is dat de wensen die zich eerder tegen uw zelfbeeld hadden verzet, verdwenen zijn en plaats hebben gemaakt voor nieuwe, die allemaal uw goedkeuring hebben. De oude wil om bovenal aan anderen te denken is er eensklaps niet meer; u herinnert zich die nog wel, maar de achterhaalde wensen hebben hun macht volledig verloren en staan het nieuwe zelfbeeld niet meer in de weg. In één nacht bent u tot iemand geworden die bovenal aan zijn creatieve plannen hecht, en daarom trekt u zich zonder grote gewetenswroeging uit de gisteren aangegane verplichting terug. U bent het met de nieuwe innerlijke gedaante van uw persoon helemaal eens; u hebt de wil die u graag zou hebben.

De andere mogelijkheid is dat – omgekeerd – juist uw behoefte iets creatiefs te doen in één nacht verdwenen is. Die behoefte is nog slechts een herinnering, en niet meer iets wat voor u belangrijk is en de oude, altruïstische wensen concurrentie zou kunnen aandoen. Hiervoor in de plaats is weer het vroegere zelfbeeld gekomen, volgens welk het u vooral om de anderen gaat. U wijdt zich met volle inzet aan de taak die u gisteren op u genomen hebt, zonder hierbij door de gedachte aan uw eigen plannen te worden gehinderd. En ook nu geldt: u hebt de wil die u graag zou hebben.

Als het idee van de vrije wil als de goedgekeurde wil een idee was dat zichzelf overeind kon houden, dan zou u zichzelf na beide varianten van deze nachtelijke gebeurtenis als iemand ervaren die helemaal vrij is in deze nieuwe wil, want in beide gevallen sluit het zelfbeeld precies aan bij de wil die u drijft. Maar zo zou u het niet ervaren. Het zou spookachtig zijn, een beetje zoals bij Dr. Jekyll en Mr. Hyde. Spookachtig, zou u misschien zeggen, omdat de verbluffende verdwijning van het gisteren nog kwellende conflict zo abrupt was. Maar wanneer u bij uzelf peilt wat de inhoud van de ervaring is die dit woord moet dekken, zult u zien dat het hierom gaat: u *begrijpt* niet waarom uw wil en de beoordeling ervan veranderd zijn. En de volledige duisternis die uw wilsverandering omgeeft, verhindert iedere ervaring van vrijheid.

Stel daarentegen dat u het conflict van gisteren, dat ook vandaag nog voortbestaat, ziet als een opdracht om meer licht te brengen in de wereld van uw wensen. Het is zaak, zo houdt u zichzelf voor, aan de vrijheid van uw wil te werken door de afstand tussen uw zelfbeeld en de feitelijke werking van uw wil te verkleinen, en het is zaak daarom eerst te onderzoeken hoe deze afstand heeft kunnen ontstaan en wat de verborgen logica van dit conflict is. Misschien ontdekt u zodoende dat de wil tot opoffering die uw leven tot nu toe heeft bepaald, uit een moreel dictaat voortkomt dat u in het ouderlijk huis en in de gemeenschap waarin u later opgroeide als door osmose hebt opgezogen, en dat het verraderlijke was dat men dit dictaat altijd zo voorstelde alsof het helemaal uit uw eigen wensen voortkwam. Door die ontdekking leert u begrijpen dat de macht van uw schijnbaar altruïstische wensen is geworteld in de angst te worden uitgestoten als u uw eigen wensen volgt. Anderzijds realiseert u zich misschien dat uw visioen van een artistiek leven waarin de anderen u helemaal niet meer kunnen schelen, niets anders is dan een op de spits gedreven revolte tegen knellende morele banden die u verstikken. Zoals u nu ontdekt, gaat het u helemaal niet echt om de kunst, en toen u zich het benodigde talent toeschreef, zat daar veel zelfbedrog bij, dat voortkwam uit de noodzaak tegen de niet-onderkende morele insnoering een respectabeler verweer te hebben dan doodgewoon eigenbelang.

Met deze inzichten voor ogen kunt u nu over de hele linie een nieuwe beoordeling in de wereld van uw wensen ter hand nemen. U hebt nu leren onderscheiden tussen die altruïstische wensen die met uw eigen aard overeenstemmen, en die welke eigenlijk gewoon neerkwamen op onderwerping aan een moreel dictaat, waarvan u zich nu weet te distantiëren. U hoeft dus geen onverzoenlijke tegenstelling tussen uw interesse voor anderen en uw interesse voor uzelf meer overeind te houden. En daarmee wordt het ook onnodig uw eigen wensen te maskeren als een artistieke wil die met niemand rekening houdt. U kunt nu een evenwicht tussen de verschillend gerichte wensen bereiken, dat u in staat stelt zich met uw wil als geheel te identificeren, in plaats van in een conflict gevangen te blijven waarin u eerst de ene partij kiest en vervolgens precies de tegenovergestelde. Ook nu heeft er een herziening van uw beoordeling plaatsgevonden, en ook nu bent u een ander mens dan vroeger. Maar de overgang heeft zich in het medium van het begrijpen voltrokken, en dat houdt in dat het een overgang van onvrijheid naar vrijheid is.

De fluctuerende vrijheid van een steeds veranderend zelf

We hebben nu een beeld van wat het zeggen wil niet louter over beslissingsvrijheid te beschikken, maar daarenboven aan de vrijheid van de wil te kunnen werken door zich de eigen wil toe te eigenen. Het komt aan op nauwkeurigheid en diepgang van de articulatie, die een grotere reikwijdte van het inzicht voorbereidt, dat op zijn beurt tot een beoordeling kan leiden die het ons mogelijk maakt in ruimere mate vanuit een wil te leven die we kunnen goedkeuren. En deze samenhang geeft aan het spreken over de «identificatie» met de eigen wil en het «toebehoren» van de wil aan onszelf, dat er aanvankelijk misschien uitzag als een holle bezweringsformule, een rijke en nauwkeurige betekenis.

Desondanks is het mogelijk dat iemand zich aan dit resultaat ergert. Want alles wat wij articulerend, begrijpend en beoordelend doen met onszelf en voor onszelf, heeft het karakter van een voorlopig en voorbijgaand proces, dat zich niet tot een duurzaam resultaat laat uitkristalliseren, en daarom kun je je afvragen of het verwijzen naar deze inspanningen en ervaringen wel een geschikte manier is om het idee van de vrije wil te verhelderen. Zou de toe-eigening van de wil, als die vrijheid moet bewerkstelligen, niet tot iets *vaststaands* en *ondubbelzinnigs* behoren te leiden? Is de vraag naar de vrijheid van de wil niet een vraag die een bindend en definitief ja of nee vereist? Het valt niet te bewijzen, maar je kunt vermoeden – op grond van een diagnostisch inzicht zoals dat kenmerkend was voor het tweede deel van dit boek – dat iemand die hier aandringt op iets ondubbelzinnigs en duurzaams uiteindelijk gehecht blijft aan het idee van de onvoorwaardelijk vrije wil. Vrijheid als onvoorwaardelijkheid zou immers een vrijheid voor eens en altijd zijn, en ook een vrijheid die ofwel ondubbelzinnig bestaat, ofwel niet bestaat. Wie zich namelijk geheel losmaakt van dit idee en van de schaduw die het in zoveel richtingen werpt, zal het vanzelfsprekend vinden dat de vrijheid van de wil iets is wat kan komen en gaan, wat bereikt kan worden en weer verloren gaan. Hoe zou het ook anders kunnen? Onze wensen en alles wat wij daarover denken, zijn immers onmiskenbaar aan voortdurende verandering onderhevig, aangezien wij ons ook iedere seconde op een veranderende wereld moeten instellen.

Een soortgelijke overweging geldt wat betreft de *reikwijdte* die de vrijheid van de wil op een gegeven tijdstip kan hebben. Als deze vrijheid zou bestaan in onvoorwaardelijkheid, zou het zinvol zijn te zeggen dat onze wil *in zijn geheel* vrij is. De zaak ligt totaal anders wanneer de vrije wil wordt opgevat als de toegeëigende wil. Want de toe-eigening is iets wat binnen het steeds veranderende willen en denken gebeurt, en niet iets wat zich boven of buiten de wil zou kunnen afspelen. En dat betekent dat je de vraag naar vrijheid verkeerd uitlegt wanneer je denkt die voor het willen als geheel te kunnen opwerpen. Op ieder moment waarop ik naar de vrijheid van mijn wil vraag, is er een innerlijk terrein waar deze vraag geen betrekking op kan hebben. En dat is geen betreurenswaardige tekortkoming, geen beklagenswaardige blinde vlek, maar een vooronderstelling die vervuld moet zijn wil de vraag naar de vrijheid ooit in werking treden en betekenis hebben. Zolang ik articulerend, begrijpend en beoordelend bezig ben mijn wil te modelleren, komt de vraag naar de vrijheid van dit bezig-zijn niet op. En niet omdat ik te druk bezig ben en gewoon geen tijd zou hebben die vraag te stellen. Het zou geen zin hebben die te stellen, want de bezigheid van het toe-eigenen vormt het *kader* voor het stellen van iedere vraag van dien aard. «Maar hoe zit het met de wil tot toe-eigening zélf? Is dié wel vrij?» Dat zou een vraag zijn die voorbijgaan aan de pointe van het idee van een toegeëigende vrijheid. En ook hier weer rijst het vermoeden dat het een vraag zou zijn die alleen kon opkomen in de schaduw van de onvoorwaardelijkheidsgedachte.

Ik wil de gedachte van een toe-eigening die nooit absoluut is en zich voltrekt in een steeds veranderend innerlijk afronden door een blik op het idee van het *zelf*. Dit borduurt voort op een thema dat wij het hele boek door in verschillende formuleringen steeds weer zijn tegengekomen: het behoort tot de vrijheidservaring dat wij als actor de bron zijn, niet alleen van ons handelen, maar ook van ons willen. Zoals we uit het tweede deel weten, kan dit niet betekenen dat wij als zuiver subject achter ieder wilsproces nog de regie voeren. In het eerste deel hadden we het actorschap dan ook anders opgevat: het houdt in dat wíj het zijn die al overwegend bepalen hoe onze wil moet zijn. Tegen de achtergrond van de toe-eigeningsgedachte kunnen we deze interpretatie nu uitwerken. Wanneer wij erin slagen een wil te ontwikkelen die we ons articulerend, begrijpend en beoordelend eigen gemaakt hebben, zijn we in een vollere zin het subject ervan dan wanneer we alleen maar op grond van welke overwegingen dan ook tot die wil besloten hebben. Dit ligt aan het feit dat de toe-eigening iedere gewone, alledaagse redenering zowel in diepgang als in reikwijdte overtreft. Structuur, inhoud en dynamiek van onze wensen komen in veel meer opzichten aan de orde, en dit gaat gepaard met de ervaring dat we ons een groter deel van ons innerlijk leven eigen maken. We breiden ons in ons actorschap steeds verder naar binnen toe uit, waardoor de ervaring dat onze wensen ons blindelings voortdrijven zeldzamer wordt en vaker plaatsmaakt voor het besef dat we de zaak meester zijn.

De twee voorbeelden waarnaar we ons tot nu toe gericht hebben, kunnen ook deze gedachte verduidelijken. Stelt u zich nog weer eens voor dat u gedreven wordt door een hang naar lege pleinen, die uw normale behoefte aan nabijheid doorkruist. Zolang deze neiging geen preciezere en dieper reikende articulatie heeft gekregen en iedere inzicht in het waarom u ontbreekt, zult u deze ervaren als een nerveuze tic en als een anomalie aan de periferie van uw persoonlijkheid. Naarmate de ware inhoud en betekenis van die bizarre behoefte aan lege ruimte u duidelijk worden, zal het gevoel postvatten dat het hier om iets gaat wat zijn oorsprong vindt in de kern van uw eigen zelf. De barrière waardoor deze behoefte vreemd en weerbarstig leek, wordt doordringbaar, en zo wordt het mogelijk deze neiging te zien als iets waar u achter kunt staan. Aangezien u de diepere zin ervan begrijpt, verliest de behoefte het karakter van een hinderlijke dwang en kan hij als een deel van uw zelf worden aanvaard. U hebt hem nu in zekere zin in uw zelf binnengehaald. En omdat het u gelukt is uw innerlijke grens zo te verleggen dat ook deze behoefte erbinnen valt, is het nu niet meer nodig erop te reageren door uw uiterlijke grenzen ver in de ruimte uit te breiden.

Zoiets geldt ook voor de verbitterde wil u zonder scrupules in een leven te storten waarin het alleen nog op uw kunst aankomt. Zolang u de logica van uw opstandigheid niet hebt onderkend, zal die nieuwe wil iets krampachtigs blijven houden en zult u die alleen kunnen volhouden als u zich er uit alle macht in vastbijt. Het wordt anders wanneer u die leert duiden als de meer algemene behoefte zich tegen de tirannie van een lompe en overspannen moraal teweer te stellen. Want anders dan de misschien kunstmatige wens om kunstenaar te zijn kunt u deze zelfverdediging gemakkelijk zien als iets wat in een heel oorspronkelijke zin bij u hoort, en nu hoeft u ook niet meer, omgekeerd, de uit uw eigen aard voortvloeiende altruïstische wensen te verklaren tot iets wat voortaan niet meer bij u mag horen. Opnieuw hebt u de innerlijke radius van uw actorschap vergroot en bent u in meer opzichten dan vroeger tot auteur van uw wil geworden.

Wat zich in deze zin naar binnen toe uitbreidt en door toenemende integratie van vroeger onbegrepen of uitgebannen wensen aan omvang en kracht wint, kan worden aangeduid als een zelf. De ontwikkeling ervan is in principe gegeven met ons vermogen innerlijk afstand te nemen ten opzichte van onszelf. Wat dat betreft is de windvaan een figuur die geen zelf kan ontwikkelen. Een zelf hebben betekent dat je met jezelf de ervaring van een zekere *continuïteit* kunt opdoen. Iemand met een wil als een windvaan mist deze continuïteit, want zijn innerlijk leven wordt bepaald door wensen die opvlammen en uitdoven zonder zich vanuit een begrijpende en beoordelende blik tot een geheel te voegen. Uiteraard moet je deze continuïteit niet verkeerd opvatten. Er kan niet mee bedoeld zijn dat de wil door de tijd heen gelijk blijft, want dat zou hardleersheid betekenen, zoals kenmerkend zou zijn voor een onvoorwaardelijke of dwangmatige wil. Bedoeld is een consistentie van de wil die zich voortzet ondanks inhoudelijke veranderingen. De ervaring van deze consistentie is kwetsbaar en kan tijdelijk verloren gaan. Dat gebeurt in die fasen – levenscrisissen bijvoorbeeld – waarin zich een belangrijke herwaardering van de bestaande wil voltrekt. Het kan mij dan overkomen dat ik noch met mijn oude zelfbeeld geïdentificeerd ben, noch met de wensen die het verval ervan hebben bewerkstelligd. Dit soort overgangsfasen ervaren wij als periodes waarin het zelf als geheel in gevaar komt. Terugblikkend kunnen ze ons als stadia van bevrijding voorkomen. Maar terwijl we ze doormaken, zijn er duizend tussenschakeringen waar het niet duidelijk is of het nu juister is van vrijheid te spreken of van onvrijheid. En het is *wezenlijk* voor het idee van de vrije wil als toegeëigende wil dat er periodes zijn waarin deze vraag niet beslisbaar is. Ook dat benadrukt de scherpe tegenstelling tussen dit idee en het idee van de vrije wil als onvoorwaardelijke wil. In het kader van dit laatste idee zou het pure onzin zijn in overweging te nemen dat het ook wel eens een keer niet duidelijk zou kunnen zijn of er van vrijheid sprake is of niet.

In zoverre een zelf ontstaat uit de articulatie en het begrijpen van de wil, heeft de vorming ervan te maken met het feit dat wij anderen en onszelf kunnen *vertellen* hoe wij geworden zijn. Maar de suggestieve gedachte dat een zelf als het ware een punt is waar vertellingen door een middelpuntzoekende kracht heen worden getrokken, moet ook weer niet tot overdrijving leiden. Wel blijkt uit de wijze waarop wij onszelf vertellen hoeveel van onze wil wij begrepen hebben en hoeveel niet, en hoe wij die wil beoordelen. Vertellingen over onszelf werpen schaduwen van vrijheid en onvrijheid. Maar om te beginnen is niet iedere willekeurige vorm van vertellen hierbij van betekenis. Rapsodisch vertellen, dat episode aan episode rijgt, is voor een toe-eigening van de wil niet genoeg. Uiteindelijk is alleen dat vertellen van belang dat de diepere samenhang van een wilsstructuur aan het licht brengt, een vertellen dus dat aan de voorwaarden voldoet die vervuld moeten zijn om zelfkennis tot stand te brengen. Bovendien moeten we ons hoeden voor de drogreden dat een zelf, omdat het in verhalen kan worden weergegeven, in wezen ook als een verhaal geschreven is. Dat kan er in het beste geval mee door als een elliptische formulering die iemand kiest omdat het chic klinkt. Letterlijk genomen is het even onzinnig als de mededeling dat het leven, omdat men er verhalen over vertellen kan, een verhaalstructuur heeft.

De toe-eigening van de wil wordt niet in gang gezet door een zelf dat er van tevoren al is. *Integendeel, het zelf is iets wat zich pas door de toe-eigening ontwikkelt.* Op zich is de toe-eigening in zekere zin een *subjectloos* proces. Dat klinkt paradoxaal. Gaat het er niet juist om dat iemand door de toe-eigening een omlijnde innerlijke identiteit krijgt, en daardoor een subject wordt in de veelbetekenende zin van het woord? Ja, dat is zo. Maar we moeten oppassen dat we de regie bij dit ontwikkelingsproces niet op de verkeerde plek zoeken. Als de beoordeling van mijn bestaande wil onder druk van ervaring en inzicht begint te wankelen, om vervolgens te verschuiven ten gunste van een nieuw zelfbeeld, dan speelt dit alles zich uiteraard af in míj, de hele persoon, en in deze formele zin gaat het om míjn beoordeling en míjn inzicht. Maar dat betekent niet meer dan dat ze bij deze persoon behoren en bij geen ander. In het binnenste van de persoon zijn er geen instanties meer, geen minisubjecten, die in staat zouden zijn het proces van begrijpen en beoordelen te sturen. Dat er binnenin een censor en een gecensureerde is, iemand die begrijpt en iemand die begrepen wordt, dat zijn wijzen van spreken waarbij je in ieder geval niet moet gaan denken aan homunculi. Een verdubbeling van de persoon naar binnen toe dient ook hier vermeden te worden, en wel om dezelfde reden als tevoren: die wekt een schijn van begrip, zonder ook maar de schaduw van een verklaring te bevatten. Ik, als gehele persoon, kan allerlei maatregelen treffen om mijn wilsvorming te beïnvloeden. Maar dan, wanneer ik het toneel eenmaal gebouwd heb, voltrekt zich het innerlijke drama van de geslaagde of mislukte toe-eigening, zonder dat ergens achter in het donker nog een regisseur zit. Het afbrokkelen van oude beoordelingen en vermeende inzichten betreffende mijn wil, en het ontstaan van nieuwe structuren – dat alles lijkt meer op een aardverschuiving dan op een doordacht toneelspel.

Om die reden kun je met een zekere overdrijving zeggen: wilsvrijheid is voor een deel ook een *kwestie van geluk*. Het is niet alleen een kwestie van geluk welk lot je trekt in de natuurlijke loterij. Het maakt ook nogal wat uit hoe makkelijk of moeilijk alle dingen zijn die moeten samenkomen om iets uit vrijheid te willen, en ook daarin kun je geluk of pech hebben. Hiermee hangt samen dat het proces van de toe-eigening zelden rechtlijnig en betrouwbaar is; op één stap vooruit volgen niet zelden twee stappen achteruit. Zich een wil toe-eigenen is een proces met horten en stoten, met de kans op terugval. Er is geen wrijvingsloze alchemie van de toe-eigening. Ook de eens en voor altijd bereikte vrijheid van de wil, waarop je een leven lang gerust zou kunnen zijn, bestaat niet. Je raakt steeds opnieuw in een maalstroom van belevenissen, zodat je halsoverkop van alles gaat willen en gedwongen bent de inspanning van de toe-eigening te ondernemen. Of deze inspanningen er ooit toe leiden dat onze wil die volledige transparantie en consistentie bereikt waarover ik het heb gehad, is twijfelachtig. Misschien is vrijheid van de wil – zoals ik aan het begin van dit hoofdstuk zei – in volledig uitgewerkte vorm eerder een ideaal dan een werkelijkheid.

11. Facetten van zelfbeschikking

Laten we aannemen dat we op enig ogenblik over beslissingsvrijheid beschikken in die zin dat ons willen niet wordt overschaduwd door ervaringen van onvrijheid zoals we die in het eerste deel besproken hebben. En laten we verder aannemen dat we de hoogtijdagen van onze wil meemaken, in die zin dat we leven vanuit een substantiële wil die we ons in een grondig proces van toe-eigening geheel eigen hebben gemaakt. Hebben we nu voldoende vrijheid? Kunnen we tevreden zijn?

In dit laatste hoofdstuk wil ik enkele facetten van vrijheidservaring belichten die tot nu toe nog niet uitdrukkelijk ter sprake gekomen zijn. De indruk kan bestaan dat we, om hier recht aan te doen, nog een ander idee van vrijheid nodig hebben dan dat van de toegeëigende wil. De wijze waarop ik erover zal spreken, houdt daarentegen een voorstel in ook deze facetten te begrijpen als varianten van de toegeëigende wil. Het strijklicht dat ik erop zal laten vallen, moet nadruk geven aan de grondgedachte van dit boek, die je als volgt kunt uitdrukken: de vrijheid van de wil – bekijk die nu eens zó, dan zult u zien dat u alles krijgt wat de moeite van het wensen waard is.

De zelfstandigheid van de wil en de anderen

We zouden in ons willen graag zelfstandig zijn. Dat is zonder twijfel een aspect van de wens een vrije wil te hebben. Maar wat betekent dit? En wat is het contrast voor die nagestreefde zelfstandigheid?

Het ligt misschien het meest voor de hand te zeggen dat een wil zelfstandig is wanneer hij niet is *gemanipuleerd*. Het belang van dit contrast kun je duidelijk maken door een gedachtegang waaruit nog weer eens de aantrekkingskracht begrijpelijk wordt die het idee van een onvoorwaardelijk vrije wil, ondanks de bewijsbare inconsistentie ervan, steeds opnieuw uitoefent. De gedachtegang is als volgt. Mijn wil, ook mijn vrije wil, moet causaal – dus volgens relaties van voorwaardelijkheid – met de rest van mijn persoon vervlochten zijn. Maar de dingen in mij waaruit die wil voortvloeit, zijn op hun beurt causaal afhankelijk van de wereld buiten mij. Wordt mijn wil hiermee niet louter tot een speelbal van het wereldgebeuren, zodat het een aanfluiting is deze vrij te noemen? Maakt dat ons, als mensen die willen, niet tot louter drijfzand? Dit onbehagen laat zich nog verder toespitsen. Veel van wat ik wil, komt voort uit het feit dat anderen mij iets hebben gezegd of anderszins te kennen gegeven, en er zo voor hebben gezorgd dat ik bepaalde dingen geloof en voel. Andere mensen staan aan het begin van causale ketens die uiteindelijk leiden tot een verandering van mijn wil en vervolgens van mijn handelen. Word ik hierdoor niet louter tot een instrument en speelgoed van die anderen? Als iemand met een op afstand bestuurde speelgoedauto of een modelvliegtuig een bom plaatst, heeft híj de aanslag gepleegd, niet de gemanipuleerde overbrenger. Als nu iemand, door in mij meningen, wensen en overwegingen en dus een bepaalde wil op te roepen, mij ertoe brengt een bom te plaatsen, geldt dan niet op analoge wijze dat niet ík maar híj de aanslag heeft gepleegd? Beweegt híj in werkelijkheid niet mijn armen met de bom en brengt híj mijn vinger er niet toe de tijdklok aan de bom in te stellen? Ik ben, zo lijkt het, niet veel meer dan een marionet in de handen van andere mensen; want mijn wil is causaal ingebed in het verloop der dingen, en daarom vanuit het gezichtspunt van de anderen niet meer dan een doorgangsstation, een overslagplaats voor de verwerkelijking van hun doeleinden. Voor de anderen geldt natuurlijk hetzelfde; zij worden op hun beurt beïnvloed, onder anderen ook door mij.

Het beeld van een rondedans van elkaar over en weer manipulerende marionetten dringt zich op. Zo kan de indruk ontstaan dat er in het kader van de voorwaardelijke wil geen plaats kan zijn voor zelfstandigheid. Dit is een sterk motief om zich toch weer tot het idee van een onvoorwaardelijke wil te wenden teneinde deze zelfstandigheid te redden.

Wat is het alternatief? Hoe kan een wil, ofschoon verweven met de onverbiddelijke causale loop der dingen, zelfstandig zijn? Laten we kijken naar de mogelijke ontstaansgeschiedenis van een wil en ons afvragen: welke vorm van beïnvloeding vinden wij intuïtief in orde, en welke nemen wij de anderen kwalijk omdat ze ons van onze zelfstandigheid berooft? Om te beginnen valt op te merken dat de zelfstandigheid in gevaar komt wanneer het *fysiologische* ontstaan van een wil ongewoon is, zoals in het geval van drugs. Als we weten dat onze wil alleen dankzij chemische krukken bestaat, is de beleving van vrijheid kwetsbaar. De gevoelde, misschien zelfs nadrukkelijk gevoelde zelfstandigheid van zo'n wil is niet echt. Het is interessant dat wij anders oordelen wanneer de ongewone fysiologische voorwaarden uit het lichaam zelf voortkomen, zoals wanneer we lang in de zon liggen, duiken, de hele nacht doorwerken of aan wedstrijdsport doen. Als je de intuïtieve reactie hier zorgvuldig naloopt, kun je vaststellen dat er een sterk naturalistische draad door ons idee van wilsvrijheid geweven is: bij het ontstaan van een wil, zo denken we, moet alles op de juiste, dus *natuurlijke* manier zijn toegegaan, anders bezit deze wil geen echte zelfstandigheid.

Maar de vraag naar zelfstandigheid heeft bovenal met de *psychologische* beïnvloeding van de wil door andere mensen van doen. Eén fout moeten we hierbij van begin af aan vermijden: dat een wil zelfstandig is, kan niet betekenen dat hij zich in innerlijke afgeslotenheid ontwikkelt en een monadisch bestaan leidt. Ten eerste is dat causaal onmogelijk, en voor de rest behoort het tot de vrijheid dat je ervaringen opdoet met andere personen, en dat betekent: door hen veranderd wordt, onder meer in wat je wilt. De beslissende vraag luidt daarom: *wat is het verschil tussen een in wisselwerking met anderen ontwikkelde en door hen veranderde zelfstandige wil, en een door de anderen gewoon in beheer genomen, door hen gemanipuleerde wil?* Er is het een en ander wat wij anderen zonder meer kwalijk nemen. Om te beginnen is er het geval van de hypnose en van de terloopse reclamebeelden die onder de bewustzijnsdrempel blijven. Uit het eerste deel van dit boek weten we ook waar dit aan ligt: we worden in onze beslissingsvrijheid gepasseerd.

In de tweede plaats voelen we ons in de zelfstandigheid van onze wil aangetast wanneer belangrijke informatie voor wilsvorming ons onthouden wordt, bijvoorbeeld door de dokter. Hetzelfde geldt wanneer we een bepaald iets gaan willen omdat de anderen ons misleid hebben. Verder voelen we wrok wanneer we achteraf ontdekken dat anderen een sterke gevoelsrelatie – van liefde, bewondering of dankbaarheid – hebben uitgebuit om bij ons een bepaalde wil teweeg te brengen. En ten slotte zijn we ook geërgerd wanneer blijkt dat onze wil zich heeft ontwikkeld onder omstandigheden die vrij onschuldig leken, maar die intussen lang van tevoren gepland en georganiseerd waren om ons tot precies deze wil te verleiden. Een voorbeeld is het eerder genoemde geval waarin een inspecteur van politie zich voor bankier uitgeeft en iemand er door opzettelijk gelekte informatie toe verleidt een overval te plegen.

Nu is het verbluffend hoeveel moeilijkheden het met zich meebrengt duidelijke voorwaarden te noemen voor de verdediging tegen manipulatie. Drie dingen zijn mij door het hoofd gegaan, en geen ervan is overtuigend. Ten eerste zou je kunnen denken dat het erop aankomt steeds een *volledig bewust overzicht* te hebben van het beïnvloedingsproces. Maar om te beginnen zou deze voorwaarde onrealistisch zijn, en daarbij: vinden wij gebrek aan overzicht echt altijd storend? Integendeel, je kunt het juist interessant vinden en je nieuwsgierig in een nieuwe relatie storten die je overweldigt, terwijl daar waar je zogenaamd overzicht hebt, verveling heerst. En je hebt dan niet de indruk dat onvrijheid van de wil de prijs is die je voor deze levendigheid betaalt.

Ten tweede zou je het doorslaggevend kunnen vinden dat wij het beïnvloedingsproces te allen tijde kunnen *afbreken*. Maar doorgaans kun je niet gewoon weglopen. Dat zou ook niets uithalen: de beïnvloedende wil van de anderen zal ook vanuit de verte nog werkzaam blijven, wellicht in de vorm van negatieve afhankelijkheid. U kunt bijvoorbeeld ook onvrij zijn als de enige reden waarom u voor geen prijs dokter wilt worden is, dat uw vader altijd al de bedoeling had dat u zijn praktijk zou overnemen. En ten derde zou het kernpunt kunnen zijn dat ik mij teweer moet stellen in die gevallen waarin de anderen uitdrukkelijk de *opzet* hebben mijn wil te beïnvloeden. Maar ook hiermee krijgen we de gedachte van de zelfstandigheid van een wil niet te pakken. We gaan – vrijwillig – naar leraren, trainers en therapeuten, vaak juist om onder hun opzettelijke invloed tot een zelfstandige wil te komen.

De oplossing is dat we aanknopen bij de gedachte van de toe-eigening. De invloed van andere mensen draagt bij tot de vrijheid van mijn wil als ik erdoor geholpen word bij de toe-eigening, en vernietigt de vrijheid als ik daarin belemmerd word. Dat kunnen we uitwerken door de afzonderlijke componenten van de toe-eigening na te lopen. Iemand kan mij helpen de articulatie van mijn wil aan te scherpen en te verdiepen. We kunnen anderen te kennen geven wat wij menen te willen, en kunnen dan zien hoe goed deze proeve van beschrijving past bij wat zij van buitenaf waarnemen. Dan beschouwen we de anderen als een mogelijke instantie om ons te corrigeren. Zo zegt uw vriendin misschien tegen u: «Als ik kijk naar wat je zegt en doet, vraag ik me af: wil je echt wel wat je zegt te willen – reizen? Of gaat het misschien eerder om de wens je leven híer intensiever en kleurrijker te maken? Je weet toch hoe teleurgesteld je telkens terugkomt, omdat die wereld daar ver weg ook dit keer weer een levenloos decor was!» Wanneer zijn zulke uitlatingen bevrijdend, omdat ze ons van enig zelfbedrog genezen, en wanneer hebben we het gevoel dat iemand ons een wil probeert aan te praten? Het hangt ervan af hoe groot wij het belang van de ander bij de gesuggereerde wil inschatten. Is het misschien de vriendin die genoeg heeft van dat eeuwige reizen? Maar dat is niet alles, en niet het beslissende. Uw indruk dat zíj er geen zin meer in heeft dat al het geld naar het reisbureau verdwijnt, mag u niet blind maken voor het feit dat ze misschien gelijk heeft. Ook door trots kun je aan zelfstandigheid inboeten en een kans op bevrijding verspelen. De spiraalvormige wisselwerking tussen trots en zelfstandigheid hebben we in het voorgaande leren kennen toen we zagen hoe het onze vakantiegangster verging bij de herhaling van haar reis, nu zonder de tiran.

Waaraan kunnen we ons dan vasthouden als we weifelen in ons oordeel? We moeten kijken of het voorstel dat iemand ons doet voor een nieuwe beschrijving van onze wil, het inzicht in onze wil als geheel vergroot. Ook het eigenbelang van iemand anders, zelfs wanneer die geen scrupules kent en op manipulatie uit is, kan ons aan een grotere wilsvrijheid helpen, vooropgesteld dat het een toenemend inzicht op gang brengt. In laatste instantie beslissen wíj daarover, en dat maakt onze zelfstandigheid uit in het trommelvuur van andermans influisteringen. Door meer inzicht en door meer te begrijpen kunnen wij tot een bevrijdende afgrenzing komen, niet door ons af te schermen en ons te verstoppen in een innerlijke loopgraaf. Dat is ook zo wanneer het aankomt op de beoordeling van de wil. Er zijn altijd mensen die ons graag zouden veranderen, onze ouders voorop. «Waarom ga je niet door in de muziek, waar je vroeger zoveel belangstelling voor had, in plaats van met je nieuwe kameraden op te trekken? Is dat niet veel meer waard?» Misschien hebben ze uiteindelijk wel gelijk, en als we ons instrument nu pas echt laten verstoffen, kan dat ook het tegendeel van zelfstandigheid zijn. We zullen het pas weten wanneer we begrepen hebben waarom we nu de voorkeur geven aan de kick die het gezelschap van deze kameraden ons geeft.

De zelfstandige wil als de toegeëigende wil – de vruchtbaarheid van deze gedachte blijkt ook wanneer we een bijzondere en bijzonder veel voorkomende vorm van onzelfstandigheid beschouwen: het gevangen-zijn in een onbegrepen identificatie met iemand. Ook als we even afzien van onze ouders, kan het een half leven duren voor iemand zich uit die identificatie met een voorbeeld weet los te maken. De onvrijheid bestaat allereerst in het feit dat iedere articulatie van de wil, hoeveel woordenrijkdom er ook bij te pas komt, uiteindelijk verschrompelt tot de mededeling: ik wil wat zij ook wil. De onderdrukking die hierin gelegen is, blijkt achteraf uit het ontbreken van een begrijpende beoordeling die het ons mogelijk zou maken de verinnerlijkte wil met de eigenlijke wensen te verbinden. De wil is als een masker dat we hebben opgezet en waarachter zich een verward drama van onbegrepen wensen afspeelt. Het komt erop aan de logica van dit drama te doorzien en door een herwaardering tot gelding te laten komen; dit gebeurt wanneer we er uiteindelijk in slagen de macht van de identificatie te breken en een zelfstandige wil te vormen.

Als we deze gedachtegang verbinden met de eerdere opmerkingen over het idee van een zelf, volgt er een reeks conclusies aangaande een ander trefwoord dat hier thuishoort: autonomie. We zouden de wet van onze wil graag zelf kunnen voorschrijven. Dit kan niet betekenen, zoals we intussen weten, dat we als burchtbewoners in een innerlijke vesting leven, in een citadel die als geheel tegen invloeden van buiten verdedigd moet worden. We weten nog meer. De wet van onze eigen wil geldt nooit voor altijd, want het is de wet van een steeds veranderend zelf. Hierbij past het inzicht dat zo'n wet onmogelijk een heel leven kan omspannen. De gedachte dat we ons hele leven in ogenschouw zouden kunnen nemen en ons stempel op het totaal zouden kunnen drukken, zodat het zich zou laten leven als een afgerond geheel, is een illusie. En die gedachte is niet alleen onjuist; ze kan ons ook tot slaaf maken doordat ze ons verbiedt aan ingrijpende veranderingen te beginnen, die nodig zouden zijn om van een achterhaalde, onvrij geworden wil tot een nieuwe wil te komen, waarmee we ons voor de eerstvolgende tijd kunnen identificeren. Een zelf zoals dat zich vanuit de innerlijke afstand tot onszelf ontwikkelt, is een voorbijgaand bouwsel op wankele grond, en het behoort tot de vooronderstellingen van een vrije wil dat we dit eenvoudige en eigenlijk onmiskenbare feit erkennen. Net als het feit dat er periodes zijn waarin we noch autonoom zijn, noch het tegendeel. Deze ervaring ontkennen zou betekenen dat we het belangrijke idee van de autonomie tot een hersenschim zouden maken.

Hartstochtelijke vrijheid

Wie de voortdurende wisselvalligheid van een zelf in herinnering roept, ontkent hiermee niet dat iemands leven lange tijd in de ban kan zijn van een bepaalde wil en dat hij dat als een vorm van vrijheid kan beleven. Een levensbepalende wil die geen slaafse starheid bezit maar een bevrijdende, identiteit verlenende continuïteit, kun je een *hartstocht* noemen. Bedoeld is dan niet een overweldigende opwelling van het gemoed, maar een constellatie van wensen die de substantie van een leven uitmaken. Zo ligt het bij iemand die uit hartstocht dokter is, strafpleiter, boer of schilder. Dan geldt niet alleen dat hij zijn werk graag doet en gelooft dat het waardevol is. Dat zouden veel te fletse beschrijvingen zijn voor wat er met hem aan de hand is. Voor hem geldt iets sterkers: hij móét willen wat hij wil. Maar heel anders dan een dwangmatig persoon, die je met gelijkluidende woorden kunt beschrijven, ervaart hij dit moeten niet als iets wat over hem heen rolt als een innerlijke lawine waartegen hij zich niet kan verweren, maar als iets wat hem draagt. Dat is het verschil tussen iemand die de praktijk van zijn vader overneemt en een leven lang dokter is omdat hij zich niet durfde te verzetten tegen de wens van zijn vader, en iemand die de praktijk overneemt omdat hij met zijn vader de hartstocht voor het dokterswerk deelt. De wil van de eerste dokter bezit noodzakelijkheid in de zin van innerlijke machteloosheid: het is hem niet mogelijk een andere wil te volgen, hoewel er in hem een standpunt is – het standpunt van zijn eigenlijke wensen – van waaruit gezien er aantrekkelijke alternatieven zouden zijn. De wil van de tweede dokter bezit ook noodzakelijkheid; ook hij kan niet anders. Maar bij hem is er geen verzwegen distantiëring en daarom ook geen machteloosheid. Integendeel, er is hem veel – zo niet alles – aan gelegen iemand te zijn die geen alternatief ziet voor zijn wil.

Dat een hartstochtelijke wil zonder alternatief is maar toch voor de betrokkene vrijheid betekent, blijkt hieruit dat hij met opzet alles vermijdt – iedere uiterlijke en innerlijke situatie – wat hem van zijn wil af zou kunnen brengen. Want hij weet dat dit vervreemding en dus onvrijheid zou betekenen. In deze zekerheid komt tot uitdrukking dat hij zijn wil als een toegeëigende wil ervaart; de inhoud ervan is hem volkomen duidelijk, het is een wil die niet alleen geen raadsels voor hem heeft, maar die ook het vaste oriëntatiepunt is van waaruit hij alles begrijpt, en waar hij nadrukkelijk ja tegen zegt.

Hartstochten zijn geen zaken die een mens zichzelf heeft opgelegd. Ze zijn niet in die zin vrij dat ze opzettelijk tot stand zijn gebracht. Ze brengen vrijheid teweeg doordat ze het zwaartepunt van wensen vormen. En voor dit idee van hartstochtelijke vrijheid is het wezenlijk dat het innerlijke zwaartepunt van de wensen niet alleen iets is wat iemand definieert, maar ook iets waarvan hij de definiërende kracht beseft. Een hartstocht in de hier bedoelde zin is niet gewoon een kracht, maar een kracht die contouren kan geven aan een zelf, omdat hij vanuit de innerlijke distantie is toegeëigend. Iemand met een wil als een windvaan kan geen hartstochten hebben. Misschien raakt hij niet direct versnipperd door zijn caleidoscopisch opflakkerende wensen, misschien wordt hij gedreven door dominerende wensen, die uitdrukking vinden in een op langere termijn georganiseerd gedrag. Maar aangezien hij niet over enige afstand tot zichzelf beschikt, kan hij deze wensen noch als hinderlijke dwang, noch als dragende elementen in het bouwwerk van zijn leven ervaren. Hij is zonder hartstocht, ook als de wind aldoor in dezelfde richting waait.

De eerdere gedachte dat tijdservaring een maatstaf voor de vrijheid en onvrijheid van de wil is, is ook op hartstochten toepasbaar. Niets maakt het heden zo intensief als een hartstocht. De tijd als geheel wordt door iemand met een hartstocht beleefd als de dimensie waarin vrijheid zich ontvouwt. Het is geen vlak traject zoals voor de windvaan, en ook niet iets wat je moet uitzitten, voor je uit schuiven of overslaan, zoals bij ervaringen van onvrijheid. Hartstocht – dat is een organisatie van de innerlijke tijd die deze tijd op een bijzondere manier tot mijn tijd maakt. Je zou kunnen zeggen: hartstocht schept toegeëigende tijd.

De kitscherige wil

Het raakt ons als we te horen krijgen dat we kitscherig zijn. Waarom? Omdat hierin het verwijt besloten ligt dat we onvrij zijn zonder het te merken. Dat is in ieder geval de gedachte die ik wil onderzoeken door een zelden opgeworpen vraag aan de orde te stellen: hoe moet een wil eruitzien om ons tot het oordeel te brengen dat hij kitscherig is?

Er zijn denk ik twee groepen kenmerken die we dan op het oog hebben. De eerste groep zou als opschrift kunnen hebben: een wil is kitscherig wanneer hij zijn inhoud aan een cliché te danken heeft. Je hebt over Albert Schweitzer gelezen en wilt nu ook orgelspelend naar Lambarene. Je hebt van Marie Curie gehoord en wilt nu ook door je onderzoek de Nobelprijs winnen. Je wilt in het voetspoor van Gauguin naar Tahiti. Je verkoopt kranten op straat met het vaste doel de Amerikaanse droom te verwerkelijken. Je wilt een ster worden. Hoe wordt iets tot een cliché? Doordat het uit de concrete samenhang waar het oorspronkelijk in stond wordt losgemaakt en gepropageerd als iets wat ook op anderen past, hoewel hun levensgeschiedenis heel anders is. Een clichématige en daardoor kitscherige wil is schematisch en in die zin abstract, ook al is het de wil om naar Lambarene of Tahiti te gaan. Het is een wil die niet als consequentie uit de heel bijzondere, onverwisselbare geschiedenis van een innerlijk leven voortvloeit, en daarom is hij niet écht. Het is een nageaapte wil, een wil uit de tweede hand, die zich onderscheidt door een merkwaardig soort gebrek aan precisie. Naar Lambarene: maar wat wil ik daar eigenlijk? Hoe is alles daar in de tussentijd veranderd? Waarom is het belangrijker de zieken daar te helpen dan de zieken hier? Is het waar dat ik in het oerwoud wil leven? En is daar eigenlijk nog wel oerwoud? Clichés zijn conventionele constructies, waarin traditionele opinies en waardeoordelen samenkomen. Een kitscherige wil heeft daarom ook deze component: het is een wil die je hebt omdat je gelooft die te móéten hebben, zoals de wil regelmatig een reünie te organiseren, in het wit te trouwen, of na de begrafenis voor een maaltijd te zorgen. Als een wil kitscherig is, kan dat komen doordat het een *rituele* wil is, die zich vormt ongeacht of hij past bij wat je verder denkt en voelt. Ook de wil van een macho kan pure kitsch zijn, als hij alleen bestaat omdat de betrokkene zich niet kon verweren tegen de ritualisering van zijn innerlijk leven.

De tweede groep kenmerken die bijdragen tot een kitscherige wil, zou je kunnen voorzien van het opschrift: *voor de toeschouwers*. Een wil kan kitscherig zijn omdat ik hem alleen maar heb in de hoop dat anderen mij geweldig vinden. Het is een wil die door ijdelheid en zelfbehagen omgeven is en naar applaus verlangt. Soms geldt dit voor de wil iets spectaculairs te presteren. Maar de kitsch kan ook voortkomen uit moreel zelfbehagen, zoals wanneer iemand zijn rijkdommen weggeeft om eindelijk eens op televisie te komen. Het is een op effect beluste wil, die bovenal dient om onszelf te ensceneren. Er komt een onaangenaam soort egocentrisme in tot uitdrukking, een vorm van narcisme die volmaakt gecamoufleerd kan zijn, zoals bij de wil van een moeder die zich vooral opoffert omdat ze in de herinnering van haar kinderen graag zou voortleven als een opofferende moeder. We kunnen ook zelf de toeschouwer zijn voor wie we onze voorstelling geven, zoals wanneer iemand zich inspanningen getroost die niemand ziet om zichzelf geweldig te kunnen vinden in zijn heimelijke onzelfzuchtigheid. En al deze dingen vereisen dat men zijn wil *dramatiseert* om de nodige aandacht van de toeschouwers te trekken. Daarom is de kitscherige wil aangewezen op retorische zelfbespiegeling: hij moet in ronde bewoordingen worden aangeprezen om door het publiek naar waarde te worden geschat.

Nu wordt duidelijk waarom het verwijt van kitsch wijst op een nog niet opgemerkte onvrijheid. Wat de kitscherige wil namelijk ontbreekt, is de zelfstandigheid en precisie van een toegeëigende wil, en daarom is het geen wil die in de persoon is geïntegreerd op de wijze die kenmerkend is voor een vrije wil. Zo'n wil is een bordpapieren façade die ineenstort wanneer we hardnekkige vragen gaan stellen, zoals die voortvloeien uit het streven naar articulatie en inzicht. Afscheid nemen van een kitscherige wil kan pijn doen, omdat het zo aangenaam was zich erin te verlustigen. Maar het was toch ook een hele inspanning ermee te paraderen, en wanneer we eenmaal zo'n wil afgeworpen, opgelost of door toe-eigening in een authentieke wil veranderd hebben, is dat een ervaring van vrijheid.

Eigenzinnigheid

Vrij zijn betekent eigenzinnig zijn. Het betekent dat je kunt onderscheiden tussen een wil die je door anderen is ingeprent en een wil waarin je eigen individualiteit en unieke karakter tot uitdrukking komen. Het zou hinderlijk zijn – hinderlijk voor ons vrijheidsgevoel – iemand tegen te komen die tot in de laatste vertakkingen dezelfde wil zou hebben als wij. Dat we dit hinderlijk zouden vinden, ligt ook wel aan het feit dat dubbelgangers hoe dan ook irritant zijn. We zijn niet graag andermans pendant. Maar een verdubbeling van onze wil zou extra onrustbarend zijn, omdat zoiets de vraag zou opwerpen of datgene wat wij steeds voor onze allereigenste, echte wil hielden, uiteindelijk toch slechts een exemplaar is van een wil die, omdat hij gereproduceerd kan worden, de schematische algemeenheid van een cliché bezit.

Je kunt op allerlei manieren eigenzinnig zijn: door wat je doet, door de wijze waarop je jezelf presenteert, door de bijzondere waardering die je aan de dingen toekent. Maar er zijn twee varianten van eigenzinnigheid die extra veel met de vrije wil te maken hebben: de eigenzinnigheid van de fantasie en de eigenzinnigheid van het taalgebruik. Onze ervaringen zijn duizend keer talrijker dan uit onze biografie blijkt. Wie wij zijn en hoe ons leven verloopt, heeft met deze verzwegen ervaringen minstens evenveel te maken als met onze daden. En de textuur van deze ervaringen wordt bepaald door de textuur van onze fantasieën, die alles wat we doen voortdurend parafraseren en aan onze daden een betekenis en dichtheid verlenen die alleen wijzelf kennen. Ook in deze producten van de fantasie komen vrijheid en onvrijheid tot uitdrukking. Ze kunnen ten prooi vallen aan het cliché en dus kitscherig zijn, en ze kunnen de uitdrukking zijn van een eigenzinnigheid die er geen behoefte aan heeft zichzelf te bejubelen en daardoor haar echtheid op het spel te zetten. Wanneer de fantasie tot toegespitste uitdrukking van vrijheid wordt, gaat het om een fantasie van eigen fabrikaat en eigen stempel, die een rol speelt bij het proces van de toe-eigening van de wil.

Een speciale vorm van toe-eigening is de ontwikkeling van eigenzinnig taalgebruik, of je zou ook kunnen zeggen stilistische individualiteit. Je kunt je iemand voorstellen die niets liever doet dan steeds opnieuw lezen in het uitgebreidste woordenboek van zijn taal, en zich afvragen welke woorden en zinswendingen bij hem passen en welke niet. Zijn opzet zou zijn de grenzen van zijn eigen zelf te achterhalen door over de grenzen van zijn woordenschat na te denken. Zo iemand zou een verbitterde tegenstander van alle meelopers met andermans taalgebruik zijn, die op de golven van de taalmode meedeinen. Hij zou hen bestrijden als vijanden van de vrijheid, die een sluipend gevaar vormen omdat zij voortbreien aan een onvrijheid waar niemand over spreekt. Voor de buitenwereld zou hij misschien een vreemde snoeshaan lijken, deze persoon, en andere mensen zouden om hem lachen. Maar als we met hem spraken, zouden we algauw merken dat hij veel verstand had van vrijheid en speciaal van de vrijheid van de wil.

EPILOOG

Filosofische verwondering

Laten we nog een laatste terugblik werpen op het verhaal dat in dit boek wordt verteld. In welke zin kunnen we het als leerrijk ervaren?

We moeten over de aard en de logica van filosofische verwondering nadenken om deze vraag te kunnen beantwoorden. Dan is het belangrijk allereerst vast te stellen dat het niet om een gewone verwondering gaat. Een gewone verwondering kan een teleurgestelde verwachting zijn. Waarom werkt het apparaat niet, het is toch goed aangesloten? Waarom komt ze niet, we hadden toch een afspraak? We zijn soms ook verwonderd in de gewone zin over sommige verschijnselen die we niet verwacht hadden. We verbazen ons over exotische vissen, over de prestaties van rekenkunstenaars en over goocheltrucs. «Dat zoiets kan bestaan!» roepen we uit. En ook over algemene, veelomvattende feiten kunnen we ons in de gewone zin verwonderen: dat lichamen elkaar aantrekken in plaats van afstoten, dat enkele miljarden op gelijkvormige wijze werkende zenuwcellen een wereld van innerlijk leven tot stand kunnen brengen, dat de natuur voor alle levende wezens een passende niche klaar heeft. «Hoe is het mogelijk?» vragen we.

Als we ons beginnen te verbazen over de vrijheid van de wil, is het geen verbazing van dergelijke aard. Er bestaat geen alledaags probleem van de vrije wil. Zolang we bij alledaagse, praktische omstandigheden blijven en ons van de vertrouwde begrippen bedienen, lijkt alles in orde te zijn. Of iemand iets vrijwillig of onvrijwillig doet – dat kunnen we gewoonlijk goed onderscheiden. En als we lezen over de moord van Raskolnikov, komen toepasselijke opmerkingen ons vlot over de lippen: hij was vrij, niemand dwong hem, hij had het ook kunnen nalaten, en daarom is hij verantwoordelijk. En zelfs in de rechtszaal, waar veel op het spel staat, is het niet anders. Er is een gevestigd repertoire aan onderscheidingen en een catalogus van verontschuldigingen waar het oordeel op kan steunen. Soms is het ingewikkeld om tot een oordeel te komen, maar dan betreft het moeilijkheden bij de toepassing van het al bestaande conceptuele kader op het individuele geval en niet een principieel probleem zoals we dat in de proloog tegenkwamen. Ook in de rechtszaal is er geen principieel probleem van de vrije wil.

«Hoe is wilsvrijheid mogelijk?» De vraag heeft dezelfde vorm als de vragen die een gewone verwondering uitdrukken. Maar achter de gelijkluidende woorden gaat een andere logica schuil. De vraag heeft namelijk een verborgen toevoegsel: «... terwijl het toch eigenlijk uitgesloten is dat zo'n vrijheid kan bestaan!» En in het licht van de proloog kunnen we hiervan maken: terwijl zo'n vrijheid *om conceptuele redenen* toch niet kan bestaan.

Om een probleem van deze aard te zien, moet je van tevoren al filosofisch hebben nagedacht, bijvoorbeeld over het idee van vrijheid, van voorwaardelijkheid en van begrijpen. De boodschap luidt dan: «Ook wanneer jullie je daar tot nu toe niet over hebben verwonderd, behoren jullie je er wel over te verwonderen.» Is het dus een kunstmatig probleem? Zijn filosofen mensen die moeilijkheden zien waar anderen er terecht geen zien? Mensen die problemen produceren om iets te hebben waar ze zich mee bezig kunnen houden?

Inderdaad is ons probleem zoals ik het in de proloog heb uitgewerkt, in zekere zin een geproduceerd probleem. Maar niet in de zin van een willekeurig spelletje. En «produceren» is uiteindelijk ook niet het goede woord. Het probleem werd *zichtbaar gemaakt* door denklijnen door te trekken die in praktische omstandigheden verborgen blijven. De verwarring die zo ontstaat, is door ons voortgebracht en dus nieuw. Maar daarmee is ze nog niet kunstmatig. Ze is niet verrassend als een kunstig in elkaar gezet raadsel. De verrassing ligt eerder in het feit dat wij met onze ervaring, wanneer we een stapje terug zetten en die als geheel bekijken, niet zo goed bekend zijn als we wel meenden. Dat geeft aan het zichtbaar geworden probleem iets dwingends. We voelen de behoefte dit grondig uit te zoeken, want als er zoveel op het spel staat als bij de vrijheid, blijven we niet graag in het duister tasten.

Het is dus niet onjuist als iemand zegt: «De problemen waarmee filosofen zich bezighouden, zijn problemen die zij zelf gemaakt hebben.» Want het is inderdaad een filosofische bezigheid denklijnen door te trekken die in praktische omstandigheden onder de oppervlakte blijven. Het zou echter wel onjuist zijn als deze diagnose op een hatelijke en geringschattende toon naar voren werd gebracht. Het proces waarbij we eerst ontdekken dat fundamentele dingen in onze ervaring ons onduidelijk zijn, om vervolgens duidelijkheid en beter inzicht te zoeken, is niet iets waar je gering over moet denken. Het verleent aan de ervaring een mate van articulatie die deze tevoren niet bezat. Dat komt doordat het probleem ons denken onder druk zet en ons ertoe brengt verbanden tussen elementen van onze ervaring aan het licht te brengen die anders verborgen zouden blijven. De zienswijze volgens welke de vrijheid van de wil bestaat in de toe-eigening ervan, is een goed voorbeeld. Wanneer we ons die wil eigen maken, vormt zich een patroon tussen dingen waartussen we anders slechts een heel los verband zien, als we al enig verband zien: het begrijpen en beoordelen van een wil, de zelfstandigheid van deze wil en wat die bijdraagt tot een geslaagde tijdservaring, de samenhang tussen vrijheid, hartstocht en kitsch. In deze zin kan het opwerpen en oplossen van een filosofisch probleem productief zijn. Het is niet alleen theoretisch inzicht wat op deze wijze ontstaat. In het geval van de vrijheid leidt het onderkennen van een verwarring in het denken, en de oplossing hiervan, ook tot extra diepgang bij het handelen en in de morele kijk op de dingen.

Bronnen

Naarmate het verhaal van dit boek een eigen dynamiek ontwikkelde, raakte veel van wat ik gelezen had op de achtergrond of geheel in vergetelheid. De bronnen die ik op de volgende bladzijden noem, zijn teksten die mij tot het laatst toe hebben begeleid en zonder welke ik het verhaal niet had kunnen vertellen.

Proloog

Het idee van voorwaarden en voorwaardelijkheid waar ik hier en het hele boek door een beroep op doe, lijkt mij intuïtief voldoende duidelijk. Het is natuurlijk het idee van de *empirische* en niet van de logische voorwaardelijkheid. Het leent zich goed om het idee van *veroorzaking* of *causaliteit* te verhelderen. Dat is de reden waarom ik op enkele plaatsen in het boek waar van voorwaardelijkheid sprake is, zonder plichtplegingen het woord «causaal» gebruik. De vaststelling dat dit idee van voorwaardelijkheid verbonden is met het idee van (natuur)wetten, wordt door de meeste auteurs geaccepteerd. Dit hele onderwerp blijkt overigens bij nadere bestudering uiterst ingewikkeld, en het vereist een gecompliceerde technische discussie. De twee boeken die me bij het begrijpen van deze discussie het meest geholpen hebben, zijn: J.L. Mackie, *The Cement of the Universe*, Oxford: Clarendon 1980 en E. Sosa (red.), *Causation and Conditionals*, Oxford: Oxford University Press 1975. Bij de beslissing niet op de details in te gaan, heb ik mij door twee overwegingen laten leiden. Ten eerste zou een technische discussie niet hebben gepast bij de vorm die het boek als geheel heeft; ten tweede geloof ik niet dat details iets aan de centrale gedachtegang zouden veranderen.

Ook de gedachte dat er een vorm van begrijpen is die bestaat uit het vinden en benoemen van noodzakelijke en voldoende voorwaarden voor een verschijnsel, lijkt mij voor de doeleinden van dit boek intuïtief voldoende duidelijk. Toch wil ik één ding onder de aandacht brengen. Als het over handelingen en de wil gaat, hebben de voorwaarden in kwestie – anders dan bij natuurverschijnselen – met de *inhoud* van de verschijnselen te maken. Om dit punt verder uit te diepen, zou je op centrale en ingewikkelde vragen uit de filosofie van de menselijke geest moeten ingaan. Waardoor krijgen wensen hun inhoud? Hoe verhouden de inhoudelijke betrekkingen tussen wensen zich tot de causale betrekkingen waarin ze als natuurverschijnselen staan? Hoe verhouden de ideeën van *oorzaak* en *reden* zich tot elkaar? En soortgelijke vragen kunnen over de samenhang van overwegen en wensen worden gesteld. Al deze dingen laat ik in het midden, net als het hele lichaam-zielprobleem; ik vertrouw erop dat het vertelde verhaal, ondanks het gebrek aan theoretische diepgang hier en daar, op zichzelf begrijpelijk en overtuigend is. Wie behoefte heeft aan een blik achter de coulissen op dit punt, doet er goed aan het boek te lezen van Ansgar Beckermann, *Analytische Einführung in die Philosophie des Geistes*, Berlijn: de Gruyter 1999.

Het citaat van d'Holbach komt uit Paul-Henry Th. d'Holbach, *Système de la Nature*, 1770, hoofdstuk XI: «Du système de la Liberté de l'Homme.»

Wat het intuïtieve conflict tussen het externe en het interne perspectief op ons handelen en willen betreft, heb ik het meest geleerd van Thomas Nagel, *The View from Nowhere*, Oxford: Oxford University Press 1986, hoofdstuk 8. Nagel houdt deze beide perspectieven voor onverzoenlijk. Dat hangt samen met de volgende intuïtie over vrijheid: «... to be really free we would have to act from a standpoint completely outside ourselves, choosing everything about ourselves, including all our principles of choice

– creating ourselves from nothing, so to speak» (118). Dat is het idee van de onvoorwaardelijke vrijheid dat ik in het tweede deel van dit boek bekritiseer.

De gedachte dat er weliswaar een oplossing voor dit probleem is, maar dat we die vanwege onze cognitieve beperkingen niet kunnen vinden, is ontwikkeld door Colin McGinn in *Problems in Philosophy*, Oxford: Blackwell 1993, hoofdstuk 5.

Hoofdstuk 1 en 2

Wat ik aan het begin van het eerste hoofdstuk beschrijf als een *vervreemding* van woorden die de opmaat is voor een begripsanalyse, is naar mijn opvatting in veel dialogen van Plato te vinden. De belangrijkste tekst op dit gebied uit recenter tijd is Ludwig Wittgenstein, *Philosophische Untersuchungen*, Frankfurt: Suhrkamp 1960.

Het hier uitgewerkte idee van een handeling heeft veel te maken met het idee dat Harry G. Frankfurt uitwerkt in *The Importance of What We Care About*, Cambridge: Cambridge University Press 1988, hoofdstuk 6. Dat geldt in het bijzonder voor de observatie dat een handeling een van binnenuit gestuurde beweging is. Frankfurt is van mening dat het niet tot het wezen van een handeling behoort dat deze op een bepaalde manier is veroorzaakt of van voorwaarden afhangt. Ik zie intussen geen reden waarom beide gezichtspunten elkaar zouden moeten uitsluiten. Integendeel, alleen wanneer we ze verbinden – zoals in de tekst gebeurt – krijgen we een handelingsbegrip dat rijk en nauwkeurig genoeg is.

Ook wat het idee van de wil betreft sluit ik me bij Frankfurt aan (hoofdstuk 2) wanneer ik zeg dat een wil een wens is die tot handelen leidt. Wat ik daar nog meer over zeg, zijn mijn eigen overwegingen. Bij het nadenken over de feiten van het taalgebruik heb ik profijt gehad van het boek van Godfried Seebass, *Wollen*, Frankfurt: Klostermann 1993.

De toelichting van handelingsvrijheid die ik geef, is bij veel auteurs te vinden en dus allesbehalve nieuw. Als er iets nieuws aan is, is het de wijze waarop deze toelichting wordt verbonden met het thema van de bepaaldheid van de wil.

Hoofdstuk 3

Het hierboven aangehaalde boek van Harry G. Frankfurt is voor mij in veel opzichten het allerbelangrijkste boek geweest. Ook wanneer ik zijn ideeën zelden overneem zonder ze te veranderen, waren ze bij het schrijven toch steeds present. Zo was het ook bij dit hoofdstuk. In het twaalfde essay staat de volgende passage: «It is difficult to articulate what the act of deciding consists in – to make fully clear just what we do when we perform it. But while the nature of deciding is aggravatingly elusive, at least it is apparent that making a decision is something that we do *to ourselves*» (172). Wat er in mijn tekst gebeurt is, zo je wilt, een poging deze observatie zo ver mogelijk uit te werken. Dat blijkt duidelijk wanneer ik zeg dat we door substantiële beslissingen «iets doen *met onzelf* en *voor onszelf*». Maar ook voor de rest knoopt mijn analyse van substantiële beslissingen bij Frankfurts ideeën aan, vooral bij de overwegingen in het vijfde en twaalfde essay van zijn boek. Hetzelfde geldt voor het thema van de innerlijke afstand die we ten opzichte van onze wensen kunnen ontwikkelen. Het is de blijvende verdienste van Frankfurt dat hij dit thema in het middelpunt van de discussie over wilsvrijheid heeft geplaatst. Oorspronkelijk deed hij dat met de tekst «Freedom of the Will and the Concept of a Person», die nu het tweede hoofdstuk van zijn boek vormt.

Toen ik begon te beseffen dat er een paradox van het handelen tegen je wil bestaat, heb ik naar literatuur gezocht, maar vond verbluffend genoeg niets.

Wat de openheid van de toekomst betreft heb ik vooral profijt gehad van een tekst van Max Planck: «Vom Wesen der Willensfreiheit», in: *Vorträge und Erinnerungen*, Darmstadt 1975, herdrukt in U. Pothast (red.), *Seminar: Freies Handeln und Determinismus*, Suhrkamp, stw, 1978.

De manier waarop ik onbekommerd spreek over het overwegen en de invloed hiervan op de wil, gaat voorbij aan tal van complicaties die in de literatuur worden besproken. Ik heb de indruk dat deze grovere toets geen schade doet aan het beslissende zakelijke punt waar het mij om gaat. Enig zicht op de vertakkingen van deze thematiek geeft het door Stefan Gosepath geredigeerde boek *Motive, Gründe, Zwecke*, Frankfurt: Fischer 1999.

Hoofdstuk 4 en 5

In deze hoofdstukken heb ik mij vrijwel uitsluitend verlaten op de fenomenologische fantasie. Het ging om datgene wat ik in het eerste intermezzo beschrijf: de articulatie van schakeringen in de beleving zoals we die in de innerlijke waarneming aantreffen. De figuur van de windvaan werd oorspronkelijk geïnspireerd door Frankfurts figuur van de *wanton* in het tweede essay van zijn boek. Maar het is niet dezelfde figuur; de windvaan is radicaler dan bij Frankfurt. «I shall use the term ‹wanton›,» schrijft hij, «to refer to agents who have first-order desires but who are not persons because, whether or not they have desires of the second order, they have no second-order volitions» (16). Een *wanton* kan dus zeker wel wensen hebben ten aanzien van zijn wensen, hij bezit deze innerlijke afstand. Wat hij niet kan vormen, zijn wensen met als inhoud dat sommige van deze wensen tot zijn wil zullen worden (dat zouden «second-order volitions» zijn). De windvaan daarentegen kan van meet af aan geen wensen van de tweede orde vormen, omdat iedere innerlijke afstand hem ontbreekt.

Van het thema van de wilszwakte, dat ik slechts kort aanstip, valt meer te maken, en er zijn analyses die het verschijnsel heel anders beschrijven of als zelfstandig verschijnsel ontkennen. Van belang zijn: J. Elster (red.), *The Multiple Self*, Cambridge: Cambridge University Press 1986; A. Mele, *Irrationality*, Oxford: Oxford University Press 1987; T. Spitzley, *Handeln wider besseres Wissen*, Berlijn: de Gruyter 1992; U. Wolf, «Zum Problem der Willenschwäche», in Gosepath, *Motive, Gründe, Zwecke*, op. cit.

Wat ik zeg over de samenhang tussen onvrijheid en vervormde tijdsbeleving is een poging enkele dingen in begrippen te vangen die mij in mijn literaire werk hebben beziggehouden. Wanneer de tijdservaring van mijn romanfiguren pijnlijk werd vervormd, bleek telkens weer dat hun wil op een toegespitste manier onvrij was. Hier had ik de gelegenheid deze observatie op een meer theoretische wijze uit te werken. Af en toe vraag ik me af waaróm deze samenhang er is. Maar ik ben er niet zeker van dat dit een goede vraag is, want eigenlijk weet ik niet wat «waarom» hier betekent.

Eerste intermezzo

De opvatting van filosofie die hier wordt geschetst, komt grotendeels overeen met de conceptie die Peter F. Strawson heeft uitgewerkt en die hij *descriptieve metafysica* noemt. Deze conceptie gaat terug op het streven van Kant de voorwaarden voor de mogelijkheid van iedere ervaring aan het licht te brengen, maar laat zowel Kants psychologie van de kennis als zijn speciale vorm van idealisme buiten beschouwing. Hoe deze conceptie er bij Strawson in detail uitziet, is te lezen in *Individuals*, Londen: Methuen 1959, en *The Bounds of Sense*, Londen: Methuen 1966.

Ik lees de onderzoekingen van Frankfurt als studies over een descriptieve metafysica van personen die in vrijheid iets doen en willen.

Mijn beeld van de filosofische methode bevat een element waar bij Strawson geen pendant voor is: de gedachte dat ook de articulatie van innerlijke waarnemingen van belang is, en dat deze articulatie deels een vertellend karakter draagt. Ik wil niet verzwijgen dat deze gedachte problematischer is dan op het eerste gezicht lijkt. De voornaamste moeilijkheid komt aan het licht wanneer je de vraag stelt: hoe kan de innerlijke waarneming, die aan alle conceptuele articulatie vooraf zou gaan, een *toetssteen* voor die articulatie zijn? Anders uitgedrukt: hoe kan iets wat zelf niet in begrippen vervat is, beslissen over de vraag of een conceptuele articulatie juist is? Ik heb geen goed antwoord op deze vraag. Aan de andere kant lijkt het me zonneklaar dat de innerlijke waarneming van belevingsvormen ons de richting wijst bij het nadenken over wilsvrijheid. Hoe zouden we anders kunnen weten of een voorstel *goed getroffen* is? Hoe valt anders te verklaren dat we onszelf in sommige beschrijvingen herkennen en in andere niet?

Hoofdstuk 6

De auteur die de metafoor van de onbewogen beweger voor het eerst heeft gebruikt om de vrijheid te verhelderen, is Roderick M. Chisholm in «Human Freedom and the Self», in: Gary Watson (red.), *Free Will*, Oxford: Oxford University Press 1982. «At times,» schrijft Chisholm, «the agent, if he chooses, may rise above his desires and do something else instead» (33). Dat komt neer op het idee van de onvoorwaardelijk vrije wil.

Een boek waarin rigoureus wordt betoogd dat vrijheid en voorwaardelijkheid onverenigbaar zijn, is Peter van Inwagen, *An Essay on Free Will*, Oxford: Clarendon Press 1983. Een deel van de tekst in het tweede deel van mijn boek is een impliciete discussie met Van Inwagens argumenten.

Voor dit hoofdstuk, dat de tegenstander zo sterk mogelijk probeert te maken, heb ik het meest geprofiteerd van de werkcolleges die ik over dit onderwerp heb gegeven. Over de macht en hardnekkigheid van de intuïties die ten grondslag liggen aan het idee van de onvoorwaardelijke vrijheid, heb ik daar veel meer geleerd dan uit de hele literatuur.

Wat in dit en de beide volgende hoofdstukken ontbreekt, is een discussie met Jean-Paul Sartres theorie van de vrijheid in *L'être et le néant* (Parijs: Gallimard 1943). Je kunt geen recht doen aan deze theorie zonder in te gaan op grote delen van de heel speciale ontologie die de achtergrond ervan vormt, en dat zou het kader van dit boek te buiten zijn gegaan. Als ik het in één zin zou moeten zeggen: ik geloof dat Sartre vooral het verschijnsel van het innerlijke vluchtpunt verkeerd opvat.

Hoofdstuk 7 en 8

Deze beide hoofdstukken vinden hun oorsprong in de lezing van het boek van Daniël C. Dennett, *Elbow Room*, Cambridge, Mass.: MIT Press 1984. In het eerste hoofdstuk ontwikkelt Dennett de gedachte dat het traditionele probleem van de vrije wil (dus het probleem zoals dat in mijn proloog wordt beschreven) berust op misvattingen en verkeerde dramatiseringen van de voorwaardelijkheid, en dat het erop aankomt deze aan het licht brengen. Ik gloeide van enthousiasme toen ik dat las. Vervolgens voelde ik me ook teleurgesteld: de diagnoses leken me veel te pover en kortademig. Waar het op de beschrijving van de innerlijke ervaring aankomt, zou je kunnen zeggen, is Dennett niet geduldig genoeg. Dat wil ik goedmaken.

De paragraaf over de misleidende taal van machteloosheid en dwang is natuurlijk geïnspireerd door Wittgensteins centrale gedachte dat filosofische problemen ontstaan wanneer we ons door de taal laten beheksen.

In de paragraaf over gematigde onvoorwaardelijkheid reageer ik op een verwijt dat mij in werkcolleges vaak is gemaakt. Ik had met name een tekst van Christian Wirrwitz over disjunctieve beslissingsprocessen op het oog.

Het verschijnsel dat gedachten, fantasiebeelden en de wil voorbij zichzelf op het voorwerp van de aandacht gericht zijn, is wat men in de filosofie van de menselijke geest hun *intentionaliteit* noemt.

Wat ik over kleurloze en glazen vrijheid te zeggen heb, is iets wat ik zo toegespitst in de literatuur niet ben tegengekomen. Voor mij is het buitengewoon belangrijk, want ik ben ervan overtuigd dat als de vrijheid van de wil niet omringd was geweest door de hier besproken innerlijkheid en intimiteit, de gedachte van de onvoorwaardelijkheid niet die aantrekkingskracht had kunnen ontwikkelen die er eigen aan is. Verschijnselen als het actorschap en de spontaniteit van het willen zouden er dan precies zo onschuldig uitzien als ze in werkelijkheid zijn. En ook het gevaar dat iemand zonder het te merken een verborgen homunculus binnensmokkelt, zou denk ik kleiner zijn.

Het gesprek met de fatalist is een gecomprimeerde weergave van veel gesprekken die ik met studenten heb gevoerd. Ze hebben mij leren zien dat je met de klacht van de fatalist pas hebt afgerekend als je hebt aangetoond dat deze innerlijk niet consistent is, omdat er geen standpunt is van waaruit je deze klacht naar voren zou kunnen brengen.

Hoofdstuk 9

Bij het construeren van de dialoog tussen Raskolnikov en de rechter heb ik het meest gehad aan het boek van R. Jay Wallace, *Responsibility and the Moral Sentiments*, Cambridge, Mass.: Harvard University Press 1996. Vooral de volgende zaken heb ik overgenomen: de interpretatie van het hele probleem als een probleem van eerlijke behandeling; de nadruk op verwachtingen bij de analyse van morele gevoelens; de analyse van morele verontschuldigingen; de aanwijzing dat de stelling dat de voorwaardelijkheid van de wil onverenigbaar is met verantwoordelijkheid, te maken heeft met het feit dat iets wat voor *bijzondere* vormen van voorwaardelijkheid geldt, op voorwaardelijkheid *in het algemeen* wordt overgedragen, en dat dit een drogreden is. Wallace is van mening dat het verwijt van oneerlijke behandeling alleen door een analyse van morele verontschuldigingen en de ontmaskering van deze drogreden afgewezen kan worden. Dat lijkt me een verkeerde inschatting: hiermee alleen kun je je niet van Raskolnikovs verwijt afmaken. Met name volstaat het niet als je zegt: nu ja, onze praktijk van het toeschrijven van verantwoordelijkheid gaat alleen uit van de aanwezigheid van het *vermogen* tot morele overwegingen; het feit dat een voorgeschiedenis bepaalt of dit vermogen op een bepaald ogenblik ook kan worden uitgeoefend, interesseert ons niet. Door de positie van Raskolnikov sterk te maken, argumenteer ik dus tegen Wallace.

Naast het boek van Wallace was ook een belangrijke bron het essay van Peter F. Strawson, «Freedom and Resentment», in: *Proceedings of the British Academy* 48 (1962), herdrukt in: Gary Watson (red.), *Free Will*, op.cit. Strawson betoogt dat we gewoon niet anders willen en niet anders kunnen dan tegenover anderen de karakteristieke houdingen aannemen die ten grondslag liggen aan de toeschrijving van verantwoordelijkheid. De vraag of dit eerlijk is bespreekt hij niet, en daarom geloof ik – zoals uit mijn tekst blijkt – dat zijn analyse tekortschiet. De laatste zinnen van de rechter grijpen overigens weer op Strawson terug.

In een vroegere versie van het hoofdstuk brak de dialoog af op het punt waar de rechter aan Raskolnikov laat zien dat hij geen aanspraak kan maken op een eerlijke behandeling. Mario Brandhorst heeft me laten zien dat de zaak ingewikkelder ligt: dat Raskolnikov het recht had het handelen van de rechter aan diens eigen maatstaf te meten, dat je iets moet zeggen over de vraag in hoeverre diegenen die het morele standpunt tegen de vijanden ervan verdedigen, eerlijk zijn in hun veroordeling, en dat Raskolnikov de mogelijkheid heeft twijfel te koesteren aan de begrijpelijkheid van het principe van het morele standpunt en het idee van objectieve morele redenen.

Wat dit laatste onderwerp betreft – de «diepste wateren van de moraalfilosofie» waar ik het over heb – vind ik twee opstellen van Bernard Williams buitengewoon leerzaam: «Internal and External Reasons», in: R. Harrison (red.), *Rational Action*, Cambridge: Cambridge University Press 1979, herdrukt in Williams,

Moral Luck, Cambridge: Cambridge University Press 1981; en «Internal Reasons and the Obscurity of Blame», in: *Making Sense of Humanity*, Cambridge: Cambridge University Press 1995. Een belangrijke tekst voor het idee van objectieve morele redenen is Thomas Nagel, *The Possibility of Altruism*, Princeton: Princeton University Press 1970.

Is het zinvol voor het morele standpunt als geheel de vraag naar eerlijkheid op te werpen? Hier heb ik lang geaarzeld. Wat ik de rechter uiteindelijk laat zeggen, gaat terug op een voorstel van Jörg Hardy, die aan dit hoofdstuk ook verder veel belangrijke opmerkingen heeft bijgedragen.

Tweede intermezzo

Wat ik hier schrijf is een uitwerking van dingen die ik heb geleerd van Wilfrid Sellars en zijn leerling Jay F. Rosenberg. Voor Sellars was het zo vanzelfsprekend dat filosofie de diagnostische confrontatie met feitelijke en mogelijke vergissingen is, dat hij gewoon niet anders kón dan zijn eigen ideeën uitwerken in de vorm van rollenspelen. Dat blijkt het best uit de teksten in zijn boek *Science, Perception and Reality*, Londen: Routledge and Kegan Paul 1963. De teksten van Sellars brachten mij lange tijd tot wanhoop: waarom zegt hij niet gewoon wat hij bedoelt! Ook mijn studenten reageerden zo; ze bleven weg wanneer het over Sellars ging. Ze kwamen pas terug als ik hun – en mijzelf – de clou van Sellars omwegen had uitgelegd.

Veel van waar het in dit verband om gaat, heeft Rosenberg met onnavolgbare helderheid beschreven in *The Practice of Philosophy*, Englewood Cliffs, NJ: Prentice Hall 1984. Zijn bespreking van voorbeelden illustreert het idee van de filosofische nauwkeurigheid.

Hoofdstuk 10 en 11

Vooral twee auteurs hebben aan de wieg gestaan van mijn idee van de toegeëigende wil: Sigmund Freud en – opnieuw – Harry Frankfurt. Ik knoop overigens maar vrij losjes bij hun ideeën aan. Frankfurt schrijft: «... the statement that a person enjoys freedom of the will means that he is free to want what he wants to want. More precisely, it means that he is free to will what he wants to will, or to have the will he wants [...] It is in securing the conformity of his will to his second-order volitions, then, that a person exercises freedom of the will» («Freedom of the Will and the Concept of a Person»: 20). Vrijheid van de wil is volgens Frankfurt dus de vervulling van een wens van de tweede orde met als inhoud dat een bepaalde wens van de eerste orde mijn wil zal worden. Anders uitgedrukt: de vrije wil is de gewilde wil. In mijn tekst wordt dat tot de gedachte dat het bij de vrije wil hoort dat het een wil is die bij het zelfbeeld past en dus goedgekeurd wordt. Beide versies van deze gedachte roepen vragen op die vanuit deze aanzet niet kunnen worden beantwoord. Frankfurt geeft dat toe: «... the assignment of desires to different hierarchical levels does not by itself provide an explanation of what it is for someone to be *identified* with one of his own desires rather than with another» (hoofdstuk 12: 166). Het enige wat hij er uiteindelijk over weet te zeggen, is dat bij de identificatie een speciaal soort *vastbeslotenheid* een rol speelt. Op deze plaats breid ik zijn analyse uit met het idee van het begrijpen van de eigen wil.

En hier – evenals bij de gedachte van de articulatie van de wil – komt Freud in het spel. Niet zijn leer van de psychische instanties en ook geen andere bijzonderheden van de psychoanalyse. Wat ik doe is simpelweg het volgende. Ik geef in mijn eigen woorden zijn grondgedachte weer dat wij onze innerlijke vrijheid kunnen vergroten door het inzicht in ons innerlijk leven te verruimen, zowel wat betreft de innerlijke logica als het ontstaan ervan. «Waar Es was, moet Ik komen» – deze beroemde uitspraak geeft in veel opzichten de richting aan waarin mijn spreken over toe-eigening wijst. Ook veel dingen die ik – door het hele boek verspreid – over de rol en de macht van de fantasie te zeggen heb, dank ik aan de ideeën van Freud. De voorbeelden zijn steeds van mijzelf. Maar ik heb zo'n vaag gevoel dat ik die niet had kunnen bedenken als ik niet het boek van Fritz Riemann gelezen had: *Grundformen der Angst*, München/Basel: Ernst Reinhardt 1993. *The Thread of Life* van Richard Wollheim (Cambridge: Cambridge University Press 1984) is een ander boek dat sporen heeft nagelaten, en bij het thema van de vertelde wil stond mij het boek van Dieter Thomä voor ogen: *Erzähle dich selbst*, München: C.H. Beck 1998.

«Is dat eigenlijk geen psychologie?» Deze vraag kreeg ik meer dan eens te horen wanneer ik het idee van de toegeëigende wil ergens uiteenzette. Mijn antwoord: «In zekere zin wel, want het gaat om ons en hoe wij onszelf ervaren. Maar het is heel abstracte psychologie, omdat er geen sprake is van empirische bijzonderheden maar alleen van de fundamentele categorieën van ons zelfbesef. En in zoverre is het dan toch weer filosofie – namelijk descriptieve metafysica van het persoon-zijn.»

Wat ik in het laatste hoofdstuk over de zelfstandigheid van de wil zeg, sluit aan bij een eerder gepubliceerde tekst: «Cosa accadrebbe se fossimo libero?», in: *Quaderni Interdisciplinari* 2, Cosenza: Pellegrini Editore 2000. Ik heb hierbij profijt gehad van de bloemlezing van John Christman (red.), *The Inner Citadel*, Oxford: Oxford University Press 1989.

Wat ten slotte de opmerkingen over hartstochtelijke vrijheid betreft, deze gaan terug op twee teksten van Frankfurt: «On the Usefulness of Final Ends» en «Autonomy, Necessity, and Love», beide in: *Necessity, Volitions, and Love*, Cambridge: Cambridge University Press 1999.

De opmerkingen over eigenzinnigheid en over de kitscherige wil zijn – ten goede of ten kwade – geheel voor mijn eigen rekening.

Verantwoording van de vertaler

Het proza van Bieri is glashelder, maar zijn terminologie heeft mij soms hoofdbrekens bezorgd. Om te beginnen de termen *bedingt* en *bestimmt*. Wanneer *Bedingung* wordt vertaald met «voorwaarde» – en dat kan moeilijk anders –, ligt het voor de hand *bedingt* af en toe te vertalen met «door voorwaarden bepaald», vooral wanneer de bedoelde voorwaarden een handeling noodzakelijk of onvermijdelijk maken. Maar de meest voor de hand liggende vertaling van *bestimmt* is eveneens «bepaald». Aangezien de woorden *bedingt* en *bestimmt* vaak in elkaars nabijheid worden gebruikt, soms zelfs in één zin, heb ik *bedingt* vertaald met «afhankelijk van voorwaarden» of kortweg «voorwaardelijk».

Die laatste term is trouwens ook niet zonder problemen. We denken al snel aan voorwaarden in de zin van door mensen gestelde eisen, zoals de voorwaarden waar iemand aan moet voldoen om verdere straf te ontlopen. Bieri daarentegen bedoelt met voorwaarden vooral de feitelijke oorzaken of motieven die een handeling of gebeurtenis verklaren of begrijpelijk maken. Ik ben daarom zuinig geweest met het woord voorwaardelijk. Alleen waar beknoptheid essentieel is, zoals in «voorwaardelijke vrijheid», heb ik het gebruikt.

Ten slotte *Urheber*. De term dient om te benadrukken dat mensen, om vrij te zijn, zelf de bron moeten zijn van hun willen en handelen. «Aanstichter» of «instigator» zou de bedoeling goed weergeven, maar deze woorden zijn stilistisch niet bruikbaar, zeker niet als ze ook nog moeten worden voorzien van het achtervoegsel «–schap». Daarom is gekozen voor het neutrale «actor» en «actorschap». Deze woorden zijn bleker dan in het Duitse origineel, maar ze passen meestal goed. Omdat het dubbelop is iemand «de actor van zijn handelen» te noemen heb ik in zulke gevallen een andere oplossing gekozen, bijvoorbeeld door te zeggen dat iemand «als actor de bron is van zijn handelen».

FvZ